纺织服装高等教育"十四五"部委级规划教材

普通高等教育服装专业系列教材

# 服装供应链管理与设计

梁建芳　编著

东华大学出版社
·上海·

图书在版编目(CIP)数据

**服装供应链管理与设计** / 梁建芳编著. —上海：
东华大学出版社，2024.4
ISBN 978-7-5669-2351-6

Ⅰ. ①服… Ⅱ. ①梁… Ⅲ. ①服装工业—物流管理②
服装工业—供应链管理 Ⅳ. ①F407.86

中国国家版本馆 CIP 数据核字(2024)第 061334 号

**责任编辑** 张 煜
**封面设计** 王建仁

出　　　版：东华大学出版社(上海市延安西路 1882 号，200051)
出版社网址：http://dhupress.dhu.edu.cn
天猫旗舰店：http://dhdx.tmall.com
营 销 中 心：021-62193056　62373056　62379558
印　　　刷：句容市排印厂
开　　　本：787 mm×1 092 mm　1/16　印张 23.75
字　　　数：620 千字
版　　　次：2024 年 5 月第 1 版
印　　　次：2024 年 5 月第 1 次印刷
书　　　号：ISBN 978-7-5669-2351-6
定　　　价：57.00 元

# 前言 | PREFACE

　　党的二十大报告指出：高质量发展是全面建设社会主义现代化国家的首要任务，是推动经济社会发展绿色化、低碳化的关键环节。在当今全球化的商业环境中，世界之变、时代之变、历史之变正以前所未有的方式展开，全球产业链中的不确定性大大增加，纺织服装供应链正面临大调整、大分化和大重组的深刻变革。数字和绿色是新一轮产业变革的重要方向，为全球时尚供应链带来了时代机遇。然而，服装供应链的复杂性、动态性和虚拟性使服装行业面临前所未有的挑战。因此，如何合理有效地设计、管理和优化服装供应链是服装行业生产者、经营者、管理者和教育者的重要关切，也是提升我国纺织服装行业核心竞争力的重要手段。

　　服装供应链管理既是一种战略，也是一种战术，还是一个不断创新的过程。自 2009 年《服装物流与供应链管理》（纺织服装高等教育"十一五"部委级规划教材）出版以来，服装行业以及供应链管理的理念、技术和方法等均发生了较大变化。特别是近十年来，我国纺织服装行业在全球价值链的地位稳步提升，产业规模优势、体系优势不断强化，行业生产制造能力与国际贸易规模稳居世界首位，树立了"创新驱动科技、文化引领时尚、责任导向绿色"的产业形象。身处时代变革与产业变迁的大势之下，中国纺织服装行业正面临发展路径升级的需求驱动和寻求与全球供应链共进发展的新路径实践。为此，基于行业可持续发展的客观要求和新时代对创新人才的需求，本教材编写团队融合多年来在绿色供应链方面的研究成果，充分考虑了一线教师及广大读者的反馈和需求，对已有教材进行了全面修订和更新，形成了新编的《服装供应链管理与设计》。旨在以服装行业可持续发展为目标，以服装供应链的设计流程为主线，力求在系统运用供应链管理原理、技术和方法的基础上，从初识服装行业、供应链管理基础、绿色服装供应链的发展和培育，到服装供应链的运营、管理以及合作伙伴关系建立，最后至服装供应链的设计、仿真及其绩效评价，层层剖析服装行业供应链的发展之基、发展之力和发展之谜。本书在注重理论学习和创新实践的基础上，突出了立德树人和行业可持续发展思维的培养，并贯穿思政教育、专业教育以及创新创业教育相融合的教学方案设计。该书不仅可以作为纺织服装本科院校相关专业的教学用书，而且可以用作相关专业研究生的延展教材和科研参考用书。

本教材由梁建芳担任主编，并负责全书的统稿与审定。参加编写的人员有：

李筱胜（西安工程大学）负责专题二的资料收集、整理和编写工作。

刘洁（西安工程大学）负责专题五和专题八的资料收集、整理和编写工作，并负责各章节案例的搜集和精选。

张泽军（西安工程大学、惠州经济职业技术学院）负责专题九的资料收集、整理和编写工作，并负责全书参考文献的整理以及图例的设计和绘制。

梁建芳（西安工程大学）负责全书框架、结构以及教学方案设计，负责专题一、专题三、专题四、专题六至专题七的整理和编写，并负责统稿。在统稿过程中，对其他章节内容作了适当调整和增删修改。

另外，西安工程大学服装与艺术设计学院研究生曹雪榕、董钟杰、远玉洁、黄宇星、陈湘雯、朱秋琳、郭芯茹、梁慧如等参与了新编教材资料和案例的收集和整理工作，在此一并深表谢意！

本教材编写中得到了国内外许多专家、学者以及企业同行的有益指导，特别是影儿时尚集团贺萍副总经理和影儿博士创新工作站给予了大力协助！受到国家社会科学基金项目（20XSH019）、陕西省研究生教育综合改革研究与实践项目（重点项目：YJSZG2023108）、陕西高等教育教学改革研究项目（重点攻关项目：21BG034）、第二批陕西省本科课程思政示范课程及教学团队项目等的支持，在此深表感谢！书中所使用的各品牌案例和图片，作者力求全部标注官方来源，且仅做教学和学术研究示例之用；对于参阅文献，力求以参考文献的形式详细列出，但因有些资料的著录项目无法全面获得，无法一一列出。在此，谨向这些研究者深表歉意和感谢！

由于作者水平有限，书中难免存在不足之处，敬请各位专家和读者批评指正。

梁建芳

2023 年孟冬 于西安

# 目录 CONTENTS

## 专题一　初识服装行业　001

第一部分　问题导入　002
第二部分　理论、方法及策略基础　002
第一节　服装行业的发展现状　002
　　一、第一阶段（1979～1991年）：走出"灰暗"和饥饿型消费　003
　　二、第二阶段（1991～2001年）：服装产业升级并走向世界　005
　　三、第三阶段（2001～2010年）：产业趋于成熟并融入世界　007
　　四、第四阶段（2011～2022年）：产业转型升级迈向制造强国目标　009
第二节　服装行业的贸易现状　011
　　一、改革开放之前和开放初期（1978～1985年）：国内市场供给为主　012
　　二、积蓄发展时期（1986～2000年）：纺织品服装出口均快速增长　014
　　三、快速发展时期（2001～2008年）：出口额超过千亿美元　017
　　四、调整提升时期（2009～2014年）：品牌建设和结构调整持续深入　018
　　五、转型波动时期（2015～2022年）：贸易大国向贸易强国转变　019
第三节　中国服装行业的竞争力分析　022
　　一、我国服装行业的比较优势分析　022
　　二、我国服装行业的竞争优势分析　025
第三部分　项目实操　033
第四部分　案例学习　034
第五部分　知识拓展　038

# 专题二　何谓供应链　　042

## 第一部分　问题导入　　043
## 第二部分　理论、方法及策略基础　　043
### 第一节　供应链的概念及其特征　　043
　　一、供应链的概念　　043
　　二、供应链的结构模型　　046
　　三、供应链的特征　　047
　　四、供应链的赢利目标　　050
### 第二节　供应链的类型及其特点　　052
　　一、以供应链的管理对象划分　　052
　　二、以供应链的网状结构划分　　054
　　三、以供应链的两类产品划分　　056
　　四、以供应链的功能划分　　058
　　五、以供应链的分布范围划分　　058
### 第三节　供应链的不同形态及其关系　　062
　　一、物流、信息流、资金流及其管理目标　　062
　　二、物流与信息流的关系　　063
　　三、物流与资金流的关系　　065
　　四、物流、信息流、资金流的关系　　066
## 第三部分　项目实操　　067
## 第四部分　案例学习　　068
## 第五部分　知识拓展　　070

# 专题三　如何进行供应链管理　　076

## 第一部分　问题导入　　077
## 第二部分　理论、方法及策略基础　　077
### 第一节　供应链管理的产生和发展　　077
　　一、全球竞争环境的变化使市场的不确定性大大增加　　077
　　二、技术进步和需求多样化使服装产品的生命周期越来越短　　078
　　三、供应链整体上用户需求的不确定性不断增加　　079

四、传统的管理模式存在一定的缺陷　　　　　　　　　　　　080
　　五、企业降低库存与改进顾客服务水平之间存在矛盾　　　　081
　　六、信息和物流的发展加强了企业间的合作和外部资源的可利用性　082
　　七、制造全球化与贸易保护主义的挑战　　　　　　　　　　083
　　八、企业内部管理观念的转变　　　　　　　　　　　　　　084
　　九、服装产业可持续发展的要求　　　　　　　　　　　　　086
　第二节　企业运作模式的转变　　　　　　　　　　　　　　　087
　　一、管理模式的内涵　　　　　　　　　　　　　　　　　　087
　　二、传统企业运作模式及其缺陷　　　　　　　　　　　　　088
　　三、传统企业运作模式在供应链环境下存在的问题　　　　　090
　　四、从"纵向一体化"向"横向一体化"的战略转变　　　　091
　第三节　供应链管理的内容及特点　　　　　　　　　　　　　094
　　一、供应链管理的定义　　　　　　　　　　　　　　　　　094
　　二、供应链管理的内涵　　　　　　　　　　　　　　　　　094
　　三、供应链管理的内容　　　　　　　　　　　　　　　　　095
　　四、供应链管理的特点　　　　　　　　　　　　　　　　　097
　第四节　供应链管理的目标、原则及实施步骤　　　　　　　　099
　　一、供应链管理的目标　　　　　　　　　　　　　　　　　099
　　二、供应链管理的原则　　　　　　　　　　　　　　　　　101
　　三、供应链管理的实施步骤　　　　　　　　　　　　　　　106
　第五节　供应链管理的作用及重点关注的问题　　　　　　　　106
　　一、供应链管理的作用　　　　　　　　　　　　　　　　　106
　　二、供应链管理中的重点关注问题　　　　　　　　　　　　109
第三部分　项目实操　　　　　　　　　　　　　　　　　　　　111
第四部分　案例学习　　　　　　　　　　　　　　　　　　　　112
第五部分　知识拓展　　　　　　　　　　　　　　　　　　　　114

## 专题四　纺织服装供应链的发展及培育　　　　116

第一部分　问题导入　　　　　　　　　　　　　　　　　　　　117
第二部分　理论、方法及策略基础　　　　　　　　　　　　　　117
　第一节　服装产业链的现状　　　　　　　　　　　　　　　　117

　　　　一、服装产业链的构成　　　　　　　　　　　　　　　117
　　　　二、我国服装产业链各环节的发展状况　　　　　　　118
　　　　三、我国服装产业链的发展特点　　　　　　　　　　121
　　第二节　服装供应链的主要形式　　　　　　　　　　　　122
　　　　一、垂直整合型供应链　　　　　　　　　　　　　　124
　　　　二、传统采购型供应链　　　　　　　　　　　　　　125
　　　　三、第三方协调型供应链　　　　　　　　　　　　　128
　　第三节　服装绿色供应链的发展　　　　　　　　　　　　130
　　　　一、绿色供应链的内涵　　　　　　　　　　　　　　131
　　　　二、服装绿色供应链的驱动因素　　　　　　　　　　131
　　　　三、服装绿色供应链的概念模型及主要环节　　　　　133
　　第四节　服装绿色供应链发展的机遇与挑战　　　　　　　136
　　　　一、服装绿色供应链管理存在的问题　　　　　　　　136
　　　　二、服装绿色供应链的发展机遇　　　　　　　　　　138
　　　　三、服装绿色供应链发展所面临的挑战　　　　　　　139
　　第五节　服装产业竞争力的培育方法及策略　　　　　　　141
　　　　一、服装企业核心竞争力　　　　　　　　　　　　　141
　　　　二、提高服装企业核心竞争力的策略　　　　　　　　144
　第三部分　项目实操　　　　　　　　　　　　　　　　　　149
　第四部分　案例学习　　　　　　　　　　　　　　　　　　150
　第五部分　知识拓展　　　　　　　　　　　　　　　　　　154

# 专题五　服装产业供应链分析　　　　　　　　157

　第一部分　问题导入　　　　　　　　　　　　　　　　　　158
　第二部分　理论、方法及策略基础　　　　　　　　　　　　158
　　第一节　服装供应链的流程分析　　　　　　　　　　　　158
　　　　一、服装供应链流程的环节法分析　　　　　　　　　158
　　　　二、服装供应链流程的推拉法分析　　　　　　　　　159
　　　　三、服装供应链案例分析　　　　　　　　　　　　　161
　　第二节　服装供应链运营的驱动要素分析　　　　　　　　163
　　　　一、服装供应链运营的障碍因素　　　　　　　　　　163

二、服装供应链运营的结构框架　　　　　　　　　　　167
三、主要的驱动要素及其作用　　　　　　　　　　　　168

## 第三部分　项目实操　　　　　　　　　　　　　　　　180
## 第四部分　案例学习　　　　　　　　　　　　　　　　180
## 第五部分　知识拓展　　　　　　　　　　　　　　　　183

# 专题六　服装供应链合作伙伴关系构建　　　　186

## 第一部分　问题导入　　　　　　　　　　　　　　　　187
## 第二部分　理论、方法及策略基础　　　　　　　　　　187
### 第一节　服装供应链合作伙伴关系的内涵　　　　　　　187
一、供应链战略合作伙伴关系的产生　　　　　　　　　187
二、服装供应链合作关系的内涵及其发展　　　　　　　187
三、服装供应链合作关系与传统供应商关系的比较　　　189
四、建立服装供应链合作关系的目标　　　　　　　　　192
五、服装供应链企业间战略合作关系所产生的竞争优势　193
### 第二节　服装供应链合作关系的形成及其制约因素　　　194
一、服装供应链合作关系建立的基础分析　　　　　　　194
二、建立服装供应链合作关系的制约因素　　　　　　　195
### 第三节　服装供应链合作伙伴的类型及其评价　　　　　196
一、供应链管理环境下合作伙伴的类型　　　　　　　　196
二、合作伙伴选择的影响因素及其评价　　　　　　　　197
### 第四节　服装供应链合作伙伴的选择　　　　　　　　　199
一、合作伙伴的选择原则　　　　　　　　　　　　　　200
二、服装供应链中合作伙伴的选择方法　　　　　　　　202
三、合作伙伴的选择步骤　　　　　　　　　　　　　　204
四、服装供应链合作伙伴选择的误区　　　　　　　　　206
### 第五节　服装供应链合作伙伴的协作　　　　　　　　　208
一、激励措施与供应链的目标相一致　　　　　　　　　208
二、提高供应链上需求信息的准确性　　　　　　　　　209
三、提高操作绩效　　　　　　　　　　　　　　　　　211
四、利用定价策略稳定订货量　　　　　　　　　　　　212

五、建立战略合作伙伴关系　　213
第三部分　项目实操　　214
第四部分　案例学习　　214
第五部分　知识拓展　　216

# 专题七　服装供应链的运营及管理　　219

第一部分　问题导入　　220
第二部分　理论、方法及策略基础　　220
第一节　服装供应链的采购管理　　220
　　一、供应链管理环境下的采购管理　　220
　　二、原材料的采购流程　　224
　　三、准时化采购策略　　225
　　四、服装企业原材料的供应商管理　　230
第二节　服装供应链的生产管理　　233
　　一、供应链生产计划　　234
　　二、传统的生产计划与供应链生产计划之间的比较　　234
　　三、供应链管理环境下生产计划与控制的主要问题　　236
　　四、供应链管理环境下生产计划的特点　　237
　　五、供应链管理环境下的生产控制新特点　　239
　　六、供应链生产协调机制的运行环境　　240
　　七、服装供应链环境下的业务外包　　242
　　八、服装生产外包的管理　　245
第三节　服装供应链的库存管理　　249
　　一、库存的种类及其功能　　249
　　二、库存管理及其影响因素　　254
　　三、服装供应链管理环境下的库存问题　　257
　　四、供应链中的不确定性与库存　　259
　　五、服装供应链环境下的库存控制目标　　261
　　六、服装供应链环境下的库存管理方法　　262
　　七、降低成本的方法——零库存　　268
第四节　服装供应链的客户管理　　269

一、供应链环境下的客户及其客户服务　　270
　　二、客户关系管理及其功能　　271
　　三、客户关系管理的内容　　273
　　四、客户满意　　276
　　五、客户满意度的评价　　280
第五节　服装供应链的物流管理　　281
　　一、物流概述　　281
　　二、企业物流系统　　285
　　三、纺织服装企业物流管理　　287
　　四、服装企业供应物流　　290
　　五、服装企业生产物流　　292
　　六、服装企业销售物流　　294
　　七、服装企业退货物流　　297
　　八、服装物流管理的新趋势　　299
第三部分　项目实操　　302
第四部分　案例学习　　303
第五部分　知识拓展　　304

# 专题八　服装供应链的设计与仿真　　308

第一部分　问题导入　　309
第二部分　理论、方法及策略基础　　309
第一节　服装供应链体系结构模型　　309
　　一、服装企业内部供应链结构模型　　309
　　二、服装企业外部网状供应链模型　　310
第二节　服装供应链的设计思想及内容　　310
　　一、供应链设计的基本思想　　310
　　二、服装供应链设计的主体　　312
　　三、服装供应链设计的内容　　313
　　四、服装供应链设计应考虑的因素　　314
第三节　服装供应链的设计策略　　317
　　一、服装供应链设计的原则　　317
　　二、基于服装产品/服务的供应链设计策略　　319
　　三、基于服装产品/服务的供应链设计步骤　　319
第四节　服装供应链仿真环境设计　　322
　　一、供应链仿真模型构建　　323

二、供应链系统建模节点数据采集　　324
第五节　服装供应链的模拟与仿真　　326
　　一、供应链仿真流程推演　　326
　　二、供应链仿真平台设计　　328
　　三、供应链仿真平台应用方法　　329
第三部分　项目实操　　330
第四部分　案例学习　　331
第五部分　知识拓展　　333

# 专题九　服装供应链的绩效评价　　334

第一部分　问题导入　　335
第二部分　理论、方法及策略基础　　335
第一节　服装供应链绩效评价的内涵及原则　　335
　　一、服装供应链绩效评价的内涵　　335
　　二、供应链绩效评价的作用　　336
　　三、现行企业绩效评价与供应链绩效评估的比较　　336
　　四、服装供应链绩效评价的原则　　338
第二节　服装供应链绩效评价的内容　　339
　　一、内部绩效度量　　340
　　二、外部绩效度量　　343
　　三、综合供应链绩效度量　　344
第三节　服装供应链绩效评价指标体系及方法　　345
　　一、反映整个供应链业务流程的绩效评价指标　　345
　　二、反映供应链上、下节点企业之间关系的绩效评价指标　　348
　　三、建立绩效标杆：向最优秀的企业看齐　　349
　　四、基于标杆管理的服装供应链绩效评价指标标准的确定　　351
第三部分　项目实操　　353
第四部分　案例学习　　353
第五部分　知识拓展　　356

# 参考文献　　358

# 专题一  初识服装行业

纺织服装业作为我国的重要民生产业、国民经济的支柱产业以及具有国际竞争新优势的产业,在改革开放四十年来对国民经济做出了巨大贡献。2022年10月10日,中国纺织工业联合会会长孙瑞哲在《非凡十年书写盛世华章,纺织行业高质量发展为江山披锦绣》的署名文章中提到:近十年来,纺织行业聚焦"科技、时尚、绿色",行业加速由中国制造向中国创造、中国速度向中国质量、中国产品向中国品牌转变。科技创新、品牌建设、人才培养、绿色发展跃上新台阶,《建设纺织强国纲要(2011—2020)》设定的目标基本达成。中国工程院研究表明,纺织服装行业是我国制造业处于世界先进水平的五个行业之一。

近十年来,纺织服装行业在全球价值链的地位稳步提升,产业规模优势、体系优势不断强化,行业生产制造能力与国际贸易规模稳居世界首位,树立了"创新驱动科技、文化引领时尚、责任导向绿色"的产业形象。本章将从服装行业发展、贸易现状以及市场优劣势的角度介绍纺织服装行业的发展现状。本章教学目标如图1-1所示。

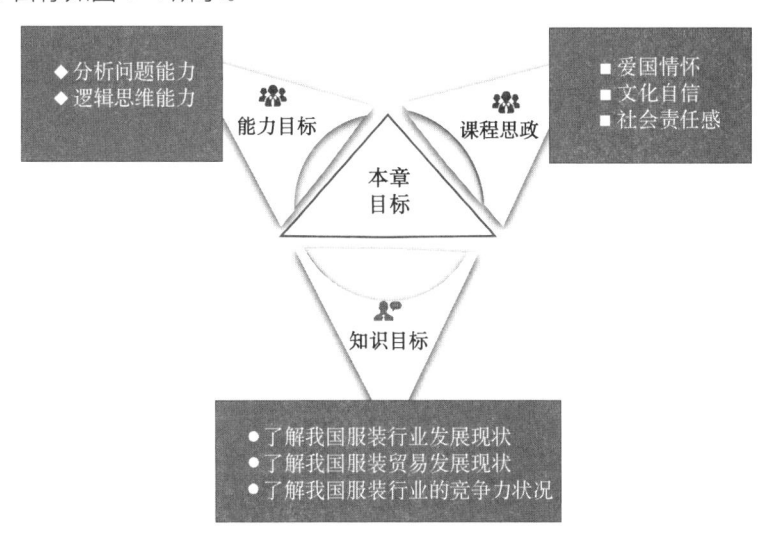

**图1-1 本章教学目标**

## 第一部分　问题导入

你了解服装行业吗？你觉得服装行业的发展现状如何？你是通过哪些途径了解服装行业的相关信息的？

## 第二部分　理论、方法及策略基础

### 第一节　服装行业的发展现状

在人类漫长的进化过程中，服装的历史并不长，只有一两万年的时间。当人类从蒙昧中挣脱出来，开始制作工具、捕猎劳作的同时，就有了服装的雏形：茹毛饮血、而衣皮苇——即吃生肉喝畜血、穿兽皮遮树叶。此时的"服装"具有其最原始的三个功能：御寒、护体、遮羞，而材料直接取之于大自然。后来，人们发现有些树皮经过沤制后会留下很长的纤维，可以用来搓绳接网，还可以用它来结成片状物围身，这就是纺织物的前身。此时大约是神话传说的伏羲渔猎时代，距今约一万多年，属于旧石器时代末期。再后是神农的农牧时代，据传神农氏教民种植葛麻谷物，开始有了农业和畜牧业，这是人类进化史上的一大飞跃，它使人类摆脱了直接依靠大自然的赐与，逐渐依赖自身的智慧和劳动来创造生活资源。人类最早使用的纤维是葛和麻，它们的茎皮经过剥制、沤泡，可以形成松散的纤维，再将这些纤维用石纺锤搓制成线和绳，编结成渔网和织物，人类进入了纺织时代，服装也正式进入人们的生活之中。

一部纺织史就是一部人类文明史，因为纺织行业与人类文明相伴而生。从文字演变看，拉丁文"文本"（Texus）及后来衍变到英文的"Text"一词，含"编织"之意，是纺织行为（Texere）。在我国已发现的甲骨文中，以"糸"为偏旁的有 100 多个，很多文字都与纺织技术紧密相关。纺织与信息传递关联，是文明的载体，比如结绳记事、缣帛为纸、以及"四大发明"中造纸术的产生，均与纺织直接相关。《齐民要术》关于沤麻技术提到了"生则难剥，大烂则不任"，正是中国古代纺织技术之"不任"启发了植物纤维造纸术的发明，从而使人类文明得以在更长的时间维度和更大的地域范围内实现传承、传播与交融。不得不说，一纱一线、千丝万缕贯穿了人类文明的整个历程。

一部纺织史也是一部人类发展史。纺织品是最早开展全球经贸合作的领域之一，在互联网之前，人类用纱线编织了全球商贸网络。中国是生产丝绸最早的国家，早在四五千年前的新石器时代，就开始从事养蚕和丝绸生产。从2 000年前的西汉以来，就有大量丝绸产品运往西欧各国，开拓了历史上著名的"丝绸之路"。因此，丝绸之路成为了文明对话、合作共赢的代名词。作为永恒产业，纺织行业关系着民生幸福、关系着价值创造。从第一次工业革命起，世界上的经济大国、制造强国与纺织大国、纺织强国高度重叠，全球制造中心的迁移与纺织工业中心的转移高度重叠，全球文化高地的崛起与服装时尚区域的崛起高度重叠。作为现代产业，纺织行业融合制造经济、服务经济，集成科技创新、设计创意，是创造幸福生活、推动人类进步的重要力量。

改革开放之后，中国服装业迎来了发展最辉煌时期。自20世纪70年代末至今，伴随着国家综合国力的提高，经过四十多年的发展，中国的纺织服装业发展成为我国的重要民生产业、国民经济的支柱产业以及具有国际竞争新优势的产业。目前，我国纺织服装行业完整的产业链包括"原料、纺织、印染、服装"等环节，形成了上、中、下游相衔接、门类齐全的产业体系，纺织服装行业在全球价值链的地位稳步提升，产业规模优势、体系优势不断强化，行业生产制造能力与国际贸易规模稳居世界首位。综合服装史专家们在各个时期对中国纺织服装业发展历程的深入研究，改革开放40年来，中国的服装业发展经历了四个重要的历史阶段：

## 一、第一阶段（1979～1991年）：走出"灰暗"和饥饿型消费

1978年12月，中国共产党第十一届三中全会在北京召开，中国的改革开放以此作为起始标志掀开新的篇章。改革开放初期，服装业还是归属于轻工部管辖，直到1986年11月29日《国务院办公厅关于服装行业划归纺织部门实行行业管理的通知》下发，才把服装划归到纺织部。当时的服装业还是处于作坊集体加工的状态，远比纺织业的规模要落后得多，发展非常艰难，全国只有几个知名的衬衣厂，从业人员里大中专毕业生微乎其微，更不用说有大学生了，整体知识结构层次非常低。所以被划归后，有人戏称之为"小马拖大车"，正如

当时任中华全国工商联纺织服装商会副会长谭安所总结的四副面孔："从产业地位看，不如大头针能上国家计划'大本'的尴尬面孔；从产业形象看，在许多人眼里服装是老太太戴着老花镜就能干的低能面孔；从产品形象看，被外国人讥为上不了大雅之堂的地摊货面孔；从产业链看，消费者对所谓资产阶级生活方式仍'心有余悸'惶恐面孔。"

很显然，从这样的状态起步，服装业的发展非常艰难。在刚刚脱离了极左思潮的禁锢，人们刚从"一无所有"的状态解放出来，对于绿、蓝、黑、灰色之外的服装需求迫切，使得当时中国的服装消费完全属于饥饿型消费，但由于审美心理、消费心理都非常不成熟，因此出现了盲目从众的现象。比如，1984年长春电影制片厂出品的电影《街上流行红裙子》，引发了当年的红裙子热；能够被载入史册的"低腰短裆，紧裹屁股；裤腿上窄下宽，从膝盖以下逐渐张开，裤口的尺寸明显大于膝盖的尺寸，形成喇叭状；裤长一般盖住鞋跟，走起路来，兼有扫地功能"的喇叭裤；由模拟擦玻璃或者外星人行走动作的《霹雳舞》而来的蝙蝠衫等。

当年，最早的流行信息是从深圳的中英街开始进入国内的，慢慢地广州有了从香港贩买来的各种地摊货和人造首饰等。20世纪80年代初，国内出现了一批贩运服装的人，人称"倒爷"，他们把当时消费者眼中的时髦服装从广州等城市贩卖到其他地方。当时有句话叫做"工农兵学商，统统卖服装"，甚至连卖酱油的小店都能看到挂着几件衣服。

当时，国营企业占据主导地位，民营企业只占有非常小的份额。当年上海的大华、海螺衬衣、北京天坛衬衣等都是国营企业的产品。直到20世纪80年代中后期，一些外资企业开始进入中国，国内才出现了一些合资企业，在某种程度上带来了国外服装产业的先进技术和经验，比如"金利来"等。也就是那个时候，来料加工、来样生产、来件装配和补偿贸易（简称"三来一补"）和中外合资、中外合作、外商独资经营（简称"三资"）成为特区的特色。

随着社会发展，不但使得国有服装企业觉醒，吸引了三资企业的进入，而且诞生了中国第一批民营服装企业和类似"汉正街"般的服装批发市场，同时催生了中国服装教育、时尚传媒和相关配套行业的出现，之后在逐渐进入中国的国外品牌、设计师的影响下，国内的服装行业开始关注和国际服装界的交流合作。

客观而言，当时政府部门和行业组织对中国服装业的发展起到了至关重要的作用。如当时的纺织工业部领导强调服装业发展中设计、品牌的重要性以及服装业的发展必须要培养时装设计师，集体策划筹建了国内第一个服装专业高校——北京服装学院。同时，中国服装研究设计中心在朱秉臣、谭安等专家的带领下，在服装科研、基础理论研究等方面做了大量的重要工作，承担了多个国家级服装科研项目，并参与促生了20世纪90年代初服装专业展会和国内服装专业媒体《中国服装》《服装科技》。

在那个一穷二白的创业年代，也就是改革开放的最初10年间，关于服装的每一个动作几乎都会产生"一石激起千层浪"的效果，产生了很多会被记入史册的事件。1979年春天，著名的法国时装设计师皮尔·卡丹亲率12名法国姑娘在北京民族文化宫举行了当时被称为"服装观摩会"的第一次时装秀，虽然这场秀仅限于中国外贸界与服装界的官员和技术人员参加，但是它第一次让国人知道了外面世界的精彩。1980年11月，引起全国性轰动的国内第一支时装模特队亮相上海滩，很大程度上是受到了这场秀的影响。1982年中央工艺美术学院开设了国内第一个服装短训班，1983年苏州丝绸工学院开设了服装教育的第一个本科专业，引领了中国服装专业教育发展的进程。

1980年，《时装杂志》创刊，在国内第一次用外国人做封面，引起轰动，这是媒体关注服装和时尚的开端。1983年时装杂志社与日本的某机构举办了"中国时装文化奖"，据说是改革开放后国内的首个服装大赛；之后的1985年出现了相对具有官方色彩的大赛——"金剪奖"。1983年底，中国彻底取消延续了几十年的布票，服装改革的呼声迅速响遍全国。1985年是中国当代服装发展史中具有里程碑意义的一年，当年5月，伊夫·圣·罗朗（Yves Saint Laurent）在中国美术馆举办了"25年个人作品回顾展"，皮尔·卡丹在北京工人体育馆举办个人时装作品展示会；小筱顺子（Junko Koshino）在北京饭店举办主题为"依格·可希侬（JK）"的时装作品展示会。中西服装文化的交流产生的强烈冲击，震动了国内的服装从业者，也开始了与国外同行在国内市场的竞争。

## 二、第二阶段（1991~2001年）：服装产业升级并走向世界

在服装业发展到20世纪80年代末的时候，一度出现了沉寂。直到1992

年邓小平南巡讲话之后，更加开放的政策环境为服装品牌的成长提供了土壤，也为中国服装业的高速发展加上了推进器，大量品牌出现在优势明显的地域。与 20 世纪 80 年代初"倒爷"这个词汇相对的，在 1992 年后出现的最热门的词汇就是"下海"。因为体制转换过程中"摸着石头过河"的需要，国家实施区位性优惠政策，导致了不同地区间的发展出现巨大差异，引发了新中国成立以来最大规模、非政府主导、非均衡的社会流动。这是个"孔雀东南飞"的时代。

对于服装产业来说，已经走在前面的沿海开放城市和特区，借助长期适应外贸出口和对外加工需要拥有的优秀总体技术水平和加工设备水平，以及作为国内外交流窗口，了解国际服装款式、色彩、面料及国际服装市场的变化动态，能把握世界潮流并具有较强产品创新能力的优势，在经历了小成本投资、依赖廉价劳力获得原始积累的阶段后，为了谋求更大的产品附加值和企业发展空间，而进入了初期的品牌阶段。之所以说是初期的品牌阶段，是因为在这些品牌创立之后，直到 20 世纪 90 年代中后期，绝大部分都不具备作为现代品牌所必须的条件，品牌意识仅仅是处于简单的卖"商标"的初级阶段。而真正意义上的现代品牌出现应该是以 20 世纪 90 年代中后期"杉杉"巨资聘请境外公司率先引入 CI 系统作为标志，国内的服装品牌才开始思考品牌、管理、创新……20 世纪 90 年代可以说是中国服装品牌崛起和发展的十年。

确切地说，这些品牌的成功和当时的行业整体环境有很大的关联。

首先是行业领导机构方面。1993 年 6 月，国家撤消了纺织工业部，设立中国纺织总会；1998 年 4 月，又撤销了中国纺织总会，成立国家纺织工业局，到同年 9 月组建中国纺织工业协会，直到 2001 年 12 月 11 日，撤销国家纺织工业局，成立中国纺织工业协会。服装行业政府领导部门转变为行业组织，从领导到服务，这一变化的直接意义就是国家给予服装产业更大的自由发展空间，对于品牌而言，就是鼓励以多元化的方式参与市场竞争的信号。而由行业和企业发展需要自发产生的类似于"同业公会"的如中国服装协会、中国服装设计师协会、温州服装商会、宁波服装协会、深圳服装协会、上海服装行业协会等各种行业协会，在区域的产业、品牌发展，打造地域特色的行业商贸平台及行业从业不同分工人员的交流合作方面起到了重要的作用。

其次是以 1993 年开幕的中国国际服装服饰博览会（CHIC）为代表的全国和地方服装专业展会的大量出现。大连国际服装节、宁波国际服装节、深圳国际品牌服装服饰交易会等,都已成为区域产业经济的核心标志。这些展会不但给诸多的服装品牌以展示和商贸交流的平台,也间接地引发了服装营销渠道的变革和零售终端的变化。

再次,设计师职业的确立和其作用日益加大。1997年"名师、名牌工程"的提出,和当年首届中国服装设计博览会及之后中国国际时装周的举办,在相当大的程度上提升了中国服装设计师的社会地位,也在客观上起到引导国内服装品牌注重设计、重视设计人才、寻求品牌核心竞争力和差异化竞争的作用。

此外,服装类专业媒体的大量出现、服装专业教育的蓬勃发展、服装专业市场的兴起、服装设计大赛和模特大赛的举办、国际大品牌的抢滩、品牌经营管理理论的丰富、营销模式和零售终端的变革、消费意识形态的变化、国际交流和中国文化在世界上的影响等等,都是影响这一时期国内服装产业高速发展的客观因素。

到20世纪末,我国的服装市场取向逐步深化,多元价值观开始形成,社会利益开始结构性调整。服装品牌完成了从"产品需求"到"品牌需求",到"品位需求",再到"人文需求"的定位转变,服装产业开始全面参与国际竞争。

在此期间,时装设计师一直都是人们关注的热点。20世纪90年代中后期,"杉杉"在全国范围内以高薪招聘设计师,与张肇达、王新元合作后,打造了一个高端女装品牌"法涵诗",并连续运作了两场国内时装巡演:"走近东方"和"不是我是风";同期"雅戈尔"在纺织协会大楼以花海签约设计师刘洋;而在第一届中国服装设计博览会上,时装设计师首次作为主角登上了舞台。种种现象使得国内品牌聘请设计师成为热潮,中国服装设计大师的造星运动也热闹起来。但是大量"师企纸婚"带来的反思,以及不能忽视的国内设计水平和国际同行的差距,让这种热潮很快趋于理性变得冷静。

随着企业的理性和设计师自身素质的提高,作为一个服装产业中的普通职业,设计师开始慢慢被大众认同。

## 三、第三阶段(2001~2010年):产业趋于成熟并融入世界

经过漫长的15年的谈判,2001年12月11日中国加入WTO,成为世界贸易组织的第143号成员,正式参与国际竞争,国门越来越开放,市场和品牌形态越来越多元化、个性化,国内品牌走出去,国际资本闯进来,从"中国制造"

走向"中国创造",这是一个充满机遇和挑战的年代。

进入 21 世纪后中国服装业发展最明显的特征就是国际化。国内服装行业的国际化特征表现在以下方面:

(1) 国外时尚类媒体开始大范围影响国内消费群,并从平面媒体到影视、网络,健全了媒体结构。2001 年 10 月 Harper's BAZZER 中国版《时尚芭莎》、2005 年 8 月 VOGUE 中文版先后在国内面世。世界上具有广泛影响力的时尚传媒的进入,说明中国市场开始和世界同步。

(2) 借助中外各种文化交流活动的契机,国内品牌与国外设计师和专业人士的合作日益增多。2006 年 3 月的 CHIC 上中国服装协会和法国高级时装公会正式举行合作磋商;由日本时尚协会、韩国时装协会和中国服装设计师协会共同发起的亚洲时尚联合会 2003 年 12 月在日本东京正式成立;从 2003 年中法文化年开始,不断有来自法国、意大利、俄罗斯、日本、韩国等国家的品牌和设计师进入中国参与各种时尚活动,也不断有国内的时装设计师和品牌走出国门,进入欧美市场。

(3) 品牌的经营管理模式向多元化发展,同时借助信息传播技术的发展出现了更加先进的模式,国际风险投资开始介入中国服装业的发展。从 2007 年开始,PPG、BONO、VANCL 及如意集团 OKBIG 网站的开通引发了服装电子商务的蓬勃发展。

(4) 与国际现代先进的人文企业体系接轨。2006 年 6 月,《纺织工业"十一五"发展纲要》发布,对节能降耗和环境保护等方面的指标提出了明确要求。2006 年 12 月 12 日,中国纺织工业协会发布《中国纺织服装行业企业社会责任宣言》,推行 CSC9000T 管理体系,树立了中国纺织服装业与世界同步的人文标准。

(5)《纺织调整振兴计划》鼓舞行业发展信心。在 2008 年金融危机的背景下,纺织行业率先遭遇了规模经济、要素驱动的发展瓶颈,经历了行业的发展方向之惑、转型升级之痛、持续成长之痒。2009 年 4 月,国务院专门出台《纺织调整振兴计划》并配套扶持政策,行业发展信心得到极大鼓舞。在党的领导下,行业对外开拓市场,对内挖掘潜力,及时调整产品产业结构,积极推进两化融合,加快拥抱网络经济,实现了稳中有进的发展,在全球纺织产业中地位进一步巩固。到 2010 年纺织品服装出口突破 2 000 亿美元大关。

随着时代的发展，中国市场越来越与世界密不可分，从品牌到设计师，从产品制造到文化创意，从经营模式到资本运作等诸多方面都是如此。一个品牌，可能在巴黎做设计，在米兰购买面料，在中国或者印度做加工，在日本或美国销售，综合利用国际信息和资源，是一个当代品牌的主要特征。与此同时，在全面建设小康社会的第一个十年，我国人均 GDP 从 2001 年的 8 622 元（当年价）增长到 2010 年的 29 992 元，人均 GDP 年均增长 9.84%。根据国家统计局抽样调查，全国城乡居民衣着消费总支出在十年间增长了 2.72 倍，年均增长 14.05%，反映出人民群众对衣着消费量的增长和适应生活方式改变、满足衣着功能品质细分和对日常生活更高审美化追求（如时尚化影响）。然而，在此期间我国纺织服装产品在生产设计上与国际市场需求仍有相当差距，自主品牌在国际上影响力较弱。

## 四、第四阶段（2011~2022 年）：产业转型升级迈向制造强国目标

2011 年，在国际金融危机的深远影响下，国际经济环境的复杂性和不确定性增多，国内经济通过积极宏观调控实现了平稳较快发展。这一年，纺织工业实施"十二五"规划，是推进新时期纺织强国建设的良好开端。近十几年来，我国服装产业围绕"科技、时尚、绿色"新定位，行业发展愈加健康，发展方式加快转变，产业结构持续优化，增长动力更加多元，创新能力不断增强，行业素质大幅提升，全行业进入到高质量发展的新轨道。中国纺织工业联合会副会长、中国服装协会会长陈大鹏在 2022 年北京时装周上接受记者专访时表示，服装产业面对全新的发展环境，推进高质量发展，产业素质和创新水平大幅提升，基本实现了服装制造强国的既定目标。这一时期主要表现为以下特点：

（1）原创设计凸显特色。进入新时代，服装产业发展迎来新空间，个性化、时尚化趋势加速，特别是我国消费者文化自信不断增强，为我国服装企业和品牌产品开发、设计创意、模式创新等全方位创新提供了巨大的市场。国内服装行业的时尚创意设计能力从过去的简单模仿阶段，逐步过渡到主张原创设计、凸显中国特色的自主创新阶段，文化承载与运用能力明显提升，设计人才梯队有效建立。同时，由专业机构、重点企业、产业集群、专业院校组成的流行趋势协同研究发布机制初步形成，有力保障了流行趋势的系统传导与价值转换。中国服装的时尚价值逐步得到国际市场的认可。

党的十八大以来，我国服装产业以"增品种、提品质、创品牌"为抓手，深入研究消费升级特别是主力消费人群年轻化、时尚化、个性化的趋势和要求，加大产品企划、创意设计和时尚运营力度，注重从穿着场景、使用舒适、时尚美学、生态环保、自然健康等方面提升时尚体验，从工业设计、时尚创意、文化融入、数字消费等方面满足消费需求，时尚供给能力和水平大幅提升。比如有着20年历史的太平鸟自2015年开始向年轻化和潮流化转型后，就紧抓"Z世代"需求的基本逻辑，并不断加码国潮、引领消费，实现了高效破局。

（2）科技创新持续发力。时尚能力的持续提升，离不开行业科技的创新和应用能力的增强。近10年来，面对新一轮产业革命，服装行业基础研究日益活跃，新技术、新材料、新工艺应用愈加广泛，产业数字化、网络化、智能化转型走在世界前列。如安踏集团在2022北京时装周上首次展示了新一季的炽热科技系列产品，向外界传递出打破运动和生活界限的设计理念；三六一度（中国）有限公司用舒弹丝棉涤弹力汗布制成的功能性服装舒适、服帖，回弹性好，不易起包、变形，性能明显提升。

数字化、智能化技术创新也为传统的服装行业带来新动能。服装行业所需的物联网、传感器、智能制造等技术迅猛发展，产业综合集成应用水平大幅提升，特别是大量采用全流程自动化制造模式，智能化现代工厂不断涌现，为服装产业构建快速反应的供应链和服务链体系，推动质量变革、效率变革、动力变革，加快优化供产销经营环节和提高物流效率提供了重要的动力。例如：本土跨境电商SHEIN基于数字技术的深度应用，打造了从时尚需求捕捉到全产业快速反应的市场体系，为服装企业在互联网时代的创新发展作出了积极探索。

（3）自主品牌已成主流。品牌高质量发展是行业高质量发展的重要标志。党的十八大以来，我国服装行业时尚设计原创能力提升明显，品牌培育和推广体系持续完善，自主品牌市场认知度与国际影响力不断提升，品牌价值开始向世界服装产业价值链的高附加值领域渗透，成为引领行业创新发展和转型升级的关键性力量。在国内服装市场上，自主品牌在国内主要大型商业实体服装品牌中占到85%左右，成为国内服装市场主流。特别是一批以汉服热、国货潮为代表的富含文化内涵的服装品牌迅速崛起。从全球来看，我国服装行业国际资源配置能力和国际化水平均有了明显提升，国际化发展不断取得新成效。比如：之禾、艺之卉、歌力思、李宁等一批优秀自主品牌进军国际市场，纷纷建立海外设计机构,构建海外营销网络,打造海外市场运营中心,品牌知名度不断提高,品牌国际化形象日益饱满。与此同时,我国服装品牌对海外资源整合能力持续提升,通过与国际知名设计、研发、品牌、管理等机构合作,把国际各类智力资源引进来,推动产业整合创新。我国优秀服装品牌正实现从产品"走出去"、产能"走出去",开始向品牌走出去和资本走出去迈进,从而实现全球资源整合、跨国资本并购的历史性跨越。如波司登 2012 年在英国伦敦开设旗舰店,海澜之家 2017 年开始先后在马来西亚、新加坡、泰国、日本开设门店,安踏 2019 年收购了芬兰品牌亚玛芬体育。

行业的良好发展离不开政策的指引与规范,服装行业经历从代工到自有品牌生产、出口,再到绿色化、品质化、品牌化的发展路径,无不反映出政策的不断演变和行业发展的良好势头与强劲动力。特别是党的十八大以来,政策的加持使得服装行业发展更加稳健。比如:国务院 2015 年发布的《中国制造 2025》、中国服装协会 2016 年发布的《中国服装行业"十三五"发展纲要》、中华人民共和国工业和信息化部 2016 年发布的《产业技术创新能力发展规划(2016—2020 年)的通知》和《纺织服装创意设计试点园区管理办法实行》、国务院 2018 年发布的《纺织品进口关税平均税率降低》、国家发改委 2019 年出台的《产业结构调整指导目录》、生态环境部 2020 年出台的《纺织染整工业废水治理工程技术规范》、中国服装协会 2021 年发布的《中国服装行业"十四五"发展指导意见和 2035 年远景目标》、国家发改委 2022 年出台的《促进绿色消费实施方案》、以及 2023 年 8 月 27 日中国纺织工业联合会发布的《建设纺织现代化产业体系行动刚要(2022—2035 年)》等。根据《中国服装行业"十四五"发展指导意见和 2035 年远景目标》,到 2035 年,我国服装行业要成为世界服装科技的主要驱动者、全球时尚的重要引领者、可持续发展的有力推进者。

## 第二节 服装行业的贸易现状

纺织工业在世界范围内虽然已成为传统工业,其鼎盛时期已经过去,但在中国这样一个地域辽阔、人口众多的发展中国家仍然具有突出的地位,不仅是国民经济与社会发展的支柱产业,而且是解决民生与美化生活的基础产业,更是国际合作与融合发展的优势产业。

改革开放 40 多年来，伴随着中国市场的不断开放，我国纺织服装出口额从 1978 年改革开放初期的 24.31 亿美元增长至 2022 年的 3 409.5 亿美元，期间经历了缓慢增长、积蓄发展、高速增长、调整提升再到转型波动的转变，纺织服装贸易取得了举世瞩目的伟大成就（如图 1-2 所示）。目前我国纺织服装行业在全球价值链中地位稳固，产业链整体竞争力不断增强，纺织服装贸易进出口总额稳居世界第一位。截至目前，纺织品服装出口总额呈现出如图 1-3 所示五个时期的发展特征：

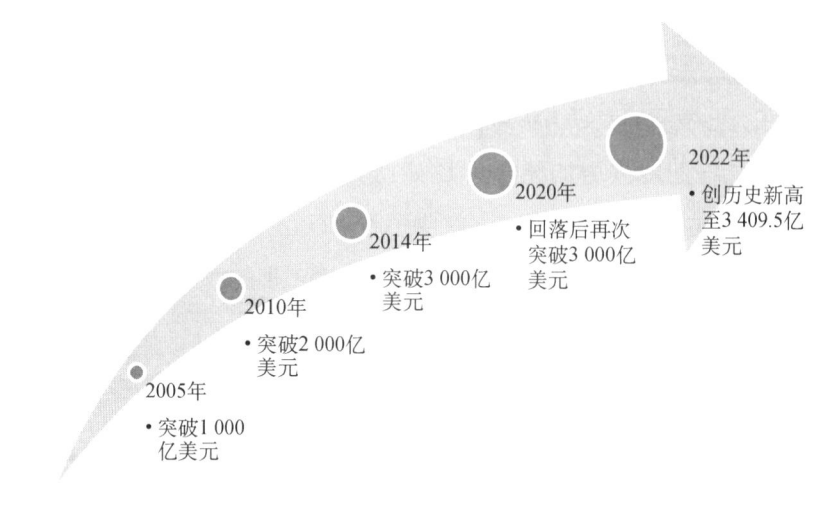

- 2005年
  - 突破1 000亿美元
- 2010年
  - 突破2 000亿美元
- 2014年
  - 突破3 000亿美元
- 2020年
  - 回落后再次突破3 000亿美元
- 2022年
  - 创历史新高至3 409.5亿美元

图 1-2　中国纺织服装出口规模重要节点

## 一、改革开放之前和开放初期(1978～1985 年)：国内市场供给为主

新中国成立之初，面对"一穷二白"的工业基础，纺织产业的首要目标是尽快解决广大人民的穿衣难题，为此，党中央提出了立足于国内资源尤其是依靠农业提供的天然原材料重点发展棉纺织工业、同时兼顾毛、麻、丝织工业及化纤工业发展的战略方针。在此期间，纺织产业发展属于典型的自给自足模式，纺织品服装的出口很少，即使出口也主要是出口一些初级产品以换取一定的外汇，从而进口国民经济建设所需的其他必要物资。因此，我国的纺织服装贸易在 1950—1972 年期间，2 600 万美元起步，22 年时间只增长到 6.5 亿美元，且在此后的十几年中始终在 5 亿美元左右徘徊；1973～1985 年，跃上 10 亿美元后，几年时间才缓慢增加到 50 余亿美元。

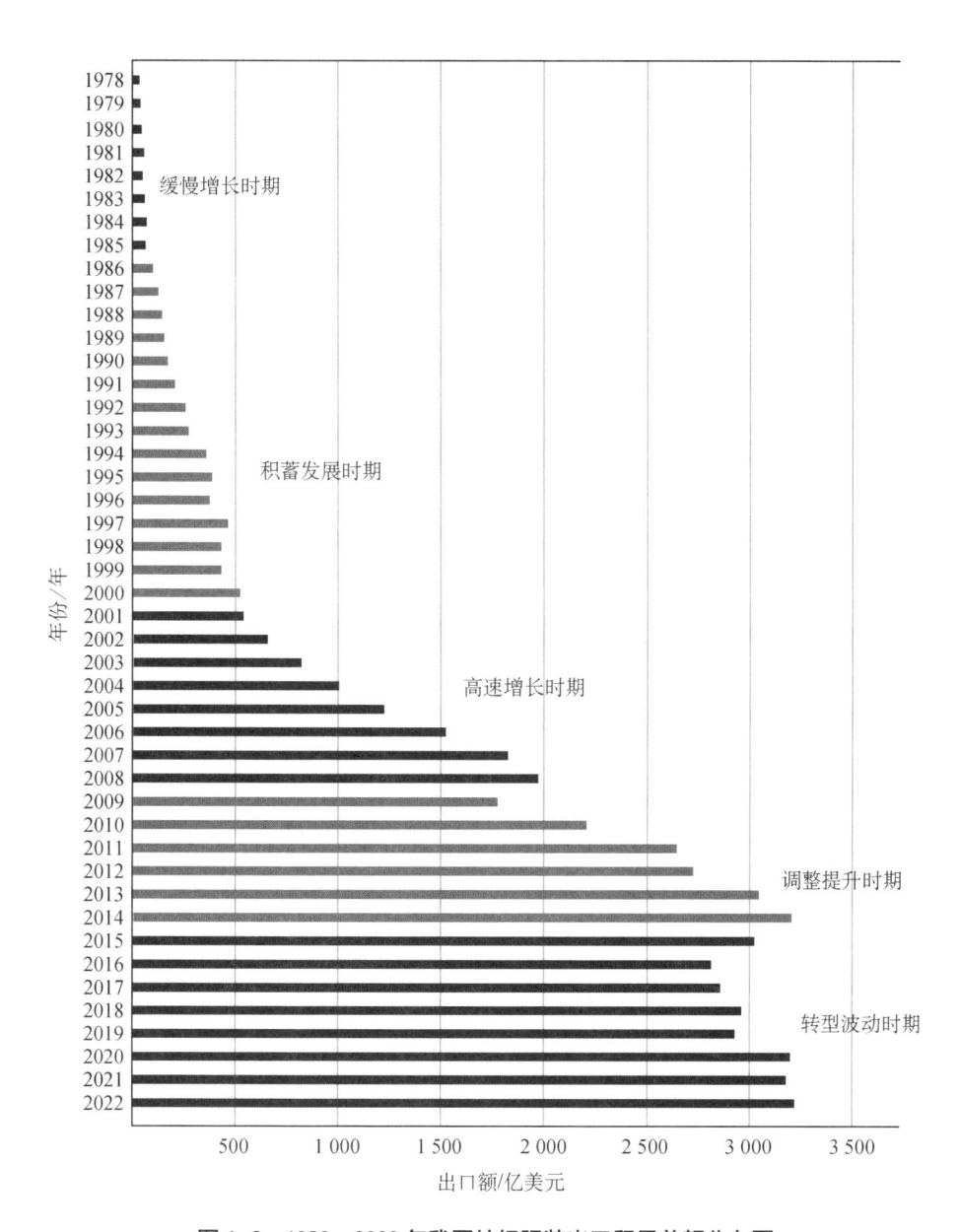

图 1-3　1980～2022 年我国纺织服装出口贸易总额分布图

在计划经济体制下，人们需凭"票"购买布料，因为每人按计划分得的布票数量非常少，国内衣着消费市场长期处于供给不足的状况。改革开放后，我国大力发展纺织业，各类纺织原料如"两纱两布"等产量成倍增长，出口量也在不断增长。1983 年 12 月 1 日，使用了 30 年的布票宣布取消，各种纺织品向全国 10 亿人民敞开供应，国内市场需求十分旺盛。

这一时期纺织业以满足国内市场需求为主，出口规模较小。1978 年我国纺织品服装出口额仅为 24.31 亿美元,1985 年达到 64.40 亿美元,7 年间增长了 1.65 倍,出口增长缓慢,出口能力有限。

这一阶段我国纺织品服装出口贸易的主要特征如下:

(1)国家大力推动作为先导产业的纺织业的发展。1978 年 1 月 1 日,国务院决定将原轻工部分为纺织工业部和轻工部两个部门,标志着纺织工业作为一个独立的产业,成为我国国民经济的重要工业部门,特别是改革开放初期,为满足百姓衣着类消费需求,国家大力推动纺织业的发展。

(2)以满足国内市场需求为主,出口规模小。1983 年底布票取消后,由于国内百姓衣着类消费需求长期未能得到满足,在此阶段,纺织服装商品以满足国内市场供给为主,出口规模小。

1978 年我国社会消费品零售额中,衣着类商品零售额为 278.5 亿元,取消布票后,衣着类商品零售额从 1983 年的 491.5 亿元,1985 年达到 717.4 亿元,较 1983 年增长了 45.96%。

1984 年梭织服装产量为 11.06 亿件,出口量为 3.5 亿件,占总产量的 31.65%,1985 年产量上升到 12.67 亿件,出口量 3.63 亿件,占总产量比重下降为 28.65%。

(3)以纺织原料和纤维出口为主。由于改革开放初期我国纺织业生产能力有限,基础薄弱,因此,纺织品服装出口总额中主要以纺织原料和纤维出口为主,占 60% 以上,服装出口不足 40%。

## 二、积蓄发展时期(1986~2000 年):纺织品服装出口均快速增长

20 世纪 80 年代是中国服装工业第一次产业升级的 10 年。从国际环境变化看,当时正逢发达国家与地区的产业结构向高新技术和资金密集升级,亚洲四小龙劳动力成本优势逐渐削弱,中国香港、中国台湾的服装企业纷纷向内地转移。随着国内的纺织服装市场逐渐饱和,纺织服装生产能力出现过剩,通过"三来一补"方式提供出口加工业务,纺织品服装出口势头良好。

从国内环境变化看,1986 年底,国务院决定将服装和丝绸两个行业归口纺织工业部管理,形成"大纺织"的格局,以利于发挥纺织工业综合优势。通过国家拨款和企业自筹资金,改造了 500 多个服装鞋帽企业,建设了 13 个西服、羽绒、时装、童装等样板厂,此举极大地推动了中国服装业的发展。服装业作

为独立产业最终建立,标志着我国纺织业向成衣工业化延伸,从而促进了纺织工业从纺织纤维原料到织物,再到最终成品服装的一条龙生产体系的建立,也为目前我国纺织服装产业上、中、下游配套,品种门类齐全的产业链体系奠定了良好的基础。

在1986年8月国务院召开的116次常务会议上,国家领导人明确提出:我国的对外贸易在一定时期内要靠纺织。根据这一指示精神,纺织工业部制订了"以扩大纺织品出口为重点"的战略转移,在北京、天津、大连等沿海12个重点出口城市设立出口基地。1986年底国家计委等6部门在《关于扩大沿海地区纺织品出口有关政策措施的意见》中提出了一系列鼓励出口措施和优惠政策。在国务院的积极支持下,提出了"以扩大出口为突破口,带动纺织工业全面振兴"的战略决策。

1987年我国纺织工业进行战略调整,即从以国内市场为主转为保证国内市场供给的同时,着重抓出口创汇。我国抓住了国际纺织服装产业转移的机遇,大力发展纺织服装加工业,为日后世界纺织品服装出口大国地位的确立创造了条件。此后,以出口创汇为目标,纺织品服装出口贸易得到快速地发展。到"七五"末期,服装生产得到快速发展,出口创汇也稳步增加。

20世纪90年代,我国进入了社会主义市场经济新时期。1992年邓小平同志南巡讲话,标志着改革开放进入了一个新的阶段。1994年,党的十四届四中全会提出了实现两个根本性转变的要求,即经济体制从传统的计划经济向社会主义市场经济转变,经济增长方式从粗放型向集约型转变。在此期间,纺织工业继续瞄准国际市场,进一步发展纺织品和服装的出口。1995年1月1日,伴随着世界贸易组织(WTO)的成立,WTO项下的《纺织品与服装协定》(ATC)也随即生效,长达30多年的进口配额制在10年内逐步取消,全球纺织品服装贸易进入一体化发展阶段。自此,我国抓住全球纺织品服装贸易逐渐自由化的发展机遇,加快纺织品服装出口,但受亚洲金融危机的影响,1998年和1999年出口额有所下降。

据统计,1986年比上一年增加30多亿美元,出现了30多年中的第一次大飞跃,但出口额依然不足100亿美元,1987年出口额突破了100亿美元,1991年出口额又超过200亿美元,1993年我国纺织品服装出口额较1986年增长了2.17倍,表明我国纺织品服装生产能力和出口能力不断增强,并成为我国第一大类出口创汇产品，为我国国民经济建设提供了大量的外汇资金。1994年我国纺织品服装出口额达到355.5亿美元，占全球纺织品服装比重的13.2%，成为世界纺织品服装第一大出口国。到1995年，中国内地纺织品出口额不仅在大类出口产品中居于首位，而且接连超过了意大利、法国、中国香港等主要出口国家和地区，成为头号纺织品和服装出口国。2000年，我国纺织品服装出口达520.8亿美元，占全国出口商品总额的20.9%，占世界纺织品服装贸易额的13%左右，是我国净创汇的主要行业。

这一阶段我国纺织品服装出口贸易的主要特征如下：

（1）生产能力大大提高。大纺织格局的形成，促进了国内纺织服装产业配套体系和产业链体系的建立，使我国纺织服装生产能力和出口能力大大提高。

（2）服装出口超过了纺织品。随着我国服装生产能力的提高，服装出口得到快速增长。1990年我国纺织品出口额为69.99亿美元，服装出口额为68.48亿美元，分别占纺织品服装出口总额的50.5%和49.5%。1991年纺织品出口额为77.43亿美元，比1990年增长10.6%，而服装出口额达到89.98亿美元，比1990年增长了31.4%。服装出口占我国纺织品服装出口比重上升到53.98%，并首次超过纺织品出口规模，打破了长期以来我国以纺织品出口为主的格局。

（3）经济调节手段的作用不断增强。为深化外贸管理体制改革，1994年我国建立起以法律管理手段为基础、经济调节手段为主、辅之以必要行政管理手段的外贸宏观管理体制。从国内宏观经济调节手段看，1986—2000年期间，我国纺织品服装出口主要受到两方面的影响：一是受人民币汇率制度改革的影响，1994年我国对汇率制度进行了重大改革，进行汇率并轨，实行以市场供求为基础的、单一的、有管理的浮动汇率制度，使汇率形成机制发生了重大变化，汇率杠杆调节作用明显加大。例如，美元兑人民币汇率，从1993年的5.76元/1美元，1994年贬值为8.62元/1美元，2002年又升值为8.28元/1美元；二是受出口退税率调整的影响，1994年1月1日我国实行了新的出口退税管理办法，建立以新的增值税、消费税制度为基础的出口商品退税制度。因此，人民币汇率和出口退税率变化，对纺织品服装出口影响越来越大，国家宏观经济调节手段的作用不断增强。

（4）纺织行业国企改革取得实质性进展。20世纪90年代，国有企业不适应市场激烈竞争的矛盾越来越突出，1996年纺织业出现全面亏损。1997年12月，中央经济工作会议明确纺织行业作为国有企业改革脱困的突破口，要求从1998年起，用三年左右时间，压缩淘汰1 000万落后棉纺锭，分流安置120万下岗职工，实现纺织工业整体扭亏为盈，并且全面启动了中国纺织工业的战略大调整，使中国纺织工业朝着产业结构调整、技术改造、扩大市场、加速出口迈出了坚实的步伐。由于政策到位，措施得力，职工配合，纺织行业国企改革脱困三大目标提前一年实现。截至1999年底，累计完成压缩淘汰落后的906万棉纺锭，妥善安置分流116万职工，全行业实现利润8亿元，结构调整取得实质性进展。

### 三、快速发展时期（2001～2008年）：出口额超过千亿美元

加入世界贸易组织之前，我国纺织服装产品已经完全进入国际市场，但纺织企业还不能灵活利用国际市场资源，提高市场竞争力。出口体制也还不能完全适应纺织工业参与国际市场竞争的需要，生产企业与国际市场隔绝的现象仍很突出。伴随着加入世界贸易组织、纺织品服装配额的取消以及出口体制改革的深入推进，国际市场为我国纺织出口提供了广阔的空间，纺织工业的快速发展也为纺织品服装出口持续快速增长提供了支撑力量。2009年国际金融危机爆发前，我国纺织品服装出口已从2001年的543亿美元增长到2008年的1 896亿美元，增长了3.5倍，年均增速达17.26%。

这一阶段我国纺织品服装出口贸易的主要特征如下：

（1）国际市场环境对出口影响较为显著。2001年12月11日，我国正式加入世界贸易组织（WTO），成为WTO的第143个正式成员。中国加入世贸组织，为中国纺织品服装出口提供了前所未有的发展机遇，特别是美欧发达国家市场的逐渐开放，有利于我国纺织品服装的出口，使曾受配额限制的纺织品服装业外贸出口得到新一轮大发展。

（2）纺织品服装出口规模超过1 000亿美元。随着全球纺织品服装进入一体化发展阶段，中国纺织品服装生产能力得到充分释放，2005～2007年，纺织品服装出口每年以200亿美元的规模递增，年出口规模均在1 000亿美元以上，年增长率超过18%。

（3）国内外市场环境变化对纺织品服装出口影响越来越明显。从国际市场环境看，中国纺织品服装出口遭遇特保、反倾销、召回、技术壁垒、绿色壁垒和企业社会责任等一系列限制措施，不仅受到美欧发达国家，也有像印度、墨西哥等发展中国家的限制。

从国内市场环境看，2005年7月21日我国实行以市场供求为基础、参考一揽子货币进行调节、有管理的浮动汇率制度。人民币不再盯住单一美元，形成更富弹性的人民币汇率机制。2005年7月21日19：00时，美元对人民币交易价格调整为8.11元/1美元，至此人民币汇率持续升值，截止到2020年12月31日美元兑人民币汇率为6.5249元/1美元，人民币升值幅度达9.93%。

同时，还受到出口退税率下调的影响，2006年和2007年我国两次下调纺织品服装出口退税率，从2006年9月的13%，2007年7月1日起下调到11%。

（4）国内企业开始重视自主品牌国际化。我国纺织工业"十一五"发展纲要明确指出：服装业要加大、加快服装自主品牌建设，提高产品设计能力；提高自有品牌出口比重，力争到2010年形成若干个具有国际影响力的自主知名品牌。2006年以来，已有部分国内著名服装企业制定和实施自主品牌国际化战略。主要方式有：自主品牌国际化、收购国际品牌、设计师品牌国际化、通过赞助国际赛事实现运动品牌国际化。

例如：自2006年以来，先后有4位国内服装设计师参加了巴黎、米兰和纽约三大世界顶级时装周，举办了中国设计师时装发布会。又如李宁公司多年来采取赞助世界比赛和运动队的方式，进行品牌国际化战略。还有2007年底宁波雅戈尔集团以1.2亿美元的净资产价格收购美国Kellwood Company持有的Smart公司100%股权和Xinma（香港新马服饰）公司100%股权。

国内企业开始重视自主品牌国际化，改变原有的OEM为主的低成本、低附加值的出口方式，通过无形资产——品牌价值，提高出口产品附加值，提高品牌贡献率。

### 四、调整提升时期（2009～2014年）：品牌建设和结构调整持续深入

2008年爆发的国际金融危机对世界经济造成重大冲击，我国纺织出口也出现了萎缩，2009年纺织品服装出口下降9.65%，成为入世以来的最大降幅。为应对国际金融危机的影响，国家迅速出台保增长、扩内需、调结构的措施，

从 2008 年 8 月～2009 年 12 月，中央政府连续 7 次发出文件调高相关商品出口退税率，以此在稳定汇率的条件下提高出口退税率以刺激出口。纺织行业也发布了《纺织工业调整和振兴规划》并配套扶持政策，重新界定了纺织行业在国民经济中的地位和作用，并提出要以自主创新、技术改造、淘汰落后、优化布局为重点，推进纺织行业结构调整和产业升级，加快行业振兴，推进我国纺织工业由大到强转变。

在政策引导支持及良好产业基础的支撑下，行业对外开拓市场，对内挖掘潜力，及时调整产品产业结构，积极推进两化融合，加快拥抱网络经济，实现了稳中有进的发展，纺织出口很快实现触底回升，进一步巩固了我国在全球纺织产业中的地位。到 2010 年纺织品服装出口突破 2 000 亿美元大关，实现 23.76% 增长。从 2009 年到 2014 年这五年间，我国纺织品服装出口仍实现年均 12.37% 的增长。2012 年全国纺织服装出口贸易额比 2008 年增加了 38.47%，到 2014 年我国纺织品服装出口达到入世来的峰值金额 3 069.5 亿美元，占世界纺织品服装贸易总额的 38%。

这一阶段我国纺织品服装出口贸易的主要特征如下：

（1）全行业品牌意识进一步提高，行业品牌培育管理体系与品牌价值评价体系初步形成。纺织工业从加工制造向产品设计和创意转型，初步形成了一批设计创意园区；纺织品服装出口由加工生产（OEM）向设计生产（ODM）和品牌生产（OBM）转变；纺织服装自主品牌的国内认知度有所提高，并逐步走向国际市场。一批服装家纺品牌在海外建立设计机构和销售网络，中国设计师作品在国际舞台展示交流。服装家纺网上销售额年均增长超过 40%，高速增长的电子商务扩大了品牌产品市场影响力。

（2）纺织行业规模效益稳定增长，结构调整持续深入，创新能力稳步提升，企业社会责任增强。纺织行业人均劳动生产率年均增长 10% 左右；16 项成果获得国家科学技术奖；碳纤维、间位芳纶等高性能纤维及海洋生物基纤维等实现技术突破；信息化集成应用及智能制造形成若干试点示范。CSC9000T 中国纺织服装社会责任管理体系广泛推广，企业社会责任建设取得积极进展。纺织行业在转型中跨越、在创新中突破。

## 五、转型波动时期（2015～2022 年）：贸易大国向贸易强国转变

2015 年，党的十八届五中全会提出创新、协调、绿色、开放、共享五大新

发展理念，我国经济由高速增长阶段转向高质量发展阶段，GDP进入低于8%的增长时期，国民经济发展步入减速降档、结构优化、创新驱动的发展模式。纺织行业积极对标，通过全方位发力，推进纺织大国向纺织强国的转变。但由于世界经济长期囿于国际金融危机的后续影响，复苏缓慢曲折，不确定、不稳定因素层出。受到国际经济形势及国际产业格局调整影响，纺织行业出口总额在2014年峰值后逐年减少，并连续五年在2 800亿美元左右的水平波动，出口产品结构重心开始由服装转向上游面料及纤维。根据中国海关数据，2019年我国纺织品服装累计出口金额为2 807亿美元，其中纺织品出口金额为1 272.5亿美元，同比增长1.4%；服装出口金额为1 534.5亿元，同比减少3.7%。2020年，新冠肺炎疫情在全球爆发，欧美等发达经济体对防疫物资采购需求激增，我国纺织品服装出口实现了9.25%的增长，达3 066.6亿美元；至2022年，纺织品服装出口总额达3 409.5亿美元，同比增长2.5%，连续三年超过3 000亿美元。我国纺织行业在全球价值链中的位置稳步提升，产业链整体竞争力进一步增强。

近几年行业出口产品结构持续调整，2019年我国纺织品、服装出口额占比为44∶56，较2015年的40∶60，服装占比持续下降。

这一阶段我国纺织品服装出口贸易的主要特征如下：

（1）聚焦"科技、时尚、绿色"，科技发展取得显著成效，创新能力稳步提升，创新成果竞相涌现，纺织科技实力正在从量的积累迈向质的飞跃，从点的突破迈向系统能力提升。2016—2019年，我国纺织行业规模以上工业企业科学研究与试验发展（R&D）经费支出从410.7亿元增长到495.2亿元，研发投入强度从0.57%增长到1%；行业科技成果丰硕，全行业共有11项成果获得国家科学技术奖，其中"干喷湿纺千吨级高强/百吨级中模碳纤维产业化关键技术及应用"荣获国家科技进步一等奖，398项成果获得"纺织之光"中国纺织工业联合会科学技术奖；行业发明专利授权量保持快速增长，共授权有效发明专利近4万件，较"十二五"期间授权发明专利增加60%以上。

（2）绿色制造工艺技术稳步提升。新型纺织绿色加工技术不断涌现，在行业内稳步推广应用。"十三五"期间，印染行业单位产品水耗下降17%，水重复利用率从30%提高到40%。纺织行业废水排放量、主要污染物排放量累计下降幅度均超过10%。针织物连续平幅前处理、化纤机织物连续平幅前处理、低盐低碱活性染料染色、冷轧堆染色、泡沫整理、无氟防水整理等技术应用面进一步扩大；活性染料无盐染色、液态分散染料染色、低尿素活性染料印花等关键技术实现产业化应用；超临界二氧化碳流体染色、张力敏感织物全流程平幅轧染、涤纶织物少水连续式染色等关键技术研发取得重要进展。

我国循环再利用化学纤维科技创新能力明显提升，废旧纺织品资源化利用水平进一步提高。循环再利用涤纶关键技术与装备形成多项创新成果，物理法连续干燥、多级过滤技术，物理化学法的液相增黏、在线全色谱补色调色技术、高效差别化技术，化学法的解聚、过滤分离、脱色、精制、缩聚及功能改性等技术进步明显。

（3）行业智能升级改造效果显著。纺织加工过程智能化及装备技术水平取得明显进展，化纤、纺纱、印染、服装、家纺等智能化生产线建设取得明显成效，棉纺梳并联合机、高性能特种编织装备、全自动电脑针织横机等一批关键单机、装备实现突破。化纤智能示范工厂和智能车间实现了送配切片、卷绕自动落丝、在线检测、自动包装、智能仓储等全流程自动化生产；棉纺新一代数控技术广泛应用，新建了多条自动化、数字化纺纱生产线，减少用工至万锭15人；印染自动化和数字化不断升级，筒子纱数字化自动染色向智能化工厂方向发展；服装智能制造发展速度明显加快，已初步形成了包含测体、设计、试衣、加工的自动化生产流程及检验、储运、信息追溯、门店管理等在内的信息化集成管理体系，大规模个性化定制整体解决方案日趋成熟，涌现出一批先进的服装大规模个性化定制智能化系统平台。家纺床品、毛巾、窗帘自动化生产线超过 300 条，生产效率和品质得到显著提升。

（4）行业标准体系建设持续完善。纺织标准体系进一步优化，政府主导制定的标准与市场自主制定的标准协同发展、协调配套的新型标准体系已具雏形。纺织强制性标准由 46 项精简为 2 项，制修订推荐性国家标准、行业标准 800 项，纺织品安全、功能性纺织品、生态纺织品、高性能产业用纺织品、绿色设计产品与节能减排以及纺织装备等领域一批重点标准发布实施；纺织团体标准快速发展，在全国团体标准信息平台注册的纺织类社会团体 50 余家，发布纺织类团体标准 600 余项，其中中国纺联团体标准 78 项；积极推进国际标准共商共建共享，国际标准化能力不断增强，主导提出国际标准（ISO）提案 16 项，牵头制定并经 ISO 发布实施国际标准 15 项；完成 40 余项国家标准外文版的翻译工作，助力"一带一路"沿线国家标准互联互通。

总之，改革开放以来，我国纺织工业锐意进取，持续改革，深入推进质量变革、效率变革和动力变革，建立起全世界最为完备的现代纺织服装制造产业体系。尤其是近十年来，聚焦"科技、时尚、绿色"，行业加速由中国制造向中国创造、中国速度向中国质量、中国产品向中国品牌转变。行业在全球价值链的地位稳步提升，产业规模优势、体系优势不断强化，生产制造能力与国际贸易规模稳居世界首位。

## 第三节 中国服装行业的竞争力分析

### 一、我国服装行业的比较优势分析

比较优势主要是指一个国家或地区的资源禀赋优势，例如好的自然条件、丰富的矿藏、廉价的劳动力等为市场上的产品和服务带来的优势。以李嘉图的比较优势理论为代表的传统贸易理论多年来一直是指导各国进行国际分工和贸易的理论依据，这种贸易理论重点研究劳动力与资本两种要素，并认为不同国家生产不同产品所需的生产资源的密集程度不同，而不同国家所具备的生产要素的富裕程度也不同，由此导致生产同一产品在不同国家间的成本差异。所以对一个国家而言，应集中生产出口那些需密集使用该国富裕要素的产品，并通过国际贸易，换回需密集使用本国稀缺要素的产品。

按照传统贸易理论，纺织服装行业属于我国拥有富裕要素的产品，具有一定的比较优势。长期以来，低廉的劳动成本与原材料成本对于我国占领世界纺织服装市场起到了非常重要的作用。

#### 1. 劳动力优势——从"人口红利"转向"人才红利"

纺织服装工业是劳动力相对密集的产业，因而劳动力资源及其成本对于产业发展至关重要。如前所述，经过四十多年的发展，我国服装产业在全球价值链的地位稳步提升，产业规模优势、体系优势不断强化，生产制造能力与国际贸易规模稳居世界首位。同时，根据 WTO 各个年度的报告数据，在世界主要服装进出口国家中,中国服装竞争力系数(贸易顺差占进出口总额的比重)居世界前列,表明我国服装业国际竞争力的优势明显。但根据我国服装出口的产品结构中可以发现,我国服装业生产以中低档产品为主,产品附加值、技术含量和品牌价格相对较低,精加工产品比重较小,这也正说明了我国服装加工比纺织品加工更多地依赖于劳动力低成本的优势。

服装产业是我国典型的劳动密集型产业,劳动力成本为关键成本之一。20世纪,服装行业的特点使我国劳动力低廉的比较优势得到充分发挥,成为国内最具国际竞争力的产业。凭借劳动力的资源禀赋优势,自1994年我国就成为世界第一大纺织服装出口国[1]。然而,近年来随着人口增长率的下降,人口红利逐渐消失,加之通货膨胀、生活成本增加等,人工成本逐年提高。据报道,我国东南沿海地区纺织服装工人工资集中在5 000~10 000元,中西部地区工人工资大致在3 000~6 000元左右。同时,因人口老龄化以及制造业工作内容辛苦繁重等影响因素,服装企业面临用工薪资成本增长和工人短缺的困境,十年间人均工资涨幅达200%。同时,在经济、技术水平提高等因素催化下,我国纺织服装行业结构逐步优化转型,进而带动了劳动力成本的进一步提高。不得不说,我国在劳动密集型的服装制造产业中的"人口红利"的优势,正面临其他发展中国家的竞争。相比之下,以越南、孟加拉为主要代表的东南亚地区工资水平整体低于中国,仅约为国内平均劳动力成本的五分之一,具有显著的劳动力成本优势。因此,要发挥我国劳动力的优势需推动"人口红利"向"人才红利"转变[2][3]。

我国经济已由高速增长阶段转向高质量发展阶段。高质量发展需要依靠更高的生产效率而非投入更多的传统生产要素,因此,重视劳动力质量,把人才资源"关键变量"转化为高质量发展的"最大增量",才是实现我国劳动力优势的必由之路。可喜的是,随着近年来我国教育科技投入的不断增长,广大劳动

---

[1] 《中国纺织60年:纺织品服装出口贸易发展历程》,全球纺织网,https://www.tnc.com.cn/info/c-012001-d-130570.html 2009-09-23
[2] 李凯.促进人口红利向人才红利转变.《人民日报》(2021年12月31日08版),人民网,http://data.people.com.cn/rmrb/20211231/8/hide 2021-12-31
[3] 陆旸.推动人口红利向人才红利转变.《经济日报》,中国经济网,https://baijiahao.baidu.com/s?id=1757755886318105926&wfr=spider&for=pc&searchword=%E4%BF%83%E8%BF%9B%E4%BA%BA%E5%8F%A3%E7%BA%A2%E5%88%A9%E5%90%91%E4%BA%BA%E6%89%8D%E7%BA%A2%E5%88%A9%E8%BD%AC%E5%8F%98.2023-02-14

者素质、技能水平、勤奋度和组织纪律性等综合素质大幅提高,劳动力成本建立在素质较高的基础上,反映出中国劳动力在素质价格比方面的优势。我国正从人力资源大国转向人力资本大国,有力地促进了技术创新、劳动生产效率提升以及中国经济的转型升级。党的二十大报告指出,教育、科技、人才是全面建设社会主义现代化国家的基础性、战略性支撑,只有深入实施人才强国战略,才能充分调动和激发人才红利,从而实现人才红利在服装产业发展中的比较优势。

**2. 原材料成本**

每个国家都拥有经济发展所必需的生产要素,包括人力资源、自然资源、知识资源、资本资源、基础设施等。要素分为两类:一类是基本要素,包括自然资源、气候、区位、非熟练或半熟练的劳动力、债务资本,它是先天性的;另一类是高级要素,包括现代交通、通信系统、高级人才、研究机构等,是后天性的。一般来说,基本要素的先天性优势不会维持太久,重要性会逐渐下降,必须向高级要素过渡。基本生产要素的不足往往成为企业开发高级要素的特殊动力。

中国是世界上最早生产纺织品的国家之一,经历了2 500多年漫长而辉煌的历史。一般来说,纺织服装的加工生产会尽量靠近纺织原材料的产地,因此,以棉、麻、毛、丝为主的服装原材料供应对纺织服装业的发展壮大形成了重要的推动力,有力促进了服装行业的出口贸易。在我国,天然纺织原料资源(如棉、毛、丝、麻、羊绒等)丰富,供应区域较为固定且集中。我国棉花产量居于世界前两位,占世界棉花产量的1/5左右[1],远远领先于世界其他国家;苎麻纤维产量只占我国纤维总量的1%,而在世界上却占到99%;我国是世界上最大的茧丝生产国,茧丝和蚕丝产量占到世界产量的70%以上;化纤产业在70年间从无到有、从小到大、从弱到强,现已发展成为世界化纤生产大国,化学纤维产量已占据全球70%以上。根据国家统计局数据,以棉花和化学纤维为例,2006~2022年的年产量如图1-4所示。可以看出:棉花的产量在2007年达到最高值760万吨,化学纤维产量在逐年上升后近三年始终处于6 000万吨/年以上。

---

[1] https://www.china-cotton.org/app/html/2021/02/20/89042.html

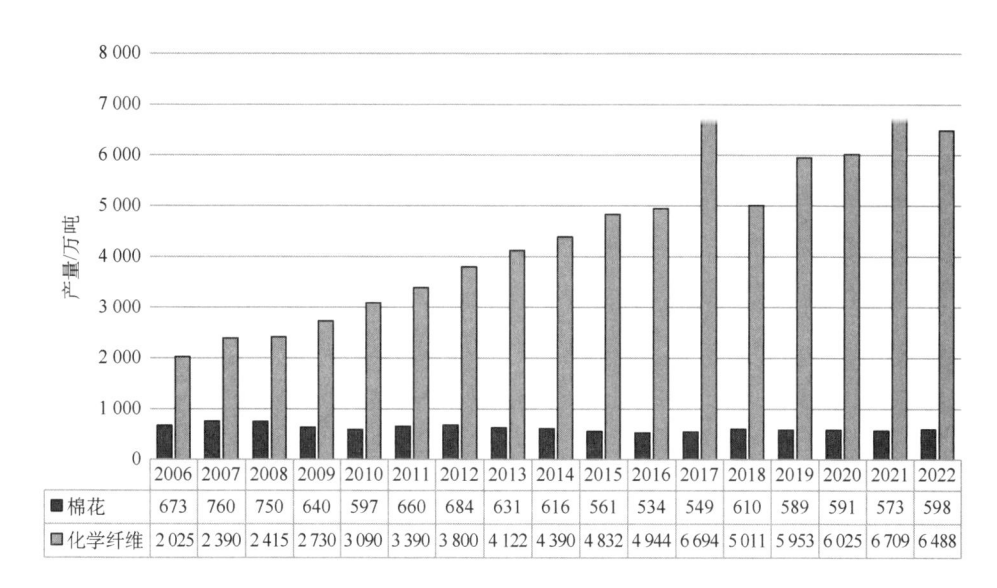

| 年份 | 2006 | 2007 | 2008 | 2009 | 2010 | 2011 | 2012 | 2013 | 2014 | 2015 | 2016 | 2017 | 2018 | 2019 | 2020 | 2021 | 2022 |
|---|---|---|---|---|---|---|---|---|---|---|---|---|---|---|---|---|---|
| 棉花 | 673 | 760 | 750 | 640 | 597 | 660 | 684 | 631 | 616 | 561 | 534 | 549 | 610 | 589 | 591 | 573 | 598 |
| 化学纤维 | 2 025 | 2 390 | 2 415 | 2 730 | 3 090 | 3 390 | 3 800 | 4 122 | 4 390 | 4 832 | 4 944 | 6 694 | 5 011 | 5 953 | 6 025 | 6 709 | 6 488 |

图 1-4　2006～2015 年中国纺织原材料的产量

中国丰富的纤维资源，为面料行业提供了充足的原料来源，面料加工能力处于世界前列。但值得注意的是，尽管我国服装原材料产量在全球排名靠前，但原材料质量、生产技术等与发达国家尚存在较大差距，这在一定程度上削弱了我国的服装出口竞争力，因此，在纤维材料领域实施创新驱动发展战略势在必行。

近年来，随着创新驱动发展战略在行业内的深入实施，科技发展取得显著成效，我国纤维材料技术进步成效显著。先进基础纤维材料在高效柔性化和差别化、功能性方面持续提升；涤纶、锦纶大容量、柔性化及高效制备工艺技术总体达到国际先进水平，通用纤维的功能改性向双功能、多功能复合改性发展，拓展了应用领域，提高了产品附加值；关键战略纤维新材料技术稳步提升，不断满足航空航天、国防军工、环境保护、医疗卫生等领域发展需求；碳纤维干喷湿纺和湿法纺丝工艺技术逐渐完善，生产效率进一步提升，高端产品品种逐步丰富；生物基纤维材料技术取得新进展，莱赛尔纤维产业化技术实现全国产化；纯壳聚糖纤维原料技术进一步优化，产品在高端敷料、战创急救、修复膜材、药物载体、组织器官等多领域广泛应用。

## 二、我国服装行业的竞争优势分析

分析世界发达国家服装工业的发展历程可以发现，劳动力成本在纺织服装行业竞争中越来越退居次要地位。因此，判断我国服装业的综合竞争力必须分析竞争优势。

所谓竞争优势，是指体制创新、技术创新、管理创新以及政府企业的其他经济活动对提高国际竞争力的影响。竞争优势归根结底来源于企业为客户创造的超过其成本的价值。竞争优势有两种基本形式：成本领先和标歧立异。迈克尔·波特（Michael Porter）教授认为：竞争优势来源于企业在装备、技术、产品、营销、交货等过程及辅助过程中所进行的许多管理活动。这些活动中的每一种都对企业的相对成本有所贡献，并且奠定了标歧立异的基础。因此进行竞争优势的分析可以以波特的竞争优势理论为基础，从企业生产经营的各环节入手。

以下从企业规模与产品结构、企业信息化和工业化的融合及数字化转型、管理体制、产业集群等方面将我国服装企业与其他国家的同类企业进行比较。

### 1. 企业规模与产品结构

随着国际经济一体化的步伐加快，企业竞争日趋激烈，要想在激烈的国际竞争中求得生存与发展，具备一定规模是提高企业集聚资产能力的基础。我国的服装企业众多而弱小，行业集中度较低，与国外优秀企业的实力存在差距。根据国家统计局数据，2015～2017年，我国规模以上服装企业（年主营业务收入2 000万元及以上）数量维持在15 000家以上，2018年起企业数量大幅下滑，2020年数量为13 300家。对于国内成千上万个大大小小的研发及设计能力和营销能力较弱而生产能力相对较强的"橄榄型"企业来说，一方面本身实力不足，另一方面对国际市场缺乏深入研究，导致企业竞争力不足甚至会自相残杀。更重要的是，行业的组织程度和企业管理水平有待提高，交易成本高，内耗大，尚未形成良好的企业生态。因此，在产业发展到规模竞争的当下，促使企业从"橄榄型"转变为"哑铃型＋圆柱型"，并通过并购重组打造若干个实业化的大型出口航空母舰和联合舰队，以实现企业业务的多元化布局和结构调整，巩固自身优势。

例如：由原韩都衣舍电商操盘手徐晓峰2021年创立的轻运动生活方式品牌"焦玛"，2022年4月宣布获得千万级融资金额，以用于产品矩阵补充以及渠道扩展。该品牌主要瞄准千亿运动休闲服饰市场，以"极致体感"为设计理念，以激发运动和生活热情为产品灵感来源，以"Enjoy it"为品牌理念，致力于为年轻女性提供可多场景穿着的功能性服饰。

又如：成立于 1996 年的森马集团有限公司，是国内知名的休闲服装企业。集团拥有休闲装"Semir"及童装"Balabala"两个知名服装品牌，是一家以虚拟经营模式为特色，以系列休闲服饰为主导产业的无区域集团，其品牌连锁店遍布全国，已形成了完整的市场网络格局。针对国内的中低端童装市场，旗下品牌 Balabala 已发展为国内童装市场占有率最高的童装品牌。很显然，森马想要占领国内高端童装市场，甚至扩展国外童装市场，仅仅靠一个 Balabala 明显不够。那么，通过并购扩大产业、增加自身服装种类则是增强企业和产品竞争力的最好办法。

在此背景下，2018 年 5 月 3 日，森马服饰通过全资子公司森马国际集团（香港）有限公司，以约 1.1 亿欧元（约合人民币 8.44 亿元）收购 Sofiza SAS 公司 100% 股权及债权，最终达到收购法国知名童装企业 Kidiliz 集团的全部资产。Kidiliz 集团成立于 1962 年，由 Josette 和 Roger Zannier 在法国南部城市 Saint-Chamond 创立，是欧洲中高端童装行业的领军企业。公司总部位于法国巴黎，旗下拥有 Z、Absorba、Catmini 等 10 多个自有童装品牌，同时还有 Kenzo Kids、Levi's Kids、Paul Smith Junior 等 5 个授权经营的时尚潮流童装品牌，产品涉及新生儿至青少年各个阶段。Kidiliz 集团在全球共有 8 家子公司，拥有 11 000 个销售网点和 829 家门店，同时在 6 个国家开设 11 个采购办公室，已全面实施全球化采购。

森马通过并购 Kidiziz，首先提高了效率。因为 Kidiliz 集团的相应童装品牌与巴拉巴拉品牌童装业务在品牌定位和主力市场上具有明确的互补性，在产品设计研发、国际市场经营和全球采购等价值链上具备整合效应，通过并购实现了公司在生产、运营和管理方面的协同，大大提高了效率。其次，通过并购，森马不仅减少了一个竞争对手，而且能够凭借公司在中国市场优秀的运营能力，协助 Kidiliz 公司发展中国业务，更好对接中国动力，加速中国市场扩张。最后，通过并购，森马服饰将拥有从大众到高端定位的多元和丰富的童装品牌组合，具备在欧洲和亚洲主要市场以及其他国际市场的市场进入和经营能力，并拥有全球化的供应链布局，能够更快进入国外市场。事实证明，森马集团并购 kidiliz 后，虽受到市场压力和新冠疫情的影响，但其业绩有所上升，净利润仍高于行业平均水平。

纺织服装业属于劳动密集型产业，其技术结构与禀赋结构的匹配度并不高，直接影响了纺织服装产品的价格。从我国纺织服装行业的产品结构看，一方面，出口商品以中低档、初加工产品为主，高附加值产品比重小，自主品牌仅占出口产品的 10%。这种状况不仅影响企业的利润水平，而且导致市场竞争环境恶化。例如：中国与东盟国家的纺织业产品同质化较为严重，其主要出口市场均集中于美国、欧洲、日本等市场，从而导致双边在国际市场的竞争越来越激烈。

另一方面，一些高技术含量产品在生产能力和质量上不能满足国内需求，只有依赖进口供应。如我国服装行业的面料问题已成为制约我国服装生产和出口发展的瓶颈。内外销服装生产采用进口面料的比重逐年增长，国产面料在产品质量、品种开发、起订批量、供货周期以及价格诸方面都不及进口产品的竞争能力。我国现有的高附加值、高增加值产品所占比例明显低于先进国家。

为此，在生产成本优势和价格优势弱化的情况下，我国纺织品服装出口企业已开始通过提升产品附加值和提高产品技术含量等方式，转向海外高端市场，从而摆脱低端市场同质化恶性竞争的束缚。根据国家统计局的数据，自 2021 年第三季度以来，服装出口价格总体涨幅明显，但存在原材料价格上涨、出口品类变化等因素影响，因此，通过技术创新提高我国服装产品的价格水平并改善产品结构至关重要。

**2. 企业信息化、工业化的融合及数字化转型**

传统服装产业作为劳动密集型产业，过去主要依靠人力生产，存在效率低、产能少等诸多制约行业发展的现实问题。但在国际环境日趋复杂、市场增长动力不足的当下，服装行业的生产、销售以及产业链均面临巨大压力。无论是人口红利优势的消退还是互联网对传统制造业的冲击，面对经济转型挑战，纺织服装产业的信息化改造是必然趋势。但目前纺织服装行业内大多数的中小规模企业以稳步发展为目标，过度依赖初级要素，研发水平相对落后，致使企业技术进步和产业升级缓慢。因此，挖掘成本优势外的核心竞争力，加速向数字化、网络化、智能化方向发展，推进信息化与工业化深度融合，是我国服装企业打破发展瓶颈的必由之路。在新一代信息技术和先进制造技术深度融合发展的新时期，服装行业正在由单纯的制造环节向先进制造和现代服务融合的方向发展。

多年来，中国纺织工业不断强化对传统产业的数字化开发与转化，不断完善从纤维材料生产、纺织染整加工到终端产品制造的全产业链制造体系数字化、智能化改造。互联网与智能化技术对服装企业的制造、营销、零售等多个方面产生了深刻影响。在制造方面，融合大数据、互联网远程监控、互联网即时数据技术的智能制造技术，推动企业向价值链两端延伸，从大规模流水线生产转向个性化定制生产，从以产品为中心转向以客户为中心，通过提高数字化效率实现价值创造，帮助服装企业用更少的人力和成本制造出更高质量的服装产品。在营销方面，在线下实体店安装互联网智能化设备（如智能导购、3D立体试衣镜等），通过舒适服务为消费者带来颠覆性的体验，有效推动企业重塑产业形态，在"制造＋服务"上创造新活力。在平台方面，通过工业互联网服务平台重构产业链的网络架构，为企业提供技术研发、生产制造、检验检测、品牌推广、人才培养等创新服务，实现信息资源的精准对接和专业技术共享，为产业升级与可持续发展提供支撑。为此，国内一批先进企业投身于数字经济，将各类高新技术和先进的生产方式不断引入行业。利用信息化建设生产环节管理系统，全方位提升生产效率。尤其是信息化率先深度融合工业化，大规模定制生产模式日趋成熟，"互联网＋"技术应用加快，企业级数据中心等云服务平台和供应互联网平台建设加快，深度推动了产业转型升级和创新发展。

例如：青岛红领集团以信息化与工业化深度融合为基础，克服了个性化和工业化不能兼容的困难，实践了流程再造、组织再造、自动化改造，同时通过与网络技术深度融合、与互联网深度融合等升级改造，形成完整的物联网体系，完成了单个服装生产单元年产定制服装150万套件的过程，开创了发展新局面，形成了发展新优势。

然而，国内服装行业的中小企业数量庞大，相当数量的中小服装企业在数字化、网络化的总体应用覆盖面和应用水平依然偏低。首先，服装CAD/CAM系统、计算机集成制造系统（CIMS）、企业信息网络系统等尚未得到广泛应用。企业的信息采集传递、产品设计、生产管理、电子商务等环节还不足以支撑小批量、高质量、多品种和短周期的现代化生产经营模式。其次，相较于高新技术行业而言服装行业待遇水平整体偏低，专业人才短缺，特别是既熟悉服装业务又熟悉信息技术应用的复合型技术人才更加匮乏。另外，资金、技术、人才更倾向于向大企业集聚，中小企业特别是小微企业在技术、人才等方面面临困境。因此，服装行业应通过解决技术难题、推动组织文化变革、加强数据管理和隐私保护、优化人才储备与培养，以实现数字化转型的突破和发展。重点培育服装三维设计、智能裁剪、柔性化生产、个性化定制、物料智能传送、供应链管理、门店运营、平台化设计、平台化营销等解决方案。不得不说，在今后的几年内，服装企业需要不断适应和应对新的技术变革，在阵痛与变革中加快转型升级，助推服装产业的数字化变革和精益化管理水平，以实现服装企业的竞争优势和可持续发展。

### 3. 管理体制

适时变革经营管理体制，建立高效灵活的组织结构是适应市场变化和增强竞争力的基本要求。改革开放以后，我国大多数服装企业的管理体制发生了变化，企业所有权与经营权分离、由单纯生产型向经营型转变；进入20世纪90年代，企业信息化建设不断增强，服装CAD、MRP等自动化制造技术使得生产制造流程趋于自动化，一定程度上提升了企业应对市场环境变化的反应速度和决策效率。近年来，随着互联网技术的发展与应用，企业内部资源的整合、重组使得过去单一的信息效应变为网络间的经济效应。而面对互联网＋纺织的未来发展趋势，服装企业依然存在管理体制不成熟、激励机制不健全和创新意识有待提升等诸多问题。因此，创新企业内部组织模式、管理机制、提升价值创造能力对于服装行业转变发展方式、优化经济结构和转化增长动力至关重要。

首先，我国已经形成的全球规模最大、最完备的纺织产业链，使得任何一个厂商都可以在中国的纺织产业集群地比较容易地寻找到上下游合作伙伴，同时也方便上游面料及辅料企业更好的服务客户，有效地减少了运输成本、缩短供货时间，从而使众多的服装企业能够更好地满足"小批量、多品种、快交货"的需求。但尚需不断加强企业管理信息系统及局域网建设，构建信息集成系统，实施信息共享策略，加快企业内外部资源的整合和利用，促进企业供应链全过程管理工作的顺利开展。

其次，随着大数据、云平台、电子商务和跨境电商等业务蓬勃兴起，中国服装行业要紧跟科技潮流，积极应对发展理念、组织方式、管理方式以及消费者触达方式等时代变革，加快企业数字化转型的集成创新，促进新零售业态和品牌样式的蓬勃发展，持续推动企业和品牌继续向高端化和时尚化发展。

再次，组织结构和文化变革是服装企业加快转型升级的重要途径。相对传统和保守的组织结构和文化，使得服装企业缺乏适应数字化转型所需的灵活性和创新性。因此，企业要制定明确的转型策略，重新设计组织架构，培养数字思维和管理创新，引入新的工作方式和创新实践，推动数字化转型取得实质性进展。

最后，在新一轮科技革命和产业变革突飞猛进的背景下，科技创新已经成为重塑产业生态、引领产业升级的核心要素，而跨产业链、跨领域的协同融合创新是推进产业基础高级化、产业链现代化的源动力。服装行业仍将需要进一步完善产业科技创新体系，不断强化骨干企业、科研院所、高等院校科研力量等创新主体对集聚创新要素、激活创新资源、培养创新人才、转化创新成果的引领作用，加强行业技术创新中心、创意设计平台、产业技术创新联盟、产学研用联合体等跨领域创新平台的建设和使用效率，推进新材料、新技术、新模式、新业态在行业的转化应用和资源共享，构建从纤维面料、产品制造到终端服务的全产业链协同创新生态。

**4. 产业集群**

随着全球经济的快速发展，产业集群已成为一种世界性的经济现象。集群化使产业呈现区域集聚发展的态势，这种现象由发达国家延伸到发展中国家，并且发展迅速。尽管有些国家和地区的产业集群不够成熟，有的甚至不能成为集群，而是简单的产业集聚，但各个国家的多种行业都在朝着集群方向发展。

所谓产业集群是指同一产业（指狭义的产业，如服装产业等）的企业以及该产业的相关产业和支持产业的企业地理位置上的集中。纺织服装产业在产业空间组织形式上表现为"区域集聚"，是纺织服装业的突出特征，是一种新的空间产业组织形式：如意大利的毛纺厂商集聚在两个小镇上，美国的高档时装集中在纽约的大道上等。由于产业集群超越了一般产业范围，形成了特定地理范围内多个产业相互融合、众多类型机构相互联结的共生体，从而构成这一区域特色的竞争优势。

纺织行业作为我国支柱产业之一，也毫不例外地出现了许多集群地。我国一些地区曾以原材料资源优势、地理区位优势和工艺传统优势形成过一些在全国乃至世界知名的"丝绸之乡""刺绣之乡""蜡染之乡""桑麻之乡"等。纺织服装产业集群是我国纺织业的一个重要产业组织形式，也是我国纺织服装业在国际上取得竞争优势的源泉之一。

解放前，我国纺织业主要集中在广州、大连、上海、青岛、天津等沿海地区和交通枢纽城市。解放后，在计划经济体制下，全国各地大力发展纺织工业，在中、东、西部形成一批纺织工业基地。但条块分割的计划经济抑制纺织服装工业走向有序的集中，每个县都有一家棉纺厂、一家织布厂和几家服装厂。改革开放后，随着社会、市场经济的发展，在市场开放程度较高的地区出现了包括纺织服装业在内的中国产业集群现象：广东的珠江三角洲地区（家用电器业）、江苏的环太湖地区（纺织行业）、浙江的宁波和温州地区（服装行业）、福建的闽东地区（电器和制鞋行业）。近年来，随着服装行业的快速发展，服装产业集群获得长足发展。目前全国服装产业集群主要集中在东部沿海经济发达地区，以长三角、珠三角、海西地区和环渤海三角洲为主，特别是江苏、浙江、福建、山东和广东五省。近年来随着中西部经济的发展，服装产业开始有计划地逐渐向中西部地区梯度转移，并开始在中西部形成一些产业相对聚集的地方。特别是长江三角洲、环太湖区、杭嘉湖地区、宁波、温州以及珠江三角洲地区等，区域以个别县、镇为中心，集中某种产品的社会化生产，形成了纺织服装产业的集群。我国纺织服装产业集群大多属于专业市场依托型集群，即集群内企业主营同一种产品，并通过区域内或邻近地区专业市场进行经营，形成了产业的综合竞争力。

目前，中西部地区各级地方政府都在积极引导和促进本地区产业集群发展，以河南、湖南、四川、重庆为代表的地区产业集群发展势头较为快速，产业集群尚处于培育成长期。由于具备产业集群发展所需的自然资源、土地资源和劳动力资源的优势，中西部地区传统产业集群发展有很大潜力，有望承接东部传统织服装产业集群。

纺织服装业的产业集群不仅提高了区域的生产力水平，而且推动了改革的步伐，为生产力的进一步发展奠定基础。同时，产业集群又能够刺激新兴产业的产生，而新兴产业的发展又反过来使产业集群得到扩张和加强，进一步凸显产业集群效应。

但是，我国纺织服装行业的产业集群主要是在自发中发展起来的。随着产业集群的渐成规模和影响力的不断扩大，产业体系发展不完善，集群内缺乏合作、协同性差、自主创新能力较弱等问题日渐突出。因此，要进一步提高产业集群的竞争力，首先必须要培育先进的产业集群，这是提升产业链现代化水平、打造竞争新优势的重要途径。也就是说，服装行业将依托集群优势，加强与高等院校、科研院所联动，合力搭建创新平台，聚焦先进的创意研发、生产制造、质量标准、管理运维等新技术，形成完善的技术创新体系和宽容宽松的创新文化氛围。其次，围绕产业链、创新链和价值链构建专业高效的分工协作机制，集群外部要打破行政边界限制，在不同区域、不同类型、不同产品特色的产业集群之间加快构建优势互补、协同创新的跨区域融合发展格局，实现技术、产品的高质量引进和高水平输出；集群内部要发挥龙头企业、重点企业的牵引带动作用，深度整合上下游要素资源，以点带线、以线扩面，进行产业链上下游垂直整合和跨领域产业链横向拓展，带动提升上下游中小企业创新协同能力，逐渐形成"链主"企业引领带动、上下游"专精特新"中小企业紧密配合的组织网络，使产业链供应链更加灵活和富有韧性，构建协同创新的产业链上下游和产供销融合发展新生态。

综上所述，我国传统服装业所具有的比较优势正面临全球服装产业链格局调整的挑战。随着服装产业结构升级和数字化转型，我国服装企业的竞争优势在不断增强，但依然需要在管理体制和技术改革方面等方面持续创新，努力提升服装产业的竞争优势。

## 第三部分　项目实操

### 一、项目任务

基于服装行业发展历程和对外贸易现状的了解，对自己熟悉的某一服装企业的经营现状及优劣势进行分析，分组完成企业发展分析报告。

### 二、完成要求

（1）班内同学自由组合，3~4人为一组。

（2）采取文献调研、专家访谈等多种方法相结合。

（3）组内明确个人分工与任务，合作完成小组分析报告。

（4）注意以官方数据、文献库论文以及企业人员专访为主要信息来源。

（5）采用海报形式，以小组为单位进行项目汇报。

# 第四部分　案例学习

## 中国体育运动服饰品牌的发展之路

中国体育运动服饰品牌的发展历史并不长，但已经形成了全世界独一无二的"全体育产业链"，即便是一件专业运动服需搭配的拉链、扣子、包装盒，都能够在国内找到最专业的匹配厂家。目前，已涌现出一批具有一定知名度的国内体育品牌，如李宁、安踏、特步等。回顾中国运动服饰品牌的发展历程可以发现，1991~2007年是一个群体特征明显但个体特性模糊的年代，低成本+大市场+奥运营销+天价广告费几乎是所有运动品牌发展的共同范式。而随着消费升级和国潮的兴起，多元体育需求涌现，运动服饰市场开始从大众化向专业化和细分化发展。特别是自2008年北京奥运会举办以来，国内运动品牌初步形成了具有自身特色的产品和品牌定位，并建立了与自身发展相适应的比较完备的营销网络体系，国际知名度逐渐提升。同时，本土运动品牌引领和完善了中国体育产业的升级，极大地推动了全民健身运动的发展，实现了中国体育产业升级的社会价值和商业利益。

2008年北京奥运会，德国运动品牌阿迪达斯作为官方合作伙伴，为中国体育代表团提供领奖服装，这是一桩价值2亿美元的"大生意"；14年后的北京冬奥会开幕式上（2022年2月4日），经历了从"让世界认识中国"到"让中国拥抱世界"的伟大转变，中国本土运动品牌安踏替代阿迪达斯而成为北京冬奥会中国代表团提供领奖服装的官方合作伙伴。安踏体育用品有限公司，作为国内集设计、生产、销售于一体的综合性、多品牌的体育用品品牌公司，其主品牌的发展可以说是我国体育服饰行业发展的一个缩影，反映了中国本土运动服饰品牌的发展历程（如图1-5所示）。

中国体育运动服饰市场大致经历了以下几个阶段：

（1）2008年，"洋品牌"的战场

在2008年北京奥运会之前，中国的本土运动品牌既没有资历、也没有能力以及强烈的意愿和国外顶级运动品牌在奥运会这样的赛场上进行比拼。当时的奥运会和当时的竞技赛场，只有阿迪达斯（成立于1949年）和耐克（成立于

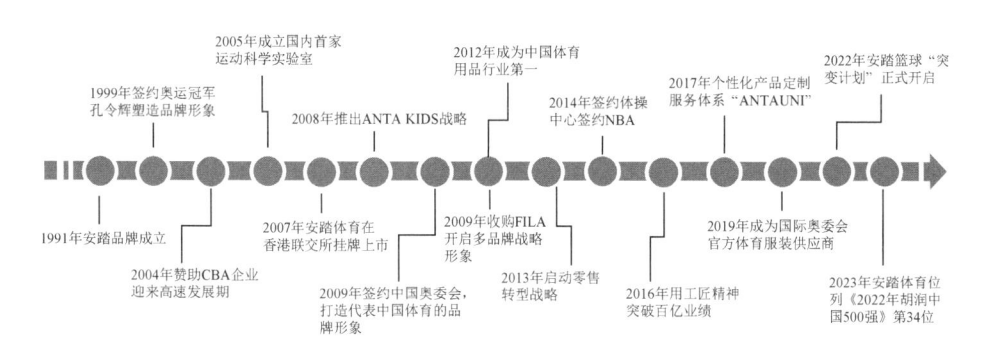

图 1-5  安踏品牌发展历程图

1972 年）这两家"顶级运动服装生产商"被大众所认可。奥运会蕴含的顶级商机，以及潜力无尽的中国市场，使这两家体育品牌巨头早在 1991 年北京市提出申办 2000 年奥运会之时便已开始布局。而在 1990 年，"体操王子"李宁创立了国内专业体育品牌"李宁"，1991 年福建晋江的一家制鞋作坊门口第一次挂上了安踏的标志。1999 年，安踏"我选择我喜欢"品牌口号的推出，率先开创了国内"体育明星＋央视"的营销模式。凭借之后对奥委会、CBA 在内多个重要赛事的赞助，安踏持续打开了品牌知名度。品牌的提升拉动了销售的强劲增长，营业额迅速从两千多万元突破到了两个亿元。至此，安踏完成了从生产到品牌批发的构建，并着重在二三线城市渗透。

（2）本土运动品牌的"颠覆之战"

国外运动品牌相对保守的运营思路和较慢的产品更新换代速度为中国本土运动品牌让出了较大的发展空间。2005 年，安踏花费近千万资金建立了中国体育用品行业首家、也是迄今为止唯一一个获得国家认定的国家级企业技术中心。该中心目前累计获得专利超过 1 400 项，在美国、日本、韩国、意大利都设有安踏的设计研发中心，整体的研发费用在总销售成本中占比超过 5%，保证了国产品牌产品的更新换代和新科技的快速应用。一般来说，国外三大品牌（耐克、阿迪达斯、彪马）更新换代速度相对较慢，其中耐克"换代"相对较快，阿迪达斯的运动装备约 1 至 2 年换代，彪马的运动装备约 3 年换代。据相关市场调查结果，现在"00 后"和"05 后"的青少年，对国产运动品牌钟爱有加，远超"70 后"和"80 后"；即便是习惯了选择外国运动品牌的"70 后"和"80 后"，也开始选择本土品牌。其主要原因则在于本土品牌的设计（好看）、质量（好用）、价格（好买）等因素，但市场反馈快，更新换代迅速，新科技的含量越来越高，是国外三大品牌无所能及的。

然而，耐克和阿迪达斯围绕着2008年北京奥运会所做的一切活动，包括整体战略思路的确定、专业产品的设计开发、与各项目国家队的沟通，包括体育品牌公司的管理机制、运营模式和销售渠道的终端落地，对我们中国本土的体育（运动）品牌产生了巨大的影响。中国本土运动品牌在2008年北京奥运会结束后的猛烈爆发，恰恰顺应了中国体育乃至中国制造业近年来的不断发展壮大。可以说在中国本土体育品牌的发展上，2008年（夏奥会）是起点，2022年（冬奥会）是冠军点。

2009年6月，安踏与中国奥委会达成战略合作协议，成为2009~2012年中国奥委会体育服装的合作伙伴，为中国体育团参加2010温哥华冬奥会、2010广州亚运会以及2012伦敦奥运会等11项重大国际赛事提供冠军装备。2012年的伦敦奥运会，随着中国奥运健儿在赛场上不断夺取奖牌，安踏精心打造的"冠军龙服"领奖服也通过电视转播被众多中国消费者所熟悉。2013年，安踏积极采取了两方面措施来推动行业复苏。一方面在公司内部启动"以零售为导向"的业务模式转型，从零售文化建设、管理效率提升、柔性化供应链、库存有效控制、渠道优化等方面着手，对企业进行全方位的转型升级。另一方面在品牌、产品、新业务等几个领域自主创新，加强品牌专业形象，提升品牌和产品的差异化，透过FILA、安踏儿童体育用品系列来推动公司在高潜力市场的发展。

2017年3月1日，安踏推出了处于行业领先地位的个性化产品定制服务体系"ANTAUNI"，提升了消费者对商品的认知和期待，该服务不仅可以满足消费者对功能性的追求，而且能够满足消费者对产品外观时尚度和个性化等的更高要求，此举推动了行业深层次挖掘消费者需求，实现了自我变革。

安踏自主研发的装备成为中国本土运动品牌值得骄傲的资本。2018年平昌冬奥会上荣获短道速滑500米比赛的中国代表团唯一一枚金牌获得者武大靖，身穿的比赛服就是安踏自主研发的"雷霆之星"。短道速滑对于比赛服的要求极高，不仅要考虑速度，还要为运动员提供安全防护，"雷霆之星"采用全身单层防切割面料，突破传统比赛服双层设计理念，同时采用梯度压缩面料减少肌肉颤抖、增加乳酸代谢的速度以提高运动成绩。这件比赛服相比短道运动员之前的速滑服轻了30%，抗风阻能力提升了30%，抗切割能力提升了60%以上，保暖性更是大幅提升。冰雪项目国家队的比赛服装过去长期依靠进口，而如今完全能够实现国产替代。

（3）本土品牌托起"全民健身"

除了顶级的竞技舞台，中国体育产业升级的直接效果，是运动产品"步入寻常百姓家"，为"全民健身"提供了强力依托。2019年9月2日，国家体育总局领导解读《体育强国建设纲要》时表示，"中国体育产业发展后劲比较强，发展增速会保持较高的增长水平，经科学测算，预计到2035年，我们体育产业总量占GDP比重将达到4%左右，有望成为国民经济发展的支柱性产业"。2019年10月29日，国际奥委会在瑞士洛桑国际奥林匹克博物馆正式宣布安踏成为国际奥委会官方体育服装供应商。2021年6月25日，由安踏精心打造的中国体育代表团领奖服将中国传统文化、东方美学及先锋科技融于一身，受到了在场运动员的一致好评。

2021年1~7月，安踏集团在天猫行业类目的总流水超越包括耐克与阿迪在内的所有国际品牌，首次代表中国品牌登顶。2021年10月25日，国家体育总局在官方网站正式发布《"十四五"体育发展规划》，明确了围绕体育强国建设、力求推动"十四五"体育重点领域实现高质量发展的目标。其中对"体育产业发展形成新成果"的目标明确表述为：体育产业高质量发展取得显著进展，产品和服务供给适应个性化、差异化、品质化消费需求，基本形成消费引领、创新驱动、主体活跃、结构更优的发展格局；体育产业总规模达到5万亿元，增加值占国内生产总值比重达到2%，居民体育消费总规模超过2.8万亿元，从业人员超过800万人。2022年9月，安踏篮球发布最新的"要疯"LOGO，篮球"突变计划"正式开启。2023年1月，安踏体育位列胡润研究院发布的《2022年胡润中国500强》排名第34位。

安踏是中国体育产业升级过程中的领跑者——国际奥委会和中国奥委会合作伙伴的"官方身份"充分证明了这一点。随着中国本土运动品牌的迅猛发展，中国体育品牌在品牌形象、技术创新、营销策略和品牌国际化方面都取得了长足的进步。中国体育产业不但进入到了自给自足的新阶段，而且已经开始"反哺"国际体育组织。相信将来一定会有更多的"中国制造"在全球体育产业链中占据越来越重要的地位。

# 第五部分　知识拓展

## 创新：纺织服装产业高质量发展的关键

党的二十大报告指出，教育、科技、人才是全面建设社会主义现代化国家的基础性、战略性支撑。科技创新提供发展动力，人才集聚创造力量，教育则是构成创新发展和人才育成的基础。以高质量的教育推动纺织行业高质量的发展，是建设现代纺织产业的重要方向和必由之路。

### 1. 中国纺织强国建设取得决定性成就，创新是关键支撑

党的十八大以来，中国纺织工业加速由中国制造向中国创造、中国速度向中国质量、中国产品向中国品牌转变，行业实现了历史性飞跃。中国纤维加工总量从 2012 年的 4 540 万吨提升到 2021 年的超过 6 000 万吨，占世界纤维加工总量 50% 以上；化纤产量从 2012 年的 3 837 万吨增长到 2021 年的 6 709 万吨，占世界比重的 70% 以上；纺织品服装出口额从 2012 年的 2 551 亿美元增长到 2021 年的 3 155 亿美元，占全球纺织品服装出口比重的三分之一以上。产业规模优势、体系优势不断强化，生产制造能力与国际贸易规模稳居世界首位。衣被天下，布满全球，行业已成为维护全球纺织服装产业链供应链韧性和稳定的关键力量。

量的增长和质的提升来自长期的创新积累。中国纺织工业始终把创新摆在发展全局的核心位置，以创新能力的系统性提升改变产业结构与生态、重塑价值与优势。材料技术、工艺技术的创新推动产品的品质与品类持续提升；智能装备、增材制造的突破推动制造的成本与效能大幅优化；生产管理方式、市场连接方式的调整促进组织结构与价值体系加速升级。创新成果的涌现重新定义着行业的市场空间和场景边界。从传统衣着到医疗卫生、环境保护、交通运输、土工建筑、航空航天、安全防护等重点领域，行业应用不断延展，满足着人民日益增长的美好生活需要。

创新一以贯之，发展一往无前。新时代新征程，纺织工业作为中国式现代化的重要参与者，将为全球产业的发展持续贡献中国力量、中国智慧和中国方案。在更加宏阔的未来中，行业更加需要持续提升创新能力。

**2. 面对新的环境与形势，创新是纺织行业可持续发展的破局之道**

"Permacrisis"作为 2022 年柯林斯词典的年度词汇，意思是"长期不稳定和不安全"，这正是当前全球形势的真实写照。世界之变、时代之变、历史之变正以前所未有的方式展开。更密集的风险与挑战、更深远的机遇与可能加速形成，把握时势，需要创新。

（1）创新是化解经济风险的战略主动。全球经济发展动力不足，呈现高震荡、低增长特征。通胀风险、债务风险、利率风险相互叠加，经济陷入衰退风险。与此同时，快速变化与不稳定成为市场的核心特征，市场分化加剧是一个显著特征。与高端消费的活跃相比，中低端消费市场明显萎缩。作为高度全球化、以中小企业为主的产业，纺织行业发展面临着较大压力。穿越经济低迷、应对"存量博弈"、适应市场激变，需要以创新驱动和高质量供给创造和引领有效需求。

（2）创新是维护产业安全的战略支撑。中美战略博弈、俄乌冲突仍在加剧，地缘政治格局调整正在更大范围、更多领域波及全球合作，产业竞争更加激烈。科技力量孕育着全球创新经济地理新形态。从《国家安全战略》到《先进制造业国家战略》，美国对我国创新的系统性遏制愈演愈烈。欧盟的科技政策从"开放世界"转向"开放性战略自主"，对外也在强化科技治理和科技规约。"全球生产体系割裂和技术对峙"给全球的利益和价值带来严重挫折。提升发展韧性，筑牢发展基础，需要核心技术的自主突破，需要以更加开放的姿态融入全球科技创新体系。

（3）创新是破解资源环境约束的战略举措。《全球风险报告（2022）》显示，全球十大社会与环境风险中，五个与环境有关。环境风险正在经济社会各领域产生连锁效应，形成系统性冲击。资源矛盾尤为突出。与此同时，绿色规则在全球范围内加速形成。据统计，截至 2021 年底，已有 136 个国家、115 个地区提出"碳中和"目标。这些规则正在深刻改变着产业的比较优势和竞争维度。麦肯锡测算，到 2050 年高达 33% 的脱碳缺口需依赖新兴技术弥补。从根源上突破资源环境束缚，就要充分发挥创新作用，形成新的投入产出关系。

**3. 重塑产业的结构与生态，创新创造新价值、新优势**

从产业自身出发，创新决定着价值高线与安全底线，也决定着现实边界与未来空间。当前,我们正在进入创新的密集期、活跃期。麦肯锡预测,未来十年的技术进步将超过之前 100 年的总和。创新创造呼啸而来,冲击着原有的产业生态,塑造着新的发展机遇。

(1)把握数字经济发展的时代机遇。数字经济催生着新的生产力和生产关系,已成为全球主要经济形态。2021 年全球 47 个主要国家数字经济增加值达 38.1 万亿美元。以分析挖掘、仿真渲染、感知交互、安全可信为方向,技术驱动下行业的数字应用场景正在打开。

新的制造模式。以工业互联网为支撑,智能制造技术应用的融入驱动着流程的优化与再造,推动着全要素生产率提升。机器人的发展正在形成改变要素成本结构、塑造全新投入产出关系的潜力。全球工业机器人市场规模快速扩大,2021 年安装量同比增长 27%。

新的市场模式。移动、泛在的网络将更多市场主体与商业场景连接起来,实现了范围经济与规模经济的高度统一。跨境电商、直播电商、兴趣电商等新业态持续涌现。2022 年上半年农村网络零售中,纺织服装交易额占 25.9%。

新的场景模式。VR 技术和 Web3.0 框架的发展催生了虚拟偶像、元宇宙等业态与模式,为行业带来新的价值空间。众多的时装周已经推出了虚拟走秀。在虚拟与现实的深度交融中正在形成以沉浸交互体验为核心的"超级现场"。

新的创新范式。数据驱动创新与研发已经形成新的实践。高通量计算、制备与表征,机器学习等技术推动新材料的研发模式发生重大变革。远程学习、研究和交流已经发展为常态,提升知识与创新的范围与深度。

拥抱数字经济,已是行业共识。全流程、全场景、全触点、全生命周期的数字化转型,将重塑产业发展的新动能和新可能。

(2)把握生物经济发展的时代机遇。生物经济成为世界经济增长的下一个风口。生物医药、生物育种、生物材料、生物能源等领域的技术加速演进,深刻改变着材料供给、生产方式和应用空间。世界上主要国家都在强化生物经济的战略部署,全方位推进产业发展。美国启动 20 亿美元的"国家生物经济与生物制造计划";中国发布首个《生物经济发展"十四五"规划》。纺织行业与生物经济有天然联系,在融合中正在形成新领域新赛道。

(3)把握绿色经济发展的时代机遇。绿色经济是以低碳、资源效率和社会包容性为特征，创造生产、生活、生态和谐之美的经济形态，是理念与实践的统一、现实与未来的统一。以"双碳"目标为战略导向，全球的政策资源、金融资本、市场创新正以指数级的速度向绿色经济集聚，改变着产业的价值逻辑。

（4）把握创意经济发展的时代机遇。创意经济以知识为基础，在文化与科技的融合中推动物质创造与精神创造协调统一，是塑造情感价值、美学价值和体验价值的巧实力。创意经济推动行业适应变化、创造需求、提升价值。创意经济源自文化价值的挖掘、生活方式的转化、消费体验的创造。创新产生价值。创新驱动本质上是人才驱动。只有拥有一流的创新人才，才能产生一流的创新成果，才能拥有发展的主动与优势。随着中国纺织进入高质量发展的新阶段，知识工作的比重在加大，新职业新岗位持续涌现，创新型、技术技能型、复合型人才需求更加紧迫。构建规模宏大、结构合理、素质优良的人才队伍是当前和今后一段时期的重要任务。

# 专题二　何谓供应链

20世纪末以来，随着科学技术的进步和经济全球化的发展趋势，信息网络和全球化市场逐步形成，围绕新产品、新服务的市场竞争正日趋激烈，全球市场竞争环境发生了很大的变化。同时，技术进步和需求多样化使得纺织服装产品的生命周期日渐缩短，纺织服装企业面临着缩短交货期、提高产品质量、降低成本和改进服务的重重压力。所有这些都要求纺织服装企业能对不断变化的市场做出适应性反应，并调整市场战略与业务流程，以恰当的方式满足用户需求与服务，从而占领市场。此时的市场竞争主要围绕为满足用户需求、适时提供合适的产品和服务而展开。

然而，传统的企业管理模式已不能适应变化的形势，制造加工过程中技术手段的运用对提高整个产品竞争力的潜力逐步缩小。为了进一步降低产品成本和满足客户需求，人们开始将目光从管理企业内部的生产过程转向产品全生命周期中的供应环节和整个供应链系统，供应链管理应运而生。本章将从供应链的基本概念出发，介绍供应链及其不同形态间的关系。本章教学目标如图2-1所示。

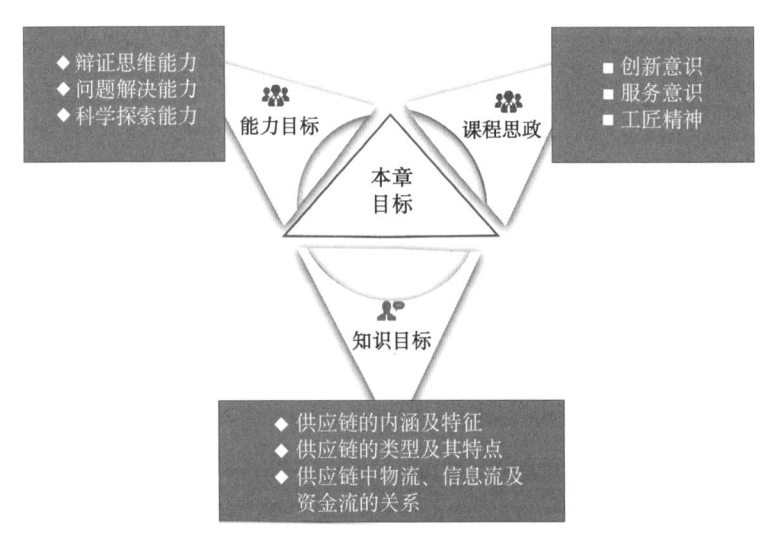

**图2-1　本章教学目标**

# 第一部分　问题导入

生活中我们越来越多地听到"供应链""服装供应链"以及"供应链大会"等,那么"供应链"究竟是什么? 为什么越来越被企业和大众所重视?

# 第二部分　理论、方法及策略基础

## 第一节　供应链的概念及其特征

### 一、供应链的概念

供应链(Supply Chain)是一种客观存在的事物,但人们对供应链的认识和研究却经历了一个从简单到复杂、从内部到外部、从理论到实践的过程。 目前尚未形成统一的定义,但许多学者从不同的角度出发给出了不同的定义。

早期的观点认为,供应链是制造企业中的一个内部过程,它是指把从企业外部采购的原材料和零部件,通过生产转换和销售等活动,再传递到零售商和用户的一个过程。 可见,传统的供应链概念只局限于企业的内部操作层面,研究的重点在于如何提高企业内部资源的有效利用,提高生产运作效率。

有些学者把供应链的概念与采购、供应管理相联系,用来表示与供应商之间的关系,这种观点得到了研究合作关系、准时制、精细供应、供应商行为评估和用户满意度等问题学者的重视。 但这样一种关系也仅仅局限在企业与供应商之间。 此时的研究,仍以制造企业自身为主体,谋求更为稳定、高效的外部原材料供应,而且供应链中的各个企业独立运作,忽略了与外部供应链成员企业的联系,往往造成企业间的目标冲突,跨企业的系统资源配置不能得到优化。 比如,对于服装制造商而言,它是供应链的一部分,其上游有面料生产商和纤维生产商,下游包括服装的分销商和零售商以及最终消费者,供应链上包含了许多不同的企业,但彼此之间并没有太多的协作。

后来，供应链的概念注意了与其他企业的联系，注意了供应链的外部环境，认为它应是一个"通过链中不同企业的制造、组装、分销、零售等过程将原材料转换成产品，再到最终用户的转换过程"，这是一个更大范围、更为系统的概念。此时的研究认为，供应链为涉及从原材料至最终用户的各种经济活动，包括寻找资源、采购、生产规划、订单处理、库存管理、运输、仓储和消费者服务等，重要的是，还包括监控这些经济活动的整个信息系统。

例如，美国的史迪文斯（Stevens）认为："通过增值过程和分销渠道控制从供应商的供应商到用户的用户的流就是供应链，它开始于供应的源点，结束于消费的终点"。伊文斯（Evens）认为："供应链管理是通过前馈的信息流和反馈的物料流及信息流，将供应商、制造商、分销商、零售商，直到最终用户连成一个整体的模"。这些定义都注意了供应链的完整性，考虑了供应链中所有成员操作的一致性（也就是链中成员的关系）。

而到了最近，供应链的概念更加注重围绕核心企业的网链关系，如核心企业与供应商、供应商的供应商乃至与一切前向的关系，与用户、用户的用户及一切后向的关系。此时对供应链的认识形成了一个网链的概念，像丰田、耐克、尼桑、麦当劳和苹果等公司的供应链管理都从网链的角度来实施。哈理森（Harrison）进而将供应链定义为："供应链是执行采购原材料、将它们转换为中间产品和成品、并且将成品销售到用户的功能网"。这些概念同时强调供应链的战略伙伴关系问题。菲力浦（Phillip）和温德尔（Wendell）认为供应链中战略伙伴关系是很重要的，通过建立战略伙伴关系，可以与重要的供应商和用户更有效地开展工作。

在我国2001年发布实施的国家标准《物流术语》（GB/T 18354—2001）中，供应链的定义是这样的：生产及流通过程中，涉及将产品或服务提供给最终用户活动的上游与下游企业所形成的网链结构；而在2021年新发布实施的国家标准《物流术语》（GB/T 18354—2021）中，供应链的定义修改为：生产及流通过程中，围绕核心企业的核心产品或服务，由所涉及的原材料供应商、制造商、分销商、零售商直到最终用户等形成的网链结构。由此可见，新的《物流术语》对供应链的定义更加全面具体，细分了供应链所涉及的上游、下游企业，体现出了二十年间供应链所发生的变化。

我国学者马世华教授所给出的供应链的定义是：供应链是围绕核心企业，通过对信息流、物流、资金流的控制,从采购原材料开始,制成中间产品以及最终产品,最后由销售网络把产品送到消费者手中的将供应商、制造商、分销商、零售商、直到最终用户所连成的一个整体功能的网链结构模式。

根据上述定义,我们不难得出如图 2-2 所示的供应链示意图。

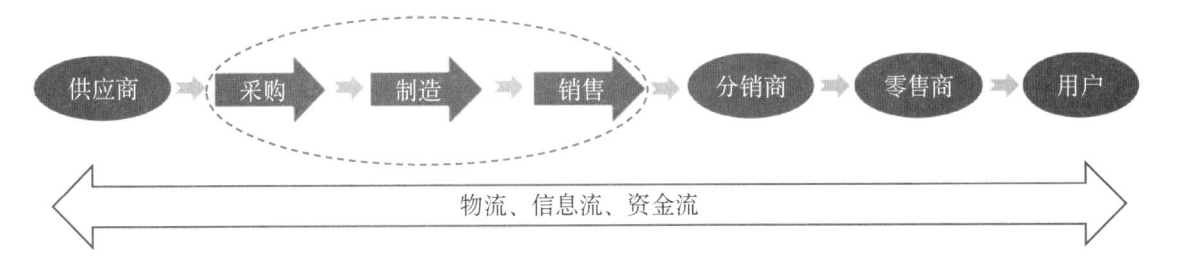

```
供应商 → 采购 → 制造 → 销售 → 分销商 → 零售商 → 用户
         ←──── 物流、信息流、资金流 ────→
```

图 2-2 供应链示意图

对于这个定义,主要从以下几个方面理解:

(1)它是一个范围更广的企业结构模式。在供应链中包含了所有加盟的节点企业,从原材料的供应开始,经过链中不同企业的制造加工、组装、分销等过程直到最终用户。它把供应链看成是一个不可分割的整体,是一个更广泛的企业结构模式。

(2)强调了供应链的战略合作伙伴关系。从形式上看,顾客是在购买商品,但实质上是在购买能带来效益的价值。各种物料在供应链上移动,其实是一个不断采用高新技术增加其技术含量或附加值的增值过程,也就是说,供应链不仅是一条联接供应商到用户的物料链、信息链、资金链,而且是一条增值链,物料在供应链上因加工、包装、运输等过程而增加其价值,给相关企业都带来收益。

(3)供应链的网链结构取决于诸多因素。对于一条供应链来说,其网链结构中包含哪些企业,各自应出现在什么位置,相互之间的关系如何等受到很多因素的影响。例如:服装供应链所生产产品的复杂程度不同,其涉及的原材料的种类以及需经过的环节则不同;面料供应商的供货能力以及可选择的供应商的数量,则可能影响到服装供应链中供应商的数量、彼此之间的合作以及整个供应链的绩效。也就是说,所有影响产品生产、供应、销售直至用户的因素,都有可能影响到供应链管理系统的网链结构。

(4)供应链的网链结构包括供应链的长度(所包含的层面数)和宽度(各层面供应商或客户的数量)和各层面之间的联系方式。

上述关于供应链的各种定义尽管不尽相同，但还是能够反映供应链的基本内容和实质。实际上，供应链的范围比物流要宽，不仅将物流系统包含其中，还涵盖了生产、流通和消费。从广义上来讲，它涉及企业的生产、流通，并连接到批发、零售和最终用户，既是一个社会再生产的过程，又是一个社会再流通的过程。从狭义来讲，供应链是企业从原材料采购开始，经过生产、制造，到销售直至最终用户的全过程。这些过程的设计、管理、协调、调整、组合、优化是供应链的主体；通过信息和网络手段使其整体化、协调化和最优化是供应链的内涵；运用供应链管理实现生产、流通、消费的最低成本、最高效率和最大效益是供应链的目标。供应链是由各种实体构成的网络，网络上流动着物流、资金流和信息流。这些实体包括一些子公司、制造商、仓库、供应商、运输公司、配送中心、零售商和用户。一个完整的供应链始于原材料的供应商，止于最终用户。

## 二、供应链的结构模型

供应链作为习惯称呼，指的是从上下游关系来理解供应商的供应商到用户的用户之间的关系。事实上，它不可能是单一的链状结构，而是交错的链状网络结构，企业处于相互依赖的网络中心，各企业通过优势互补结成联盟。根据供应链的定义，供应链的网链结构可归纳为图2-3所示的模型。

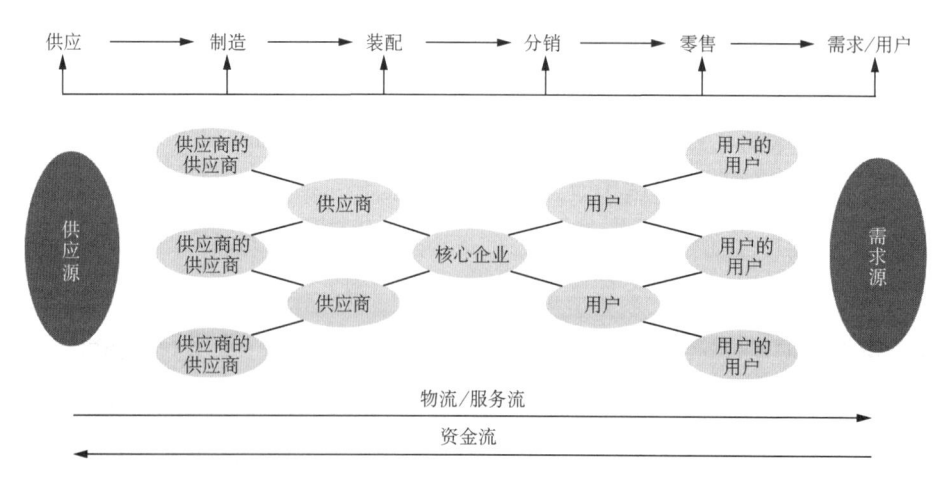

图2-3　供应链的网链结构模型

从图2-3中可以看出，供应链由所有加盟的节点企业组成，其网链结构主要包括：供应链的长度（所包含的层面数）、各层面供应商或客户的数量、各层面之间的联系方式。其中：一般有一个核心企业（可以是产品制造企业，也可以是大型零售企业，如沃尔玛），节点企业在需求信息的驱动下，通过供应链的职能分工与合作（生产、分销、零售等），以资金流、物流和服务流为媒介，实现整个供应链的不断增值。

值得注意的是，供应链的长度和宽度会受到诸多因素的影响。比如，服装品牌会影响到服装供应链的长度。一个拥有某个品牌的服装企业最初只控制服装的生产和销售，但当这个品牌发展到更高程度时，企业的力量强大了，它就会发展到控制面辅料的供应。而当品牌继续发展，企业实力更强时，它甚至会控制染料、布、纱线及棉花的生产。但是，应该防止因品牌影响的扩大而使得对供应链的管理长度非理性地延长，结果又回到传统的垂直一体化模式。

同样，服装品牌也影响到供应链的宽度。服装供应链的宽度是指加工同类服装产品的厂家数量或销售同类服装产品加盟店或直营店的数量。例如，当服装生产企业有强大的品牌和质优的产品时，会吸引很多销售商成为其加盟商或自己投资建立直营店。直营专卖店一方面树立了企业的形象，为加盟者做经营榜样，同时便于收集当地市场信息，为企业决策提供素材。如果服装品牌企业越做越强，加盟店和直营店也就会越来越多，这样供应链的宽度就会不断增大，形成水平一体化。水平一体化越明显，企业的生命力就会越强。但品牌服装企业不能让范围无限制地扩大，因为这样会增加管理难度，会因管理的疏忽导致加盟店的失误而损害企业形象，所以，一定要在有效的管理机制下扩大范围。

### 三、供应链的特征

从供应链的结构模型不难看出：供应链是一个网链结构，由围绕核心企业、供应商、供应商的供应商、用户、用户的用户组成。一个企业是一个节点，节点企业和节点企业之间是一种需求与供应关系。因此，现代意义上的供应链主要具有以下特征（如图2-4所示）：

（1）协调性和整合性

供应链本身是一个整体合作、协调一致的系统，它由多个合作者，像链条似的环环相扣，参与者为了一个共同的目标，协调运作，紧密配合。每个供应链成员企业都是"链"中的一个环节，都要与整个链的运作一致，绝对服从于全局，做到方向一致。

```
         ┌─ 1  协调性和整合性
         │
         ├─ 2  复杂性和虚拟性
         │
  供应链   ├─ 3  选择性和动态性
  特性    │
         ├─ 4  面向用户需求
         │
         ├─ 5  交叉性
         │
         └─ 6  波动性、延迟性和放大性
```

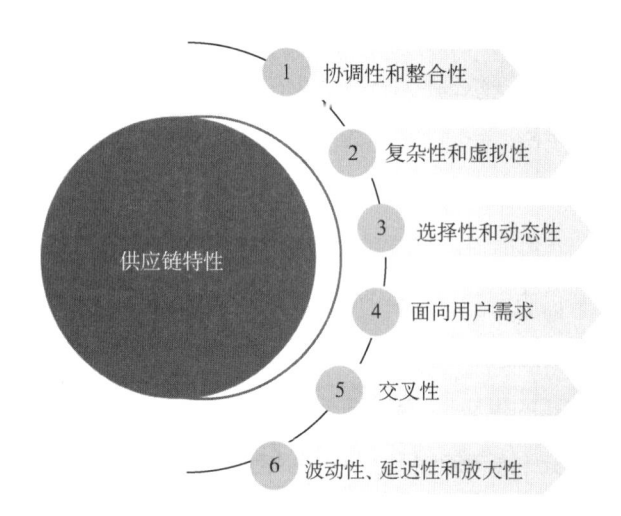

图 2-4　供应链的特征

（2）复杂性和虚拟性

供应链是一个复杂的网络，这个网络是由具有不同冲突目标的成员和组织构成的。特别当供应链是跨国、跨地区和跨行业的组合时，由于各国国情、制度、法律、文化、环境、习俗等方面的差异，经济发达程度、物流基础设施以及管理水平、技术能力等也有很大的不同，而供应链的操作又必须保证其目的的准确性、行动的快速反应性和服务的高水准，因而导致供应链复杂性的特点。同时，根据供应链节点企业组成的跨度（层次）不同，可以有生产型、加工型和服务型等，也可以有核心层和非核心层等，即供应链往往是由多个、多类型甚至多国企业构成，所以与一般单个企业的结构模式相比，供应链的结构模式更为复杂。

在虚拟性方面，主要表现在供应链是一个协作组织，而并不是一个集团企业或者托拉斯企业，这种协作组织以协作的方式组合在一起，依靠信息网络的支撑和相互信任关系，为了共同的利益，强强联合，优势互补，协调运转。

（3）选择性和动态性

供应链系统会随时间而发生变化。因为在供应链上，即使能够较准确地预测需求，计划过程也需要考虑在一段时间内由于季节波动、趋势、广告和促销、竞争者的策略等因素引起的需求和成本参数的变化。这些随时间而变化的需求和成本参数使确定最有效的供应链变得很困难，这种动态性给管理带来了挑战。

同时，供应链中的企业都是在众多企业中筛选出来的合作伙伴，合作关系是非固定的，需要根据企业战略和市场需求的变化，实时动态地更新，这也使得供应链具有明显的动态性。

（4）面向用户需求

供应链的形成、存在、重构，都是基于最终用户需求而发生，并且在供应链的运作过程中，用户的需求拉动是供应链中信息流、物流/服务流、资金流运作的驱动源。因此，准确、及时、有效地收集用户需求信息，并快速、动态、高质量地满足用户需求，应该是供应链管理存在的主要目标之一。

（5）交叉性

供应链节点企业既可以是某个供应链的成员，同时也可能是另一个供应链的成员，众多的供应链形成交叉结构，增加了协调管理的难度，也对供应链管理的绩效产生了挑战。

（6）波动性、延迟性和放大性

在供应链上，对于任何一个节点企业而言，其计划量和市场的需求量之间总会存在一定的差异。也就是说，在需求量一定的情况下，计划量会随着市场的需求量而上下波动，即具有波动性。然而客户订货量的波动反映到供应商那里需要一定的时间，而且总是滞后于顾客的需求变化，即具有延迟性；而放大性则是指在供应链中，顾客的需求信息从零售商、分销制造商一直到供应商，实际的需求量与计划量之间的波动被逐级放大，即牛鞭效应（The Bullwhip Effect）。

所谓牛鞭效应是指：零售商往往根据对历史销量及现实销售情况的分析预测，确定一个较为客观的订货量，但为了保证这个订货量是及时可得的，并且能够适应客户需求增量的变化，零售商通常会将预测订货量作一定放大后向批发商订货。同样，批发商也会在汇总零售商订货量的基础上再作一定的放大后向销售中心订货。这样，即使是在客户需求量变动不大的情况下，但经过零售商和批发商的订货放大后，订货量就被一级一级地放大了（如图2-5所示）。

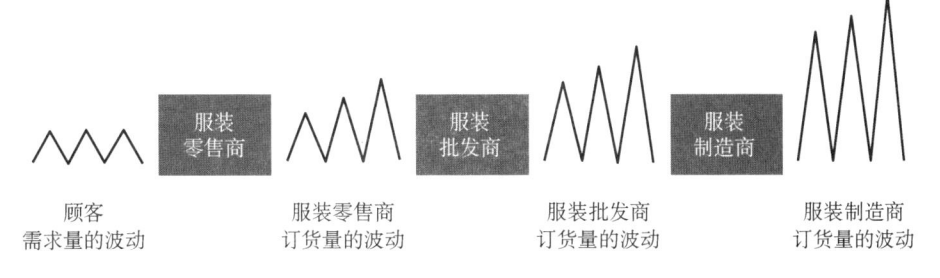

图2-5 **服装供应链中各节点订货量的波动**

牛鞭效应产生的原因在于需求信息在沿着供应链向上传递的过程中被不断曲解。企业的产品配送成为被零售商所夸大的订单的牺牲品；反过来它又进一步夸大了对供应商的订单。

牛鞭效应会导致供应链中产生过多的库存。有关研究表明，在整个供应链中，从产品离开制造商的生产线至其到达零售商的货架，产品的平均库存时间超过 100 天。牛鞭效应还导致企业生产预测差。由于没有存货或者无法及时处理积压的订单，因此导致生产计划的不确定性，如过多地修订计划，增加补救措施的费用、加班费用和加快运输的费用等。图 2-6 反映了供应链中的信息畸变即牛鞭效应的结果。从图 2-6 中可以看出，服装企业管理者得到了如图 2-7 所示的信息，而实际上，他们想得到的应该是如图 2-8 所示的情形。

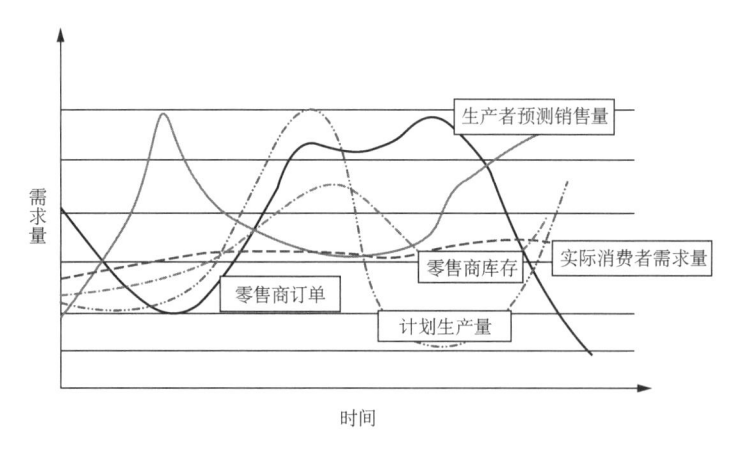

图 2-6　供应链中的信息畸变

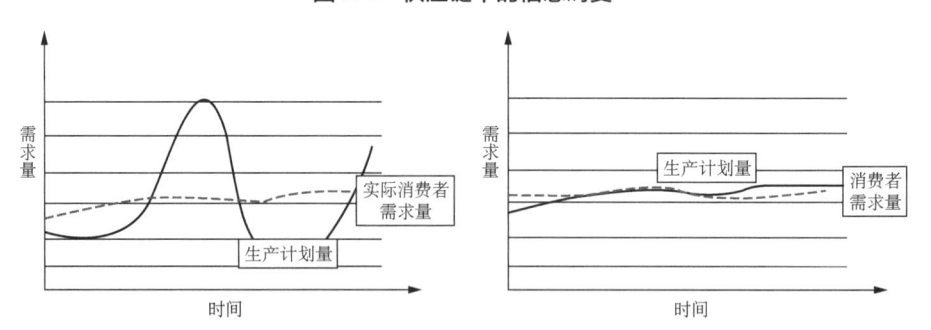

图 2-7　服装企业管理者实际得到的信息　　图 2-8　服装企业管理者应得的信息

## 四、供应链的赢利目标

对任何一条供应链而言，其目标是使其整体价值最大化。每条供应链所创造的价值，就是最终产品对于顾客的价值与供应链为满足顾客需求所付出的成本之间的差额。

对于大多数商业性的供应链来说，他们的价值与所谓的"供应链赢利"有很大关系。"供应链赢利"是指从顾客那里赚取的收入与供应链的全部成本之间的差额。所谓供应链的成本是指在供应链的运作过程中必然伴随的费用和支出。虽然关于供应链成本的界定目前还存在争议，但一般认为供应链管理总成本包括：物料采购成本、订单管理成本、库存持有成本、与供应链相关的财务和计划成本以及供应链管理信息系统（MIS）成本。例如：一位顾客以3 000元从商场购买一套某名牌西装，那么，3 000元就是这条服装供应链取得的销售收入，用3 000元减去服装供应链上该品牌以及其他节点企业为生产、仓储、运输、资金转移、信息传递等活动上所付出的全部成本之和，就得到该条供应链的赢利。供应链赢利越高，这条供应链就越成功。作为供应链的赢利，应该被供应链的各个环节所分享。因此，供应链成功与否是根据供应链的赢利而不是每一环节的赢利来衡量的。

为了达到供应链的赢利目标，必须加强供应链上各节点企业的密切合作。如果将图2-2进行细化，可以得到供应链的概念模型如图2-9所示。从图中可以看出，在供应链各节点企业的合作，必须以提高供应链的整体效益为前提，并兼顾各个企业的利益。显然，这在实际操作中存在一定的难度。但对于供应链的成员来说，如果能做到集体规划，共同应对市场的变化，真正做到通路合作，必然可以有效地降低整个物流程序的风险，并大幅改善效率，同时，利用信息分享机制，可以迅速传递上、中、下游的信息，减轻存货负担，避免资源浪费和重复工作。

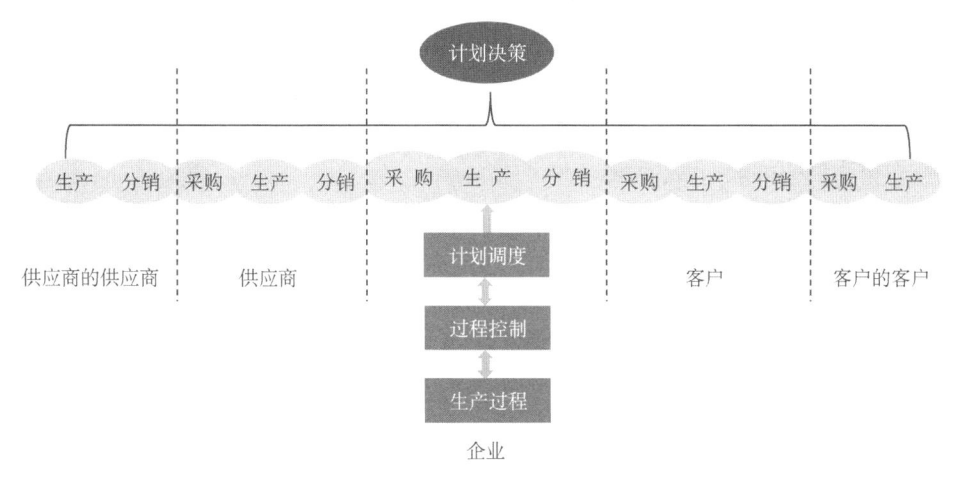

图2-9　供应链的概念模型

## 第二节　供应链的类型及其特点

由于供应链是一个复杂的系统，存在产品、功能、驱动力、驱动模式、生产组织形式和稳定性方面的差异，因而各种供应链的存在形式有很大差别。为了更好地分析和研究不同类别供应链的特点，把握和认识供应链的构成规律，经过归纳总结各种文献，得出以下几种常用的分类方法（如图2-10所示）。

| 分类依据 | 类型 |
| --- | --- |
| 管理对象 | ·企业供应链<br>·产品供应链<br>·基于供应链合作伙伴关系的供应链 |
| 网状结构 | ·"V"型供应链<br>·"A"型供应链<br>·"I"型供应链 |
| 两类产品 | ·根据产品的生命周期、需求稳定程度及可预测程度等划分<br>·根据供应链的最终消费者划分 |
| 功能划分 | ·有效性供应链<br>·反应性供应链 |
| 分布范围 | ·公司内部供应链<br>·集团供应链<br>·扩展的供应链<br>·全球网络供应链 |

图2-10　供应链的划分方法

### 一、以供应链的管理对象划分

供应链管理的对象是指供应链所涉及的企业及其产品、企业的活动、参与的成员和部门。

随着对供应链管理问题的日益关注，相关的研究也越来越多，由于考察角度不同，人们对其进行研究时的侧重点也不尽相同。有的着眼于整个供应链，而有的则注重其中的某些部分、某些企业之间或内部的问题。有些企业职能部门往往更注重该部门与其他企业部门的联系。

根据供应链管理的研究对象及其范围，可将供应链分为以下三种类型。

（1）企业供应链

企业供应链是就单个公司所提出的含有多个产品的供应链管理，该公司在整个供应链中处于主导者地位，不仅考虑与供应链上其他成员合作，也较多关注企业多种产品在原料购买、生产、分销、运输等技术资源的优化配置问题，并且拥有主导权，如沃尔玛公司的供应链。在这样的供应链中，必须明晰主导者的主导权，如果主导权模糊不清，不仅无助于供应链计划、供应链设计和供应链管理的实施，而且也无法维系整个供应链建立起强有力的组织和有效的运作。

在企业供应链中，主导权是能否成为统一整个供应链理念的关键要素。供应链的概念更加注重围绕核心企业的网链关系，如核心企业与供应商、供应商的供应商乃至一切前向的关系，与用户、用户的用户乃至一切向后的关系。

这里的单个公司通常指供应链中的核心企业，是对整个供应链起关键影响作用的企业。从核心企业来看，供应链包括其上游的供应商及其下游的分销渠道，包括对信息系统、采购、生产调度、订单处理、库存管理、仓储管理、客户服务、包装物及废料的回收处理等一系列的管理活动。供应商网络包括所有为核心企业直接或间接提供投入的企业。

（2）产品供应链

产品供应链是与某一特定产品或项目相关的供应链，如某品牌服装的供应链。例如，一个生产西装的公司的供应商网络包括很多家企业，为其供应从面料、辅料等原材料到设备配件、包装材料等多样的产品。基于产品供应链的供应链管理，是对由特定产品的顾客需求所拉动的、整个产品供应链运作的全过程的系统管理。

采用信息技术是提高产品供应链的运作绩效、新产品开发以及完善产品质量的有效手段之一。在产品供应链上，系统的广告效应和行业的发展会引导对该产品的需求。而仅仅在物流运输、分销领域进行供应链管理的改进是收效甚微的。比如，衬衣制造商是供应链的一部分，它的上游是化纤厂和织布厂，下游是分销商和零售商，最后到最终消费者。按定义，这条供应链的所有企业都是相互依存的，但实际上它们却彼此并没有太多的协作，要关注的是围绕衬衣所连接的供应链链节及其管理。

(3) 基于供应链合作关系的供应链

供应链合作伙伴关系主要是针对职能成员间的合作进行管理。供应链管理是对由供应商、制造商、分销商、顾客等组成的网络中的物流、信息流、资金流（成本流）进行管理的过程。供应链的成员可以定义为广义的买方和卖方，只有当买卖双方组成的节点间产生正常的交易时，才发生物流、信息流、资金流（成本流）的流动和交换。表达这种流动和交换的方式之一就是契约关系，供应链上的成员通过建立契约关系来协调买方和卖方的利益。另一种形式是供应链合作伙伴关系建立在与竞争对手结成的战略合作基础上的供应链。

以上三种供应链管理对象的区分是彼此相关的，虽然某些方面他们可能会相互重叠，但是这对于考察供应链和研究不同的供应链管理方法具有一定的帮助。

## 二、以供应链的网状结构划分

以网状结构来划分，供应链包括发散型的供应链网即"V"型供应链、会聚型的供应链网即"A"型供应链和介于上述两种模式之间的供应链网即"T"型供应链三种。图2-11为三种供应链的模型图。

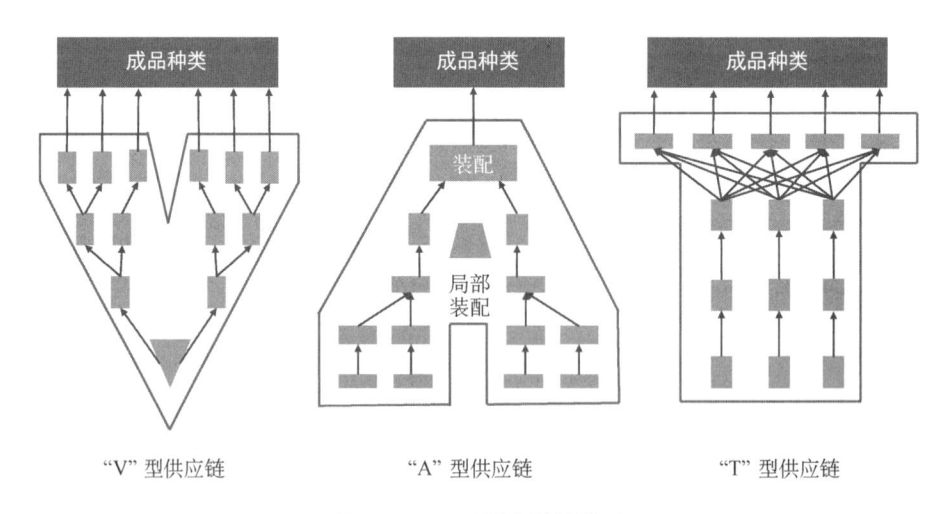

图2-11 三种供应链的模型

（1）"V"型供应链

"V"型供应链是供应链网状结构中最基础的结构。物料是以大批量的方式存在，经过企业加工转换为中间产品，如石油、化工、造纸和纺织企业，提供给其他企业作为它们的原材料。对于生产中间产品的企业来说，客户往往要多于供应商，呈发散状。

这类供应链在产品生产过程中的每个阶段都有控制问题。在这些发散网络上，企业生产大量的多品种产品使其业务非常复杂。为了保证满足客户服务需求，需要库存作为缓冲，这样就会占用大量的资金。这种供应链常常出现在本地业务而不是为了全球战略。对这些"V"型结构的成功计划和调度主要依赖于对关键性的内部能力瓶颈的合理安排，它需要供应链成员制订统一详细的高层计划。

（2）"A"型供应链

当核心企业为供应链网络上最终用户服务时，它的业务本质上是由订单和客户驱动的。在制造、组装和总装时，它们遇到一个与"V"型结构供应链相反的问题，即为了满足相对少数的客户需求和客户订单时，需要从大量的供应商手中采购大量的物料。这是一种典型的会聚型的供应链网，即形成"A"字形状。

像航空工业、汽车工业等企业，是受服务驱动的，它们集中精力放在重要装配点上的物流同步。物料需求计划成了这些企业进一步发展的阶梯。来自市场缩短交货期的压力，迫使这些组织寻求更先进的计划系统来解决物料同步问题。它们拥有策略性的、由需求量预测决定的公用件、标准件仓库。

这种结构的供应链在接受订单时考虑供应提前期，并且能保证按期完成的能力，因此关键之处在于精确地计划、分配满足该订单生产所需的物料和能力，考虑工厂真实可用的能力、所有未分配的零件和半成品、原材料和库中短缺的关键性物料，以及供应的时间。另外，需要辨别关键性的路径。所有的供应链节点都必须在供应链系统中有同样的详细考虑，这就需要关键路径的供应链成员紧密联系和合作。

（3）"T"型供应链

介于上述两种模式之间的许多企业通常结成的是"T"型供应链。

这种"T"型供应链的企业根据现存的订单确定通用件，并通过对通用件的制造标准化来减少复杂程度。这种情形在接近最终用户的行业中普遍存在，如医药保健品、汽车备件、电子产品、食品和饮料等行业；在那些为总装配提供零部件的公司也同样存在，如为汽车、电子器械和飞机主机厂商提供零部件的企业。这样的公司从与它们的情形相似的供应商公司采购大量的物料和给大量的最终用户和合作伙伴提供构件和套件。

"T"型供应链是供应链管理中最为复杂的,因为这类企业往往投入大量的资金用于供应链的解决方案,需要尽可能限制提前期以稳定生产而无需保有大量库存。这种网络将在现在和将来的供应链中面临最复杂的挑战,预测和需求管理总是此种供应链成员考虑的一个重点。

显然,与前两类结构不同的是,这种供应链多点控制因素变得很重要,例如在哪里生产最好,在哪里开展促销活动,采取什么决定影响分销成本等。从控制的角度来说,按相似产品系列进行汇集的办法常是最成功的。处理这种组织的最好方法是减少产品品种和运用先进方法,或是利用先进的计划工具来维护和加强供应链控制水平。

### 三、以供应链的两类产品划分

#### 1. 根据产品的生命周期、需求稳定程度及可预测程度等划分

根据产品的生命周期、需求稳定程度及可预测程度等可将产品分为两大类,即功能型产品和创新型产品。

功能型产品一般用于满足用户的基本需求,变化很少,具有稳定的、可预测的需求和较长的寿命周期,但它们的边际利润较低,例如:日用百货等。

创新型产品一般需求不可预测,寿命周期也较短,因此需求的不确定性很高,例如时装等。但一旦畅销,其边际利润就会很高,随之会引来许多仿造者,基于创新的竞争优势会迅速消失。因此,这类产品无论是否畅销,其生命周期均较短。为了避免低的边际利润,许多企业尝试款式或技术上的革新,以寻求消费者的购买,从而获得高的边际利润。正因为这两种产品的不同,才需要有不同类型的供应链去满足不同的管理需要。

(1)功能型供应链

对于功能型产品,由于市场需求比较稳定,比较容易实现供求平衡。对各成员来说,最重要的是如何利用供应链上的信息,协调它们之间的活动,以使整个供应链的费用降到最低,从而提高效率。重点在于降低其生产、运输、库存等方面的费用,即以最低的成本将原材料转化成产品。

(2)创新型供应链

对创新型的产品而言,市场的不确定性是问题的关键。因而,为了避免供

大于求造成的损失，或供小于求而失去的机会收益，管理者应该将其注意力集中在市场调解及其费用上。这时，管理者既需要利用供应链中的信息，还要特别关注来自市场的信息。

这类产品的供应链应该考虑的是供应链的反应速度和柔性，只有反应速度快、柔性程度高的供应链才能适应多变的市场需求，而实现速度和柔性的费用则退为其次。

**2. 根据供应链的最终消费者划分**

可分为消费品供应链与生产物品供应链两种。

（1）消费品供应链

消费品是最终用户为了使用而购买，并直接用于最终消费者的商品，包括各类日用品、服装服饰、食品、饮料、家电、家具等。通常情况下，消费品的主要消费群体为个人、家庭或团体。消费者根据自身的实际需求，选择和决定购买某种消费品。在购买消费品的过程中，消费者不仅考虑物品的性能价格比，且涉及较多的个人偏好和心理方面的要求，例如商品外观设计的精美程度、款式、颜色、品牌和档次等。

消费者选购某种商品，并不一定是有关该商品的技术内行，这与生产物品的采购有较大区别。在消费品的购买中，消费者既有计划购买又有即兴购买，两者具有同样重要的作用。为了刺激消费者的即兴购买，销售商需要改善店铺布置，开展促销活动，提高服务质量。因此，在促进消费品的需求中，销售商可以发挥十分重要的作用。另外，最终消费群体的分布与人口的居住分布直接相关，面广量大，较为分散。因此，根据消费品消费群体的分布特征，要求建立一个庞大的销售网络，以促进消费品的分销活动。最终消费群体分布较为分散，也给搜集消费品的即时市场动态信息带来了一定的难度。

（2）生产物品供应链

生产物品是指企业为生产商品而购入的物品，生产物品的价值在生产过程中发生转移，并成为最终产品内在价值的一部分。例如，各种原材料、半制成品、部件、机器、设备、附属设备、工具和维修物品等。通常情况下，生产物品的主要消费群体是厂商或企业。与消费品相比，生产物品的购买和消费的目的不同，而且在购买方式和数量方面也有较大的差异。生产物品的用户，与该产品的功能效用及相关行业有密切的关系。同时，用户群体较为稳定，远不如消费品用户那样面广量大。

生产物品的购买者，往往是具有该产品专门知识的专家。在采购生产物品的过程中，购买决策涉及的数目较大，购买计划性强，计划购买占有主导地位。因此，在促进生产物品销售的过程中，要求掌握生产物品用户的具体技术要求以及了解其采购和审核决策部门的运作方式。而且，销售人员应该掌握商品性能、价格、技术参数、性能指标等必需的知识。

### 四、以供应链的功能划分

根据供应链的功能模式（物理功能和市场中介功能）可以把供应链划分为物理有效性供应链（Efficient Supply Chain）和市场反应性供应链（Responsive Supply Chain）两种。

（1）有效性供应链

有效性供应链以实现供应链的物理性能为主要目标，主要体现供应链的物料转换功能，即以最低的成本将原材料转化成零部件、半成品和产品，并最终运送到消费者的手中。有效性供应链，面对实现的市场需求、提供的产品和相关技术具有相对稳定性，因此，供应链的各类企业可以关注于获取规模经济效益，提高设备利用率，以有效降低成品成本。

（2）反应性供应链

反应性供应链以实现供应链的市场功能为主要目标，主要体现供应链对市场需求的反应功能，即把产品分配到满足用户需求的市场，对未预知的需求做出快速反应等。这类供应链所提供的产品，其市场需求有很大的不确定性，或者产品技术发展很快，产品生命周期较短，或者产品价格随季节的不同而有很大变化。对于这类供应链，需要保持较高的市场应变能力，实现柔性生产，从而减少产品过时和失效的风险。

### 五、以供应链的分布范围划分

供应链的分布范围可分为公司内部供应链、集团供应链、扩展的供应链和全球网络供应链。

（1）公司内部供应链

在每个公司里，不同的部门在物流中参与增值活动。如采购部门是资源的来源部门，制造部门是直接增加产品价值，管理客户订单和送货的是配送部门。一般产品的设计和个性化产品的设计是由工程设计部门完成的，它们也参与了增值活动。这些部门被视作供应链业务流程中的内部顾客和供应商。

公司内部供应链管理主要是控制和协调物流中部门间的业务流程和活动。

（2）集团供应链

一个集团可以在不同的地点进行制造并且对过程实现集中控制，而通过自有的区域和本地仓库网络配送产品。这种情况由于业务活动涉及许多企业或部门，成为一种形式上的集团供应链。在供应链中每个公司都有自己的位置。一个公司有一个物流流向下游的客户供给链和从上游流下的供应商的供应链。大量的信息需要快速传递并集成供应链上的业务流程。针对集团供应链来说，企业要更有效地运作和保持竞争力，就必须有效管理集团内公司及其供应商和客户，增强通过信息技术与其客户和供应商沟通的能力。

（3）扩展的供应链

扩展的供应链表现为参与从原材料到最终用户的物流活动的公司日益增多，这种趋势在生产最终产品公司的供应和配送活动中尤为明显；复杂的网络包含着几层供应商结点，这些供应商在供应链中从事着增值活动。

同样地，分销商网络能够把产品带到更远的消费者手中。随着供应链的延伸，供应商和最终用户之间的距离在拉大，产品和制造的个性化以及供应商与客户关系却更加紧密。

供应商和客户之间交易成本的增加是供应链管理的主要压力，而交易成本增加的主要原因是供应链过于分散和冗长。过去在一个公司里，业务流程通常在销售、设计、制造和采购等部门进行，而它们之间却缺乏及时沟通，这样一来产生的沟通障碍在业务流程中造成不必要的延迟和成本的上升，这种沟通障碍也使公司很难对客户的需求和市场变化做出快速反应。

而扩展的供应链正是在个性化生产、提前期的缩短和业务量的增加等因素影响下，迫使公司实现物流同步，成为一个联结着供应商和分销商的复杂供应链。

（4）基于互联网的全球网络供应链

因特网的应用以及电子商务的出现，彻底改变了服装业的商业模式，也改变了现有的服装供应链结构。传统意义上经销商的功能被全球网络电子商务所取代，传统的多层供应链转变为基于互联网的开放式的全球网络供应链（如图2-12所示）。它转换、削减、调换了传统销售、交易方面投资的实体资产，通过省略销售过程的中间商缩减了供应链的长度，创建了电子化市场上运作的扩张性企业、联合制造业和跨部门集团，实现了贸易伙伴间实时数据的存取和传递。

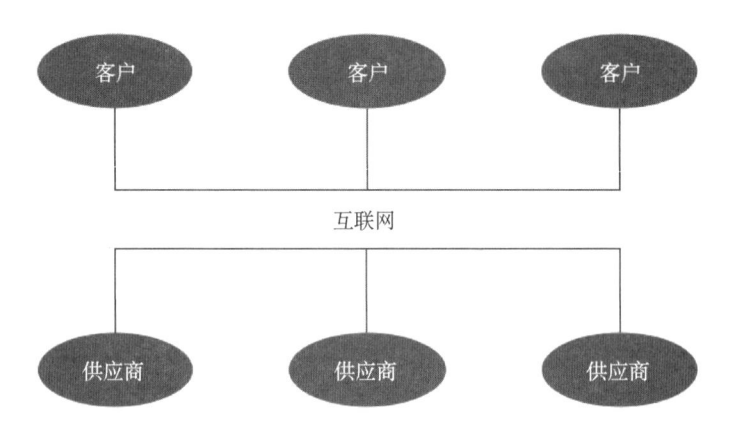

图 2-12　基于互联网的全球网络供应链

基于互联网的全球网络供应链中，各个企业均具有客户和供应商的双重身份，它不仅上网交易，更重要的是构成该供应链的一个节点。在这种商业环境下，所有的企业都将面临更为严峻的挑战。因为互联网和电子商务使供应商和客户的关系发生了重大改变，两者关系已不仅仅局限于将产品买卖，而更多的则是以服务的方式满足客户需求。针对供应商而言，必须考虑如何在提高客户服务水平的同时努力降低运营成本、在提高市场反应速度的同时给客户以更多的选择；针对客户而言，不仅是以购买产品的方式来实现其需求，而且更看重未来应用的规划与实施、系统的运行维护等，本质上讲它们需要的是某种效用或能力，而不是产品本身，这将极大地改变了供应商与客户的关系。因此，企业只有更加细致、深入地了解每一个客户的特殊要求，才能巩固与客户的关系。这是一种长期的有偿服务，而不是产品时代的一次或多次性的购买。

在全球网络供应链中，企业的形态和边界将发生根本性的改变，整个供应链的协同运作将取代传统的电子订单，供应商与客户间信息交流层次的沟通与协调将是一种交互式的协同工作。此时，有可能会出现新的组织模式——虚拟企业，也就是说，若干成员企业为共同获得某个市场机会的优势而组成的暂时性的经营实体。它不是一个具有独立法人资格的企业，而是各成员企业的全部或部分资源动态组合而成的一种组织，是企业之间的动态联盟，是全球网络供应链资源整合的一种形式。但机会一旦消失，虚拟企业即告解散。

在虚拟企业中，传统的企业隔离墙被打破，计算机网络使各成员企业获得市场机会信息，做出快速反应。同时，成员企业可以集中精力发展其关键资源、核心能力，成员间优势互补、风险共担、成果共享，并且可以根据市场机会，借助全球网络供应链迅速实现企业资源的重组，创造出具有高弹性的竞争优势。这不仅有利于企业发展，而且增强了市场竞争的理性，减少了由于盲目性导致稀缺资源的浪费，促进了整个社会资源的优化配置。虚拟企业是网络经济时代的一大创新。一些新型的、有益于供应链的代理服务商将替代传统的经销商，并成为新兴业务，如交易代理、信息检索服务等，将会有更多的商业机会等待人们去发现。

香港利丰集团是全球供应链管理中的创新者，是中国最早的华资对外出口贸易商。经过多年发展，利丰集团旗下涉及业务广泛，但其核心业务仍为消费品，尤其是服装设计、开发、采购和物流。凭借其在亚洲市场丰富的供应链网络，利丰集团一直是沃尔玛、梅西百货、Nike 等重要的供应商。它地处香港，为全世界约 26 个国家（以美国和欧洲为主）的 350 个经销商生产制造各种服装。说起"生产制造"，它没有一个车间和生产工人，但在很多国家和地区（主要是中国、韩国、马来西亚等）与 7 500 个生产服装所需要的各种类型的生产厂家（如原材料生产运输、生产毛线、织染、缝纫等）保持非常密切的联系。该公司最重要的核心能力之一，就是它在长期的经营过程中所掌握的、对其所有供应厂家的制造资源进行统一集成和协调的技术，它对各生产厂家的管理控制就像管理自家内部的各部门一样熟练自如。

利丰集团强调企业核心能力要素的组合，其供应链管理思想就是企业核心能力要素组合优化的最佳实践。例如：即使集团自己有英和物流公司，但是对于小批量短途运输和物流，它还是外包给当地最好的短途物流公司而不是自己大包大揽。它只提供高附加值的前后价值链的产品和服务，绝对不自己生产产品。强调与供应商、生产商、零售商等能力要素互补和价值链的互补，是供应链和价值链交集思想的体现，是企业能力要素组合的体现，并且将企业的价值创造与成本交集网络化和系统化，构成了自己的竞争优势。

## 第三节　供应链的不同形态及其关系

### 一、物流、信息流、资金流及其管理目标

供应链有三种不同的形态,即物流、信息流与资金流。以下将分别描述这三种形态及其各自的管理目标。

**1. 物流**

物流是指从供应商的供应商到客户的客户中一切实物的流动。它是物理形态,包含了运输、库存、装卸、搬运、包装等活动。对商品的流动来讲,这些活动是在不同场所进行的。因此,从物流管理作用的角度来看,有效的供应链管理在于缩短物的在途时间、实现零库存、及时供货和保持供应链的连续和稳定。其宗旨在于满足企业与顾客的物流需求,尽量消除物流过程中各种形式的浪费,追求物流过程的持续改进和创新,降低物流成本,提高物流效率。

通常情况下,物流是单向的,即由供应商端流向客户端。但当商品出现质量问题或客户需求取消时,或者因其他原因而产生的退货行为,就会形成逆向物流。逆向物流一般会导致运营费用、库存成本的增加,并带来商品本身的损失,因此应尽量合理减少逆向物流。

**2. 信息流**

信息流是指整个供应链上信息的流动。它是虚拟形态,包括了供应链上的供需信息和管理信息,伴随着物流的运作而不断产生。从信息流管理作用的角度看,有效的供应链管理在于及时传递供应链中的需求和供给信息,提供准确的管理信息,从而使供应链成员都能得到实时信息,以形成统一的计划与执行,更好地为最终顾客服务。

信息流是供应链中信息流动产生的效应,在供应链中呈双向性,即发端在于需求端,经由核心企业加工分解,上游回溯到供应商处,再由供应商按回路传回需求端,完成整个的信息过程。信息的及时性和准确性是信息流最重要的两个核心。

信息流是供应链的指导者,从触发供应链活动开始,每一个决策和执行点都离不开信息流。因此,保障信息流的及时性和准确性非常重要。不断改善信息流的传递效率,以使信息流更好地指导供应链运作,是供应链从业者在信息流方面的核心任务。

### 3. 资金流

资金流是指整个供应链上资金的流动。资金流通常是单向的,即由需求方的客户,流转进入核心企业,由核心企业再向上游供应商处流转。它可以是物理形态也可以是虚拟形态。因为供应链上各企业的每一项业务活动都会消耗一定的资源,所以必然导致资金流出,而只有将产品出售给自己的客户,资金才会重新流回企业。因此,从资金流管理作用的角度看,有效的供应链管理在于使供应链成员尽量减少成本,并尽可能使产品让顾客满意,从而使资金早日回收,提高企业资金的流动率。资金流的流动性是供应链的活力源,而其利润属性则是供应链的动力源。

资金流在单个供应链环上有两个关键节点,客户付款给核心企业是第一个节点,核心企业付费给供应商是第二个节点。梳理好这两个节点的流程和规则,是保证资金流转顺畅的关键,而这两个节点的关键责任人,就是和客户与供应商对接的需求职能和采购职能。

例如:作为中国最大的电商平台之一的京东,对于物流、资金流以及信息流三者的运用非常成功。在物流方面,京东自主研发了完整的物流系统,包括仓储、配送、运输等环节,实现了从订单生成到货物配送的全程可视化和实时跟踪。同时,京东还建设了全球化的物流网络,通过与国内外物流企业的合作,实现了全球范围内的快速配送;在信息流方面,京东通过大数据分析对市场需求进行预测和分析,从而优化供应链的规划和管理,及时传递供应链中的需求和供给信息;在资金流方面,京东建立了供应链金融服务平台,为供应链企业提供融资、贷款、保险等金融服务,帮助供应链企业解决资金问题。

## 二、物流与信息流的关系

### 1. 物流与信息流的基本关系

物流和信息流的关系密不可分。一方面,物流活动客观上产生大量的原材料供应、产成品消费等信息，同时主观上要求信息流保持通畅，并准确反馈物流各环节运作所需要的信息，提高物流的效率；另一方面，信息技术的不断发展为信息的及时、大规模传递创造了条件，反过来促进物流服务范围的扩大和物流组织管理手段的不断改进，促进物流能力和效率的提高。

物流和信息流是相辅相成、互为条件的，每一方都以另一方的存在为前提。信息流伴随物流而产生，但又指导和加速物流运动。物流是企业最基本的运动过程，各部门、各生产环节的工作，都是为了保证和促进物品的物流。只有物流运转快，才能保证生产周期短，物资储备少，从而达到加快资金周转、提高劳动效率、降低经营成本、增加产品利润和企业经济效益的目的。因此，根据生产经营活动的规律，必须通过信息流而对物流加以计划、组织、协调和控制，并加速物流运动。

两者关系具体表现在以下方面：

（1）信息流使物流的每一项作业按照要求得以实现

物流活动的内容包括订货管理、订货处理、配送作业、运输、采购等。通过信息流的反馈作用，使其每一项物流作业按照物流要求得以实现。

（2）充分与准确的信息流是制订物流计划的有效保障

物流是一项系统性较强的活动，需要制订周密的物流计划。而这些计划的制订，则需要有大量的、及时的信息支持。

（3）大范围物流需要现代信息流的技术支持

现代通信技术和网络技术的发展和应用，使得跨地区的及时信息交流和传递成为可能，加之网上支付正在成为现实，使物流在较大范围运作，构建跨地区的物流网络已成为可能。

**2. 物流、信息流与电子商务**

传统的商品交易一般是指交易双方面对面地进行交易。物流活动与交易活动直接相关联，即物流是以对交易成功的指导作为信息，对物流活动的准备和作业进行计划和控制。而随着现代通信技术、网络技术以及物联网技术的发展和应用，电子商务蓬勃发展。

电子商务时代，服装企业在网上发布相关产品质量、数量、产地、价格等信息以及原材料供应和需求等信息，促成网上商品交易。同时，借助移动互联网技术，企业可以实时掌握货物的位置、运输状态等信息，并通过物联网技术，实现对货物的智能化管理，提高物流效率和服务质量并降低物流成本。尽管电子商务网络本身不可能实现最终的物流，无法将货物亲自送到客户手中，但它以一种最为直接的信息指导物的流量、流向和物流时间，不断推动物流的发展。另外，电子商务的一个重要特点是信息流发生了变化，更多表现为票据资料的流动。此时的信息流处于一个极其重要的位置，贯穿于交易过程的始终，在一个很高的位置对商品流通过程进行控制，记录整个商务活动的流程，是分析物流、导向资金流，进行决策的重要依据。

同时，物流是互联网营销后台的一个关键支撑点，是电子商务活动能否顺利开展强有力的保障，物流效率的高低直接影响电子商务的品质。为了确保电子商务得到更好的发展，企业需要实现合理化、现代化的物流配送，以保证高效精确的物流配送。同时，物流配送效率会影响客户对企业的满意程度，进而影响到电子商务的发展现状和趋势。比如，前几年"双十一"所出现的"爆仓"问题其主要原因就在于"物流瓶颈"的阻碍，而不是信息技术自身的问题。由此可见，电子商务的发展始终以物流活动为生存基础，它既促进了物流活动中交易与物流的分离，又加速了物流网络化的发展趋势。而物流的发展离不开电子商务，两者相互依存。

### 三、物流与资金流的关系

#### 1. 物流与资金流的基本关系

物流必然伴随着资金流。一方面，物流是一个增值的过程，它只有通过资金流来体现；另一方面，物流只有产出资金流，才能保证物流的顺利进行。物流信息形成"实物账"，而资金流信息形成"财务账"，只有"实物账"与"财务账"吻合了，资金流才能跟踪与及时控制全部的物流，从而才能减少财务收支上的差异或延误，减少经济损失。

#### 2. 物流、资金流与电子商务

互联网在信息流方面有着得天独厚的优势，而在资金流和物流方面，则需要特别重视。资金流是实现电子商务交易活动的不可或缺的手段。作为电子商务中连接生产企业、商业企业和消费者的纽带，银行是否能有效实现电子支付是电子商务成败的关键。一个完整的电子商务运作环境涉及的资金流需要通过开放性的互联网、专业的电子银行网络和其他业务网络,组成一个完整的电子商务运作环境。由于互联网的特殊性,如果一些体系不完善,必然导致物流与信息流的不同步。比如:在电子货币支付方面需要加强与金融系统之间的密切配合,确保网上安全支付、网络安全、网关等金融认证体系、安全体系等问题;而在物流方面,则需要建立高效的全球性的物流及服务体系,以确保物流配送的高质和高效。

### 四、物流、信息流、资金流的关系

服装生产企业一般都是根据客户或市场的需求开发产品,进而购进原料、加工制造成品,并以商品的形式交付客户、提供售后服务。物料从供方开始,沿着各个环节向需方移动。每一个环节都存在"需方"与"供方"的相对应关系,形成一条首尾相连的长链。

在信息流中,预测、销售合同、产品图纸和生产计划、采购合同等需求信息同物流的方向相反,从需方向供方流动;由需求信息引发的供给信息,如入库单、完工报告、提单等,同物流一起沿着供应链从供方向需方流动。

企业的各项业务活动都会消耗一定的资源。消耗资源会导致资金流出,只有当消耗资源生产出的产品出售给客户后,资金才会重新流回企业,并产生利润。因此,供应链上还有资金流。

物料、资金、信息本身不会流动,要通过工作流(业务流程)来实现。工作流决定了各种流的流速和流量。因此,企业的体制机构必须保证工作流畅通,对瞬息万变的环境迅速做出反应,加速各种流的流速(生产率),在此基础上增大流量(产量),为企业谋求更大的效益。

由此可见,物流、信息流、资金流三者密切相关,只有信息流很好地指导了物流,而物流的正确又保证了资金流的正确,由此循环,整个供应链上的物流才能得到最优配置(如图2-13所示)。供应链中的信息若没有得到有效集成,则信息流形式不统一、相互间信息不能共享、信息传递渠道不畅通、信息反馈滞后于物流、无法滚动指挥物流,更谈不上在整体上进行有效整合。因此,在服装供应链的运作中,要强调物流、信息流与资金流的集成与统一,即以最少、最佳形式安排物流、依靠准确的信息流来产出最大限度的资金流。

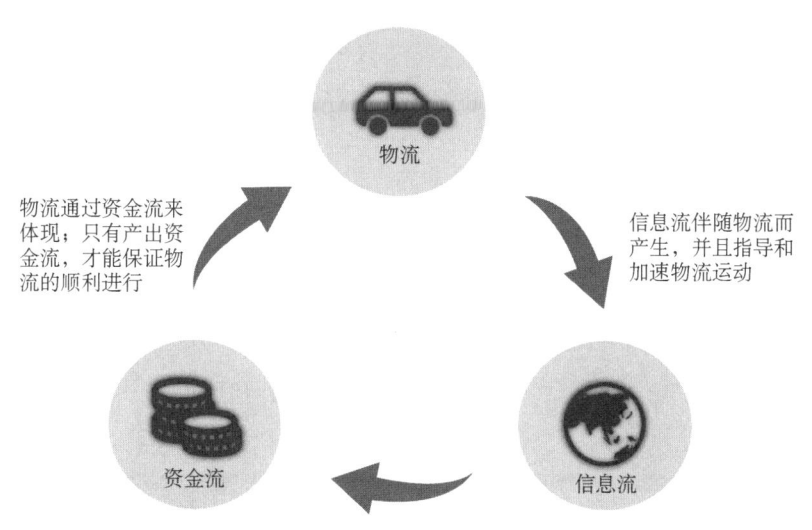

物流通过资金流来体现；只有产出资金流，才能保证物流的顺利进行

信息流伴随物流而产生，并且指导和加速物流运动

信息流为资金流提供依据，资金流是信息流的必然结果

图 2-13　物流、信息流和资金流的关系

在电子商务时代，由于电子工具和网络通讯技术的应用，使交易各方的时空距离几乎为零，有力促进了资金流、信息流和物流的有机结合。电子商务利用网络科技将传统商业活动中的物流、资金流、信息流的传递方式进行了整合，从有关信息的流动和资金的转移到商品和服务的配送，让电子商务实现了"三流合一"。物流是电子商务的基础、信息流是电子商务的桥梁、资金流是电子商务的目的，三者互为依存，密不可分，相互作用。它们既有各自独立的一面，又有互动的一面。通过移动互联网技术，物流公司可以实现实时跟踪货物的位置和状态，提高了物流的效率和可靠性。同时，移动支付的普及也使得物流、资金流更加便捷和安全。因此，研究三者之间的平衡关系和发展模式，是提高电子商务竞争力的重要方法和手段。

## 第三部分　项目实操

### 一、项目任务

基于对供应链内涵、类型及不同形态的了解，选择某一服装电商企业分析其供应链的类型及物流、信息流和资金流之间的关系。

## 二、完成要求

（1）班内同学自由组合，2~3人为一组。
（2）采取文献调研或多种方法相结合。
（3）组内明确个人分工与任务，合作完成小组分析报告。
（4）注意以官方数据、文献库论文以及企业人员专访为主要信息来源。
（5）采用演示文稿形式，以小组为单位进行项目汇报。

# 第四部分　案例学习

### 韩都衣舍——走近柔性供应链

随着消费需求向个性化、多样化和多元化的方向发展以及外部环境不确定性的增加，传统的以大批量、面向预测式生产的服装供应链模式已很难适应高度不确定性的市场需求。因此，小规模、定制化的柔性服装供应链越来越受到人们的关注。与传统供应链相比，柔性供应链是基于"互联网+"、大数据应用以及信息共享机制等新技术驱动的运营模式创新，能够针对高度不确定性的客户需求，通过业务流程数据化，从而实现供应链高标准、高效率和专业化的运营效果。

柔性供应链即供应链的管理柔性，是指当外部需求发生变化时，供应链所表现出的敏锐度和适应能力。供应链的柔性主要体现在以下几方面：

（1）生产柔性：是指供应链的生产线是否具备快速适应市场产品数量、流行性等需求变化的灵活性，以及消除冗余损耗的能力。

（2）资源柔性：是指利用供应链优化配置人力、物力、财力等资源的能力。

（3）物流柔性：是指从采购、供应、需求管理到分销而组成的供应链物流运输体系快速响应市场供货需求的能力。

（4）销售渠道柔性：是指充分运用"社群平台""电商平台"等新兴营销方式而拓宽销售渠道的能力。

（5）信息系统柔性：是指供应链节点企业之间业务信息协同的效率以及智能信息技术运用的深度和广度。

韩都衣舍电子商务集团股份有限公司（以下简称"韩都衣舍"），作为国内知名的"柔性供应链"模式运营快时尚互联网企业，创立于2008年，主要从事自有品牌互联网快时尚服饰的销售，同时为其他品牌提供电商销售运营服务。主营女装、男装、童装、中老年服装、相关配饰及服务等业务。该公司通过内部孵化、合资合作及代运营模式等，经过十余年发展，现有自有品牌20个、合资品牌2个以及52个战略合作品牌。产品涉及韩风系、欧美系、东方系等主流风格，提供品牌推广、产品运营、摄影及客服、仓储供应链等电商相关服务。

韩都衣舍借鉴了国际知名快时尚巨头ZARA的买手制，创造了"以产品小组为核心的单品全程运营体系"，公司实施"多款、少量、快速"的产品管理模式。并将此种商业模式与中国互联网线上运行电子商务运营平台相融合，基于公司完善有效电子商务信息系统的支持，快速、高效的通过B2C及"B2B-B2C"的模式向消费者提供生活时尚解决方案，从而实现盈利。韩都衣舍商业模式囊括产品设计模式、柔性供应链模式、营销模式模式、销售渠道/模式、盈利模式等方面。

柔性供应链是韩都衣舍的核心竞争力之一。其柔性供应链采取外协生产的轻资产供应链模式，公司优化产品小组制，进行单款生命周期管理，实现锁定市场变化及快速反应的柔性供应链系统。该公司全部产品采取外协方式生产，并向供应商提出了"小数量、多批次、多款式"的订单生产要求，每个"产品小组"根据企划部对公司产品的定位，设计服装的具体款式及结构，公司根据产品的设计款式进行服装的结构设计，生产中心根据产品小组设计的服装款式及服装的结构设计以"多款、少量"原则向供应商下单，供应商在公司确定的面料生产商范围内采购相关服装面料并与其面料生产商直接结算，供应商将相关产品加工完成后，公司按照一定的价格从供应商处买进产品。

传统服装企业由于产品开发周期长，一般实行反季节生产的模式，夏季生产冬季服装，冬季生产夏季服装，从而导致企业对市场的反应迟钝，极易因为市场需求变化而造成库存积压。针对这一问题，韩都衣舍配合"单品全程运营体系"的销售特点，建立了以"多款少量、快速返单"为核心的柔性供应链体系，在向生产厂商下订单时采用多款式、小批量、多批次方式，以便快速对市场做出反应，避免高库存风险。为了降低产品的积压风险，韩都衣舍设置了合理的产品小组初始资金额度，并通过建立系统数据模型，在每款新产品上架15天后即将产品划分为"爆""旺""平""滞"四类，各产品小组根据相应指标判断下一轮生产的订单量。为了确保运营效率，该公司要求供应商适应"快反应"的柔性供应链模式，并建立了供应商分级动态管理系统，包括供应商准入机制、供应商绩效评估和激励机制、供应商分级认证机制、供应商升降级调整机制和供应商等级内订单调整机制。从供应商的遴选、分级、合作模式、绩效测评、订单激励和退出等方面进行严格的动态管理。柔性供应链体系灵活调配营销企划、产品企划和供应商生产，使企业得以与供应商进行高效合作，供应商有足够的时间和产能，根据韩都衣舍企划端的方案来及时完成生产任务。

总之，数字化商业智能是韩都衣舍区别于传统服装品牌而快速发展的主要驱动因素。公司发展十余年来，一直在商业智能研发和建设上不断投入人力物力，现已建立了自主研发的商业智能集成系统、订单处理系统、仓储管理系统、物流管理系统、企划运营系统、供应链系统、供应商协同系统以及活动管理系统等，有效地保证了公司的各项运营均以数字化商业智能为驱动，从而实现高效和协同运行的目的。

# 第五部分　知识拓展

## 中国纺织行业与全球纺织供应链的融合发展路径

在新冠疫情冲击反复的三年多时间里，跨国交流往来受到了一定程度的制约，但中国纺织行业坚持开放发展、融入全球的初心从未动摇。中国纺织行业与全球纺织供应链的融合发展路径主要表现在以下方面：

### 一、全球纺织供应链布局呈现调整新趋向

在21世纪过去20多年时间里，全世界纺织产业链、供应链以市场供需为核心驱动力，有序调整优化国际分工布局，形成了能够有效满足全球需求的纺织供应链体系。发达国家通过对外直接投资推动传统纺织制造业布局转移，同时在高新技术纤维材料、高端纺织装备、技术纺织品等领域始终保持优势乃至

主导地位。中国自 1978 年改革开放以来，以生产要素成本优势为起点，逐步建立并发展现代纺织制造产业体系。进入 21 世纪，中国纺织行业以完整产业体系、先进技术装备、集聚化布局等结构性升级为支撑，综合生产效率优势不断增强，稳定占据国际纺织供应链上的制造中心位置。2010 年前后，中国纤维加工总量占全世界的比重超过 50%，纺织品服装出口总额占全世界的比重超过三分之一，截至 2022 年，中国纺织行业的生产和贸易规模仍基本维持在这一水平。

最近十年来，国际形势发生了深刻和复杂的变化，世界之变、时代之变、历史之变正在以前所未有的方式展开，全球纺织产业也步入新一轮发展变革，产业链、供应链布局体系呈现新的调整变化趋向。

**1. 中国纺织行业正在更广泛参与、更深入推动全球纺织产业链、供应链创新发展**

中国纺织行业始终将提升自主创新能力作为核心任务，多年坚持不懈，取得重要进展。目前，在保持规模化、先进性制造能力基础上，中国纺织行业正在从科技、时尚、绿色全领域发挥对全球纺织供应链创新发展的推动作用。

中国纺织行业在共性、关键技术领域实现了从模仿跟随到与世界领先水平并跑甚至领跑的重要转换，加速了全球纺织产业技术革新。中国纺织企业以产学研合作为主体模式，自主突破了碳纤维、芳纶、超高分子量聚乙烯等高性能纤维制备及工程化应用技术，在国产大型客机、风力发电、特种防护装备、汽车轻量化等领域广泛应用。国产化纺织装备大部分达到国际先进或领先水平，自主研发生产的纺纱、化纤长丝等智能化生产线实现产业化应用。纺粘熔喷等高端非织造技术接近或达到国际先进水平，自主开发生产的产业用纺织品在应急救援、航天器组件、海洋工程、重大基础设施建设等国民经济领域发挥保障作用。

以更好满足不断升级迭代的内需消费为出发点，中国纺织行业在创意设计与渠道模式创新方面走出了新路径，为全世界提供启发。中国纺织服装品牌发展全面进入以自主原创为主体的时代，创意设计更好融合了新一代消费者的文化理解，与时俱进开发出多场景应用的数字化智能化设计工具，得到市场认可。电商直播、短视频带货等新零售形态，丰富、刷新了全世界的渠道模式。

中国纺织行业以自主创新全力驱动绿色发展，致力于参与应对全球气候变化,将其作为产业价值提升的重要方向。在大力研发并广泛应用纺织全流程清洁生产技术、绿色纺织化学品的基础上,积极推动能源结构优化,降低生产过程二氧化碳排放强度并推动碳排放总量达峰,突破了废旧纤维制品高值化回收再利用技术,在全行业推动建设环境、社会和治理(ESG)体系。

**2. 全球纺织供应链制造端分布格局呈现分散化趋向,在新兴和发展中经济体布局加重**

中国于2001年底加入世界贸易组织,在此后十年左右时间里,全球纺织制造生产能力整体呈现向中国集中布局的趋势。在2014年前后,随着国内生产要素成本提升、资源环境约束加剧等环境变化,中国纺织行业步入降速增长、结构调整、转型升级的发展"新常态"。2014年,中国纺织品服装年度出口总额达到3 069.6亿美元,是新冠疫情前的历史高点,此后呈现波动下降走势,出口额连续多年都在2 800亿美元左右。到2019年疫情前,中国纺织品服装出口额占全世界的比重已经从2015年峰值38.2%下降至33.8%。这一时期,东南亚、南亚、非洲等多个地区的纺织服装产业依托劳动力成本优势均实现较快发展,成为全球纺织供应链制造端的新生力量。从2013年到2022年,孟加拉国和越南的服装出口额均翻了一番,占全世界服装出口总额的比重分别提高了3.2和2.6个百分点,达到7.9%和6.1%。

但是,要素成本比较优势并不是近年来驱动全球纺织制造产业链布局调整的唯一因素,各种非经济因素的影响明显增强。2018年中美发生贸易冲突,中国纺织行业面临的国际贸易环境更趋复杂。2021年,美国所谓"涉疆法案"生效,对中国棉纺织产业链出口造成较大冲击。为规避贸易环境风险,"近岸外包""友岸外包"成为国际采购供应链布局调整的重要动向,打破了效率优先的市场经济规则。新冠疫情爆发后,中国纺织行业依托完整产业体系的稳定运转优势,出口总额连续两年刷新历史记录,占全世界纺织品服装出口总额的比重再度回升,但在美国、欧盟所占市场份额仍在持续下降。相关统计数据显示,2022年,美国和欧盟自中国进口纺织品服装的金额在其进口总额中所占比重分别为24.7%和32.3%,较2010年峰值时分别下降16.5和10.2个百分点;其中,中国纺织品服装在美国进口市场中所占份额从2018年的36.6%急剧下降到2022年24.7%,棉制产品份额则从2018年28.2%下降至2022年14.5%。

### 3. 全球纺织供应链正在共同面临大时代变革，亟待增强发展韧性

2019 前，国际形势已开启时代大变局，疫情产生的复杂深远影响进一步加速了变局演进。当前，世界经济复苏呈现低增长、高通胀、多动荡特征，各国经济刺激政策可操作空间缩小，内生发展动力不足问题凸显。国际货币基金组织预测，未来五年世界经济增速将保持在 3% 左右，是自 1990 年以来的最低中期经济增速预测。2010～2019 年，世界经济从国际金融危机中实现复苏后，年均增长速度为 3.7%，与此相比较，可见后疫情时代的经济复苏态势明显更为疲弱，消费能力与信心受到抑制，需求低迷、订单不足，将成为全球纺织供应链共同面临的现实问题。

新一轮科技革命催生产业变革，将推动全球纺织产业体系进入深度洗牌、规则更迭的过程。人工智能、量子计算、新能源、生物医药等前沿技术领域正持续生成颠覆性成果；在大跨度、大纵深的融合创新中，全新的产业赛道、方法工具、发展范式快速涌现，同时带来后发机遇和竞争加剧。产业本身的深刻变革也在催生治理规则的调整，比如生成式 AI 的应用与发展，就引发了数据安全、虚假信息、算法偏见、平台垄断等新挑战，带来商业伦理、数据权属、使用限度、知识保护等新问题。新的规则在分歧中形成，也将推动国际供应链话语权重构。

在复杂形势下，全球纺织产业需要打造更加包容、更具韧性的供应链体系，以有效应对和化解各种矛盾问题。单边主义、保护主义等逆全球化思潮绝非治病良方，生产体系割裂和技术对峙只会带来供应链效率损失，扼杀创新萌动，错失时代机遇。尽管各种利益错位和理念分歧客观存在，但和平、发展、合作、共赢是大势所趋、人心所向。各国纺织行业有必要持续加深创新合作，强化对话协商，构建具有抗风险性和应变力、具有全新内涵和长远价值的全球供应链体系，同心协力在时代变革中突围、蝶变。

## 二、中国纺织业融入全球，保障全球供应链平稳运行

中国纺织行业持续发展的过程，也是不断融入全球纺织产业体系、全力保障和支撑全球纺织供应链平稳运行的过程。

### 1. 中国纺织制造能力建设，是全球纺织供给体系稳定的强大基础

本世纪以来，中国纺织工业不断完善现代制造体系，提升先进制造水平，

以市场需求为根本导向稳步扩大优质供给能力,是全球纺织供应链的最稳定输出端。

从 2000 年到 2022 年,中国纤维加工量从 1 360 万吨增加到 6 000 多万吨。依托纺织供给体系和效率优势,中国纺织工业全面满足了内需市场每年约 3 600 万吨的纤维消费需求;2000~2021 年,中国人均纤维消费量从当时低于世界平均水平的 7.5 公斤提高到 25 公斤多,现已达到中等发达国家水平。2021 年,中国向中国以外的世界市场提供了人均约 3.8 公斤的纺织产品,从 2000 年到 2021 年,全世界人均消费量从 9.2 公斤增加到 15.2 公斤,中国纺织工业对增量的供给贡献率为 83%。2020~2022 年,在全球纺织供应链受到疫情冲击运转不畅的情况下,中国纺织行业连续三年实现出口额正增长,对这三年来全世界纺织品服装出口总额的增长贡献率达到 51.7%。

**2. 中国纺织全产业体系结构升级,丰富全球终端市场纺织产品供应**

中国纺织行业坚持推动全产业链创新发展,积极挖掘、培育新增长点,服装、家纺、产业用纺织品三大终端行业不断实现创新突破,不仅带动了自身产业链升级,也丰富了全球终端市场供给,为全球市场提供消费者福利。

2001 年,中国加入世界贸易组织时,纺织行业出口总额中有 68.6% 为服装,到 2023 年上半年,服装出口额占比下降到 52.4%,出口品类更加丰富。中国家用纺织品行业在本世纪以来实现了从全品类"大家纺"到美好生活"大家居"的路径升级,2022 年出口金额为 460.5 亿美元,比 2001 年增长 6.4 倍。产业用纺织品行业实现跨越式发展,产品自主研发制造水平大幅提升,应用领域日趋广泛,2022 年出口额为 441.5 亿美元,比 2001 年增长 26.1 倍。服装行业出口品类更趋丰富多元,制造品质和设计水平显著提升,正在全面从 OEM 向 ODM 加快升级转型。

**3. 中国纺织产业加快国际化发展,支持全球供应链布局调整升级**

近年来,全球纺织产业链逐渐向中国以外的广大新兴和发展中经济体加重布局,中国纺织行业创新能力提升,企业综合实力增强,国际化发展加快推进,有力支持了全球产业布局调整和供应链升级。

中国纺织产业链为广大新兴和发展中经济体承接发展纺织工业提供了丰富、充足、适宜的产业链配套支持。东南亚、南亚等地纺织产业实现较好发展，带动纺织面料成为中国纺织产业链上的出口新增长点，2022年中国面料出口额达到670.7亿美元，比2010年增加了一倍。随着新兴和发展中经济体纺织产业链延伸发展，中国化学纤维的出口潜力逐渐显现，2022年中国共出口化纤565.5万吨，比2010年增加1.9倍。在米兰举办的2023 ITMA纺机展上，中国生产的针织、印染等纺织设备广受来自发展中国家的采购商欢迎，中国现已成为全世界最大的纺织机械供应方，2022年出口额为56.1亿美元，比2010年增长2.2倍。中国面料、化纤和纺织机械的主要出口目的地为印度、越南、孟加拉国、土耳其、印度尼西亚、巴基斯坦等发展中国家。

中国纺织企业通过对外直接投资，参与和推动了全球纺织供应链的布局优化，海外的投资存量过百亿美元。中国纺织企业投建海外生产基地，培养了大批技能型产业工人与专业化管理人员，从业人员从中资企业向本土企业流动，产生了技术及管理经验的外溢效应，促进了当地纺织企业加快发展提升。中国企业在海外整体投资建纺织产业园区，集中展示了中国纺织产业集群数十年积累的发展经验，给当地带去了先进的现代产业园区管理模式和公共服务体系。

中国是全球纺织供应链上的重要一环，中国纺织行业以市场化改革和对外开放为起点，汲取全球产业优质资源和先进经验实现长足发展，也为全球纺织产业发展贡献了自己的基础实力和创新成果。中国纺织行业与全球纺织供应链从来都是唇齿相依、休戚与共，供应链的价值来自协同，创新的活力来自开放，中国纺织行业将始终践行开放合作、协同共进的初心，进一步融入全球纺织供应链体系，服务全球产业创新发展。

综上所述，身处时代变革与产业变迁的大势之下，中国纺织行业深刻感受到了发展路径升级的需求驱动，建设高质量发展的现代化产业体系，成为中国纺织行业适应时代要求、寻求与全球供应链共同发展的新路径实践。2023年8月，中国纺织工业联合会发布了《建设纺织现代化产业体系行动纲要（2022~2035）》。中国的纺织现代化产业体系是以创新、协调、绿色、开放、共享五大新发展理念为引领，融入时代大势、立足中国实际、美化人民生活、服务全球发展的产业体系，是创新驱动的科技产业、文化引领的时尚产业、责任导向的绿色产业。

# 专题三　如何进行供应链管理

与传统的销售链不同，供应链的概念跨越了企业界限，从建立合作制造或战略伙伴关系的新思维出发，基于全局和整体的角度考虑产品的竞争力，从产品生命线的"源"头开始，到产品消费市场"汇"，使供应链从一种运作性的竞争工具上升为一种管理性的方法体系。因此，近年来供应链管理在国内外逐渐受到重视并成为一种新的管理理念与模式。

对于供应链管理的研究，最早是从物流管理开始的，起初人们并没有把它和企业的整体管理联系起来，主要是进行供应链管理的局部性研究，如研究多级库存控制问题、物资供应问题等。随着经济全球化和知识经济时代的到来，以及全球制造的出现，供应链在制造业的管理中得到普遍应用。

然而，21世纪是政治经济国际化和动态化的时代，市场竞争日益激烈，用户需求的不确定性和个性化不断增加，高新技术得到迅猛发展，产品寿命周期日渐缩短，产品结构越来越复杂，如何适应新的竞争环境，已成为纺织服装企业管理者及实际工作者关注的焦点。本章将从这一大背景出发，分析供应链管理产生的背景、特点和运营机制。本章的教学目标如图3-1所示。

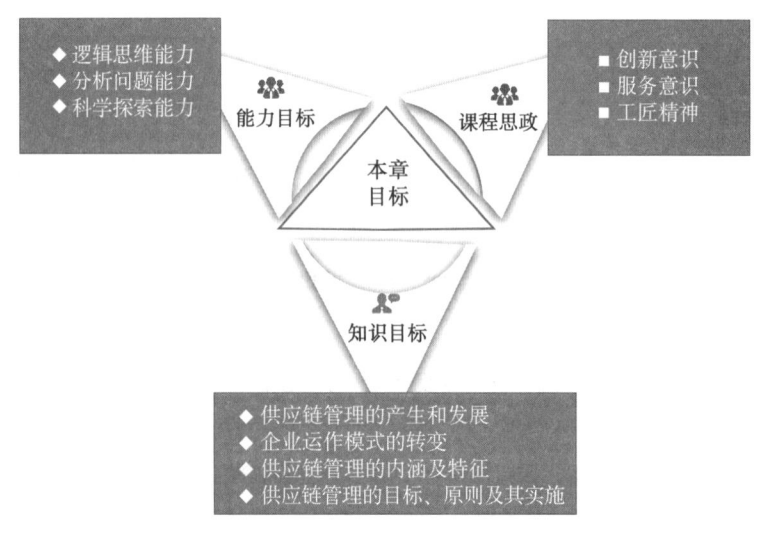

**图 3-1　本章教学目标**

## 第一部分 问题导入

现如今,服装企业经常招聘急需的与"供应链管理"相关的技术和管理人员,你知道这些岗位职责是什么? 具体工作涉及哪些内容? 对求职者的知识、能力和素质都有哪些要求?

## 第二部分 理论、方法及策略基础

### 第一节 供应链管理的产生和发展

供应链管理的产生和发展主要基于以下几方面的原因。

#### 一、全球竞争环境的变化使市场的不确定性大大增加

20世纪90年代以来,网络化、数字化、信息化以及智能化给企业带来了深刻的影响。在数字化经济时代,竞争是市场机制的核心,而政治、经济、社会环境的巨大变化,使得市场机会变动频繁,市场竞争的不确定性大大增加。当今社会已然是一个高度信息化的社会,人工智能技术的发展引发全球新一轮科技与产业竞争热潮。信息技术的发展,打破了时间和空间对经济活动的限制,为国际、企业间经济关系的发展提供了新的技术手段和条件,网络通信、数据库、标准化等技术使得各种信息能够快速超越国家和个人的界限,在世界范围内有效地传递和共享。现代信息技术的应用增强,使得功能强大的通信技术开始走向商业化,要求企业提高对信息资源的利用程度。同时,市场类型已经从卖方市场(重视功能质量、以产定销)转变为新的买方市场(注重消费者需求,兼顾消费者和社会大众的福利),企业面对的是一个变化迅速且无法预测的买方市场,而且竞争的主要因素也已经发生了变化。20世纪60年代企业间竞争的主要因素是成本;到了70年代则变为质量的竞争;进入80年代以后竞争的主要因素则转变为时间。此时的时间要素主要指交货期和响应周期。用户不但要求厂家要按期交货,而且要求的交货期越来越短;企业要具有较强的产

品开发能力,不仅指产品品种,更重要的是产品的上市时间,即尽可能地提高对客户需求的响应速度。到了20世纪90年代,企业间竞争的因素开始转向物流,企业通过产品与服务及其相关信息在供给点与消费点之间的加工、运输与交换环节,以低成本提供给用户更满意的服务,从而实现价值。21世纪开始,随着互联网和信息技术的发展,企业开始更加注重产品升级、技术更新和智能化应用。对于企业来讲,市场竞争因素转变加快,随之而来的市场机会几乎是稍纵即逝,企业对用户需求的反应稍慢一点,就会被竞争对手抢占先机。然而,企业所采用的传统的生产与经营模式对市场剧变的反应显得越来越迟缓和被动。

## 二、技术进步和需求多样化使服装产品的生命周期越来越短

21世纪以来,随着生活水平的提高,人们的生活观念已从原来的追求温饱型或数量型而转向追求生活质量。人们不再侧重购买那些企业为满足需求而大规模生产的商品,而是在重视商品质量的基础上,购买具有差异化的商品,以体现自己个性化的生活方式。为此,顾客需求开始向个性化、多元化和体验化方向发展。

顾客消费观念和消费形态的变化使消费者从过去注重产品是否经久耐用,较多考虑质量、功能与价格三大因素,而转变为目前消费者所关注的产品是否能给自己生活带来活力、美感和充实感。他们要得到的不仅是产品的功能和品牌,而且是与产品有关的系统服务。在此背景下,消费者评判产品的标准从"要不要""喜欢不喜欢"发展成为"满意不满意",顾客对产品和服务的期望越来越高。

同时,高新技术的迅猛发展提高了企业的生产效率,缩短了产品的更新换代周期,加剧了生产竞争的激烈程度。所有的企业都面临着不断开发新产品、淘汰旧产品的挑战,企业的产品开发能力正在不断提高。有的产品一上市就过时,就连消费者也有些应接不暇。尤其是随着人工智能技术的应用,新产品的研制周期已大大缩短。

技术进步和需求多样化使得产品生命周期不断缩短,产品在市场上存留的时间大大缩短,这样企业在产品开发和上市时间的活动余地变得越来越小,企业面临着缩短交货期、提高产品质量、增加产品品种、降低成本和改进服务的

压力。这就要求企业能对不断变化的市场做出快速反应,不断地开发出符合用户需求的、定制的"个性化产品"去占领市场以赢得竞争。事实上,越来越多的企业已经认识到新产品开发对企业创造收益的重要性,因此许多企业不惜工本予以投入,力求做到"销售一代、生产一代、研究一代、构思一代",然而这毕竟需要企业投入大量的资源,对一般的中小企业来说资金利用率和投入产出比却往往不尽人意。究其原因主要是产品研制开发的难度越来越大,特别是那些大型、结构复杂、技术含量高的产品在研制中一般都需要各种先进的设计技术、制造技术、质量保证技术等,不仅涉及的学科多,而且大都是多学科交叉的产物,因此,如何成功地解决产品开发问题是摆在企业面前的头等大事。

### 三、供应链整体上用户需求的不确定性不断增加

知识经济时代的今天,国际化、动态化市场竞争日益激烈,信息化逐渐融入时代的同时,必然会引起人们工作和生活方式的改变。快速变化与不稳定成为市场的核心特征,市场分化加剧是其中一个显著特征。随着顾客消费水平不断提高,企业之间的竞争加剧,供应链用户需求的不确定性也随之增加,企业将会面对的是一个变化迅速且愈发难以预测的市场。高新技术迅猛发展,大型的生产系统日趋复杂,其复杂程度可从其复杂的产品物流看到。不同的供应商以其不同的方式将原料、零部件送至生产现场,经过复杂的生产过程生产出各种零部件和最终产品,再将零部件和产品送至客户。至此,"客户"一词的含义分割为两层,既包括最终产品的外部使用者,也包括内部以此为原料的下游过程的生产者。原料经过了运输、生产、运输、再生产……最后成为产品,并送至客户手中,其中复杂的生产过程或多或少都带有很多的不确定性因素。

同时,用户的要求不断提高。随着时代的发展,人们的知识水平和对产品的认知程度越来越高,激烈竞争令市场的产品种类越来越多、质量越来越好、变化越来越大,用户的要求和期望也越来越高。这就要求供应链具有了解和快速响应市场真实需求的能力。个性化定制的出现及发展给市场带来了全新的挑战,消费者的心理和价值观发生了显著变化,个性化追求成为主流,需求结构普遍向高层次发展。一是消费者对产品的品种规格、花色品种、需求数量呈现多样化、个性化要求,而且这种多样化要求具有很高的不确定性;二是对产品的功能、质量和可靠性的要求日益提高,而且这种要求提高的标准又是以不同

用户的满意程度为尺度的，产生了判别标准的不确定性；三是个性化定制快速发展的同时，先进的技术手段将定制元素数字化、规范化，以此建立大型数据库，进而出现大规模批量定制的需求，更要求产品的价格要像大批量生产的那样低廉。全球供应链使得制造商和供货商得以紧密联系在一起来完成一项任务。这一机制也同样可以把用户结合进来，使得生产的产品真正满足用户的需求和期望。

因此，对于企业来讲，市场竞争的标准既以消费者的满足为尺度，同时兼顾产品本身、价格和供应时间。

### 四、传统的管理模式存在一定的缺陷

传统的管理模式是"纵向一体化"的管理模式。所谓"纵向一体化"的管理模式是企业"大而全""小而全"的翻版。企业出于对生产资源管理和控制的目的，对为其提供原材料、半成品或零部件的工厂一直采取投资自建、投资控股或兼并的管理模式。其主要特征是以规模化需求和区域性的卖方市场为决策背景，通过规模效应降低成本，获得效益。在这种决策背景下，所选择的生产方式，必然是少品种、大批量，采用刚性和专用的流水生产线，因为这种生产方式可以最大限度地提高效率、降低成本，其规模化效益是最好的。但其致命弱点是无法适应当今市场环境的改变以及产品品种的快速变化，即快速和低成本响应客户多样化与个性化的需求。若供应链缺乏适应产品品种变化的能力，一旦外界发生新的需求，原有的生产系统也很难适应。从组织结构的特征来看，它是一种多级递阶控制的组织结构，管理的跨度小，层次多。管理层次的增加必然影响整个企业的响应速度。从管理思想和管理制度的特征看，主要是以一种集权式管理，以追求稳定和控制为主。就是说，过去为了控制影响企业生产的这些资源，企业要么是自己投资建设，要么是参资控股，目的只有一个，就是要控制可能影响自己生产和经营的资源。要最大限度地来控制这些资源，必然走向集权式，因为只有集权式管理才能最大限度地实现企业对资源的控制。

采用这种管理模式的企业，把产品设计、计划、财务、生产、人事、管理信息、设备维修等工作看作本企业必不可少的业务工作。许多管理人员往往花费过多的时间、精力和资源从事辅助性的管理工作。其结果是，辅助性的管理工

作没有抓起来，关键性的业务也无法发挥出核心作用，不仅使企业失去了竞争特色，而且增加了企业的产品成本，也可能导致整个项目生产周期延长，企业在资金运转、适应市场等方面临更大的风险。

## 五、企业降低库存与改进顾客服务水平之间存在矛盾

库存是因为人们无法预测未来的需求变化而存在的，但无论是原料库存还是成品库存，生产企业都不希望库存量过大，而库存以原材料、在制品、半成品、成品的形式存在于供应链的各个环节，更与顾客服务水平密切相关。因此，缩小库存量和改善顾客服务水平成为现代企业所面临的巨大压力。

### 1. 在原料库存方面

由于考虑到采购成本和运输成本，生产企业在采购原材料时一般都希望大批量采购；同时，为了对付供应的不确定性，避免断货影响生产，管理者只好通过建立一定容量的原料、工件和最终产品的库存来应对这种不确定性。然而，这样做的结果必然使企业的原料库存大大增加，严重时甚至导致企业的资金链出现问题，或者使企业面临原材料市场价格波动而带来的经营上的巨大风险。

### 2. 在产品库存方面

在工业化时代，各企业以及企业部门之间均强调效率与分工的重要性，因此，每个企业都追求效率化及高度单纯化，人们普遍认为只要本企业可以达到效率最大化，整体必因此而获利。但由于过分强调工作切割及局部最佳化的结果，使得整体观念有所削弱，此时的供应链可以说纯粹以物流驱动为主导，换句话说，零售店不会去考虑制造商的问题，同样制造商也不会去关心制造出来的产品对于物流配销或零售店的影响，造成了销售和生产的"大脱节"。例如，工厂为追求大量快速的生产效率，引进许多高度自动化的生产机械及强调单一动作的单能工，然而这些快速生产出来的标准化产品，不是堆积在仓库，就是形成销售通路的库存。为了回笼资金，人们又不得不想办法把库存变成现金，因此，"买一送一"、变相打折等各种各样的销售手段层出不穷，服装行业尤其如此。

### 3. 在顾客服务方面

按时、按量、按质供货是企业顾客服务的基础。为了保证客户在绝大部分

时间段内的任意时刻随时能得到最终产品，企业不得不增加库存，而库存的增加势必提高企业的经营成本，也就是说，降低库存与提高对顾客的服务水平之间形成了矛盾，从而使得顾客关系质量的提升、或满意度的进一步强化将遭遇困境与挑战。企业要降低成本，就要减少库存，而这样势必影响对客户的最终服务。顾客的需求，尤其是对于服务性的需求通常带有很强的情境性，即顾客处于不同业务情境下，其需求的差异性表现非常突出。在这种情况下，企业为了转移压力，必然对其分销商或者零售商施加更大的压力，以使本企业在降低库存的情况下而不影响对顾客的服务水平。然而此举虽然缩小自己的库存，但是下游过程的库存并不能减少。也就是说，从供应链的整体来看，为了保证供应链上个别节点维持最小的库存，而使得其他节点上存在断断续续的库存，总体库存可能更多。另外，随着客户对交货期的要求越来越苛刻，为了不失去市场，并进一步强化顾客满意度，企业在保证顾客服务水平的基础上，纷纷采用代理销售或者加盟连锁的方式尽量减少库存投资，以达到重新分配库存的目的，然而多数组织往往停留在口头承诺上，实际操作过程中存在很多现实问题，并不利于系统的共同协作。

## 六、信息和物流的发展加强了企业间的合作和外部资源的可利用性

互联网、大数据、云计算等信息化应用的普及正在改变着消费市场和产业市场。各种信息和通讯技术的应用，各种资料、消息、数据和文件的收集和检索更加方便快捷，企业管理者可以迅速查询到全球每个角落的营运情况，指挥企业的运作，企业实现全球营运的门槛大幅降低。

### 1. 企业间的合作不断加强

面对激烈多变的全球竞争环境，企业间的竞争由传统的以击败竞争对手为目的转变为寻求企业合作以获得竞争力，因此企业间的合作不断加强。而信息技术的发展，为企业间的合作提供了先进的手段，并且大大减少了伙伴之间的信息交换成本。企业通过数字程控交换技术、宽带交换技术、光线通信技术、卫星通信技术、有线电视传输技术等，可实现远距离面对面的交流。减少传递失真，减少旅行支出，特别是以通信和计算机技术为基础的互联网使企业的信息处理和交换更方便、快捷和经济。

## 2. 外部资源的可利用性逐步提高

物流产业的发展使运输和库存的成本和时间大大降低，企业可能在成本许可下把原料和零部件运到全球最具竞争力的地方生产，制成品则可以选择在价格最优的地方销售。有了可靠价廉的运输，才有可能在全球范围进行合作。另一方面，物流业促进了企业对信息与流程的关注，物流供货商提供各种不同的方案和服务，使企业界开始了解到一个新的利润空间。先进的物流基础设施是实现现代供应链管理的一个重要前提。第四方物流的出现为企业提供一整套完善的供应链解决方案，它不再是物流活动中的利益相关方，而是基于整个供应链全程考虑，需要协调多方面的角色，依据企业自身所拥有的信息核心技术、资本实力、整合资源的能力提供一整套的供应链管理解决方案。第四方物流提供商能充分利用各种服务提供商，包括 B2B、IT 供应商、合同物流供应商、呼叫中心和电信增值服务商、客户等，以此来满足公司所面临的广泛而复杂的需求。

在信息交流便捷、迅速的情况下，企业可在全球范围内寻求原材料的供应、产品的销售以及劳动力的选择，此举不仅可以使企业获得有利的交易，而更重要的是可以在全球范围内寻求最佳的合作伙伴，形成新的管理模式。此时，企业将突破原有的企业界限，真正与世界融为一体。

## 七、制造全球化与贸易保护主义的挑战

面对经济全球化发展进程的加快，供应链管理呈现出全球化的特点。在过去的几十年中，全球范围内科学技术和生产力得到飞速发展，市场竞争日趋全球化并越来越激烈。企业在有机会把产品销售到全世界的同时，也必须面对来自全世界的竞争，只有最佳的、拥有优势的企业才能生存下来，特别是在全球经济增速放缓的当下尤为如此。

数字经济催生新的生产力和生产关系，已成为全球主要的经济形态。同时，随着 IT 技术的发展，特别是互联网技术的出现与广泛应用，全球经济一体化的进程不断加快。拥抱数字经济，已成为行业共识。全流程、全场景、全触点、全生命周期的数字化转型，重塑着产业发展的新动能和新可能。无国界化企业经营的趋势越来越明显，远程学习、研究和交流已经发展为常态，整个市场竞争呈现出明显的国际化和一体化。

经济全球化是当今世界经济发展不可抗拒的趋势。但是，全球化不只是把产品外销到别国，到某个海外地方设厂也不是真正的全球化，企业只有真正整合运用全世界不同地区的资源和市场来发展，才是真正的全球化。近年来，随着贸易自由化和投资自由化，我国纺织服装工业能够在更大范围内利用国际资金、技术、人才、管理等资源充实产业，推进产业结构调整，促进产业进步和产业升级，提高了整体竞争力。但随着国际政治、经济及社会环境的巨大变化，地缘政治格局调整正在更大范围、更多领域波及全球合作，贸易中限制性措施也将会越来越多，产业竞争更加激烈。从遭受贸易保护措施的情况来看，大致可以分为政策性和技术性两大类。政策性贸易保护措施以两反一保（反倾销、反补贴、特别保障措施）为主；技术性贸易保护措施则多集中在美国、日本、欧盟、加拿大等发达经济体，他们有健全完善的标准体系和检测机构。为防止我国纺织品服装对其市场的冲击，先后出台和更新了多项新规定，如REACH法规、禁用偶氮染料、纺织品生态标签标准、OekoTex100认证标准等。因此，随着经济全球化的不断发展，新一轮科技革命和产业变革奏响了世界互联互通的新乐章，全球利益共享和责任共担进一步深化。这其中，纺织对外贸易始终贯穿着贸易保护主义的阴影。

在全球化市场里，企业的潜在顾客数量大大增加，但同时，由于信息渠道通畅，既有的潜在用户也可能迅速被别的企业夺走，企业生存的不确定性变得更多更大。过去能够创造赢利的经营模式有可能在不久的将来只能赚取微薄的利润。消费者和企业客户在全球范围内从各种渠道寻找价格最低的产品和服务，价格战不仅在地区间展开，更在全世界范围内进行。因此，企业除了开发创造有特别价值的产品外，更要获得比竞争对手价格更低的竞争优势。此时，产品的竞争力并不是由一个企业来决定，而是取决于从原料到产品完成的整个过程。产品的竞争其实是供应链之间的竞争，某一地区上的优势已不足恃。只有拥有世界级的竞争力才能胜出，这种立体的竞争模式将成为未来经济的重要特征。

## 八、企业内部管理观念的转变

### 1. 企业组织结构趋于扁平化

在工业经济体制下，企业管理中的中间管理层承担着监督和协调的作用，保证了决策的实施和工作任务的完成,其作用必不可少。然而,它却使企业组织结构臃肿,信息传递速度缓慢,决策延迟或使执行结果扭曲,影响了管理效率,不利于企业快速反应能力的提高。在信息化和网络环境下,智能化技术的发展推动市场急速变革,纵横交错的计算机网络改革了企业上传下达的垂直信息传递方式。时间就是成本,企业若想做到快速反应、精准决策,就需要组织结构上的转型,从而掌握竞争优势。企业的组织机构开始趋于扁平化,即中间的管理层被弱化,高层管理者与执行层直接接触,执行层可根据实际情况及时进行自主决策。这样在出现突发情况和危机时,企业的快速反应能力和决策能力就会得到显著提升。

**2. 企业运营从"推式"向"拉式"转变**

长期以来,企业的运营模式属于典型的"推式"结构,也就是从原材料推到成品,直至最终客户。特别是从商品短缺时期发展过来的我国纺织服装生产企业,一直是此领域产品开发与品牌经营的主体,传统上一直是由生产推动纺织服装的消费,以纺织服装生产企业为核心将商品"推"向市场,即我国纺织服装业以生产企业为主体的供应体系格局。在以生产企业为核心形成的供应链中,产品开发与品牌经营的主体是由生产企业担当,生产企业为销售其生产能力而努力,扩大产能发展大规模生产能力是生产企业成功的标志。将大量生产的产品"推"向市场的供应体系,在生产纺织服装商品的使用价值、满足功能消费是成功的。而当消费能力发展到一定程度时,纺织服装的消费除了功能性消费以外,商品的时效价值、个性化要求凸显。我国传统的生产厂商能够承担提供纺织服装功能性价值的主体作用,但在创造时效价值与个性化价值时显得难以适应,随着时效与个性化在纺织服装商品的价值构成中所占比重不断提高,以库存调节市场需求的传统方式已不能同时满足时间与个性化的要求,纺织与服装生产商作为"推"式供应链中的上游与中游环节,不易掌握纺织服装终端市场快速变化的信息,并做出及时反应。供应链各环节的库存难以承担市场不确定变动情形下的调节作用,却需承担库存积压与市场失销的损失。

在商品多元时期,时间与个性化的要求促使市场运作的动力发生了逆转,出现由消费需求来"拉"动生产的变化,企业运营模式转变为以客户需求为源动力的"拉式"结构。处于供应链下游与市场最接近的流通企业逐渐承担引导市场发展主体的重任,产品开发与品牌经营从生产领域向更接近市场的流通服务领域转移成为发展的趋势。此时，工业化的普及使生产率和产品质量不再成为竞争的绝对优势，企业管理开始跨越企业界限，实现跨企业协作，供应链管理逐渐受到重视。

现在的企业已经意识到，在网络化、信息化的时代，作为单独的个体已逐步丧失竞争力，企业需要打破单个企业的界限，只有积极寻求合作伙伴并协同运作，才能获得更多的利益。因此，随着企业运营规则的变化和涉及资源和环节的增加，企业管理变得十分复杂，迫切需要创新供应链的管理模式，以面对更密集的风险、挑战以及更深远的机遇。

### 九、服装产业可持续发展的要求

气候问题是一项需要多国共同协作攻克的全球性问题。自1997年出现"碳中和"这个概念以来，为了应对全球气候变化的挑战，许多国际组织采取了各种措施，例如签署《京都议定书》等相关国际法案，组织全球气候大会等，以在全球范围内减少二氧化碳等温室气体的排放。2020年9月，我国庄严承诺，二氧化碳排放力争于2030年前达到峰值，努力争取2060年前实现碳中和。

国际国内逐步推行的政策和行动引发了许多行业变革，也令纺织服装行业的产业转型面临巨大的挑战。在纺织服装行业这样一个全球性产业内，企业的供应链往往跨越多个国家和地区。根据国际能源署（IEA）发布的数据显示，纺织服装行业碳排放量占全球总排放量的10%，是仅次于石油的第二大污染源。为更好地满足国际国内市场的需求，纺织服装企业应当积极应对全球趋势，主动发起减排计划，降低产品生产和工厂运营所带来的负面环境影响。

中国是全球最大的纺织服装生产国和出口国，在全球纺织服装出口中占据了30%~40%的比重。在为国民经济做出巨大贡献的同时，长期高速发展带来的环境问题，尤其是碳排放问题越来越突出。目前，我国纺织行业耗能和排污总量较大，有关资料表明，纺织工业能耗、水耗、废水排放量分别占全国工业总能耗、总水耗、总废水排放量的4.4%、8.5%和10%。为了应对气候变化和环境污染等挑战，我国政府已经制定了一系列政策，通过加大对环保产业的支持力度，促进企业采用低碳和环保的生产方式进行技术创新和转型升级。同时，国际市场对环保和可持续发展的要求越来越高，不符合环保标准的产品将逐渐被市场淘汰。纺织服装企业需要提高环保意识，提高产品的"绿色竞争力"，以满足国际市场对低碳产品的需求。

行业的低碳转型给企业带来的并不单单是压力，在合理规划的情况下，采取节能减排措施和实行绿色生产方式可以为企业带来实际的经济效益。通过优化生产流程和减少能源的消耗，企业可以降低成本并提高生产效率。例如，减少废弃物的产生和处理费用、节省能源消耗所带来的成本节约、通过绿色生产方式获得的环保补贴等，都能令企业获得一定程度的经济回报。此外，积极配合环保政策的落实可以避免潜在的环境风险和法律诉讼，同时为企业提供更好的经营环境。低碳减排举措还可以帮助企业塑造积极的社会形象，提高企业的品牌价值和市场竞争力，获得关心可持续发展的部分投资者、合作伙伴和终端消费者的支持。为了能够更大程度地获益，在未来，企业需要进一步加强环保意识，将环保作为企业发展的重要方向和发展目标，积极推动绿色经济和可持续发展的进程。为此，为实现这一转变，企业需广泛建立绿色降碳、责任发展的可持续共识，加强低碳加工技术创新、负碳技术应用等方面的信息互通与技术合作。开展绿色供应链共建合作，研究开展绿色纤维、绿色产品、循环再利用产品及供应商的认证互信工作，研究建立有国际话语权的纺织产品碳足迹核算和认证体系，打造区域绿色纺织供应链。合作推动纺织供应链环境、社会和治理（ESG）体系建设，组建 ESG 联盟，以 ESG 信息相互披露，引导贸易和投资合作取得更好成效。目前行业已有一批企业在绿色发展方面走在了前列，但独行者速、众行者远，只有更多的力量加入到"双碳"行动中来，行业才能真正实现绿色发展。

## 第二节　企业运作模式的转变

### 一、管理模式的内涵

管理模式是一种系统化的指导与控制方法，它把企业中的人、财、物和信息等资源，高质量、低成本、快速及时地转换为市场所需要的产品和服务。因此，一般情况下，质量、成本和时间是一个企业活动的三个核心内容，企业管理模式也是围绕这三个方面不断发展。企业的生存和发展有赖于对这三个核心活动过程的管理水平,因为质量是企业的立足之本,成本是生存之道,而时间则是发展之源。没有好的质量,就无法得到消费者的认可,企业所提供的产品或服务就无法在市场上立足;没有低的成本,企业就没有实力进行价格竞争,无法获得再生产所需要的资金而难以为继;而企业要适应不断发展的消费需求,就必须能在最短的时间里提供消费者所需要的产品或服务,因此生产周期(包括产品研制和生产时间)就成了能否适应企业发展要求的关键。为了做好这三个方面的工作,企业无时无刻不在寻找最有效的管理方法。

## 二、传统企业运作模式及其缺陷

从管理模式上看,企业出于对制造资源的占有要求和对生产过程直接控制的需要,传统上常采用的模式是所谓的"纵向一体化"管理模式(Vertical Integration),也就是企业或扩大自身规模,或参股到供应商企业,与为其提供原材料、半成品或零部件的企业是一种所有关系。在我国,特别是国有企业一贯采取"大而全""小而全"的经营方式,可以认为是"纵向一体化"的一种表现形式。例如,许多纺织企业拥有从纤维生产、面料织造、印染加工、服装裁剪及制作等一整套设备、设施及组织机构,但其构成比例却不合理,主要表现为产品开发能力和市场营销能力较弱,而拥有庞大的加工体系。在产品开发、生产加工、市场营销三个基本环节上呈现出中间大、两头小的"腰鼓型"。"腰鼓型"企业适合于计划经济体制,而在市场经济环境下无法快速反应用户需求。

在20世纪的40~60年代,企业处于相对稳定的市场环境中,当时"纵向一体化"模式是有效的。但是在20世纪90年代科技迅速发展、知识更新加速、竞争日益激烈、顾客需求不断变化的形势下,"纵向一体化"模式则暴露出种种缺陷,主要表现在以下方面:

### 1. 增加企业的投资负担

不管投资是用于建新的工厂,还是对其他公司进行控股,都需要企业自己筹集必要的资金,这一工作给企业带来许多困难。首先,企业必须花费人力、物力设法在金融市场上筹集所需要的资金,特别是在通货膨胀日益严重的今天,企业筹集资金所要负担的成本越来越高。其次,资金到位后,随即进入项目建设周期，为了尽快完成基本建设任务，企业还要花费精力从事项目实施的监管工作，这样一来又消耗了大量的企业资源。由于项目都有一个建设周期，在此期间内企业不仅不能安排生产，而且还要按期偿还借款利息。显而易见，用于项目基本建设的时间越长，企业担负的利息负担越重。

### 2. 承担丧失市场时机的风险

对于某些新建项目来说，由于有一定的建设周期，往往出现项目建成之日，也就是项目下马之时的现象。市场机会早已在项目建设过程中消失，这样的事例在我国很多。从选择投资方向看，决策者当时的决策可能是正确的，但就是因为花在生产系统基本建设上的时间太长，等生产系统建成投产时，市场行情可能早已发生了变化，错过了进入市场的最佳时机而使企业遭受损失。因此，项目建设周期越长，企业承担的风险越高。

### 3. 迫使企业从事不擅长的业务活动

"纵向一体化"管理模式实际上是"大而全""小而全"的翻版，它把产品设计、计划、财务、会计、生产、人事、管理信息、设备维修等工作看作本企业必不可少的业务工作，许多管理人员往往花费过多的时间、精力和资源去从事辅助性的管理工作。结果是，辅助性的管理工作没有抓起来，关键性业务也无法发挥出核心作用，不仅使企业失去了特色和竞争力，而且增加了企业产品成本。这种情况在国内也屡见不鲜。例如，某机器制造厂为了解决自己单位富余人员的就业问题，成立了一个附属企业，把原来委托供应商生产的某种机床控制电器转而自己生产。由于缺乏技术和管理能力，不仅成本比外购的高，而且产品质量低劣，最后影响到整机产品的整体性能和质量水平，一些老客户纷纷撤出订单，使企业蒙受了不必要的损失。

### 4. 在各个业务领域均直接面临众多竞争对手

纵向一体化由于所有业务都要做，导致它必须在不同业务领域直接与不同的竞争对手进行竞争。例如，有的制造商不仅生产产品，而且还拥有自己的运输公司。这样一来，该企业不仅要与制造业的对手竞争，而且还要与运输业的对手竞争。在企业资源、精力、经验、知识都十分有限的情况下，四面出击的结果是可想而知的。

### 5. 增大企业的行业风险

如果整个行业不景气，采用纵向一体化模式的企业不仅会在最终用户市场遭受损失，而且会在各个纵向发展的市场遭受损失。比如某服装厂为了保证原材料供应，自己建了一个辅料厂。但后来服装市场饱和，该厂生产的服装大部分没有销路。结果不仅服装厂遭受损失，与之配套的辅料厂也难以维系。

### 三、传统企业运作模式在供应链环境下存在的问题

如前所述，当今世界各种技术和管理问题日益复杂化和多维化，这种变化促使人们认识问题和解决问题的思维方法也发生了变化，逐渐从点和线性空间的思考向面和多维空间思考转化，管理思想也从纵向思维朝着横向思维方式转化。在经济全球化的背景下，横向思维正成为国际管理学界和企业界的热门话题和新的追求，供应链管理就是其中一个典型代表。

供应链管理是新的管理哲理，在许多方面表现出不同于传统管理思想的特点。从另一个角度看，这一新的管理哲理与传统管理模式之间也必然存在着许多有冲突的地方，因此，应用供应链管理首先要认清传统管理模式在当前环境下存在的问题。总体上讲，传统的企业管理与运作模式已不能很好地适应供应链管理的要求，主要存在以下方面的问题：

（1）企业生产与经营系统的设计没有考虑供应链的影响。现行的企业系统在设计时只考虑生产过程本身，而没有考虑本企业生产系统以外的因素对企业竞争力的影响。

（2）供、产、销系统没有形成"链"。供、产、销是企业的基本活动，但在传统的运作模式下基本上是各自为政，相互脱节。

（3）存在着部门主义障碍。激励机制以部门目标为主，孤立评价部门业绩，造成企业内部各部门片面追求本部门利益，物流、信息流经常被扭曲、变形。

（4）信息系统落后。我国大多数企业仍采用手工处理方式，企业内部信息系统不健全、数据处理技术落后，企业与企业之间的信息传递工具落后，没有充分利用电子数据交换、互联网等先进技术，致使信息处理不准确、不及时，不同地域的数据库没有得到有效的集成。

（5）库存管理系统满足不了供应链管理的要求。传统企业中库存管理是静态的、单级的，库存控制决策没有与供应商联系起来，无法利用供应链上的资源。

（6）没有建立有效的市场响应、用户服务、供应链管理方面的评价标准与激励机制。

（7）系统协调性差。企业和各供应商没有协调一致的计划，每个部门各搞一套，只顾安排自己的活动，影响整体最优。

（8）没有建立对不确定性变化的跟踪与管理系统。

（9）企业与供应商和经销商都缺乏合作的战略伙伴关系，且往往从短期效益出发，挑起供应商之间的价格竞争，失去了供应商的信任与合作基础。市场形势好时对经销商态度傲慢，市场形势不好时又企图将损失转嫁给经销商，因此得不到经销商的信任与合作。

以上这些问题的存在，使得企业很难一下子从传统的纵向发展管理模式而转变到供应链管理模式上来。

## 四、从"纵向一体化"向"横向一体化"的战略转变

多少年来，企业关注的一直是"纵向一体化"的实现，即企业通过拥有链中的每项要素，达到对整条链的控制和支配，以获得期望的效率和反应能力。但是，在科技迅速发展、市场竞争日益激烈、客户需求不断变化的今天，"纵向一体化"战略已逐渐显示出其无法快速敏捷地把握市场机会的薄弱之处。

一个真正一体化的供应链并不仅仅是降低成本，也为公司及其供应链伙伴与股东创造价值。实践证明，成功的一体化供应链，其回报是相当可观的。它不是静态的，而是基于变化的市场与客户需求不断发展的。在复杂的全球供应链中，要有效地管理越来越多的客户需求和产品或服务，需要成员之间的紧密一体化。

从20世纪80年代后期开始，国际上越来越多的企业放弃了"纵向一体化"的经营模式，逐渐实行了"横向一体化"的管理，即利用企业外部资源快速响应市场需求，而本企业只关注其核心的竞争能力，实现"分散网络化制造"。举例来说，制造企业可以和流通企业合作，发挥自身的核心优势：制造业者的核心能力是创造产品，并以最低的成本进行生产；至于开拓市场、消费者服务、运输配送，则可以交由流通行业的经销商、零售商、物流商代劳，更多资源便可调配至企业的核心业务的刀刃上。在一条供应链的合作概念下，双方应合作互利，共同赚取回报。

"横向一体化"形成了一条从供应商到制造商再到分销商的贯穿所有企业的"链"。这条链上的节点企业必须达到同步、协调运行,才有可能使链上的所有企业都受益。

构成供应链的"横向一体化"需要信息集成、协调与资源共享和组织关系链接三个重要方面。

### 1. 信息集成

信息集成是更为广泛的供应链一体化的基础,涉及供应链成员之间信息和知识的共享。他们共享需求信息、存货情况、生产能力计划、生产进度、促销计划、需求预测和装运进度,也进行协调预测和补充供货等。公司若要协调他们的物料、信息和资金的流动,必须随时掌握那些反映其真实的供应链情况的信息。没有信息的集成,要从整个供应链一体化中获得利益是很难的。

集成的第一步是供应链成员共享需求信息。事实上,一些人更愿意把供应链管理称作"需求链管理",强调供应链中的所有活动必须以客户的实际需要为基础。客户订单最终影响着链中的一切运作。第一步是供应链成员的知识交换,这显然是一种更深入的关系,需要成员之间较高程度的信任,而非简单的数据共享。

其实,从技术层面来讲,实现买卖双方的信息共享是可能的,但为什么现实中难以进行呢?20世纪90年代,我国在推进商业自动化方面取得显著成效,改变了人们的"商无科技"的认识。百货商店、超市、便利店等各类业态零售商购置了大量的计算机、POS系统、商业管理软件等,提升了商业信息管理水平。可零售商普遍把销售信息视为商业秘密,不愿上游供货商了解其产品销售信息,导致其内部信息系统很先进,而依然存在"信息孤岛"的现象。当然,这种现象的发生是和销售领域所存在的激烈竞争是有关的。

### 2. 协调与资源共享

随着信息与知识的适当共享,供应链成员将朝着进一步的一体化方向发展。他们准备通过决策权、工作与资源的交换,来协调他们的努力。协调涉及决策权、运作和资源向处于最适宜地位的供应链成员的转移。在交换决策权上,成员不仅需要以信息集成为基础,也需要高度的信任与配合。一个供应链成员有时可能在决策制定上比另一成员处于更好的位置,如果决策从一个成员委托给另一成员,将提高整个供应链的效率。

例如,一个过去开发了自己的补充供货计划的服装公司为了自身利益,可以选择放弃决策权,允许供应商来补充供货。因为供应商拥有在产品、整个市场和预测技术上的丰富知识,可能在进行补充供货上做得更好。

协调的下一步是工作重组。在此,供应链成员之间的实际活动以最有利于供应链整体的方式重新分配。这样的再分配在信息有效并共享知识的条件下是可行的。为了提高整个供应链的效率,公司也可把他们实际开展的工作转移出去。比如,服装分销商根据顾客的需求将从生产商那里采购的服装进行最后包装,其实就是将原来由服装生产商完成的包装任务转移给分销商完成,实现了工作重组。

除了决策权和工作的重新调整外,供应链成员还可以共同协调与分享他们的资源,如实现仓库共享、库存集中等。资源能够重新配置、合并或分享,以便供应链中的众多成员获益,从而实现协同的利益。比如,某品牌的服装经销商在日常营业中共享彼此的存货,能使他们同时提高客户服务与存货利用的水平。

**3. 组织关系链接**

既然是链,就不能被割裂。一旦被割裂或歪曲,链也就失去了价值。仅仅通过公司自己的信息集成与协调无法确保整个供应链的一体化,组织上各构成部分也需要适当的关系。没有公司之间的紧密组织关系,一体化就无法完成。供应链伙伴需要确定并维系他们的沟通渠道,无论那些渠道是电子数据交换、互联网,还是联络小组或书面材料。

组织关系的链接从贯穿于供应链中的适当的绩效衡量标准开始。在组织内部的绩效衡量标准一体化的同时,供应链成员的绩效评价也需要贯穿链中并得以详细说明、整合与监控。当公司和公司之间变得更加一体化时,传统的内部绩效衡量标准逐渐显得不相适应。首先,使用纯粹的内部衡量标准,公司之间的接口活动可能由于隔阂而失败,因为成员双方也许都不会积极地衡量那些活动的绩效。其次,当公司开始共享信息、交换知识和委托决策权时,把一项活动完全确定为公司内部的是极其困难的。

联合的或扩大的绩效衡量标准有必要对一体化的活动进行适当的说明。供应链伙伴的双方都应为共同的绩效衡量标准负责。这种一体化水平需要集成信息系统对一组扩大的绩效衡量标准进行跟踪，并使这些标准能容纳更多的供应链成员。扩大的绩效衡量标准必须伴随着激励的适当调整。风险、成本和回报的共享机制必须能够给成员以激励，使之参与并保持供应链一体化的活动。

这样，一个供应链成员可以为另一个成员的某些绩效衡量标准负责。同样，也可能有一些共同的绩效衡量标准需要众多的组织一起负责。这种延伸的绩效评价促进了更密切的合作与协调，供应链中的组织成员可以为一个目标而同心协力。当然，前提是众多成员有结盟的动机和意愿。联盟的建立需要相应的机制，以保证和一体化努力相关联的风险与利益得到公正的分担。

从信息、协调和组织等方面进行的供应链一体化，决定了正在编织的供应链网络的处境。随着一体化的相应建立，成员的职责可能根据客户需求的变化而发生动态的转变。伙伴们能够在进入和退出网络的同时，最低限度减少破裂的成本。这种进化的网络可以实现更大的效率和反应能力。

## 第三节　供应链管理的内容及特点

### 一、供应链管理的定义

所谓供应链管理（Supply Chain Management，简称 SCM），是指运用集成的管理思想和方法，以实现供应链整体效率为目标，在整个供应链系统，包括了产品从原材料阶段一直到最终交付用户这一过程中，对与产品相关的物流、信息流、资金流、价值流及业务流进行计划、协调、组织、执行和控制等的管理活动。

### 二、供应链管理的内涵

对于供应链管理应该从以下几方面理解：

（1）供应链管理是一种集成的管理思想和方法，对企业生产活动的前伸与后延进行管理，其目的是将企业的采购、生产和销售等职能和供应链中合作伙伴使用的对等职能部分进行合并或紧密连接，以便将企业内部采购、生产和销售等职能和外部供应商及客户，或者第三方物流连接在一起，通过信息共享、技术扩散、资源优化配置和有效激励机制，形成一个完整的集成化系统，统筹整个供应链的各个功能。

（2）供应链管理是一种运作管理，它能够使企业的活动范围从仅仅最佳的物流活动扩展到所有的企业职能。所有这些职能都以最佳的方式紧密地结合在一起，成为一个整体。在这个层面上的企业集成将使企业管理者能够将他们日常的、在竞争中起决定性作用的主要价值活动的运作连接在一起，并保持高度的协同。这种运作活动包括四个方面：第一方面是输入活动，包括销售预测、库存计划、寻找资源和采购以及内向运输；第二个方面是处理活动，包括生产、增值处理、处理过程中的库存管理以及产成品仓储；第三个方面是输出活动，包括产成品存货、客户订单管理、企业外部的运输活动；第四个方面包括物流系统计划、物流设计和物流控制。通过对供应链管理的运作进行高效管理，可以确保围绕着企业的策略目标，将所有的工作职能优化，并为客户创造价值。

（3）供应链管理是一种管理策略。供应链管理的实际应用是以一个共同目标，即实现供应链整体效率为核心的组织管理。它不仅包括加快物品和信息在供应通道中流动的运作管理活动，还包含更为重要的战略方面的内容，比如加快发货速度、降低成本，或者利用新的管理方法和信息技术的力量，按照市场需求对物流管理进行实时调整，以便在针对市场具体需求的产品和服务方面实现重大突破等。尽管供应链管理的运作方面能为企业提供生存能力及市场竞争能力，然而供应链管理的战略作用注重企业之间的合作，能使供应链中分担采购、生产、分销和销售等不同职能的合作伙伴达成共识，加强企业与其他企业（包括物流企业）之间的交流与合作，形成一个协调发展的有机体。

总之，供应链管理的范围包括从最初的原材料直到最终产品到达顾客手中的全过程，管理对象是在此过程中所有与物资流动及信息流动有关的活动和相互之间的关系。供应链系统的功能是，将顾客所需的正确的产品（Right Product）能够在正确的时间（Right Time）、按照正确的数量（Right Quantity）、正确的质量（Right Quality）和正确的状态（Right Status）送到正确的地点（Right Place）——即"6R"，并使总成本最小。

### 三、供应链管理的内容

关于供应链的管理内容，不同学者根据自己的兴趣和理解分别提出了各自的看法，可谓仁者见仁，智者见智。例如，我国著名的供应链管理专家马士华教授认为供应链管理主要涉及交付（Delivery）、计划（Plan）、生产（Production）、物流（Logistics）、供应（Sourcing）、回流（Return）六个领域，如图3-2所示。由图可知，供应链管理是以同步化、集成化生产计划为指导，以各种技术为支持，尤其以Internet/Intranet为依托，围绕供应、生产、物流（主要指制造过程）、满足需求（即交付订单）来实施的。供应链管理主要包括从供应商到用户的所有产品和零部件生产及交付活动的计划、组织和协调。供应链管理的目标在于提高用户服务水平和降低总的交易成本，并且寻求两个有冲突目标之间的平衡。

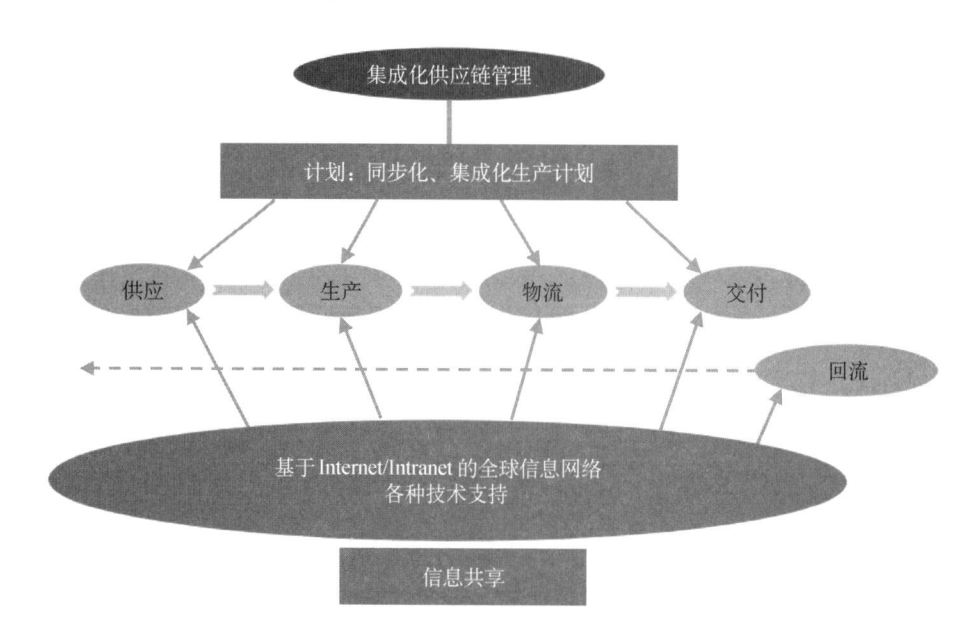

图 3-2 供应链管理的六大领域

以上述六个领域为基础，可以将供应链管理细分为基本职能领域和辅助职能领域。基本职能领域主要包括产品工程、产品技术保证、采购、生产控制、库存控制、仓储管理、分销管理等；辅助职能领域主要包括客户服务、制造、设计工程、会计核算、人力资源、市场营销等。

由此可见，供应链管理关心的并不仅仅是物料实体在供应链中的流动，除了企业内部与企业之间的运输问题和实物分销问题以外，供应链管理还包括以下主要内容：

（1）战略性供应商和用户合作伙伴关系管理；

（2）供应链产品的需求预测和计划；

（3）供应链的设计（全球节点企业、资源、设备等的评价、选择和定位）；

（4）企业内部和企业之间的物料供应与需求管理；

（5）基于供应链管理的产品设计与制造管理、生产集成化计划、跟踪和控制；

（6）基于供应链的用户服务和物流（运输、库存、包装等）管理；

（7）企业间资金流管理（汇率、成本等问题）；

（8）逆向物流（回流）管理；

（9）基于 Internet/Intranet 的供应链交互信息管理，等等。

供应链管理注重总的成本（从原材料到最终产成品的费用）与用户服务水平之间的关系，为此要把供应链各项职能活动有机地结合在一起，从而最大限度地发挥出供应链整体力量，达到供应链企业群体获益的目的。

## 四、供应链管理的特点

### 1. 以现代网络信息技术为支撑

随着大数据、人工智能等技术的出现，我国企业的供应链管理有了更多的可能性。供应链管理战略是现代网络信息技术与战略联盟思想的结晶，高度集成的网络信息系统是其运行的技术基础，企业资源计划（ERP）就是软件配制管理（SCM）广泛使用的信息技术，实现了高度的智能化、自动化。它综合应用了多项网络信息产业的成果，集企业管理理念、业务流程、基础数据、企业资源、计算机软硬件于一体，通过信息流、物流、资金流的管理，把供应链上所有企业的制造场所、营销系统以及财务系统紧密联系在一起，以实现全球内多工厂、多地点的跨国经营合作。这样不仅实现了企业间信息互联互通，提高了企业对市场的反应能力，更易解决企业中一直存在的工作效率低下的问题，为企业管理提供了更多便利，使企业超越了传统的供方驱动的生产模式，而转向需方驱动的生产模式运营，体现了完全按用户需求制造的思想，通过信息和资源共享，实现以顾客满意为核心的战略。

### 2. 以顾客满意为核心

让最终顾客满意是供应链全体成员的共同目标。供应链管理以最终客户为中心,这也是供应链管理的经营导向。无论构成供应链的节点的企业数量的多少,也无论供应链节点企业的类型、层次有多少,供应链的形成都是以客户和最终消费者的需求为导向的,注重分析客户和最终消费者的需求和兴趣及偏好,以此精准判断客户的实际需求。正是由于有了客户和最终消费者的需求,才有了供应链的存在。而且,也只有让客户和最终消费者的需求得到满足,才能赢得客户和最终消费者的信赖与支持,并建立良好的合作关系,才能有供应链的更大发展,提升企业的市场竞争力。

从某种意义上讲,供应链管理本身就是以顾客为中心的"拉式"营销推动的结果,其出发点和落脚点,都是为顾客创造更多的价值,都是以市场需求的拉动为原动力。顾客价值是供应链管理的核心,企业是根据顾客的需求来组织生产的。而顾客满意的实质是顾客获得超出他们承担的产品价格以上的那部分"价值",供应链可以使这部分价值升值。比如,供应链中供应商与制造商、制造商与销售商彼此之间通过建立战略合作关系,供应商可以将原料或配件直接送给制造商,制造商也可以直接将产品运送给销售商,企业间无需再进行原来意义上的采购和销售,从而使得这两项成本大大降低,同时,包装和管理等成本也会随着物流环节的减少而降低。因此,供应链完全可以以更低的价格向客户提供优质产品。此外,供应链还可以通过改善产品质量、提高服务水平、增加服务承诺等措施以增加顾客所期待的那部分"价值",从而提高顾客的满意程度。

**3. 建立新型的合作竞争理念**

与传统的企业管理不同,供应链管理是对供应链全面协调性的合作式管理,它不仅要考虑核心企业内部的管理,更要注重供应链中各个环节、各个企业之间资源的利用和合作,让各企业之间进行合作博弈,最终达到"双赢"或者"多赢"。而传统的企业运营中,早期的单纯的竞争观念则完全是站在企业个体的角度,以企业自身的产品销售观在现有的市场上争夺产品和销售渠道,以击败对手为目的。而且供销之间互不相干,企业和各供应商没有协调一致的计划,只顾安排自己的活动,且往往从短期效益出发,是一种敌对争利的关系,因此系统协调性差,影响整体最优。其结果往往不是你死我活,就是两败俱伤,并不利于市场空间的扩大和经济繁荣。

供应链管理的合作竞争理念视供应链为一个完整的系统,是相关企业为了适应新的竞争环境而组成的一个利益共同体，其密切合作是建立在共同利益的基础之上，各成员企业之间是通过一种协商机制，彼此之间互相信任，共同合作，追求系统效益的最大化，最终分享节约的成本和效益，来谋求一种多赢互惠的目标。供应链管理改变了企业的竞争方式，将企业之间的竞争转变为供应链之间的竞争，强调核心企业通过与供应链中的上下游企业之间建立战略伙伴关系，以强强联合的方式，使每个企业都发挥各自的优势，在价值增值链上达到多赢互惠的效果。

比如：在供应链相邻节点企业之间，传统的供需关系是以价格驱动的竞争关系，而在供应链管理环境下，则是一种合作性的双赢关系。还有，供应链中的"需求放大效应"使得上游企业所获得的需求信息与实际消费市场中的顾客需求信息存在很大的偏差，上游企业不得不维持比下游企业更高的库存水平。需求放大效应是需求信息扭曲的结果，供应链企业之间的高库存现象会给供应链的系统运作带来许多问题，不符合供应链系统整体最优的原则。为了解决这一问题，新的供应链库存管理方法——供应商管理用户库存（VMI）策略打破了传统的各自为政的库存管理模式，使供应链上的企业形成长期的合作伙伴关系，通过信息网络实现资源共享，体现了供应链的集成化管理思想，其结果是降低了供应链整体的库存成本，提高了供应链的整体效益，促进企业市场竞争力的提升，实现了供应链合作企业间的多赢互惠。

## 第四节　供应链管理的目标、原则及实施步骤

### 一、供应链管理的目标

在经济高速发展的今天，供应链管理已经从企业的内部延伸到企业的外部，覆盖面包括供应商、制造商、分销商、最终客户，涉及的领域极其广泛。供应链管理的目标是在总成本最小化、客户服务最优化、总库存最少化、总周期时间最短化以及物流质量最优化等目标之间寻找最佳平衡点，以实现供应链绩效的最大化（如图3-3所示）。

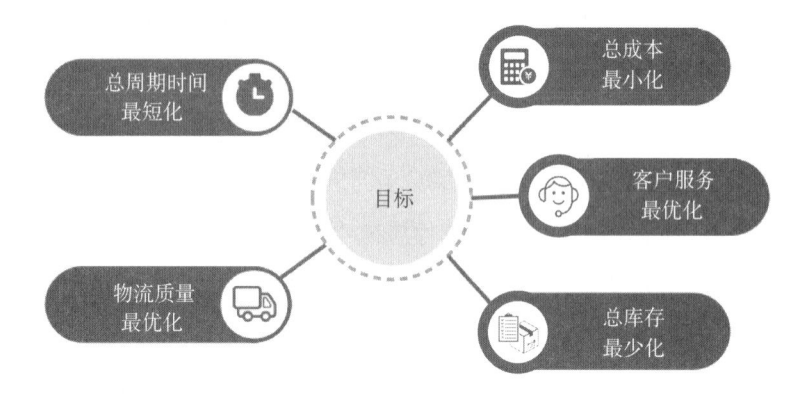

图 3-3 供应链管理的目标

### 1. 总成本最小化

众所周知，采购成本、运输成本、库存成本、制造成本以及供应链的其他成本费用都是相互联系的。因此，为了实现有效的供应链管理，必须将供应链各成员企业作为一个有机整体来考虑，并使实体供应物流、制造装配物流与实体分销物流之间达到高度均衡。从这一意义出发，总成本最小化目标并不是指运输费用或库存成本，或其他任何供应链运作与管理活动的成本最小，而是整个供应链运作与管理的所有成本的总和最小化。

### 2. 客户服务最优化

供应链管理的本质在于为整个供应链的有效运作提供高水平的服务。而由于服务水平与成本费用之间的背反关系，要建立一个效率高、效果好的供应链网络结构系统，就必须考虑总成本费用与客户服务水平的均衡。供应链管理以最终客户为中心，客户的成功是供应链赖以生存与发展的关键。因此，供应链管理的主要目标就是要以最低化的总成本费用实现整个供应链客户服务的最优化。

### 3. 总库存最小化

在实现供应链管理目标的同时，要使整个供应链的库存控制在最低的程度，"零库存"反映的即是这一目标的理想状态。因此，总库存最小化目标的达成，有赖于实现对整个供应链的库存水平与库存变化的最优控制，而不只是单个成员企业库存水平的最低。

### 4. 总周期时间最短化

当今的市场竞争已不再是单个企业之间的竞争，而是供应链与供应链之间的竞争。而供应链之间的竞争实质上是基于时间的竞争，如何实现快速有效的客户反应，最大限度缩短从客户发出订单到获取满意交货的整个供应链的总周期时间已成为企业成功的关键因素之一。

服装是一类对时间相当敏感的产品。而服装行业供应链上下游涉及的企业数量多、发展水平参差不齐，各自对市场的反应速度不同。另外，节点企业之间的配合也会影响整体供应链对市场的响应速度。如何快速响应市场需求，成为服装行业一个凸显的问题。

**5. 物流质量最优化**

供应链管理下物流服务质量的好坏直接关系到供应链的存亡。如果在所有业务过程完成以后，提供给最终客户的产品或服务存在质量缺陷，就意味着所有成本的付出将不会得到任何价值补偿，从而导致无法实现整个供应链的价值。因此，达到与保持物流服务质量的高水平，也是供应链物流管理的重要目标。而这一目标的实现，必须从原材料、零部件供应的零缺陷开始，直至供应链管理全过程、全人员、全方位质量的最优化。

从传统的管理思想来看，上述目标相互之间呈现出互斥性：客户服务水平的提高、总周期时间的缩短、交货品质的改善，必然以库存、成本的增加为前提，而无法同时达到最优。然而，通过运用供应链一体化的管理思想，从系统的观点出发，改进服务、缩短时间、提高品质与减少库存、降低成本是可以兼得的。

然而，我国有不少纺织服装企业（尤其是占主导地位的大企业）在生产技术装备上进行了大量的投资，这些投资使本企业生产率得以大幅度提高，但对我国整体纺织、服装产品在国际、国内市场上竞争力提高的贡献，尤其对产品产生的附加值并不如投入那么显著。分析其主要原因是纺织服装供应链上各企业虽然都比较注重各自的生产效率与利益最大化，但对供应链的整体服务效率却并不能达到最大化，在业务流程中容易引起企业间的利益摩擦，尤其是信息化水平与信息资源共享程度较弱，使得物流在供应链运行中成本高、效率低，影响了我国企业通过加入供应链参与市场竞争的能力。

## 二、供应链管理的原则

供应链管理能够提高投资回报率，缩短订单履行时间并降低成本。美国安德森（Andersen）咨询公司提出了供应链管理的 7 项原则，如图 3-4 所示。具体如下：

```
供应链管理      01  根据客户所需的服务特性划分客户群
七项原则        02  根据客户需求和企业可获利情况，设计不同需要的物流网络
              03  及时掌握市场需求信息，并制定相应的供应链的需求计划
              04  应用延迟策略
              05  与供应商建立双赢的合作策略
              06  在整个供应链领域建立信息系统
              07  建立整个供应链的绩效考核准则
```

图 3-4　供应链管理的七项原则

### 1. 根据客户所需的服务特性划分客户群

传统意义上的市场划分是基于企业自身的状况，如行业、产品、分销渠道等，然后对同一地区的客户提供相同水平的服务；供应链管理则强调根据客户的状况和需求，决定服务方式和水平。

例如，所有的细分群体也许都重视一致性的交货，这是面向全体客户的基本服务。在此基础上，有的细分群体可能要求提供定制化包装和货运跟踪查询，而有的细分群体，比如小的零售店或者小的批发分销商，他们对订货履行和销售及推销方面要求较低，可能对此并不感兴趣。在这种情况下，企业应该按照基本服务的承诺为所有客户服务，并在此基础上，通过提高服务收费、增加销量或获得更多的业务补偿等方式为特殊的客户需求提供超出基本服务的增值服务。当然，在考虑服务方式和水平的时候，并不能仅仅考虑用户的需要和偏好，服务体系必须转化为现实的利润。

### 2. 根据客户需求和企业可获利情况，设计不同需要的物流网络

在存货、仓库和运输活动组织起来的物流网络设计上，企业通常会采取整体的方法，来满足单一的标准，而忽视用户需求的差异性；或者将物流网络设

计成满足某个用户群最苛刻的需求，以至于为所有的用户提供高代价的服务。例如，空运对某些用户是需要的，但在用户关心成本胜于速度的条件下，提供此项服务就不适宜了。以上两种方法都不能实现较高的资产利用水平或为特定细分群体提供优良的供应链管理所需的物流服务。因此，企业应根据客户的需求和可获利情况，设计多层次的物流网络，或者借助于第三方物流（3PL）。

例如，一家服装企业发现两个客户群存在截然不同的服务需求：大型服装企业允许较长的提前期，而小型的服装厂或者零售商企业则要求在 24 小时内供货，于是根据客户的不同需求，该企业建立了 3 个大型分销中心和 46 个紧缺物品快速响应中心。

**3. 及时掌握市场需求信息，并制定相应的供应链的需求计划**

企业应该通过销售和运营计划监测整个供应链，及早察觉到隐匿在客户促销、订户模式、补货体系中的需求预兆信号，并据此安排和调整需求计划，同时考虑供货方和承运人的能力、水平与不足。

**4. 应用延迟策略**

市场需求的剧烈波动使得距离客户接受最终产品和服务的时间越早，需求量预测的准确性就越低，因此，企业不得不维持较大的中间库存。延迟策略的原理是将产品的外观、形状或生产、组装、配送尽可能地推迟到接到客户订单后再确定。比如，在实施大批量客户化生产的时候，先在企业内进行产品加工，然后在零售店完成产品不同的最终包装，如礼品包装、经济包装等。运用延迟技术（Postponement Technology，PT），可实现最大的柔性而降低库存量，使得流通在产品最终价值增值上发挥积极的作用。

所谓延迟制造，是指尽量延迟产品的生产和最终产品的组装时间，也就是尽量延长产品的一般性，推迟其个性化实现的时间。在整个服装生产流程延迟制造可分为推动阶段（通用化程）和拉动阶段（定制化过程），图 3-5 为延迟制造流程。

通用化过程与定制化过程的分界点被称为客户订单分离点（Customer Order Decoupling Point，CODP），它是产品需求特征中共性与个性的分离点，也是供应链中产品的生产从基于预测转向响应客户需求的转换点。在推动阶段，服装生产商对市场需求进行预测，制造相当数量的标准产品或基础产品以实现规模经济化；在拉动阶段，服装生产商根据客户订单，对服装产品进行最后的成型、印染等个性化生产。

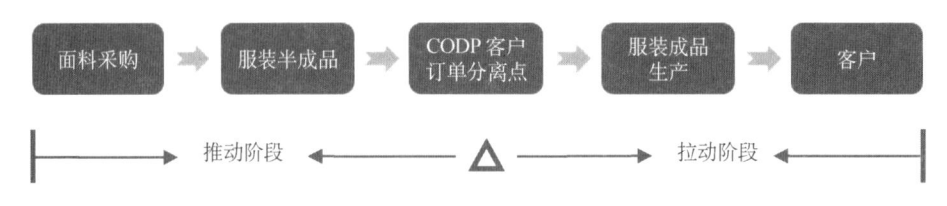

```
面料采购 → 服装半成品 → CODP客户订单分离点 → 服装成品生产 → 客户
         推动阶段              △              拉动阶段
```

图 3-5　延迟制造流程

延迟制造的目标是将客户个性化需求引起的活动延迟到接受客户订单之后。为实现这一目标，必须尽量减少定制量，即在保证满足客户个性化需求的条件下，要尽可能地减少产品中定制的部分，最大程度的采用通用的、标准的或相似的零部件、生产过程或服务等，从而实现大批量和定制的统一。延迟制造有多种应用方法，其中用的较多的是生产延迟。

生产延迟是把服装产品的定制活动推迟到供应链的下游进行，只有到最接近客户需求的时间和地点才进行某一环节的生产。图 3-6 为传统的服装生产流程与延迟生产流程的对比分析图。需要注意的是，对于不同类型的服装产品，生产延迟的 CODP 不同。生产延迟策略针对不同服装类型选择不同的 CODP，延迟服装个性化生产，结合推动式生产和拉动式生产的优点，既可实现了大规模生产的经济性，同时又能满足顾客的个性化需求。

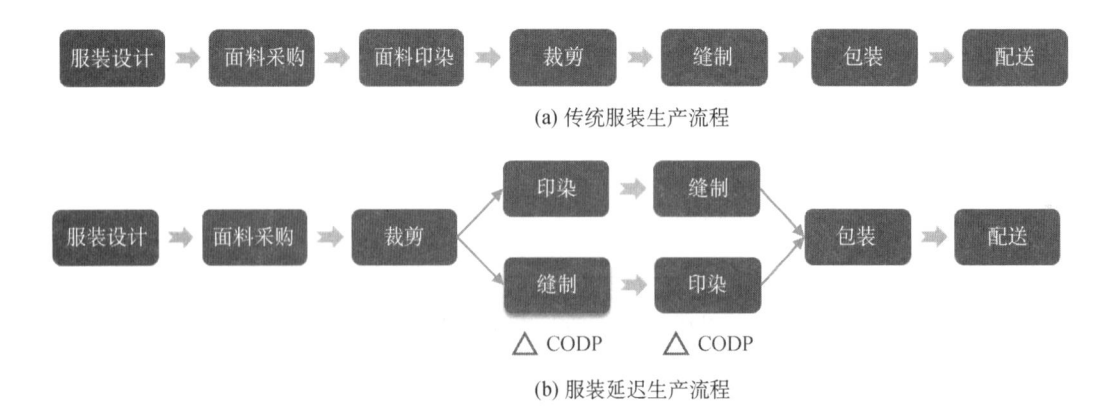

```
服装设计 → 面料采购 → 面料印染 → 裁剪 → 缝制 → 包装 → 配送
```
(a) 传统服装生产流程

```
服装设计 → 面料采购 → 裁剪 ⇒ 印染 → 缝制 ⇒ 包装 → 配送
                        ⇒ 缝制 → 印染 ⇒
                        △CODP   △CODP
```
(b) 服装延迟生产流程

图 3-6　传统的服装生产流程与延迟生产流程对比

例如，意大利的 Benetton 制衣公司，将某些生产环节推迟到最接近顾客需求的时间才进行生产。比如对毛衣而言，顾客需求变化最快的主要是衣服的花色，而尺寸变化相对较小，所以该公司在生产毛线时，先以一定规模的生产方式将其制成白色毛衣，然后等到快投放市场之前再染色。这样可充分保证衣服的花色符合当前的最新潮流，满足顾客的需求。图 3-7 为 Benetton 制衣公司传统加工工艺与采用延迟策略设计的加工工艺对比。

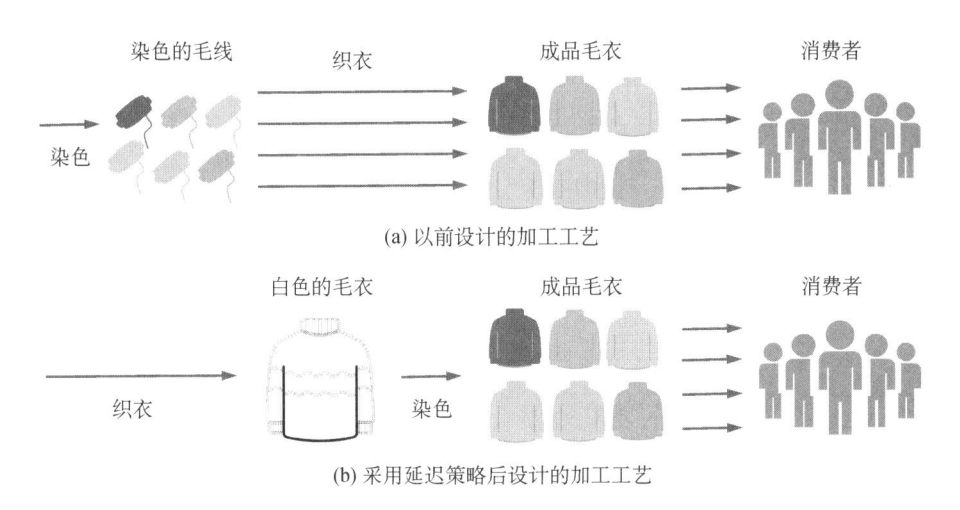

图 3-7 传统加工工艺与采用延迟策略设计的加工工艺对比

### 5. 与供应商建立双赢的合作策略

制造商在想方设法降低物料采购价格时，往往迫使供应商相互压价，而忽视与供应商建立良好关系，这种方法固然能使企业在价格上暂时收益；但如果能与供应商相互协作则可以降低整个供应链的成本，企业将会获得更大的收益，而且，这种收益将是长期的。

### 6. 在整个供应链领域建立信息系统

信息系统应该突破企业的限制，贯穿于供应链的各个环节，充分保证所有的节点企业能够分享实时的、准确的信息。因此，信息系统首先应该能够处理日常事务和电子商务；然后，支持多层次的决策信息，如需求计划和资源规划；最后应该根据大部分来自企业之外的信息进行前瞻性的策略分析。

### 7. 建立整个供应链的绩效考核准则

供应链的绩效考核准则应该建立在整个供应链上，而不仅仅是局部的、个别企业的孤立标准。比如，传统财务衡量标准通过对所保持的存货的价值和数量来评价仓库。但仓库并不仅仅是为储存产品而设计，还包括快速运送产品，所以应把仓库作为一个产品的补充供应设施。供应链的最终验收标准是客户的满意程度。

### 三、供应链管理的实施步骤

美国科梅（Keamey）咨询管理公司强调要实施供应链管理，首先应该制定可行的实施计划，这项工作可以分为四个步骤：

（1）将企业的业务目标同现有能力及业绩进行比较，首先发现现有供应链的显著弱点，经过改善，迅速提高企业的竞争力。

（2）同关键客户和供应商一起探讨、衡量全球化、新技术和竞争局势，建立供应链的远景目标。

（3）制定从现实过渡到理想供应链目标的行动计划，同时衡量企业实现这种过渡的现实条件。

（4）根据优先级安排上述计划，并且承诺相应的资源。根据实施计划，首先定义长期的供应链结构，使企业在与客户和供应商建立的正确的供应链中，处于正确的位置；然后重组和优化企业内部和外部的产品、信息和资金流；最后在供应链的重要领域如库存、运输等环节提高质量和生产率。

## 第五节　供应链管理的作用及重点关注的问题

### 一、供应链管理的作用

成功的供应链应该能够协调并整合供应链中的所有活动，最终成为无缝连接的一体化过程。它连接供应链通道中的各个参与者，包括供应商、配送服务提供商、承运人、第三方物流公司、信息系统供应商等。这种供应链侧重于客户的实际需求，不再以生产为导向，取而代之的是以市场为导向的生产活动。通过实施市场导向，使这些优秀的企业控制原材料、成品、包装材料的流动达到最小化，从而降低库存、降低供应链的成本。

例如，波司登集团实现数字与转型相协同的供应链管理策略。在设计研发方面，探索大数据驱动的服装精准设计研发新模式，应用数字化三维设计、3D

打板、产品数据管理系统等，有效缩短研发周期，提升研发精准度；在生产制造方面，建成了国家级智能制造示范工厂，打通前端销售、中端库存与后端供应链生产流程，搭建了羽绒服行业规模最大、技术最先进、产业链最成熟的现代服装制造体系之一，生产交付周期缩短至 7~14 天，快速响应能力在行业内遥遥领先；在采购供应环节，建成了行业领先的智慧物流中心，自主研发服装行业工业互联网 GiMS 平台，与上下游企业用户、供应商、加工厂深度协同，形成智慧协同供应链方案，实现商品一体化、全国一盘货，以数字化引领行业向"现货式敏捷制造"生产组织模式转变。在零售运营方面，通过数字技术打破传统零售边界，推动线上线下融合发展、协同发力形成"智慧门店 + 线上云店"的全域零售新模式。在用户服务方面，以数字技术变革传统"会员单一运营模式"为"用户多维（会员 + 粉丝 + 好友）运营模式"，深入用户全生命周期，精准感知用户需求，精准运营传播内容，精准触达目标人群，精准提升用户体验。接下来，波司登将以消费者为中心，持续加速推动数字化落地应用到企业经营管理全过程，最终实现"办公移动化、业务在线化、运营数字化、决策智能化"的数字化转型目标。

归纳起来，供应链管理的作用包括以下三方面。

### 1. 创造竞争的成本优势

首先，通过实施供应链管理，企业可以有效地减少供应链成员企业之间的重复工作，剔除流程中的多余步骤，从而使供应链流程简单化、高效化和经济化。其次，通过建立共享的电子数据交换系统，有效地减少因信息交换不充分而带来的重复与浪费，有效消除"需求放大"效应。此外，供应链成员企业之间实现了全流程的无缝作业，可以大大提高接口工作效率，减少失误与浪费。

供应链管理通过一定方法，能有效地监察信息在漫长的供应链流程中的完整性，防止因信息错误而损害供应链的效能。高效的供应链管理能将分布在不同地方的业务点连成一体，将企业数据做统一集中式存储，并随时分发给供应链上所有成员，以确保各地雇员之间以及员工与客户间的沟通顺畅，能共享企业信息，并能随时查阅库存、计划、产品及订货等资料，打破地域限制，做出正确的商业决策。另外，还能使企业准确掌握生产及订单的处理状况，使企业充分掌握从原材料、元件直至制成品的全过程，以及营销及送货等情况，并将制造及分销程序妥善地结合起来，为客户提供更佳的服务，提高供应链内部整体的工作效率。这些效果的取得往往是通过企业资源计划实现的。

### ? 创造竞争的时间和空间优势

首先，供应链通过在全球范围内优化选择链上成员企业，即可实现相互间的优势互补，更重要的是能够最大限度地减少产品销售、服务提供的空间距离和时间距离，实现对客户需求的快速有效反应，大幅度地缩短从订货到完成交货的周期。其次，供应链管理通过 Internet / Intranet 作为技术支撑，使其成员企业能够实时获取并处理外部信息及链上信息，从而提高整个供应链对客户需求快速有效的反应能力，实现供应链各环节即时出售、即时制造、即时供应。也就是说，通过供应链各成员企业的优化组合，使需求信息获取与随后做出的反应，尽量接近实时及最终客户，将客户需求的提前期减少到最低限度，从而获取市场竞争的时间和空间优势。

纺织服装商品价值链中的功能性价值、时间与个性化价值、空间价值的形成分别由纺织服装生产、品牌策划与产品设计、物流配送、销售、供应、贸易服务、信息处理等业务的综合作用来创造，这些业务跨越不同的专业领域，没有哪个企业和组织能全部将这些业务都做好、做强，建立纺织服装业务全程的纵向一体化供应链较难实现。而建立横向供应链对纺织服装业又显得十分复杂，服装尤其是时装生产与面料生产商及辅料生产商之间难以建立稳定的供需关联，往往是一家服装企业会向多个面料生产商采购，而一家面料生产商也存在多个服装生产商客户，使得这两者之间的交易成本（采购与供应的总体成本）难以下降，且订单处理周期长，不易实现快速反应。在纺织服装业务流程中，连锁销售组织作为直接接触市场的第一线，通常是处于经济发达地区，而纺织服装的生产一般处于经济欠发达的地区，使得消费地与生产地存在较大的空间隔阂，在协调销售、服装生产、面料生产及辅料生产供应、物流配送这些环节中需要耗费时间，提高快速反应能力就需要新型的服务业在业务流程中提供克服时间、空间障碍的服务。时间是纺织服装供应链设计与管理的重要对象，品牌与产品设计立足于市场需求，是业务链的实际起点，影响业务的全程，品牌策划与产品设计针对销售、纺织服装生产及供应的全程展开，为使生产与供应可以及时响应市场需求，除要求生产能够适应小批量、多品种外，通过设计与技术延长产品的标准化生产环节，体现产品个性化特征的生产环节尽量推迟进行的延迟策略。尤其是面料生产过程较长，如完全等待市场反馈信息后再生产已来不及，需要设计部分标准化生产环节可以提前生产，只将体现产品个性化特征的生产环节在获得市场反馈信息后再生产，缩短响应市场的时间。生产地与消费地的空间限制取决于物流服务水平与市场要求反应的时间，我国与世界主要纺织服装消费地美国、欧洲相距较远，作为世界工厂的我国纺织服装企业要建立或加入国际供应链，除设计、生产技术与生产管理为缩短响应作出贡献外，物流配送克服空间障碍服务的效率与成本，将直接影响生产地选择的决策。

### 3. 创造竞争的整体优势

当今国际市场竞争是全方位的竞争，很多企业已经感到单靠自己的努力在日益激烈的市场竞争中是很难长期站住脚的，有必要集合多个企业，结成有机整体，共同参与竞争，而联盟的对象首先是与本企业业务相关的上下游企业。实施供应链管理使原来客观存在的供应链有机地连接起来，使"链"上的各个企业都受益，也就是说，企业通过合作竞争，实现"共赢"。供应链管理与传统上所讲的渠道成员之间的"纵向一体化"联合是不同的。通常所说的纵向联合指上游供应商与下游客户之间在所有权上的纵向合并，以前人们认为这是一种理想的渠道战略，但现在企业更多的是注重其发挥核心业务的优势，纵向合并则失去了魅力，因此，除了自己的核心业务外，其他所需要的产品或服务一律采用"资源外购"或"业务外包"的形式正成为当今企业发挥自己专业的一种策略。

总之，在当今全球竞争加剧、经济不确定性增大、信息技术高速发展、消费者需求个性化增加的大环境下，供应链的全球化增加了供应链的长度和复杂程度，企业要想在这样的激烈竞争中谋生存、求发展，就必须采取相互合作的竞争策略。所以，突出供应链管理在企业战略管理中的地位，是企业提高整体竞争力的有效手段。

## 二、供应链管理中的重点关注问题

### 1. 以顾客需求为中心

供应链管理要以顾客为中心，以市场需求为原动力。以需求拉动供应的生产和流通模式，不但能快速响应市场的变化，迅速满足消费者需求，而且可以减少因产品积压而降价促销的风险，有利于减少库存，促进企业资金流转，并增加企业的盈利。

### 2. 明确定位并专注于核心业务

节点企业应在供应链上明确定位，专注于核心业务，建立核心竞争力，将非核心业务外包。这样，企业才能够更有效地集中利用资源，强化主业，并通过企业间的合作，增加业务的弹性。

### 3. 加强企业合作实现风险和利用共享

各企业要紧密合作，共担风险，共享利益。从原料供应商到最终用户，供应链上的企业除了追求自身利益外，还应该共同追求改善供应链整体的竞争力和盈利能力。通过合作减少各环节间的交易成本，有效提升供应链的长期竞争力。

### 4. 不断优化供应链的流程

供应链的业务过程和操作，可以从工作流程（Work Flow，也可以称作商流）、实物流程（Physical Flow）、资金流程（Funds Flow）和信息流程（Information Flow）四个方面进行分析（见图3-8所示）。工作流程即交易和管理工作，包括需求分析、产品开发和设计、生产计划的制定、企业之间订立合同、落实销售等，是运用信息做决定的。实物流程和资金流程是履行交易合同的工作。实物流程是实物的交付和转移，包括运输过程、仓库的管理以及包装分配等。资金流程是企业在销售产品之后收取货款和清偿供应商款项的过程。信息流程包括收集和处理分析数据，提供有用的信息以协助供应链上各成员做出相应行动。供应链的信息流程带动工作流程，工作流程决定实物流程，实物流程反馈为资金流程。供应链管理要以顾客为中心，使各个流程有机配合，提升供应链的整体效率。

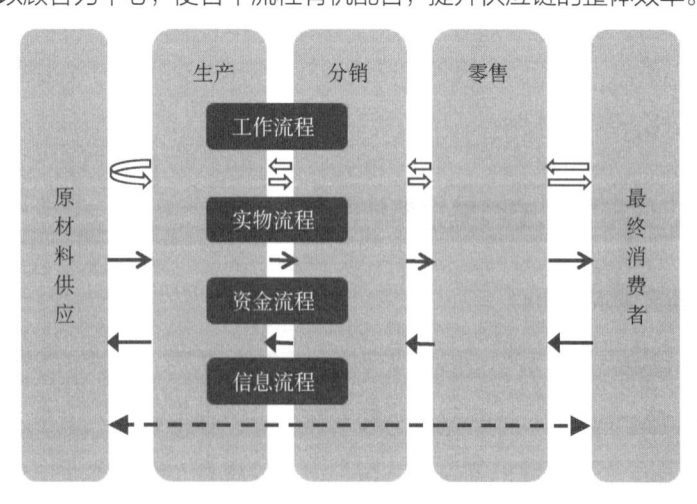

图 3-8　供应链流程

例如，利丰集团基于客户（或消费者）需求，贯通了从产品设计、产品开发、到原材料供应、选择供应商、生产监控、检测、批发、零售等过程，中间经过仓储、运输和配送等物流程序，做到把正确的产品在最低定价、最短时间和正确的渠道交付给终端用户的各项业务活动。在此过程中，始终以顾客为中心，以市场需求为原动力，强调企业以核心业务在供应链上定位，将非核心业务外包，并与客户建立一个紧密合作、共担风险、共享利益的关系；同时，利用信息系统优化供应链的运作，不断改进工作流程、实物流程、信息流程和资金流程的设计和执行，以缩短产品完成时间，使生产尽量贴近实时需求，也大大减少环节之间的成本。

### 5. 利用信息系统优化供应链的运作

利用先进的信息系统，使各环节更快速地获得信息和处理信息，及时就最新的市场变化做出适当反应，从而使整条供应链做到实时反馈，适应顾客的要求。

### 6. 缩短生产周期

缩短产品完成时间，使生产尽量贴近实时需求。使供应链各环节的企业实现按需生产，响应瞬息万变的市场，减少存货积压的风险。

### 7. 提升整体效率

降低采购、库存、运输等环节的成本。通过企业合作和流程整合使供应链更有效率，提升企业以及整条供应链的竞争力。

以上所提到的1~3体现了供应链管理的实质；4、5两项有关各流程的设计执行及信息优化概括了推行供应链管理的具体方法；而最后的6、7两项则是实施供应链的目标，即从时间和成本两方面为产品增值，从而增强企业的竞争力。

## 第三部分　项目实操

### 一、项目任务

结合近年来服装行业宏观环境和微观环境的变化，针对可能出现的常见突发性状况，运用案例对比分析纵向一体化和横向一体化各自的优劣势，并提出可能的改进措施。

## 二、完成要求

（1）班内同学自由组合，3~4 人为一组。
（2）采取文献调研、专家访谈等多种方法相结合。
（3）组内明确个人分工与任务，合作完成小组分析报告。
（4）注意以官方数据、文献库论文以及企业人员专访为主要信息来源。
（5）采用论文或模拟试验方式，以小组为单位进行项目汇报。

# 第四部分　案例学习

### 森马集团供应链变革三部曲

森马集团有限公司创立于 1996 年，是一家以虚拟经营模式为特色、以多品牌服饰为主导、跨产业发展的综合性民营企业。公司拥有"森马"和"巴拉巴拉"两大服饰品牌，分别为国内休闲装行业和儿童服饰行业的领导品牌。目前已经建立了包括线下连锁专卖店、商超百货、购物中心、奥特莱斯、线上电子商务等在内的全渠道零售体系。

森马集团积极开拓"虚拟生产、品牌经营、连锁专卖"的非常之路，强强合作是森马持续发展的强劲动力。自 2002 年以来先后与法国著名设计公司、奥美广告公司以及用友公司展开积极合作，使集团的核心竞争力和整体实力均得以迅速提升。森马以战略的、可持续发展的思维经营品牌，强化虚拟模式、完善营销体系、提高研发力度、提升品牌形象，及时创新、培育和发展企业的核心竞争力，以名牌效应不断创造核心竞争力所带来的增值能力推动企业发展。

回顾森马集团的供应链发展历程可以发现，2011 年，以优衣库、飒拉（Zara）、海恩斯莫里斯（H&M）为代表的外资服饰品牌迅速抢占国内市场份额，对国内企业造成极大的挑战。当时，与这些强势登陆的外资品牌相比，国内服饰企业无论是在产品设计、品牌文化等软实力方面，还是供应链系统等硬实力方面均差距明显。举例来说,当时森马集团从产品设计到产品上市大概需要两到三个月,而飒拉(Zara)的供应链导入周期却只有 2 周。对于时尚行业而言,速度就是时尚品牌的生命线。因此,2012 年,森马集团供应链效率低下等问题集中爆发,引发了供应链发展的三次战略变革。

### 1. 集中式供应链变革(2014～2016 年)

早期,森马集团不同供应商提供的服饰产品品类丰富,但产品质量参差不齐。特别是一些上游供应商的订单响应、信息同步等问题突出,严重影响供应链的整体绩效。为此,森马集团于 2014 年对供应链进行第一次的梳理整合,实施"供应商减半策略",将原有的松散型供应链转向为集中式供应链,以整体提高供应商的综合质量。到 2014 年年底,森马集团正式完成产品单元精简的革新,缩减近四成的产品数量,完成集中式供应链的战略大调整。

### 2. 快反式供应链变革(2016～2017 年)

2015 年,消费需求不断向个性化发展,国内服装市场的流行趋势的不确定性急剧增加。当年,森马集团的传统休闲服饰关店数量超过三百家,营业收入下滑明显。在此背景下,森马开始了供应链体系的第二次调整,旨在加快供应链体系的反应速度。从 2016 年开始,森马开始将原先每个季度一次的订货会改为一季两次,同时将三成产品进行现货发货。此举正是为了进一步降低订货占比,加快货品周转,达到更好满足消费者即时需求的目的。

### 3. 柔性化供应链变革(2017 年至今)

2017 年,森马集团进一步调整供应链,开始了供应链全链条的变革。具体来讲,转变集团原有供应链网络中的长单为短单,将产品设计周期由原来的 8～10 个月调整为两个月,同时提升现货比率,向"一半现货、一半期货"的柔性模式转换。其中,基础款主要面向期货,时尚款主要面向现货。通过与核心供应商调整产品制造周期(淡季生产基本款,将产能预留给需要翻单的产品)、提升数据管理能力、选择拥有供应链调整能力且具备快反生产经验的优秀供应商加入等方式,全面提升公司的快反翻单能力,提高了供应链的柔性能力。

回顾森马集团的供应链变革之路,该集团执行董事长邱坚强将其总结为"森马做成中国的飒拉(ZARA)的升级之战"。由此可见,服饰市场变化无常，不确定性日益增多，中国服饰企业唯有不断变革和提升供应链管理水平，才能在激烈的竞争中脱颖而出。

## 第五部分　知识拓展

### 如何进行供应链管理的数字化转型

在数字技术加速与供应链融合的背景下，厘清数字技术赋能供应链的机制及效果是深入推进现代供应链体系建设的前提，对促进供给侧结构性改革和加快构建双循环新发展格局具有重要意义。因此，要促进供应链的数字化转型，具体可从以下方面着手：

**1. 充分把握供应链数字化转型机遇，加快数字技术与供应链的深度融合进程，为推动经济实现量的合理增长提供关键支撑**

一方面加强对企业开展供应链数字化转型的引导，培养企业的现代供应链管理思维，鼓励企业将物联网、区块链、边缘计算、大数据等现代数字技术深度嵌入供应链的各个环节中，推动采购、研发、生产、运输等流程变革再造，全方位提升供应链管理效率和创新能力；另一方面，在稳步扩大试点范围的同时，要发挥优秀试点企业的标杆作用，及时对供应链数字化转型成功经验进行总结、复制和推广，加快对供应链数字化可操作化标准的制定，进而由点及面在更大范围内形成供应链数字化转型的发展势能，为促进实体经济高质量发展夯实基础。

**2. 以供应链数字化为抓手推进企业供应链韧性能力建设，进而为推动经济实现质的有效提升发挥支撑作用**

首先，要继续发挥现代数字技术的信息治理作用，通过将数字技术深度嵌入供应链全流程，打破节点企业间的信息孤岛，建立动态的采购、仓储、运输管理系统，强化对供应链中商流、资金流的跟踪和监控，通过大数据分析实时输出各个供应链节点的延误和中断风险，并据此建立供应链中断的预警系统。其次，可以通过建立数字供应链平台等方式强化供应链节点企业间的协同与合作，增进企业间互信，建立和完善资源共享、风险共担的危机应对机制。最后，通过供应链数字化提高供应链网络的覆盖面，打造非线性的交互结构，避免因某一环节中断而导致整个供应链瘫痪。

### 3. 内外兼顾创造供应链数字化转型条件

从内部来看,企业要积极提高公司治理水平,一方面要授予高层管理者必要的权利,供应链数字化转型需要一系列财务、人力资源的支撑,必须保证高管能调动上述资源以支持数字供应链建设;另一方面要设置合理的监督和激励机制,优化考核指标,将数字供应链建设成效纳入管理层考核范畴,并据此对高管实施奖惩。做好信息披露,为董事会发挥监督职权创造条件。从外部来看,政府要勇担责任,做"有为政府"。政府要着力疏通和解决企业在建设数字供应链中的难点和堵点,加强对数字供应链领域专业人才的培养和引进,对供应链前沿技术的研发、应用和推广应给予资金和政策扶持。完善配套的供应链基础设施,优化供应链公共服务举措,推动形成跨部门、跨区域的政府供应链治理机制。

### 4. 供应链数字化转型对企业的影响存在明显的异质性,因此政府在引导企业参与供应链数字化转型时,应因企制宜、多措并举、精准施策

一方面,要进一步加强对产业链两端企业的关注和引导,鼓励一批对供应链有较强控制力的核心零售商和原料供应商开展数字供应链建设,总结不同产业链位置企业建设数字供应链的特点及困难,进而形成差异化的政策扶持标准;另一方面,要加强对国有企业管理者的监督,优化外部董事遴选标准,完善董事会监督机制,将转型绩效与薪资挂钩,从而抑制管理者懒惰和短视倾向,激发国有企业的转型动力。

# 专题四　纺织服装供应链的发展及培育

服装是时尚变化最为灵敏的风向标，是一个社会、一个国家、一个时代最为鲜活生动的形象记录。它以非文本的方式记录着历史的变迁、社会的发展、文明的进步。在全球经济一体化的趋势下，服装已成为国际贸易的大宗产品，越来越多的服装企业开始向海外市场扩展业务。由于纺织与服装生产过程的可分割性，纺织服装供应链在很早就已卷入全球化的浪潮，已经达到了很高的程度。但是，要在激烈的国际竞争中脱颖而出，并实现可持续发展，仅仅依靠产品本身还远远不够。在此过程中，一个强大而高效的供应链系统成为服装企业出海的核心武器。

随着国内纺织服装业对供应链研究的深入，企业愈加重视供应链管理，上下游企业都期望在供应链管理环节上有更深入合作。不难发现，供应链管理已成为一种先进的管理模式，能提高利润、降低成本、提高服务质量和反应速度。未来，纺织服装行业的竞争将更多表现在供应链管理的竞争上。因此，服装企业要充分认识到供应链管理的重要性，并将其作为战略规划的核心。只有不断优化和创新供应链，才能在全球市场中赢得竞争优势，实现可持续发展。本章将从供应链的角度探讨纺织服装供应链的发展及培育。本章教学目标如图4-1所示。

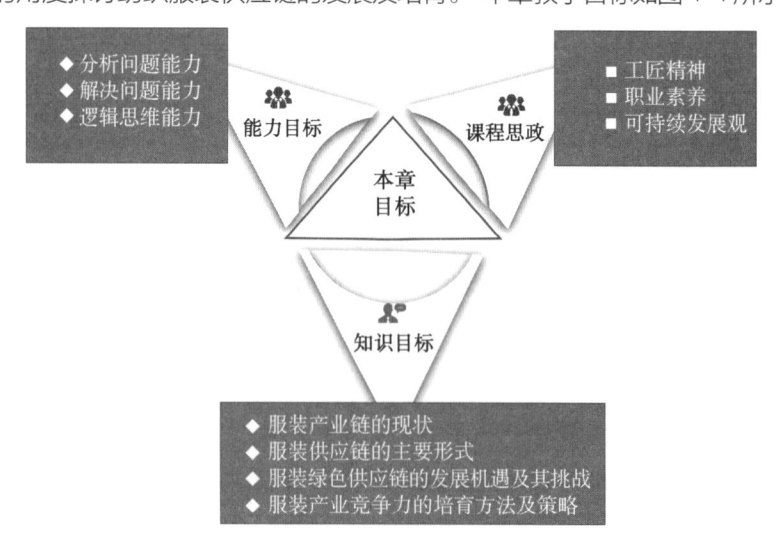

**图4-1　本章教学目标**

## 第一部分　问题导入

仔细研究你身上穿的衣服，包括多少种面辅料？具有什么特点？是否是由同一家工厂生产？是否包含了来自不同国家或地区不同企业的贡献？

## 第二部分　理论、方法及策略基础

### 第一节　服装产业链的现状

#### 一、服装产业链的构成

服装作为一种最终制品，其形态和功能的形成与原材料及其加工过程密切相关。大多数穿着用品都是以纤维为原料，经纺织、染整加工而成纺织面料，再经裁剪、缝制而形成的。从纤维到成衣，其形态和性能发生了一系列的转变，这种变化最终适应了人们对服装穿着的需求。自中华人民共和国成立以来，我国纺织行业与民族复兴同频共振，中国纺织工业在纺织人一点一滴的耕耘下，从一穷二白，到有限供应，再到衣被天下；从蹒跚起步，到快速前进，再到高质量发展，现已形成全球规模最大、产业链配套最完整的产业体系。

纺织服装产业链可分为上游、中游和下游，其中上游包括棉花、麻、蚕茧丝等天然纤维以及人造纤维、合成纤维等化学纤维的原材料的生产和加工，涉及农业种植、养殖、化工等相关行业；产业链中游主要包括面辅料、服装的设计和制造环节；产业链下游主要包括各种销售渠道（如图4-2所示）。

由此可见，服装产业链中涉及到许多相关行业。从加工对象和加工技术的角度可分为：纤维加工业和制造业，棉、麻、毛纺织业，丝织业，针织业，印染业，服装成衣制造业等，同时也包括向这些行业提供技术、信息咨询、市场调查及商品企划等的辅助行业。如市场调查机构、广告策划和咨询机构、各种时装杂志、商品企划服务机构、商品检测机构以及印刷和视听媒体等。这些辅助机构或组织通常为生产企业提供信息咨询服务，或吸引消费者对即将或已经上市的服装引起注意等。

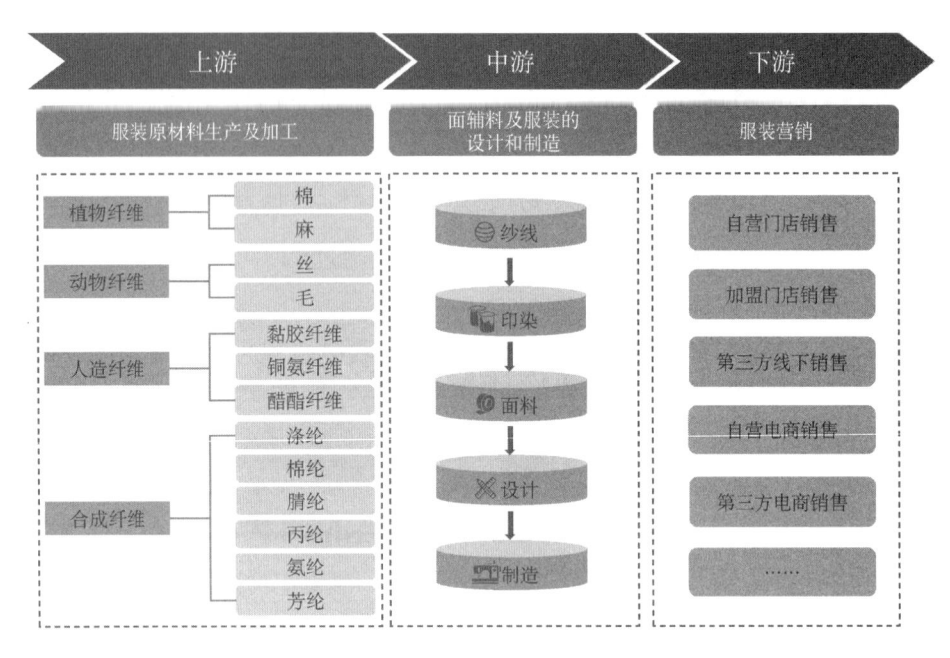

图 4-2　服装产业链的上中下游示意图

## 二、我国服装产业链各环节的发展状况

我国是世界上规模最大的纺织品服装生产国、消费国和出口国，是世界上纺织服装产业链最完整、门类最齐全的国家。总体来看，服装产业链包含纤维生产环节、纱线生产环节、布料生产环节、辅料生产环节、服装生产环节以及服装销售 6 个环节（如图 4-3 所示）。

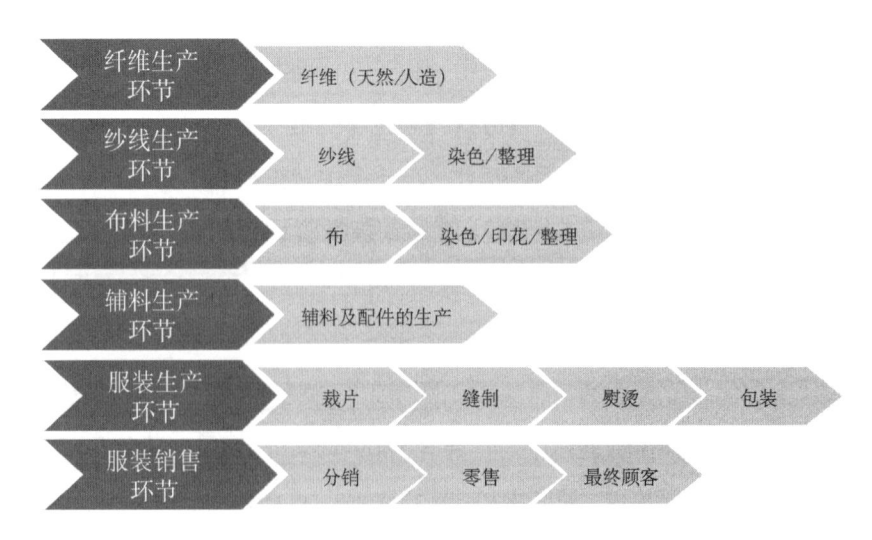

图 4-3　服装产业链的主要环节

### 1. 纤维生产环节

主要包括天然纤维和合成纤维的生产和加工。2022年，我国纺织纤维加工总量达6 488万吨，占世界的比重保持在50%以上，化纤产量占世界的比重超过70%；我国已成为纤维生产品种覆盖面最广的国家，其中，高性能纤维总产能占世界的比重超过三分之一。目前纤维生产正朝着高性能、多功能、轻量化、柔性化方向发展。

### 2. 纱线生产环节

主要包括纱线的生产以及后续的染色与整理步骤。根据国家统计局公布的数据，2022年我国纱线产量达2 719.1万吨，其中传统、染色和色纺三类纺织制造工艺纱产量各占65%、20%、15%的市场份额。值得注意的是，我国色纺纱行业起步较晚，但目前以百隆东方和华孚时尚为代表的国内企业凭借产品优势已逐步主导全球市场，占全球市场份额近90%。随着绿色环保低碳的深入推进，色纺纱独有的时尚、环保和科技等特点带来了良好的市场发展前景，有望成为纺织业中的朝阳产业之一。

### 3. 布料生产环节

主要包括布料的生产及后续的染色、印花和整理等步骤。其中，因色织布是由漂白纱、染色纱或原纱借助织物组织变化织成，其工序特点为纱线先染色再织布，技术附加值高、用途广泛，因而具有明显的市场竞争优势。目前，我国是全球最大的色织布生产基地，约占全球产量的三分之二。全球中高端衬衫用色织面料产能约8亿米左右，中国国内行业集中度较高。鲁泰集团中高档色织面料产能约占全球总产能的18%，为全球色织面料的龙头企业；联发股份合计拥有1.8亿米色织布生产能力，广东溢达集团拥有接近9 000万米的高档色织面料。

### 4. 辅料生产环节

主要包括各种辅料的生产与制作。近年来，我国服装辅料行业发展迅速，市场前景广阔。据统计，2022年中国服装辅料行业市场规模约为891.1亿元，同比增长幅度较大。辅料市场呈现出消费群体多元化、新技术和新材料不断应用以及国际化发展不断加强的特点。从消费群体来看，现代人特别是年轻人的消费偏好变化显著，成为辅料行业发展的主要市场，这意味着中国服装辅料消费者已从少数精英变成庞大的消费群体，需求非常广泛；从新技术和新材料来看，消费者对于穿着的安全性及环保等要求越来越高，最新一代的服装辅料材料和技术，包括超薄质感材料聚合态复合材料和多功能现代辅料以及模压成型技术等有助于提高服装辅料的功能性，并改善辅料外观和加工效率，同时降低加工成本；同时，中国的辅料市场正不断提高产品质量、完善贸易渠道而跻身于竞争激烈的国际市场，有望成为一个具有国际竞争力的行业。

### 5. 服装生产环节

包括服装的设计、制作以及包装过程。随着消费者个性化需求的不断增长，服装设计、生产受益于科技的快速发展。一些服装品牌开始利用技术手段为消费者量身定制衣物，满足他们的个性化需求。服装智能制造使制衣流水线上人机排布高效流畅。新材料的研发，如智能纺织品、可穿戴技术和3D打印等，为服装设计和生产带来了新的可能性。同时，人工智能和大数据分析也被广泛运用于市场调研、供应链管理和个性化推荐等领域，服装行业正经历一场前所未有的智造变革。

### 6. 服装销售环节

包括服装的分销、展示和零售等。现如今，服装流通和销售依托互联网以及大数据等新兴技术取得了较为突出的成绩，数字化、智能化正在成为服装销售的新动能，数字技术在服装销售环节的落地应用，围绕数据驱动、模型训练、部署运营和零售环节体验等过程，不断刷新智慧预测、智慧设计、智能制造、智慧发布、智慧营销等各实践场景的应用榜单，推动销售方式和供应结构的迅速蝶变。

总之，服装产业链各环节正在朝智能化方向发展，包括智能化装备、智能化运营等。智能化装备主要包括实现自动化、数字化控制、实时在线监测和自适应控制的关键装备，实现机器代人，提高劳动生产率和实现柔性制造；智能化运营包括智能化生产和智能化管理。智能化生产是纺织业分步骤建设智能制造示范生产线和数字化工厂，包括智能化纺纱示范生产线，从纺丝到产品包装的智能化长丝生产线，全流程数字化监控的印染示范生产线，智能化服装和家纺示范生产线等。智能化管理是整合供应链、设计、生产、销售相关的全部环节，建立云工厂与实现电子商务。

### 三、我国服装产业链的发展特点

目前,我国服装产业链主要表现出以下特点:

(1)中国服装产业品类齐全,已成为全球规模最大、产业链配套最完整的产业体系。

(2)与东南亚国家相比,我国纺织服装产业链整体效率较高,主要集中在浙江、江苏、广东、山东、福建五省。这几个产业集群拥有全国纺织行业规模以上企业数的41%,主营业务收入的43%和利润的45%。

(3)产业供应链上下游关联度日益紧密。中国服装企业大多进行了产业链的下游延伸,特别是随着电商经济的发展,以淘宝、京东为代表的第三方电商平台成为服装销售的重要渠道,大型服装企业也逐渐建设自己的线上电商平台。

(4)从企业区域分布来看,我国服装产业链企业主要分布在华东、华南地区,其次是华北、华中地区,西北、西南地区企业相对较少。

(5)根据代表性企业的分布情况可知,浙江、广东、上海、福建、山东、江苏、北京等地服装产业企业数量较多。浙江省代表企业有森马、雅戈尔、太平鸟等;广东省代表企业有歌力思、汇洁股份等;上海市有美邦服饰、地素时尚等;福建省有七匹狼、九牧王等;山东省有华纺股份、雪松发展等;江苏省有海澜之家、锦泓集团等;北京市有朗姿股份、爱慕股份等。

(6)服装行业布局区域主要集中在国内,核心服装业务占比普遍较高。从上市企业业务概况来看,大部分企业以经营自有服装品牌为主,少部分企业从事服装代工业务。比如:2021年,爱慕股份有限公司服装业务占比100%,重点布局区域华北;海澜之家服装业务占比97.14%,重点布局区域华东;森马服饰服装业务占比99.24%,重点布局区域国内;报喜鸟服装业务占比97.44%,重点布局区域国内;九牧王服装业务占比98.65%,重点布局区域国内。

(7)我国的纺织服装的制造龙头企业已开始在全球化进行产能布局,以充分发挥各区域的关税、土地成本、人工成本、资金效率的比较优势,实现自身规模效应和效率的提升,形成"洼地效应"。例如,申洲国际23%的成衣产能在柬埔寨、22%的成衣产能在越南;鲁泰56%的成衣产能在越南、缅甸、柬埔寨；健盛集团51%的棉袜及无缝内衣产能在越南。

但是，自2020年以来，服装产业需求端消费需求走弱，各渠道都面临去库存的问题；供给端国际物流和原材料成本上涨，导致纺织成本的上升，挤压了终端产品的利润。因此，从长期来看，纺织服装供应链尚需进一步提升纺织服装技术，全球布局新的供应链模式，从而形成更加灵活、快速、可持续、数字化、并以消费者为中心的商业模式。

在供应链的全球化布局中，首先要考虑供应链在全球布局中的重要性。通过建立全球化供应链网络，服装企业才能更好地掌握各个环节，从原材料采购到生产制造再到物流配送，实现资源优化和成本控制。其次，供应链管理对于保证产品品质至关重要。通过建立合作伙伴关系、严格把控生产环节和质量标准，服装企业才能够确保产品在跨国运输过程中不受损坏或变形，并提供符合国际标准和消费者期望的优质产品。再次，服装行业内时尚潮流变化迅速，市场需求难以预测，快速响应市场需求至关重要。一个灵活且高效的供应链系统可以帮助企业更好地适应市场变化，快速调整生产计划和物流配送，以满足消费者的需求。最后，可持续发展已成为全球关注的焦点，一个优秀的供应链系统可以帮助企业实现资源节约、环境保护和社会责任。通过选择可持续的原材料、推动绿色制造和减少碳排放，服装企业不仅能够提升品牌形象，还能够获得消费者的青睐。

总之，服装产业供应链的全球化布局必须考虑供应链与全球布局、品质保证、快速响应市场需求以及可持续发展之间的关系。因为一个灵活高效的供应链系统不仅能够帮助企业实现全球布局和品质保证，还能够快速响应市场需求并实现可持续发展。在这个充满激烈竞争的时代，拥有强大而高效的供应链系统将成为服装企业在国际市场上取得成功的关键因素之一。

## 第二节 服装供应链的主要形式

以成衣为最终产品的纺织服装供应链，包括从纤维生产开始，经纱、布、染整直至服装加工的多个工业分支和中间环节。其中，纤维生产环节包括天然纤维和合成纤维的生产和加工；纺织环节包括纱线、机织和针织面料的生产和印染加工；辅料生产环节包括扣子、拉链、缝纫线等的生产和加工；服装生产环节包括服装的设计、制作以及包装过程；销售环节包括服装的分销、展示和零售等。图4-4为纺织与服装供应链的环节示意图。

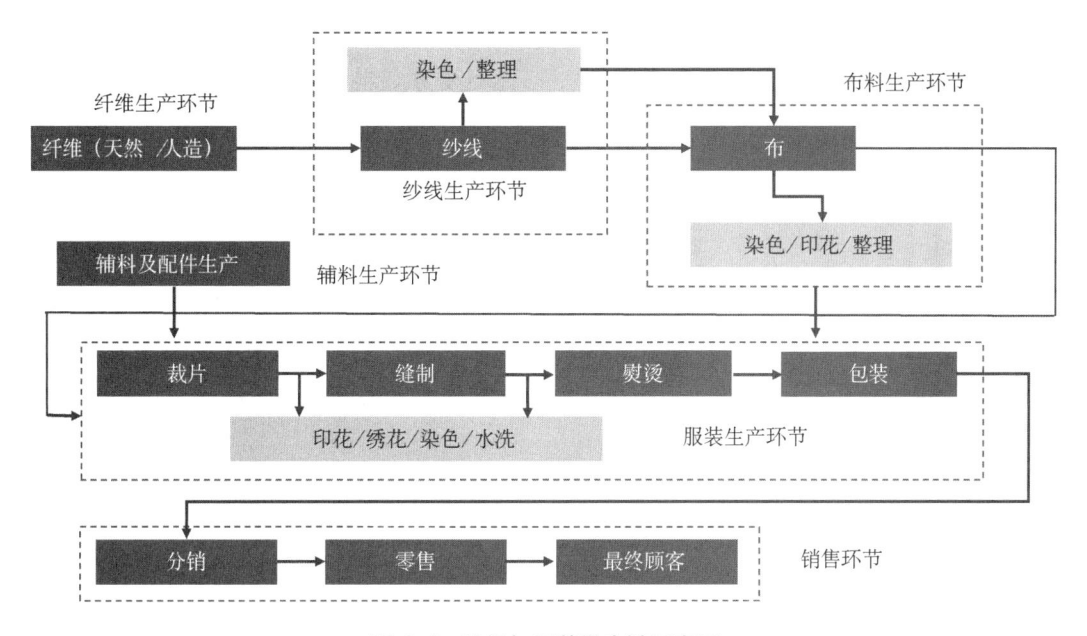

**图4-4 纺织与服装供应链示意图**

当今，在全球经济一体化的趋势下，服装已成为国际贸易的大宗产品。由于纺织与服装生产过程的可分割性（即供应链上的各环节可在不同地域进行），这条供应链在很早就已卷入了全球化的大潮，并已经达到了很高的程度。一个很典型的例子是，韩国的布厂用日本纱线织成布，在美国进行裁剪，裁片在洪都拉斯缝制，成衣又在美国销售。而这家制衣厂也许是中国和洪都拉斯的合资公司。这种现象在现今的纺织服装工业中非常普遍。

尽管所有供应链的目标都是一致的，即以供应链的最小成本最大化地满足消费者的需求，但不同结构的供应链的运作有很大的差别。根据服装零售商如何获得其产品以及谁是供应链的协调者，可以将纺织服装供应链划分为三种不同的结构。第一种类型为垂直整合型供应链，服装零售商不仅要负责零售，而且自己进行生产，他们是整条供应链的协调者；第二种类型为传统采购型供应链，服装零售商向独立的服装生产商购买产品，服装零售商和服装生产商都有可能成为供应链的协调者；第三类为第三方协调型供应链，服装零售商通过服装贸易公司来购买产品，服装贸易公司是整条供应链的协调者。以下将给予详细说明并以案例介绍其基本运作。

## 一、垂直整合型供应链

垂直整合是指同一家公司控制产品的生产和销售的不同阶段，从而提高这家公司的市场地位。有学者认为垂直整合是供应链管理的一种选择，通过所有权来更有效地控制整个生产销售过程。实际上，垂直整合可以看作是内部化了的供应链管理。在垂直整合型的纺织服装供应链中，服装零售商进行后向整合，他们至少整合了服装生产商。这些服装零售商至少拥有属于自己的服装生产厂，还可能拥有自己的织布厂、纺纱厂，甚至拥有自己的棉花种植基地。很显然，他们是整条供应链的协调者。他们必须安排供应链中所有的相关活动，例如物流、库存等，至少是从布料的买进一直到最终产品的售出。图 4-5 为垂直整合型纺织服装供应链示意图。

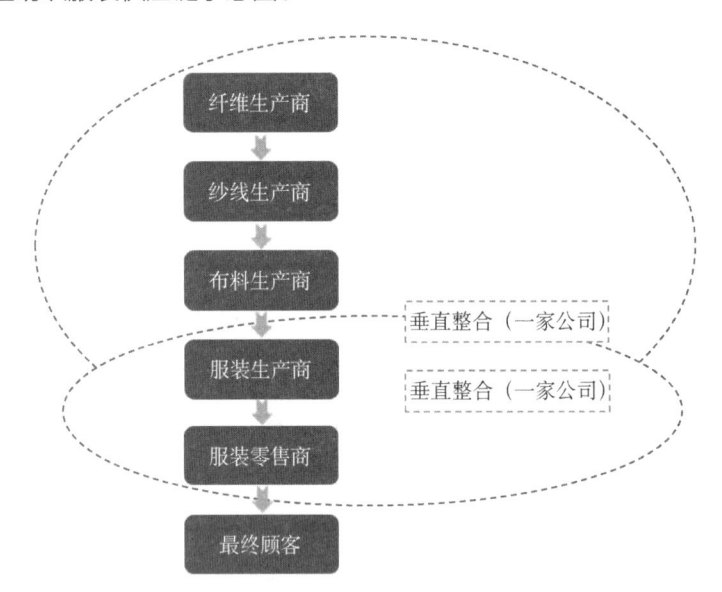

```
纤维生产商
   ↓
纱线生产商
   ↓
布料生产商          ┌ 垂直整合（一家公司）┐
   ↓
服装生产商          └ 垂直整合（一家公司）┘
   ↓
服装零售商
   ↓
最终顾客
```

**图 4-5　垂直整合型纺织服装供应链**

在这种类型的供应链结构中，典型的代表就是众所周知的香港溢达集团。溢达集团创立于 1978 年，是目前全球最大的纯棉衬衫制造及出口商之一。作为拥有纵向一体化供应链的棉纺服装集团，溢达的业务范围涵盖棉花和棉种研究、纺纱、面料制造、染整、成衣制造、辅料包装和零售等，为客户提供一站式衬衫供应链服务。其主要生产基地位于中国大陆、马来西亚、越南、毛里求斯和斯里兰卡等地，销售网络遍及美国、欧洲、中国、日本及韩国等。集团向安踏、雨果博斯（Hugo Boss）、无印良品及拉夫·劳伦（Ralph Lauren）等世界知名时装品牌供应衬衫。

作为拥有纵向一体化供应链的纺织服装制造企业，该集团凭借专业知识以及灵活决策的双重优势，致力于在全供应链中实现最优解决方案。集团现有"派"（PYE）和"十如仕"（DETERMINANT）两个品牌，拥有从棉籽研究到成衣零售的纵向一体化供应链。集团旗下高端男装自主品牌"十如仕"成立于2016年，拥有61个尺码为顾客量体裁衣，简化选择。以优质新疆长绒棉为原料，依托从棉花种植到成衣制造的强大供应链，凭借先进的生产技术，专注质量把控和面料创新，成就高品质产品。在这条供应链的始端，溢达集团在新疆拥有十余万亩棉田，为"十如仕"提供优质的新疆长绒棉原料；在昌吉、吐鲁番等多地，溢达集团自建了纺纱厂；在这条供应链的另一端，溢达集团于2017年在北京东方新天地开设了线下体验店，出售系列产品；连接棉花种植和零售的是位于广东省高明的生产基地。该基地采用织、染、整等全套先进生产设备，融合先进信息技术（如一件梭织基本款男装衬衣的53道基本工序中自动化覆盖率达77%），以每年1亿件的速度为全球供应服装。拥有从棉田到零售店面，溢达集团是这条供应链的绝对协调者，不仅避免了服装行业常见的外包弊端，例如工厂层面的违反劳动道德行为以及第三方供货商使用高污染生产方法等，而且每道工序都执行严格标准，保持对整个供应链完全合规的监督和管理。

## 二、传统采购型供应链

传统采购型纺织服装供应链指服装零售商从它们的供应商，也就是服装生产商那里采购产品进行销售。与垂直整合型供应链不同的是，零售商和生产商是各自独立的组织。服装零售商（这里服装零售商指的是品牌服装零售商，不包括经营别人品牌的百货公司类型的零售商）拥有自己的品牌，他们将生产外包给服装生产商。大多数情况下，服装零售商有他们的设计队伍，他们要求生产商按照他们的设计生产产品。

传统采购型纺织服装供应链又分为两种子类：

一种是服装零售商是整条供应链的协调者，他们下单给服装生产商，也许他们会自己采购布料以及辅料等相关物料，也许都交给生产商去完成。他们来协调不同供应链成员之间的活动。图4-6表示了零售商是协调者的传统采购型纺织服装供应链。

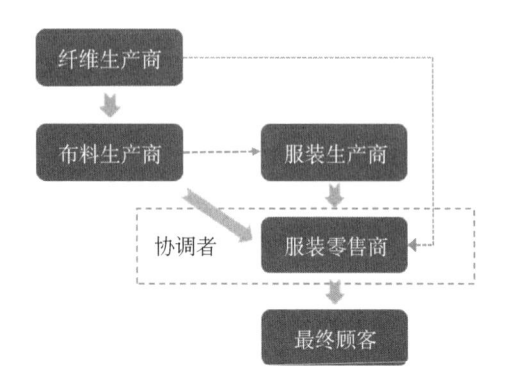

**图4-6 传统采购型纺织服装供应链（零售商协调）**

另一种子类是服装生产商是整条供应链的协调者，服装零售商仅仅下单给服装生产商，并要求后者在正确的时间将正确的产品送达他们。服装生产商可能向自己的供应商采购原料，也可能是后向的垂直整合。服装制造商驱动整条链，甚至直接管理零售商的库存（Vendor Managed Inventory）。图4-7表示了生产商是协调者的传统采购型纺织服装供应链。

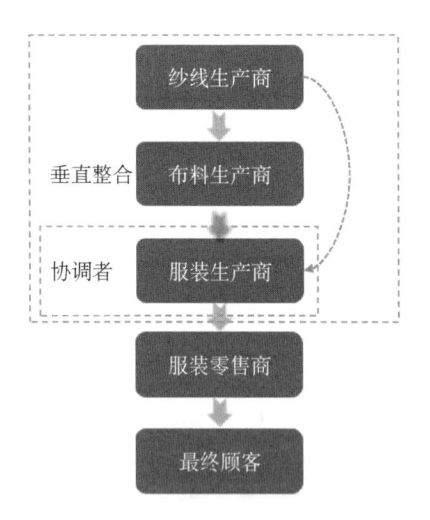

**图4-7 传统采购型纺织服装供应链（生产商协调）**

但无论哪种结构，服装生产商都是所谓的原始设备制造商（OEM厂商）。

下面以香港联业集团（以下简称TAL）为例来进一步说明传统采购型纺织服装供应链（生产商协调型）。联业集团成立于1947年，是一家为制衣供应链的各个阶段提供高质量的成衣制造、创新产品及服务的跨国公司。集团旗下的制造业务拥有自家工厂，遍及亚洲，从而使得该集团能在业界领导群雄。联业制衣总部位于香港，在全球7个国家设有工厂及办公室，拥有2.6万多名员工。自1983年来，已售出十多亿件成衣。今天，在美国每出售6件礼服衬衫，就有1件为联业制衣制造！作为全球最大、最受欢迎的制衣厂之一，联业制衣为众多著名的服装品牌生产衬衫、上衣、针织衫、裤装、外套及套装，其客户既有像杰西潘尼（J.C. Penny）和（J. Crew）这样的大型零售商，也有李维斯（Levis）这样的品牌服装客户。

TAL是纺织与服装工业中运用供应链管理技术的先锋，他们的主要生产基地位于香港、马来西亚、泰国、台湾和中国大陆，先进的IT基础设施为供应链提供了透明无缝的沟通方式。当TAL香港办事处收到美国客户的订单，便会利用电子数据交换（Electronic Data Interchange），将生产订单发给自己适当的工厂。当工厂可以付运货品的时候，TAL便通过电子数据交换向美国客户发出发货通知，同时为货品编码，以及为货盘、货箱加上货运序号。电子数据交换（EDI）能力促进实时、无误的数据共享，企业资源计划（ERP）系统连接各门户网站，用于精简计划和订购流程。这些措施能够确保交接运输运行顺畅，不仅减少了存货成本和货舱空间，而且加快了货品送至店铺的速度。

除了协调生产外，TAL还不断地在供应链中扩展他们的功能，在从原材料到销售点的库存等各个阶段不断创新。TAL会基于数据驱动，分析客户的库存性能，从而为客户预测和管理存货。比如，对于其重要客户杰西潘尼（J.C. Penney），TAL会直接从其零售店铺的POS（Point of Sale）中获取实时的销售数据，然后运行他们专门为该品牌设计的电脑程序来预测其需求。紧接着，TAL就可以决策要做多少件衬衫，分别是什么颜色，尺寸如何分配，并直接把这些产品运往该品牌的店铺，而不经过其的仓库。所有这些动作，TAL甚至不用经过品牌方的确认。TAL不是问品牌方他们要买什么，而是告诉其他们已经买了什么。对比该品牌和TAL合作前后，在没有与合作之前，杰西潘尼（J.C. Penney）要在仓库中保持高达6个月的库存，店铺中也要保持3个月的库存，而合作之后TAL生产的衬衫，库存基本为零。

刚开始的时候，杰西潘尼（J.C. Penney）并不愿意放弃这些权利，直到多年后与 TAL 建立了足够信任之后，才将这些决策逐渐转移给 TAL。事实证明，这个系统的运作非常成功，所以现在杰西潘尼（J. C. Ponncy）甚至让 TAL 负责设计并测试新款产品。TAL 在纽约和达拉斯的设计队伍设计出新款后，工厂会在 1 个月内会赶制出 10 万件新衬衫，然后选择杰西潘尼（J. C. Penney）的 50 家店铺销售。通过 1 个月的销售，TAL 会分析这些数据，然后决定生产的数量和相应的尺寸颜色。以上的这些运作表明，TAL 在这条纺织服装供应链中起到了协调者的作用，通过不断创新和改善供应链服务，赢得了客户的尊重。

### 三、第三方协调型供应链

在第三方协调型纺织服装供应链中，服装贸易公司充当了协调者的角色，他们协调整条供应链，向他们的客户——服装零售商提供最终产品。这些贸易公司并没有自己的生产工厂，他们帮助零售商选择供应商，并且管理包括质量控制在内的整个生产过程，有时甚至还包括服装设计。他们的核心能力就是他们的强大的供应网络和他们良好的协调能力。可以说，他们实际上是服务提供商，是供应链管理的经理人。图 4-8 表示了第三方协调型纺织服装供应链。

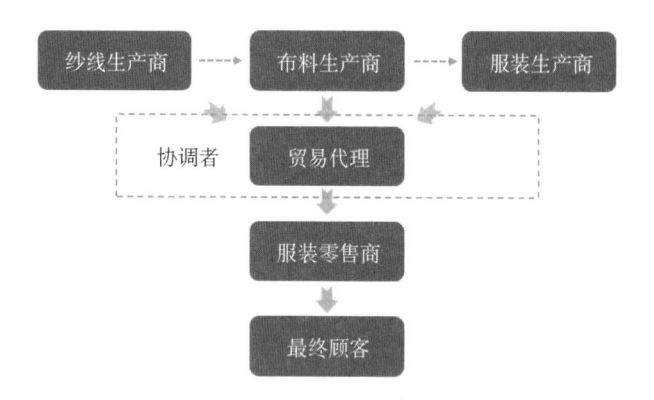

**图 4-8　第三方协调型纺织服装供应链**

下面以香港利丰集团为例来进一步说明第三方协调型纺织服装供应链。利丰集团于 1906 年在广州成立，是一家以香港为基地的大型跨国商贸集团，也是全世界规模最大的出口商之一。业务分布世界很多国家和地区，为全球品牌和零售商管理复杂的供应链。在全球 40 多个国家设有分支机构，在国内拥有 53 个分拨中心，业务覆盖 800 多个城市。长期以来，利丰不断发展网络，与利益相关者建立长期、有意义的关系。作为商贸企业的供应链管理者，该集团协调着供应链的每个流程，使在其供应链网络上的客户和生产商能更加专业化，从而结合成为具有竞争力的四大核心业务——出口贸易、经销、物流和零售。在出口贸易中，纺织服装产品占绝大部分，其还包括一些诸如时尚配饰、礼品、家庭用品等产品。

作为供应链的管理者，利丰召集全球供应链，为品牌商和零售商量身定制端到端的供应链和物流解决方案，其独特之处在于其无与伦比的高度灵活性和可扩展性。该集团向客户提供一站式、高附加值的服务，包括从产品设计直至出口中各类文件的准备在内的所有环节。即由客户（或消费者）需求开始，贯通从产品设计、产品开发、到原材料供应、选择供应商、生产监控、检测、批发、零售等过程，中间经过仓储、运输和配送等物流程序，确保把正确的产品在最低定价、在最短时间和在正确的渠道交付给终端用户的各项业务活动。

比如：当接到某一个服装订单后，公司可能向韩国制造商购买纱，而在中国台湾纺织和染色。由于日本有最好的拉链和纽扣，但大部分在中国制造，那么公司就找到YKK（日本最大的拉链制造商），向中国工厂定购适当数量的拉链。考虑到配额、生产定额以及劳动力资源，利丰选择泰国为最好的加工地点，同时为了满足交货期的要求，公司分别在泰国的若干个工厂加工所有的服装。这样，便能有效地为该客户量身定制一条价值链，尽可能地满足该客户的需要。几周以后，所有服装全部达到欧洲，如同出自一家工厂。

在这个过程中，利丰公司甚至还帮助该欧洲客户正确地分析市场消费者的需要，对服装的设计提出建议，从而最好地满足订货者的需要。现如今，服装的季节性和时效性非常强，衣服的式样或颜色变化很快。因此，从订货者自身的利益出发，常常是先要提前订货，但那时颜色或式样等很多具体细节尚不能确定。也就是说，刚开始时，利丰只知道那家公司订购多少件衣服，但还不知道它需要何种款式和颜色。通常情况下，只有在交货期的前5周，订货者才告诉公司衣服的颜色，而衣服的式样有时甚至要等到前3周才能知道。面对如此多的不确定性，这给利丰公司的操作和经营带来了很多的难度和较高的要求。利丰公司凭借它与其供应商网络之间的相互信任以及高超的集成协调技术，提前向纱线生产商预定未染的纱，向有关生产厂家预订织布和染色的生产能力。在交货前5周，当利丰从订货者那里得知所需颜色之后，迅速告知有关织布和染色厂，然后通知最后的整衣缝制厂："我还不知道服装的特定式样，但我已为你组织了染色、织布和裁剪等前面工序,你有最后 3 周的时间制作这么多服装"。最后的结果当然是令人满意的。按照一般的情况,如果让最后的缝纫厂自己去组织前面这些工序的话,交货期可能就是 3 个月,而不是 5 周。显然,交货期的缩短,以及衣服能跟上最新的流行趋势,全靠利丰公司对其所有生产厂家的统一协调控制,使之能像一个公司那样行动。总之,它所拥有的市场和生产信息、供应厂家网络、以及对整个供应厂家的协调管理技术是其最重要的核心能力。

从这个例子可以清晰地看到:利丰贸易作为第三方协调者,在整条供应链中所发挥的作用。

以上所介绍的三种纺织服装供应链,虽然在结构上有差别,但它们有很多共同点。首先,供应链中三流(物流、信息流和资金流)中的物流在这三种不同结构的供应链中是一样的,不同的是信息流和资金流。供应链的协调者是整条供应链的信息中心。第二,不同供应链成员间的信息共享都是最重要的。第三,一家公司的不同业务可以属于不同类型的供应链。例如,对于溢达集团,他自己的品牌"派"就属于垂直整合型供应链,而他和像 Nike 这样的客户就构成了传统采购型供应链。第四,无论哪种结构的供应链,协调者应该主动整合整条供应链,以达到整体利润的最大化,也就是说,这条供应链是否成功在某种程度上取决于供应链的协调者。

## 第三节　服装绿色供应链的发展

"生态环境保护"与"经济可持续发展"是人类社会生存发展的两大基石。建立节能降耗、低碳循环、环境友好的绿色供应链,是当前全球经济重塑发展活力的新引擎,也是衡量国际竞争新优势的重要指标。环境社会责任绩效已成为绿色供应链的核心评价参数和重要驱动力,需要从生态文明建设的战略新高度,把环境社会责任理念融入全生命周期绿色供应链的管理工作中,完善环境社会责任风险整体防控和协同治理工作机制,融入"国内大循环为主体,国内国际双循环相互促进"为特征的国际竞争新格局。

传统意义的纺织服装供应链主要基于经济效益视角,较少关注工业生产对环境和社会因素造成的影响。针对环境管理问题,传统供应链明显缺乏系统性和整体性,即使服装企业制定并严格遵循内部环境管理标准,其供应商和分销商仍难以同步执行,无法真正达到环保目的。因此,构建绿色供应链管理模式,可以起到"以点带线"和"以线带面"的作用,以集成的思想整合整个供应链的环境管理,带动供应链中上游供应商持续提高绿色发展水平。

## 一、绿色供应链的内涵

绿色供应链来源于供应链管理思想、循环经济理论与可持续发展的思想,但目前尚无统一定义。绿色供应链的概念最早由美国密歇根州立大学的制造研究协会在1996年进行的一项"环境负责制造(ERM)"的研究中提出。从已有的研究成果来看,学者们对绿色供应链与绿色供应链管理的定义各有不同侧重,主要有以下几种定义:

(1)强调通过绿色技术和供应链管理手段,综合考虑产品全生命周期内的各个环节来实现环境污染最小、资源和能源利用效率最高以及供应链效益最优。

(2)从可持续发展的供应链设计思想角度着手,同样从产品的全生命周期的各个环节出发设计,强调通过供应链中各节点成员的配合来实现整条供应链在环境管理方面协调统一,同时取得经济和环保效益最优。

(3)绿色供应链主要以绿色制造理论和供应链管理技术为基础,综合考虑在产品从物料获取到最后的报废过程中,来实现环保目的的现代管理模式。

综合以上研究可知,绿色供应链是以绿色制造理论和供应链管理技术为基础,围绕核心企业,涉及供应商、制造商、分销商、零售商和用户等,旨在确保产品从物料获取、加工、包装、仓储、运输、使用到报废处理的整个过程中资源利用效率最高、而对环境的不利影响最小。由此可见,绿色供应链综合考虑了整个供应链中环境影响和资源效率的关系,要求各节点企业紧密协作,通过整合入库物流、生产流程、出库物流、逆向物流、客户需求等以达到改善供应商和客户的环境绩效的目的,最终实现环境效应和经济效益的统一。

## 二、服装绿色供应链的驱动因素

习近平总书记指出:"中国秉持创新、协调、绿色、开放、共享的发展理念,推动中国经济高质量发展，全面深入落实 2030 年可持续发展议程"。诸大建（2012）指出联合国等国际组织倡导的绿色经济可以给我们发展中国的绿色经济带来新的启示。绿色供应链的实施对构建高效、清洁、低碳、循环的绿色制造体系，促进产业转型升级、更好融入全球价值链、实现可持续发展强国目标起到至关重要的作用。

### 1. 绿色供应链建设利于提升行业的全球竞争力

为了提升行业的全球竞争力，中国纺织工业联合会较早开展了一系列构建绿色供应链的示范工作，从绿色设计、绿色采购、绿色生产到绿色物流、绿色包装、绿色销售、绿色回收与处置，综合考虑供应链中各个环节的生态环境问题，把绿色理念融入供应链的整个运营流程。我国纺织服装产业具有向绿色、智能、环保发展的趋势，纺织服装企业的生产与运营不仅要提供满足消费者需求的产品与服务，同时要承担企业社会责任，形成有利于生态可持续发展的绿色经营模式是企业核心竞争力的重要组成部分。绿色供应链作为一种实现可持续发展目标的重要途径，将生态文明建设融入了社会各方面建设的全过程。

### 2. 绿色供应链的外部驱动因素

实施绿色供应链有多重驱动因素和利益诉求，主要表现为以下几点：

（1）融入全球化，规避绿色壁垒（或环境贸易壁垒）。绿色壁垒存在的根本原因在于发达国家与发展中国家不平衡的社会经济发展水平，这种不平衡在短期内很难改变。实施绿色供应链，可以有效规避国际贸易的绿色壁垒，提升在全球市场的话语权和国际竞争力。

（2）政府法律、法规和政策的激励与约束。为了贯彻生态文明建设的发展新理念，我国政府部门不断出台相关法律法规和政策措施，引导企业绿色发展和低碳转型，绿色供应链建设的制度环境日益完善。

（3）绿色消费观念和行为的转化对生产领域产生倒逼机制。消费是生产的根本目的和核心动力，绿色消费模式作为一种全新的可持续的消费模式，倒逼绿色发展方式，成为绿色供应链建设的基石。

### 3. 绿色供应链的内生动力因素

从长远来看，绿色供应链能够在整体上降低成本，为企业带来综合经济效益和持续竞争优势，是企业实现可持续发展的重要手段。企业构建绿色供应链的内部因素具体包括以下方面：

（1）企业风险管理的需要。企业参与全球化竞争，绿色供应链管理可以避免因规制等因素所导致的供应链中断的风险，或因污染或废弃物产生环境风险以及因市场竞争要素变化而失去竞争优势的风险等。

（2）提升品牌价值，增强企业竞争力。绿色供应链为企业增加无形资产价值和良好的品牌声誉，赢得消费者的青睐和信任，提高客户黏性和忠诚度，创造新的市场机会，增强企业竞争力。

（3）稳定员工队伍，吸引优秀人才。实施绿色供应链管理可以全面改善或美化工作环境，提高工作场所安全性，激发员工的工作积极性和主观能动性，吸引和留住更多优秀人才。

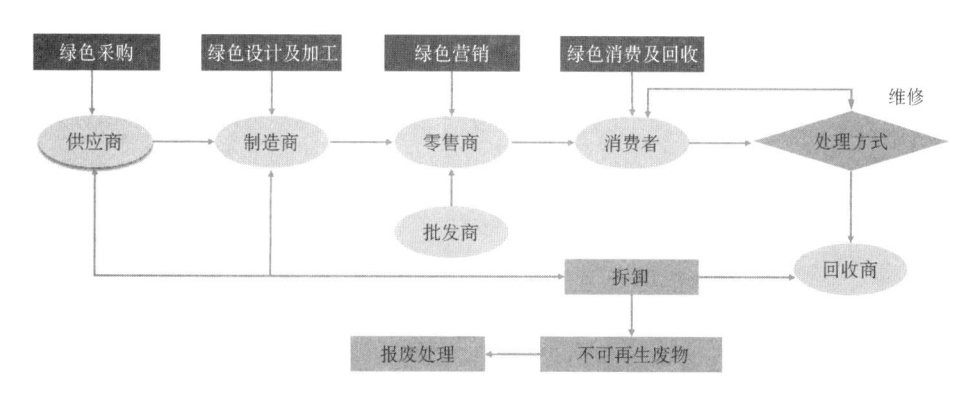

## 三、服装绿色供应链的概念模型及主要环节

### 1. 服装绿色供应链的概念模型

供应链是一条以原材料供应商为起始点、消费者为终点的即"从摇篮到坟墓"的网链。服装绿色供应链远比普通供应链要复杂得多，供应链上任何企业、部门产生的废丝、废料、废品都必须回收处理，因此退出使用期的产品也当然应该回收处理。服装绿色供应链以达到绿色生产为目的，各节点企业分别集中财力、技术、精力去巩固和提高其绿色生产核心能力和业务。它既保证各生产环节的绿色生产，又保证整条供应链的协调运作，以较低的成本生产绿色服装。服装绿色供应链的起始点为原材料生产商，整条供应链可能没有终点。因此，构建服装绿色供应链的概念模型如图4-9所示。

图4-9 服装绿色供应链的概念模型

### 2. 服装绿色供应链的主要环节

总体而言,服装绿色供应链主要包括绿色采购、绿色设计、绿色生产、绿色营销、绿色消费和回收以及绿色供应链上企业之间的战略合作伙伴关系等。

(1)绿色采购

绿色采购是指企业在采购活动中,推广绿色低碳理念,充分考虑环境保护、资源节约、安全健康、循环低碳和回收促进,优先采购和使用节能、节水、节材等有利于环境保护的原材料、产品和服务的行为。主要涉及原材料的获取,包括供应商的选择、评估和开发、供应商的运营、内向分发、包装、再循环、再使用以及减少资源使用等内容。

服装绿色采购的重点在于对原材料绿色度的控制,即选取合适的原材料。因此,首先要选择有绿色能力、且能够提供绿色原材料的供应商;其次,绿色原材料的采购标准体现在生产加工时的污染控制以及生产出成品的健康、环保两方面,确保减少有害物质的生成和污染物的产生;最后,在对绿色原材料进行加工制造时,更要采取绿色加工生产技术和工序以确保过程绿色。

(2)绿色设计

在绿色供应链管理环境下,设计活动事关制造商、供应商以及消费者,而不仅仅与服装制造商有关。绿色设计是指在产品设计过程中论证产品在整个生命周期内对环境和资源的影响,在充分考虑产品的功能、质量、开发周期和成本的同时,优化各有关因素,使得产品对环境影响和资源消耗最小。绿色设计的核心思想在于以"预防为主、治理为辅",而不是传统的"先污染后治理"的环境治理方式。

在绿色设计过程中,要综合考虑产品的原材料、生产工艺、营销风格等,在进行产品设计时加入绿色环保理念,充分考虑产品从原材料到成品,从生产技术到营销风格的各个环节的绿色环保理念的实现,以此达到绿色设计的目的。

(3)绿色生产

绿色生产是指持续运用综合性的环境预防策略于生产过程和产品当中,以便减少对人类和环境所造成的风险,从而最大限度达到防治工业污染、提高经济效益双重目的。同时,绿色生产需要原材料供应商、生产企业、运输以及销售的整个供应链上企业的配合,共同执行绿色生产,形成绿色生产链。服装绿色供应链中的绿色生产包括面料绿色生产、辅料绿色生产以及成衣绿色生产。具体而言就是在生产过程中，严格控制面料、辅料的浪费和废品率等，不造成资源浪费且不对环境造成污染。

（4）绿色营销

与传统供应链中的营销观念相比，绿色供应链中的绿色营销属于全新视角，从传统营销追求最大限度刺激消费者消费而转向引导和鼓励消费者形成可持续的消费方式。绿色营销是指企业在营销活动中，通过减少物质消费占有量而达到消费满意的目的。其服务对象从消费者扩大到了"消费者和社会"，要求企业在满足消费者需求的同时，注重地球生态环境保护，促进经济与生态环境协调发展，以实现企业利益、消费者利益、社会利益及生态环境利益的协调统一。

绿色营销过程中，首先服装企业要充分树立绿色营销观念，将环保意识贯穿于服装产品营销的各个环节；其次，要充分考虑消费人群对绿色产品溢价的接受能力，制定合理的绿色价格；并利用绿色广告、绿色公关和绿色推广等手段开展绿色促销，激发消费者的环保意识和理性消费的形成；同时建立绿色营销渠道，即通过合理的绿色销售网络和绿色高效的销售路径推广绿色服装产品；最后，为满足消费者的绿色消费需求，要加强绿色销售服务，以鼓励消费者对产品的重复使用、回收利用等。

（5）绿色消费及回收

完整的绿色供应链管理还应该包括绿色消费和绿色回收活动。从消费者角度而言，绿色消费是指消费者基于保护环境的考量，在购买、使用产品时尽可能减少对环境产生消极影响的行为；从产品生命周期来看，绿色消费是指尽可能地使用绿色产品，确保在包括生产和使用阶段的产品整个生命周期内，都不会或尽可能减少环境污染；从绿色供应链角度来看，绿色消费是指基于环境保护理念的产品或服务的生产、宣传和购买，包含在绿色供应链的每个环节当中。

绿色回收是绿色供应链中的重要环节，是指在环保、安全、健康的前提下，对完成整个生命周期后的产品、或包装物等进行绿色回收处理。但具体采用何种方式进行绿色回收，则要依据企业条件以及产品、包装物的特性和回收品的分散程度等因素来决定。绿色回收的关键是针对废旧产品的挑选与分类、废旧产品的回收利用和报废处理，即先需对废旧产品进行评估，在综合考虑其可回收性及可利用性的基础上再进行分类，确定可回收类和报废处理类；在处理可回收类和报废处理类时,应该采取清洁处理以及绿色生产技术,尽量减少对环境的污染,实现真正的绿色回收。

(6)绿色供应链企业间的战略合作伙伴关系

绿色供应链的战略合作伙伴关系不仅包括信息和利益共享,而且包含环境意识和要求标准的同步推进。在绿色供应链的各个环节,如何选择战略合作伙伴至关重要。特别是针对供应商的选择中,要选择具有积极环境管理意识、并重视环境管理的企业结成战略合作伙伴,通过供应链上各个环节的成本节约而达到提高整体效率的目的。

一条完整且运行良好的绿色供应链离不开供应链上各个企业的有效协作,处于上游的供应商把绿色行动传递到供应链的每个节点,以实现整个链条上节点企业合理利用资源和保护环境的目的,进而形成一条高效的绿色供应链。

## 第四节　服装绿色供应链发展的机遇与挑战

随着全球化进程的深化,国际服装市场的竞争也日趋激烈,而中国目前是全球纺织服装出口第一大国,中国纺织服装企业多数是以加工贸易为主,在国际产业链中获取的利润非常低,再加上欧美国家针对我国服装企业设置的绿色壁垒,更加剧了市场份额的下降。因此对于我国服装企业来说,如何扭转此种形势尤为迫切。

### 一、服装绿色供应链管理存在的问题

现阶段,服装绿色供应链所存在的问题可以从宏观和微观两方面来分析。

#### 1. 宏观因素

(1)市场规制不够完善

虽然我国政府已颁布多部法律和相关环保法规,各地区也建立了自己的绿色标准,但现行法律处罚力度较轻,且缺乏有效监督管理,并不能从根本上触动企业。违法成本过低、践行绿色转型成本过高,不少企业宁愿承担处罚风险也不愿意实施绿色供应链管理。现行诸多绿色政策存在缺陷,如何提升减税、补贴等激励手段的操作性,使之达到真正激励效果,是政府需要攻克的难题。

**（2）消费者绿色消费意识不足**

消费是绿色供应链的终端环节，所有产品最终都会流向消费者，消费意识决定消费选择，所以消费者的绿色消费意识对于企业推动绿色供应链的建设至关重要。绿色管理体系建设的高成本最终会转嫁到消费者身上，导致大部分绿色产品价格高于普通产品，消费者绿色消费意识偏低就会更倾向于购买普通产品。想激发绿色服装的消费需求，一方面需要消费者个人环保意识提升，另一方面服装企业需要加强绿色服装的绿色营销。

### 2. 微观因素

**（1）绿色管理体系建设成本过高**

绿色供应链管理追求的是社会效益，而非经济效益，要解决环境问题带来的负面效应，服装企业就需要进行节能减排的投入成本。在绿色供应链管理实施过程中，企业面临大额人力成本、物流成本、设计及研发成本等绿色生产资金投入，且资金回报周期较长，企业在较长时间内承担经营与资金短缺压力，同时利润空间的压缩一定程度上抑制了服装企业构建绿色供应链管理体系的积极性。对于我国资本积累不足、市场化时间短的中小服装企业而言，如何平衡构建绿色供应链管理体系面临的成本和收益，将是最大考验。

**（2）缺乏绿色供应链管理的风险管理体系**

我国服装企业缺乏对供应链风险的分析控制体系，集中体现在市场的不确定性风险和缺乏棉花以及棉纺织品等原材料自然灾害风险管理。企业在充满不确定性的市场竞争中，有时对消费需求判断出现巨大偏差，产品无法获得市场认同并经营亏损，生存压力很大。当前我国农业领域自然灾难多发，棉花减产或者品质下降时有发生，纺织企业原材料供应不稳定，对生产造成影响。

**（3）缺乏先进的技术手段**

先进的技术手段是服装业实施绿色供应链管理的基础和保证，纺织企业生产环节较多，部门之间存在信息不畅，跨部门合作困难，多产业合作存在技术壁垒，纺织企业与实验室、生物技术部门等各产业间的质量要求不同，进行合作研发纤维新材料需要磨合讨论后才便于后期合作研发，技术创新增长难度较高。

## 二、服装绿色供应链的发展机遇

### 1. 绿色发展已成为全球共识

人与自然是生命共同体，绿色发展已成为全球共识。现阶段我国在现代化进程中面临着更大的资源环境约束。作为高度全球化的产业，纺织行业的绿色发展一直受到全球关注。2021年，我国列入《绿色产品评价标准清单及认证目录》的商品进出口额为 7 578.1 亿美元，其中纺织产品位列第一。纺织服装行业是构建生产、生活、生态之美相融共生发展形态的重要力量。作为中国最早提出碳中和目标的工业部门之一，纺织服装行业在可持续管理创新、节能节水、污染防治、资源综合利用、绿色制造等方面走在前列，是全球可持续治理的重要推进者。行业积极应用绿色技术，推动绿色消费，完善绿色标准，持续推动全产业链上下游的绿色低碳转型，促进绿色服装供应链的发展。

### 2. 可持续时尚正成为绿色生活提案者

面对环境污染、全球变暖、极端气候、资源枯竭等不断加剧的"人类世"危机，"循环时尚""新式旧时髦""健康穿着""纯粹主义"等消费理念开始兴起，"环境保护""有机材料""生物多样性""延长产品全生命周期"等可持续名词也被不断提及，消费者对于可持续时尚的认知程度和消费认同不断提升，更愿意为更安全、可溯源、可掌控的产品买单；"可持续时尚已经外化为中国服装品牌的生动实践。"越来越多的中国服装品牌，以人与自然和谐共生的现代化为价值遵循，以"碳达峰碳中和目标"为战略导向，以技术创新、模式创新、管理创新为发展动能，从生产到消费、从源头到末端，加速全链路的绿色转型，不断强化可持续设计、优化生产工艺、生态友好材料替代、能效提升与燃料替代、废旧衣物再造及多元性沟通，在材料、设计、生产、销售、使用、回收、处理等各个环节开展行动，推动纺织服装行业向绿色产业链、供应链转型升级。

### 3. "双碳"目标促进服装绿色供应链的发展

以"双碳"目标为战略导向，全球的政策资源、金融资本、市场创新正以指数级的速度向绿色经济集聚，改变着产业的价值逻辑。首先，纺织行业正实现全产业链的绿色创新实践。煤化工来源的化纤原料和生物基材料是当前原料体系的创新重点。围绕节能节水、污染防治、资源综合利用打造循环经济是制造体系升级的重要方向；其次，纺织创新实践支撑着更多领域的绿色转型。轻量化的碳纤维复合材料、高效隔热的气凝胶材料，是汽车、航空航天、建筑等领域实现节能减排的有效途径。纺织材料在生态修复与环境保护方面也发挥着重要作用，如高温过滤、湖水净化等。

如魏桥纺织建设全过程质量可追溯透明的绿色智能化工厂，开发魏桥纺织13.0 系统，实现全方位立体化的订单管理、实时成本分析和准确成本核算、全流程的质量及设备在线检测与监控体系；丝丽雅实施"纤维素纤维生产废液再生利用绿色关键工艺创新与系统集成项目"，制造技术绿色化率提升 30.05%，制造过程绿色化率提升 23.37%，制造资源环境影响度下降 8.43%；SHEIN 联合 Intertek 测量 2021 年的碳足迹影响、计算范围 3 基准排放、确定科学减排目标，并以承诺书形式提交给科学目标倡议组织（SBTi）进行验证，推出转售计划"Shein Exchange"。

### 三、服装绿色供应链发展所面临的挑战

#### 1. 绿色整合主体选择存在局限，内外整合同步困难

企业因内部整合的主观差异，造成供需不协调。时至今日，绿色供应链在各种意义上正以环保为价值导向嵌入全链运作的每一个环节，更在引入整合特性后加强了组织间的协调合作。在如今物流行业竞争激烈的背景下实施的企业绿色整合，或以维护公司声誉与建立公司形象为出发点，或将环境战略作为未来的主要规划，从内部进行自身绿色整合。内部绿色整合在打破了组织内部的部门壁垒后，在协调内部组织结构的同时因各企业不同的战略目标与未来布局，形成了不同方向的整合与发展。

绿色供应商与消费者间存在外部整合的实践冲突。与内部整合相对的是，绿色供应链的外部整合也在以供应商与消费者为两大主要维度迅猛发展。但是外部整合又因供应商与消费者主观意识与主观选择的差异，绿色整合发挥的作用常常事与愿违。供应商在进行绿色采购时，常因受市场影响形成主观意识的片面价值偏向，使得采购覆盖面呈现单一性问题。同时部分采购人员对于绿色采购理念的浅层化理解，往往只重视产品的价格与参数而忽视了环保性能。这

些问题都导致了供应商在绿色整合上过分近似。而对于绿色消费者的整合，不同的用户需求产生了不同的多样选择，整合程度上又无法较好地统一，与供应商单一的绿色采购冲突。客户的多样环境需求虽作为企业进行绿色采购的驱动因素，也将在客户压力的累积下对绿色供应商整合甚至绿色外部整合产生反作用。

**2. 供应链构成存在理论差异，市场多元化导致协调失衡**

环节主体侧重点相悖，供应链运行条件有限。绿色供应链强调将环保概念贯穿生产、加工、制造、销售使用直至报废处理。但是绿色供应链更倾向于绿色生产加工制造，主体在生产加工制造企业，重点在供应，着力点在供给侧，在需求侧缺乏动力，因此达到绿色要求，从而提升环境质量和资源效率是不充分的。而绿色营销主要面对消费者群体，更倾向于市场营销及销售活动，其主体是中间商，着力点在于需求侧。由此，绿色营销若能与绿色供应链相辅相成，绿色物流将更加成熟。但是鉴于绿色营销与绿色供应链在理论上有一定的差异，供给和需求是经济学意义上的市场行为划分，而供应链管理和营销管理是管理学意义上的企业行为划分。所以实践起来还有一定的局限。

**3. 生产方式与消费行为固化，绿色消费理念推行受阻**

高耗能产业生产绿色意识薄弱，市场政策有待完善。一直以来，我国在经济生产中，粗放型经济一直占据主导地位，过度追求经济发展速度的生产方式，对于环境造成了大量破坏。可持续消费理念是我国经济发展到一定阶段，环保意识增强而提出的新理念。倡导这种绿色低碳的消费理念，将成为人与自然和谐发展的有效实践。但部分高耗能产业的生产方式，并没有因为可持续消费理念的提出而改善。在市场政策的建立中，可持续化发展方面的不完善，也使得部分达不到绿色要求的高耗能产业铤而走险，违规排放。甚至部分产业在经监管过后，会出现重污染反弹现象。

传统消费与绿色消费冲突，可持续理念接受度较低。一直以来，我国社会群体的消费理念有明显的两极化，一端是极度奢侈的消费理念，一端是极度节俭的消费理念，这两种不适度的消费理念都与可持续消费理念相差甚远，并在绿色消费理念的推行中产生冲突。面对可持续消费理念的提出，消费者无法轻易改变一直以来的消费理念，甚至产生了不满情绪。

## 第五节 服装产业竞争力的培育方法及策略

### 一、服装企业核心竞争力

在当前竞争激烈的市场环境中,服装企业欲获得竞争优势,必须从企业与环境特点出发,培育自己的核心竞争力。供应链管理强调的是把主要精力放在企业的关键业务(企业核心竞争力)上,充分发挥其优势,同时与全球范围内的合适企业建立战略合作关系。

#### 1. 核心竞争力的概念和特点

核心竞争力是服装企业技术、产品、管理、文化的综合优势在市场上的反映,它建立在企业核心资源的基础之上。核心竞争力是一个组织内部在自己所从事的生产和服务中具有的一系列互补的技能和知识的结合,它具有一项或多项业务达到竞争领域一流水平的能力,又为顾客提高某种特殊的利益。核心竞争力不是一种仅存在单个技术或一个小的生产单位的简单技能,而是一组技能的组合。

比如,国内时尚行业品牌 UR,所构建的柔性极速供应链体系形成了该品牌的一大核心竞争力。通过该供应链,UR 实现了智能化排产、生态化生产和常态化快返。其中,智能化排产是指基于数据分析和预测,通过算法和模型的支持,实现对生产需求的精准预测和生产资源的优化配置,可以根据市场需求的变化,快速调整生产计划和订单分配,提高供应链的灵活性和响应速度,同时借助数字化供应链协同平台实现对物流和库存的实时监控和管理,这使得 UR 的产品从设计到上架,整个周期最快只需 6 天。对市场的快速和柔性反应帮助 UR 获得了超速发展,获得巨大的竞争优势。

服装企业的核心竞争力具有以下特点:

(1)价值优越性。核心竞争力是企业独特的竞争能力,应当有利于企业效率的提高,能够使企业在创造价值和降低成本方面比竞争对手更优秀。同时,必须对顾客提供"可感知的"价值。核心或非核心就在于它们是否能为顾客带来利益,而且这种利益还应该是可以感知的。

（2）难以复制和替代性。由于核心竞争力具有难以模仿的特点，因而依靠这种能力生产出来的产品在市场上也不会轻易被其他产品所替代。

这主要是因为：首先，企业在供应链上管理优势的获得是长期改进的结果，优秀的供应链不是一朝一夕之功，大多数供应链高效运作的企业都是在一个供应链战略或者理念指导下长期优化的结果，业务战略、业务模式的形成，以及运作流程的优化，都是企业在长期的实践过程中摸索出来的，个别供应链运作方式甚至是从巨大的损失中获得的经验，这些经验体现在供应链运作的每一个环节。学习者如果没有经过这个供应链持续优化的过程，只是看到了结果，却无法看清达到供应链高效运作的途径。

其次，供应链是系统的，建立上下游的供应链关系既需要坚持双赢的商业理念，有系统的供应商、经销商管理体系，同时也需要企业有强大的实力，能够成为供应链的盟主。从企业内部来讲，则是要实现产供销一体化，实现企业内部的一体化运作。学习者要系统建设上下游的竞争合作关系，要实现企业内部的一体化运作，绝非易事。

另外，优秀的供应链运作都有关键的提升和跨越，这种跨越体现可以是信息技术平台建设，也可能是产量超过一个临界规模，都是需要大量投资才能实现，且要面临巨大的风险。如宝洁花费巨资建立渠道管理信息系统，能够对渠道中物流信息流资金流进行控制管理，实现供应链上下游信息的通畅，以信息代替库存。而很多快速消费品企业想要建立同样功能的信息系统，付出巨大代价却收效甚微。

（3）差异性。要确定一种技能是否可称为核心竞争力，它还必须是在同行业中与众不同的。这并不意味着它只是本企业所独有，但至少应比其他竞争者优越。核心竞争力是在企业长期的生产经营活动过程中积累形成，其他企业难以模仿。

（4）可延伸性。企业的核心竞争力不仅能为当前提供某种特殊的产品或服务，而且还可以帮助企业下一步开发新的产品或进入新的领域。

从长远考察，企业竞争力来源于比竞争对手更低的成本、更快的速度去发展自身的能力，来源于能够产生更高的、具有强大竞争力的核心能力。由于任何企业拥有的资源是有限的，不可能在所有的业务领域都能获得竞争优势，因而必须将有限的资源集中在几种核心业务上。与其他企业的合作伙伴关系是保持核心竞争力的有效手段。企业的非核心业务由合作伙伴来完成，那么企业就能集中精力培养核心竞争力。

供应链最大的特点是共享资源，以保持企业各自的核心竞争力，从而增强整个供应链的竞争力。每个企业都有自己的核心竞争力，在此领域具有其他企业所没有的优势。供应链各节点企业通过合作伙伴关系的保持，在非优势领域取得优势地位，在和谐领域可以专心致志，以取得更大的竞争优势地位。所以，供应链伙伴关系既是保持和增强自身核心竞争力的需要，也是企业在其他领域利用其他企业核心竞争力获取优势地位的手段。

### 2. 核心竞争力的培育和形成

培养企业核心竞争力应着重从以下几方面入手：

（1）锁定目标。要想培育独特的核心竞争力，企业必须明确自身努力的方向和目标。只有目标、方向明确，企业的资源配置、使用才能做到有的放矢，才能加速其核心竞争优势的培养壮大。每一个企业都有不同的条件和情况，因此它所设置的目标方向也是不同的。一般来说，选择核心竞争力的目标定位，主要应考虑以下一些因素：自身资源状况，以往的知识储备；行业现状及特点；竞争对手的实力状态及对比情况；关联领域的影响；潜在竞争者及替代者的演变前景等。

由于核心竞争力的形成所付出的代价较大，且具有一定的刚性，会影响企业较长时期的经营运作，因此，企业在选择核心竞争力培养方向时都较慎重，常常将目标锁定在最能影响行业发展前景的领域，以使企业掌握更大的竞争主动权。

（2）集中资源。集中资源就是将资源集中于企业选定的某一项或某几项目标业务领域，以发挥最大资源效用，增强特定的竞争优势，形成核心竞争力。在市场竞争日益激烈、创新成本与风险越来越大的时代，任何一个企业都很难在所有业务活动中成为世界上最杰出的。事实上，相对于复杂多变的外部环境而言，任何企业的资源都是有限的，只有将资源集中起来，形成合力，才有可能在目标领域取得突破，建立核心竞争力。即使是当今世界著名的许多大企业，它们也大都将资源重点集中于某些关键性业务工作，以求在特定领域达到领先对手的目的。对于我国企业来说，由于实力普遍较差，且可利用资源也有限，因此，就更应该将有限的财力资源集中于适合自身条件的关键领域，建立独特的竞争优势。

（3）动态学习。坚持动态持续地学习，提高知识技能的积累和储备，是培养和增强核心竞争力的关键。企业员工及组织所拥有的知识技能是重要的无形资产，是核心竞争力中的主要因素。这种知识与技能包含两个层次：每个员工个人的知识技能水平与结构和企业员工的整体素质与知识技能结构。知识技能既包括现代科学技术知识与管理知识，也包括操作技能与实践经验。企业要建立与发展知识技能优势，必须在人力资源开发与管理中将知识技能的学习、扩散、积累与更新放在重要位置上。体现竞争能力的知识技能要具有领先水平，往往需要本企业的员工通过创新实践去发现与创造。因此，创办学习型组织，在实践中创造性地学习，是全面提高职工素质，建立本企业的知识技能优势的一种不可替代的方式。

## 二、提高服装企业核心竞争力的策略

从棉花种植到纺纱织布制衣再到销售、出口、贸易，中国纺织服装完整产业链已得到世界的公认，但其中各环节的发展却并不协调，这在客观上也造成了一定的资源浪费。要想使中国服装业再上新台阶，必须从供应链的角度审视我国服装企业在全球纺织服装供应链中所处的位置。在纺织服装行业整体供应链管理意识觉醒的当下，已有一些企业较早介入供应链管理体系，将自己定位在全球市场之中，走差异化定位和差异化经营之路。在今天的竞争中，这些企业已逐步显示出自己的竞争优势。

### 1. 涉足上游

据了解，在中国广东沿海的从事外贸服装生产的企业中，几乎90%都是做来料加工，这就意味着这些工厂只是赚得了加工费。

我们前面已经提到的，作为全球最大的衬衫 OEM 厂商，香港溢达集团把触角伸向了产业上游源头——从棉花种植开始，把业务涵盖了棉纺、梭织、针织、染纱、后整理及制衣、销售等各个环节。据说溢达亲自种棉花最开始是为了保证产品质量，不得已而为之，结果却培育了自己独特的竞争力。因为当其他服装企业只能在服装设计、款式上有变化，溢达在布料、纺纱、原料上都可以有变化。同时，可以在客人不希望改变衬衫设计的同时，通过生产出手感不同的纱线，开发更多的新品种。

从新疆的棉花，到广东织成布，再运往世界各地的工厂被裁剪成衣。溢达认为明确物流和信息化格外重要。他们运用射频识别（Radio Frequency Identification, RFID）技术，从棉花的采摘、加工到包装检验，各个地方的生产通过互联网，都有及时的信息沟通。省去了人工检查的时间和人力，其高效率是一般企业难以相比的。

同样的做法在雅戈尔集团也有尝试。雅戈尔的产品主要是西服和衬衫，其原料为中高档纺织面料，并且，此项成本超过了公司成衣生产成本的 1/3，如果上游行业一旦波动，将会对雅戈尔产生很大的影响。为了保障雅戈尔服装的高档面料来源，公司决定打造完整产业链。2001 年，雅戈尔与日本企业合作，投资 1 亿美元兴建高端面料生产基地，正式进入高档面料生产领域，在其后的发展中牢牢控制整个生产的源头。4 年以后，此项投资成为雅戈尔业绩增长的原动力，带动主营业务增长超过 70%，业绩远远超过服装业的第二名。色织布业务不仅强力支持了服装主业的成本优势，而且使其获得了一个每年 7 亿元以上的规模产业。

溢达、雅戈尔这样的生产企业，之所以在国际市场上占有一席之地，产品质量保证是一个很大的优势。而保证产品质量的重要方面却是他们分别涉足上游，掌控了上游的资源。当然，并不是所有的企业都能像溢达、雅戈尔这样有足够的资金和精力去涉足上游的。

### 2. 链接中游

在服装业，很多公司当规模达到一定程度后都习惯应用"一条龙"模式，既有面料厂，也有成衣厂。然而，中国的纺织服装业之所以复杂，就在于各个环节都有自己的一个小气候。在江浙地区，化纤、棉布的生产厂家不计其数，对于任何一个面料厂来说，都不可能生产所有类型面料。

面料是服装最根本的构成，不仅仅是时装要看潮流，每个季节应提供的面料也要看潮流。优化面料制成服装的过程，也能让企业找到自己独特的生存空间。联泰的"供应链城"就是这样的例子。

早期的联泰的供应链城，涵盖了围绕成衣制造的各环节，包括物流、面料开发、产品设计、技术检测、面料与辅料测试以及与全球生产规划、洗水印花及绣花等。从整个供应链的角度来看，联泰的上游是面辅料商，下游是品牌商和零售商，联泰把自己定位在了供应链中游的位置。它的竞争力在于把两头的资源利用起来，节省了由于客户相隔遥远所耗费的时间和精力。

品牌商在开发服装时首先考虑的是面料的选择，而不是成衣的款式。所以，过去往往是品牌商和面料商开发好产品后，找联泰为其生产，这也是目前多数代工地区的主要做法。而联泰把供应商联系进来后，就可以和他们一起开发新的面料种类，提供给品牌商客户。为此，联泰加强研发设计能力、提高生产效率、完善生产管理流程等。同时，加大了品牌推广和销售渠道的投入，提高产品附加值和市场份额，以更好地适应市场需求。

通常情况下，上游的面料商对于每一个品牌客户需求都要很了解，因为每一个品牌在不同的款式上对面料的要求也不同。而联泰作为中游，就可以及时把对于每一个品牌客户商的需求反映给面料商，并且与其一起合作开发，在最大程度上满足其需要。

单纯从原料、生产，或是物流配送的任何一个渠道入手，都很难取得降低成本并提高效率的结果，但从整体上综合进行，联泰是个成功的榜样。在整个链条上，其产品的价格并不见得是最低，但却能以一个最合适的性价比，让上中下游的各个环节在最大程度上获得利润。而且这种方式也不断地吸引更多的客户和供货商等融入它的供应链体系。

因此，在服装制造环节，同样有很多的创造力可以去发挥，而并非只是增加投入使用现代化的生产方式。

### 3. 强化渠道

有人统计，一件衣服从原料采购到面向市场终端客户，这其中运输、仓储等服务成本高达53%，而真正看得见的采购、生产与人力成本甚至占不到一半。

未来的产品从设计到市场的时间会越来越短，设计开发、生产的时间缩短后，在市场上的流通也是必须缩短的，这也是被国内大部分企业所忽视的。一些企业选择去海外设厂，其实就是直接进入销售渠道，同跨国零售集团和品牌集团全面合作，把"销售地"变成"产地"。对于国外的渠道，中国的纺织服装制造企业只能是进行介入，但对国内的市场竞争，彼此在渠道方面的功夫则显得尤为重要。

李宁有限公司拥有品牌营销、研发、设计、制造、经销及零售能力，在国内建立起庞大的供应链管理体系以及零售分销网络。为了让渠道管理适应新零售业务，公司制定了以用户消费行为为中心、通过渠道管理的数字化及流程化提升整体运营效率的策略。

新渠道 CRM 采用中台架构，建立渠道中心和店铺中心，作为能力共享中心服务于各业务应用系统，包括商圈系统、VI 系统、BI 系统、MDM 系统，OA 系统。中台架构的优势主要为提升系统运行能力、容灾水平，同时打通数据收集通道，作为统一输出口支撑业务需求。

基于渠道中心，完成核心的渠道客户管理，包括开户、关系变更、认证、等级管理、关户、经销商客户拓展、经营指标测算、档案服务。借助系统升级，李宁取消经销商、分销商称谓，统一作为零售商管理。子公司对应自营、分销、代销，零售商对应关联直营、分销，满足实际管理需求。

基于店铺中心，对渠道经营的终端进行直接管控。包含店铺新开、续约、整改、产权关系变更、认证、关闭、费用支持、费用扣回、考核服务等。

基于空白市场管理，制定从潜在到意向，签订合作的标准化客户开发过程管理。针对空白市场的数量、区域、位置、相似商圈开店情况等信息进行自动化数据管理，在此基础上有的放矢地进行区域布局。

此外，庞大渠道网络包含销售代表、区域经理、大区经理、总部等各种角色。业务呈现多节点、跨系统、跨区域的特点。新增「审批邮件自动提醒」、「企业微信状态同步」，确保多节点能够对业务快速响应。

保持对市场及顾客的高度触达是品牌生命力延续的关键。以往的经销模式下，总部很难对非直营门店产生的销售进行洞察，缺失了很大一部分的真实反馈。此次新渠道 CRM 对渠道网络的信息触达进行更全面的补充，使得渠道更接近零售终端。

基于与 BI 系统的对接，渠道 CRM 系统同步获取 BI 中各门店的指标数据，分析商品维度及店铺维度的销售数据。真实畅销情况帮助商品部门进行快速补货与快速反应产品的生产。通过全国横向比较店铺数据，总部可以给零售商更富指导性的订货建议。

同时，总部直接对终端的运营损益进行评估，通过店铺月度维度的流水，计算实际坪效，并进行横向/纵向自动评价。目前，李宁全线 5 000 余家门店均通过以上方式自动监测，对效益一般的 1 500 余家门店实行闭店，动态优化渠道结构。

再如，特步集团与阿里云合作建设的全渠道中台系统，库存、订单、会员、物流、结算等数十个应用被囊括其中，打破了内部各系统不互通的问题，让数据随业务在各环节流转。经营上"云"，数据入"库"，极大提升了总部的管理半径，终端门店的运营、管理、库存和数据变得"可被管理"。数字化让特步集团有了渠道变革的基础，原本在品牌与终端门店间的五层"中间商"，被简化至了一层或两层。中台模块化的结构，还为特步带来了灵活适应外界变化的能力。面对疫情期间线下停摆的特情，特步仅用两周就在线上开出了超3 000家云店，将线下门店作为了快速发货的前置仓。

通过渠道的管理而提高快速反应市场的能力，逐渐被越来越多企业认同。当然，企业间现有的条件不同，可供发展的空间也会有所区别。可以说，在最接近消费者的渠道环节，也成为企业保持和提高竞争力的切入点。不同的是，各自具有的资源、优势不同，所应采取的办法有可能不同，但前提是先了解自己、再想办法取长补短，发挥独特优势。

### 4. 把握下游

在市场拉动式的供应方式正逐渐取代传统的以产品推动为主的供应方式的过程中，了解消费者的需求尤其重要。零售商应及时掌握消费者需求的第一手资料，为上游的供货商和生产商，以及中游的分销商和物流企业提供有价值的顾客需求信息，使各相关企业在市场营销过程中把握正确方向。

新一代信息技术与制造业的融合发展，带动传统纺织服装生产、管理、服务等全局调整优化，为纺织行业高质量发展注入新动力。时下，越来越多的纺织服装企业开始注重利用数字化洞察消费者的需求，取得了明显成效。

例如，特步集团利用数字化助力消费者洞察。通过微信小程序，会员们在线上加入跑团、预约活动、晒出成绩，让品牌成了日常生活的一部分。数字化运营的加入，不仅增加了用户粘性，而且形成了绝佳的品牌阵地。消费者平台正式上线之后，使得每一次营销活动都有"据"可查，能够实现从投放到购买的全链路归因分析。从长期来看，数据使得产品在设计、定位、营销、售卖的每个环节都更加精准；细颗粒度的用户画像，让销售预测模型更加精准，成为供应链下单和生产规划的直接指导。

再如，位于江苏南京的孩子王儿童用品股份有限公司，为了能为消费者提供一站式商品解决方案，持续推进数字化门店功能和服务定位的迭代升级项目"孩子王母婴童综合体验中心"。根据消费者的需求，"孩子王"创新采用的全渠道"无界"运营模式、"商品+服务+社交"体验模式、专属"育儿顾问"贴心服务模式，以及"重度会员制下的单客经济"营销模式，建立了集线上APP、小程序、社群及线下大型数字化门店于一体的全渠道智慧服务体系，打造了"无界+精准"的用户体验，现已发展为以"场景化、服务化、数字化"为基础的行业标杆项目，实现了线上线下的融合发展。"孩子王"智慧门店的持续迭代更新，从第六代（G6）全新智慧门店、第七代（G7）全新数字化成长服务门店、母婴＆新家庭优选数字化门店，一路升级到第九代（G9）全渠道母婴＆亲子家庭体验馆，就是不断把握顾客需求并满足顾客需求的真实写照。目前最新升级迭代的G9门店，为了符合Z世代父母群体的审美需求，定位于"爱与欢乐"，传递"爱是欢乐源泉，欢乐是爱的体现"的理念，契合本土化设计元素，汇聚互动、潮流、童趣等多元体验，全新打造未来星空间社交互动中心和成长星空间会员服务中心。

由以上分析不难看出，作为中国传统支柱型产业，纺织服装要面临的不仅仅是产业结构调整。也就是说，沿着一条纺织服装产业链，企业必须找到自己在供应链上的正确位置，选择适合自己的发展方向，抓住关键环节，要么涉足上游资源，要么把握下游客户，或者链接中游，或者强化渠道。同时，以新一代信息技术促进企业数字化、智能化的转型升级，真正形成自己的核心竞争能力。

## 第三部分　项目实操

### 一、项目任务

基于对绿色供应链的了解，以国内外自己熟悉的某一服装品牌为例，详细分析其绿色供应链各个环节的发展状况，明确指出不同环节的特点、存在问题、并提出可能的解决方案。分组完成案例分析报告。

### 二、完成要求

（1）班内同学自由组合，3~4人为一组。
（2）采取文献调研、专家访谈等多种方法相结合。

（3）组内明确个人分工与任务，合作完成小组分析报告。

（4）注意以官方数据、文献库论文以及企业人员专访为主要信息来源。

（5）采用海报形式，以小组为单位进行项目汇报。

## 第四部分　案例学习

### 鲁泰纺织股份有限公司的供应链管理战略

创建于1987年的鲁泰纺织股份有限公司，是一家以领先面料为核心的全球化服装解决方案供应商，是目前全球高档色织面料生产商和国际一线品牌衬衫制造商。主要生产、销售中高档衬衫用色织面料、印染面料、针织面料、成衣等产品，拥有从棉花育种与种植，到纺织、染整、制衣生产，直至品牌营销的完整产业链，是一家集研发设计、生产制造、营销服务于一体的产业链集成、综合创新型、国际化纺织服装企业。

鲁泰是智能化、数字化纺织的全球倡导者和践行者。自1995年至今，鲁泰纺织股份有限公司先后通过了ISO9001质量管理体系、ISO14001环境管理体系、ISO45001职业健康安全管理体系、SA8000社会责任管理体系、两化融合管理体系等认证。同时，鲁泰集团全面深入实施卓越绩效管理模式，着力构建鲁泰生产方式，始终坚持绿色环保可持续的发展理念，为世界创造健康环保纺织品。

**1. 纵向一体化产业链**

30多年来，鲁泰先后进行了6次融资，10次较大的产业链延伸和规模扩大，实现了一条龙的纵向生产链一体化升级，实现了全球产业链布局，价值链横向国际化转变，企业规模不断壮大，实力不断增强，品牌影响力持续上升。鲁泰集团主要生产、销售中高档衬衫用色织面料、印染面料、针织面料、成衣等产品，拥有从棉花育种与种植到纺织、染整、制衣生产，直至品牌营销的完整产业链，是集研发设计、生产制造、营销服务于一体的产业链集成、综合创新型、国际化纺织服装企业。鲁泰纺织股份有限公司董事长刘子斌表示，鲁泰将始终瞄准先进制造业，主攻智能制造，逐步由纵向一体化产业链向柔性个性化智能供应链转变，发力各类新型纺织材料，聚焦产业链融合创新，以科技创新带动转型，实现传统动能的提升改造和新动能的培育壮大。

## 2. 注重供应链各环节的技术革新

鲁泰始终以科研和技术创新作为竞争、发展的核心，坚持走高端产品道路，不断引进德国、瑞士、日本等国际先进设备和技术，淘汰落后产能，努力确保技术和设备在同行业中的领先水平，推动产品结构调整，实现产业升级。

鲁泰围绕做强的发展战略，为传统技术实施配套改造和深度挖掘，进行大规模技术改造和集成创新，在关键领域取得重大突破，取得一系列重大科研成就。多年来，鲁泰的主导产品不断地更新换代，纱线实现了从普梳到精梳，从普通环锭纺到紧密纺，从中支到高支再到超高支的升级；面料实现了从熨烫到免烫，从无弹到有弹的提升；衬衫从有缝到无缝的华丽转变；功能从"三防（防水、防油、防污）"到"三自然（自然免烫、自清洁、自去污）"的跨越，引导健康可持续的生活方式，演绎了现代纺织发展的无限内涵。

自 2000 年开始，鲁泰先后投资 4.5 亿元，引进了当前世界上技术先进的卡摩纺纱设备，成功改造升级了卡摩赛络积聚纺设备和技术，研究开发了一系列高支、超高支纯棉和多组分纱线；引进了国际先进水平的全自动穿经设备，大幅缩短了产品的加工时间，提高了生产效率，降低了员工的劳动强度；引进了具有国际先进水平的液氨加工设备，推动了鲁泰面料后整理技术的提升，形成了具有自主知识产权的一系列天然纤维超级免烫技术和标准。

鲁泰将液氨加工技术应用到免烫整理中，开发了液氨＋潮交联免烫整理技术，将液氨免烫整理生产线引入国内。采用瑞士立达 K44 纺纱设备和 COM 纺生产工艺，成功开发了 300 英支超高支纯棉色织面料，实现了世界纺织行业超高支面料的突破，并获得国家科技进步二等奖。鲁泰自主研发的无缝线衬衫技术，彻底突破传统用机针、缝纫线缝合衣片的观念，创造性地研制出新型高强环保黏合材料，成功开发无缝线黏合制衣技术，制备出了无缝线纯棉衬衫，并完成了产业化，衬衫产品实现了从有缝线到无缝线的跨越，堪称世界制衣史上的一次技术革命。

鲁泰与香港理工大学共同研发了低扭矩纺纱技术，即扭妥纱技术，该技术生产的纱线具有低扭矩、低捻高强、成品织物手感柔软等特点，同时具有可以提高产量，全过程无污染等优点。与江南大学、武汉纺织大学强强联合，通过对纱线的结构与表面特性、各种浆料性能及其配伍、浆纱技术及相应装备的参数等多个方面的广泛研究，最终实现了泡沫上浆技术的产业化应用，从而大幅度降低浆料的用量，并在退浆浆料的降解研究与应用方面取得了显著成绩。鲁泰与东华大学合作开发了印染废水大通量膜处理及回用技术，建设了一个现代化的日处理能力 8 万吨的污水处理厂，采用德国奥贝尔氧化沟和法国德立满高密度沉淀等先进技术，使处理水质达到一级 A 的排放要求，废水回用率高达 40% 以上。实现了印染废水的前期清浊分流，中期重点回收，后期深度处理回用。推动了我国印染行业污水回用技术的发展。基于传统纱线循环染色工艺"能耗大、成本高、产出少"，鲁泰在业内提出了颠覆性的理念——"半缸水位染色"。该技术打破了传统全浸满式的染色方法，通过创新改造染色设备、研究开发染色工艺参数等，成功开发了具有国际领先水平的"半缸染色"技术，实现了显著的节能效果。

创新是引领行业发展的第一动力，是建设现代经济体系的战略支撑。多年来，鲁泰纺织股份有限公司始终把推进信息化与工业化融合作为企业加快发展的重要策略。智能制造是贯彻《中国制造 2025》的重要突破口和转型升级、实现新旧动能转换的新引擎。鲁泰通过上下游集成融合三十年来在技术工艺、企业管理、客户信息等数据资料，构建智能"大数据"平台。自 1994 年起，公司信息系统历经资源整合、强化管理、优化升级，并且在实践中不断进行应用验证和扩充改进，目前已形成了具有 AOS 自动排产系统、YXENDIS 产品设计系统、色织工艺设计系统、EFS 配棉系统、纺纱、漂染、织布中控系统以及自动分绞穿筘系统等高度集成的信息管理系统。通过技术融合，打破了信息孤岛。将集成的大数据依托企业计划资源系统 ERP、新 OA、人力资源系统、金蝶财务系统，形成鲁泰私有云。

鲁泰在关键工序、重点装备和特殊岗位上实施全过程数字化、智能化，逐步实现了装备智能控制、产品在线检测、数字化纺织品设计以及供应链全流程的信息化智能管理，创造了良好的经济效益。与香港理工大学、东华大学等高校合作，通过不断健全完善颜色可视化＋数字化的智能传输管理系统，建立了颜色数字化云平台。实现色织布的小样仿真、自动打色、智能配方。以大数据为支撑，染色实现了全过程管理控制信息一体化，大幅提升工作效率、提升了效益。该系统实现了筒子纱从手工机械化到全流程数字化、系统智能化的跨越，并获得国家科技进步一等奖。该项目满足了鲁泰订单多花色、小品种、高品质和快交期的要求,达到了节能减排、可持续发展的目标。

**3. 贯彻可持续发展战略**

作为全球纺织行业的绿色先锋和绿色制造联盟发起单位,鲁泰始终秉承绿色发展理念,坚持走"绿色、低碳、环保"的可持续发展之路,按照"资源—产品—再生资源"的经济增长模式,坚持"减量、再用、循环"的操作原则,基于低碳环保的原材料,推进装备节能环保升级,实现绿色工艺的研究应用,制造生态可持续、可信赖的纺织品。

主要措施包括加强源头控制,推进绿色输入;对生产所使用的原材料进行严格的管控;追寻"水足迹",推广减排技术;坚持"源头削减、过程控制、末端治理"的全过程管控,大大减少生产用水,目前公司已实现 2 万立方米/天回用再染色。公司被授予中国纺织行业生态文明建设示范企业、2020ZDHC 先锋试点企业等荣誉。同时,加强节电技术运用,采用新技术、新工艺、新设备、新能源,对生产经营全过程实施低碳节能工程。公司采用双膜法"柱式超滤(CCMF)+反渗透(RO)"工艺处理、回用印染污水;按照"源头削减、过程控制、末端治理、达标排放"思路系统控制污水排放。在污水处理方面,采用国际先进技术,建设完善的污水处理系统。

企业采用先进技术,实现节能减排采用新技术、新工艺、新设备、新能源,对生产经营全过程实施低碳节能工程。公司从源头上开始系统减少资源消耗,减少废物产生,实现多种资源综合利用;持续推行清洁生产,改进生产流程、优化生产工艺,研究新型环保节能工艺技术,降低物料与能源消耗,减少废弃物产生。

鲁泰围绕环保做减法,绿色价值更加彰显。绿水青山就是金山银山,建设美丽中国,改善生态环境就是发展生产力。鲁泰是中国纺织行业生态文明建设示范企业,纺织供应链绿色制造产业创新联盟发起单位,CNTAC-ZDHC 化学品管理创新项目先锋试点工厂,CNTAC-ZDHC 供应链化学品管理创新 2020 行动领跑者企业。坚持环保与生产发展同行,努力将公司建成"资源节约型,环境友好型"的现代化、绿色环保型企业。

鲁泰改变了传统纺织印染行业侧重末端治理,轻视污染预防的环境管理模式,采取以清洁生产为主,末端治理为辅、能源梯级利用的综合污染防治方式,用科学而且严格的环境管理体系作保障,长期以来形成了最终综合治理的节能减排模式。

**4. 积极创新绿色产品**

公司始终坚持走"绿色、低碳、环保"的可持续发展之路，积极进行绿色环保、资源循环利用及节能减排等先进适用技术、装备的研发和推广应用，实施低碳节能工程，促进经济、社会和环境效益相统一。三十多年来，鲁泰纯棉面料实现了从熨烫到免烫，从无弹到有弹，衬衣从有缝到无缝的华丽升级。产品档次的不断提升犹如凤凰涅槃，羽化成蝶，用实际行动演绎面料的无限内涵。

（1）面料境界的提升。鲁泰成功开发超高支纯棉 $300^s$ 纱线、色织面料，纱线细如蛛丝，面料薄如蝉翼，品质及水平均达到国际水平，推动了整个纺纱技术及超高支面料的发展。

（2）更好的保型衬衫。鲁泰成功开发超高支纯棉 $300^s$ 纱线、色织面料，纱线细如蛛丝，面料薄如蝉翼，品质及水平均达到国际水平，推动了整个纺纱技术及超高支面料的发展。

（3）附加功能的满足。鲁泰与美国陶氏化学合作开发的棉、XLA 弹力面料具有纯棉的触感、适中的弹性、优良的抗皱性，引领了人们追求舒适、自由的生活理念；FREEFIT 是基于英威达主打弹性纤维：氨纶和 T-400 的面料加工技术，是莱卡在中低弹面料领域应用的技术。面料手感柔软，弹性适中，成为衬衫用弹性面料上佳选择。

鲁泰的初心和使命就是"衣"的初心，是衣锦四海经纬天下的开拓，是一面旗的引领，一块布的事业，一件衣的温暖。一直以来，鲁泰始终以振兴纺织产业为己任，始终坚持各环节技术创新，贯彻可持续发展思想，致力于实现纺织强国梦，为人类创造健康、舒适、环保、过程可追溯、品质可信赖的绿色纺织品。

# 第五部分　知识拓展

## 纺织服装绿色供应链的环境社会责任风险管理

随着绿色供应链理念的普及和推广，如何有效推进绿色供应链建设已成为当前等待解决的问题，而环境社会责任治理水平作为绿色供应链的评判标尺之一，相应责任风险事件的发生会给绿色供应链的安全带来致命打击，因此加强对各级供应商的环境社会责任行为准则的监管，对于防范环境责任风险、保障绿色供应链的运转效率和健康发展具有重要意义。

### 1. 绿色供应链的环境社会责任问题

从内容维度看，环境社会责任是企业为其决策和活动对生态环境的影响而承担的责任，企业运营对环境的影响既包括积极影响也包括消极影响，而消极影响是环境社会责任风险管控的主要内容。企业环境社会责任的落实机制是通过建立环境社会责任管理体系，保证企业组织以对环境负责任的方式运营。纺织服装供应链从上游原料到最终消费的网链状结构模式，生产织造、印染整理等环节因为特有属性，是环境社会责任风险的重点治理环节。《CSC9000T纺织服装企业社会责任管理体系》作为国内最早的行业社会责任管理体系，对企业环境社会责任行为准则和风险管理指标进行了系统阐释，要求企业以最小化对环境的负面影响为目标，减少污染，节约资源，降低温室气体排放，适应气候变化，确保企业与生态环境的可持续发展。

### 2. 识别绿色供应链的环境社会责任风险

绿色供应链的环境社会责任风险具有几个特点。一是客观存在性。环境社会责任风险具有不可避免性，只能将其控制在一定程度之内，但无法将其降低至零。二是识别复杂性。企业融入全球化运营，各国在经济体制、发展水平、民族风俗、传统文化、价值认知等方面存在差异，所以对于风险的认知标准和程度不同。三是纵向传递性。环境社会责任风险隐藏在供应链的某些环节，各环节环环相扣，一旦某一局部出现问题，很容易马上扩散到全局。环境社会责任风险管理是企业全球化竞争面临的一个重要挑战，也是企业进行海外投资时不得不面对的重要风险之一。随着"一带一路"倡议战略框架的推进，我国有越来越多的纺织服装企业"走出去"在全球优化配置资源，供应商选择、企业的生产流程、产品的生命周期管理以及供应链运营活动等均面临环境社会责任风险挑战。

### 3. 绿色供应链与环境社会责任风险管理的协同关系

从全球范围看，绿色供应链的环境社会责任风险分布高度不对称，企业处于供应链的节点不同、谈判能力各异，相应承担责任和应对风险的能力也有差异。环境社会责任风险会沿着供应链路径在不同节点企业之间互相传导,并且相互转换,形成反馈回路。处于国际供应链上强势地位的核心企业制定不合理的规则,往往会导致弱势企业为了生存而产生忽视产品质量、员工权益、环境保护等方面的社会责任风险,从而又会通过产品、资金、品牌、声誉等载体对核心企业产生负面影响。忽视供应链上任何一环的环境社会责任风险,都可能使"小问题"演变成"大危机",风险不断酝酿、扩大、传导,进而威胁到绿色供应链的整体环境社会责任的绩效表现。绿色供应链的本质就是推动企业积极履行环境社会责任,构建协同合作的产业生态关系。承担环境社会责任成为企业内部变革管理的主动追求,企业对环境社会责任风险进行有效的管理与控制,有助于提高绿色供应链的运作效率,降低运作成本,提升可持续发展的核心竞争力。

# 专题五　服装产业供应链分析

服装产业供应链管理既是一种战略，也是一种战术，还是一个不断创新的过程。在全球的大背景下，国外纺织服装业主导企业纷纷通过全球供应链战略实现了获取最大商业利益所需资源和能力在世界范围内的最优配置，而我国的纺织服装业却依然处于"世界工厂"的尴尬境地。现阶段，我国服装业已开始从战略的层面上重视供应链管理及供应链的信息化建设，而且多数企业已有意识地应用供应链管理方面的技术和策略。但由于来自企业所处的供应链上下游企业的状况，以及不同企业在供应链管理与信息化水平上差距很大。总体上，供应链管理水平不高，信息系统建设不足。因此，我国纺织服装业的供应链管理仍然是一条漫长而艰辛的道路。

从长远来看，企业和品牌的实力不再体现在开了多少家店，而是看能否有效地管理其供应链，有效地控制成本、控制质量、控制供货企业资质，并提供让消费者放心和对环境友好的产品。因此，供应链管理将是今后服装企业和品牌成长实力的象征，将对下一步国内服装品牌的建设带来巨大推动。本章我们将从微观的角度探讨服装产业供应链的基本流程和运作。本章教学目标如图5-1所示。

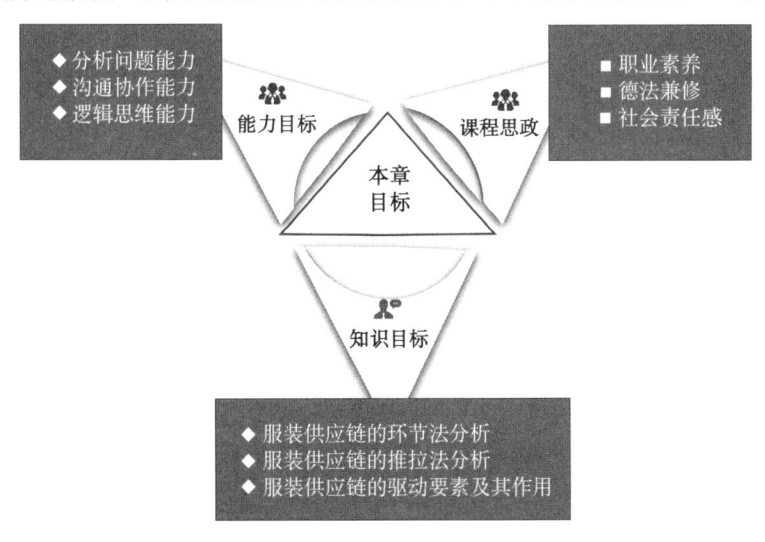

**图 5-1　本章教学目标**

## 第一部分　问题导入

近年来，越来越多的服装企业在核心城市设置"供应链管理中心"，你知道"供应链管理中心"是做什么的？具有什么作用？

## 第二部分　理论、方法及策略基础

### 第一节　服装供应链的流程分析

#### 一、服装供应链流程的环节法分析

供应链的环节法是将供应链流程分为一系列的环节，每个环节用来连接供应链中两个相继出现的阶段。在服装供应链中，我们选取最基本的供应链组成作为研究对象，即由供应、制造、分销、零售和消费五个阶段组成，分别涉及供应商、制造商、分销商、零售商和顾客五个主体，如图 5-2 所示。根据环节法的定义，每个环节出现在供应链中两个相继阶段之间的界面上，这样服装供应链流程就可以分解为顾客订购环节、补充库存环节、成衣生产环节和面辅料获取环节 4 个环节。

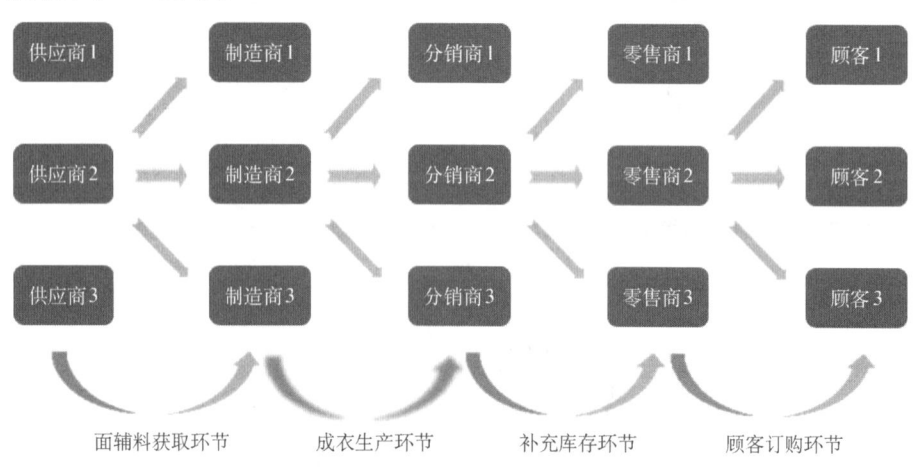

图 5-2　服装供应链的阶段和环节示意图

值得注意的是，并不是每一条服装供应链都有界限清晰的四个环节。比如，当服装零售商既拥有成品库存清单，又有向制造商或批发商递交的补充订单，这时这条供应链很可能拥有所有的四个独立的环节；而对于外向型的服装加工企业来讲，直接向外贸公司或国外客户供货，这时就没有中间的零售商和分销商。

服装供应链流程的环节法分析有利于提高决策的可操作性，因为它清楚地界定了供应链中每个成员的角色定位和责任分工。例如，当供应链运营所需的信息系统建立起来时，由于清晰地确定了流程的所有权关系和目标定位，环节法使供应链流程变得清晰明了。

## 二、服装供应链流程的推拉法分析

依据供应链相对于顾客需求的执行顺序，可将供应链划分为生产推动式（Push）和需求拉动式（Pull）两种不同的管理运作方式，如图5-3所示。

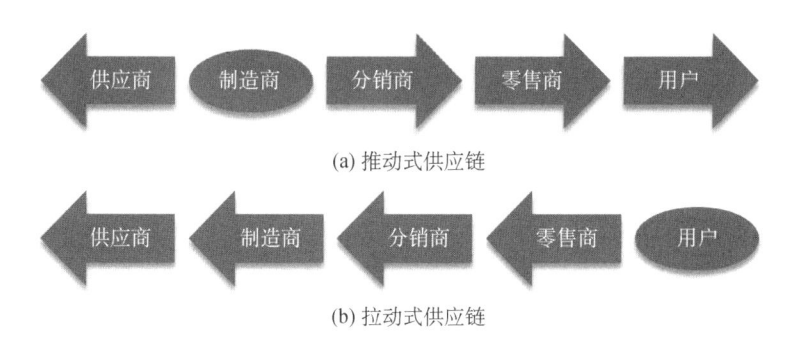

(a) 推动式供应链

(b) 拉动式供应链

**图5-3　推动式和拉动式供应链示意图**

为了清晰地了解推动式与拉动式供应链之间的区别，选取图5-3中的制造商、分销商、零售商、用户为研究对象进行详细分析，图5-4给出了推动式供应链与拉动式供应链的比较。从中可以看出：推动式供应链的运作方式以成衣制造商为核心，成衣制造商并不是根据顾客的实际需求来进行生产，而是依据经验或者分析市场数据后预测顾客需求，成衣生产出来后从分销商逐级推向用户。分销商和零售商处于被动接受的地位，各个企业之间的集成度较低，通常采取提高安全库存量的办法来应付需求变动，因此整个供应链上的库存量较高，对需求变动的响应能力较差；而拉动式供应链的驱动力产生于最终用户，也就是说顾客的需求是已知的、确定的，整个供应链的集成度较高，信息交换迅速，可以根据用户的需求实现定制化服务。采取这种运作方式的供应链系统库存量较低。

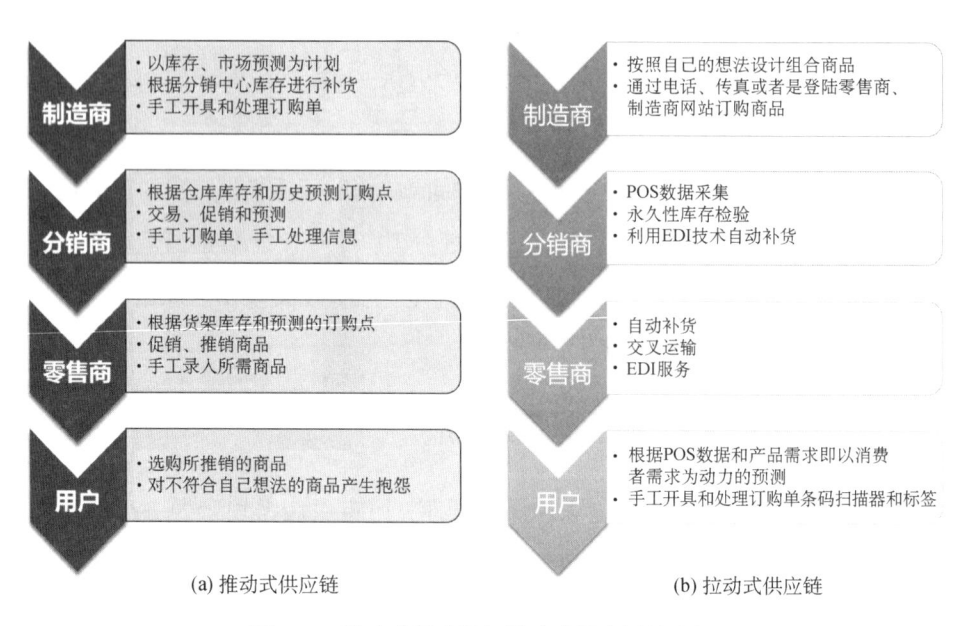

**(a) 推动式供应链**

制造商
- 以库存、市场预测为计划
- 根据分销中心库存进行补货
- 手工开具和处理订购单

分销商
- 根据仓库库存和历史预测订购点
- 交易、促销和预测
- 手工订购单、手工处理信息

零售商
- 根据货架库存和预测的订购点
- 促销、推销商品
- 手工录入所需商品

用户
- 选购所推销的商品
- 对不符合自己想法的商品产生抱怨

**(b) 拉动式供应链**

制造商
- 按照自己的想法设计组合商品
- 通过电话、传真或者是登陆零售商、制造商网站订购商品

分销商
- POS数据采集
- 永久性库存检验
- 利用EDI技术自动补货

零售商
- 自动补货
- 交叉运输
- EDI服务

用户
- 根据POS数据和产品需求即以消费者需求为动力的预测
- 手工开具和处理订购单条码扫描器和标签

**图 5-4 推动式供应链与拉动式供应链的比较**

从商品短缺时期发展过来的我国纺织服装生产企业一直是此领域产品开发与品牌经营的主体，传统上一直是由生产推动纺织服装的消费，形成以纺织服装生产企业为核心的所谓将商品"推"向市场的供应体系，形成了我国纺织服装业以生产企业为主体的格局。在以生产企业为核心形成的供应链中，产品开发与品牌经营的主体是由生产企业担当，生产企业为销售其生产能力而努力，扩大产能发展大规模生产能力是生产企业成功的标志。

将大量生产的产品"推"向市场的供应体系，在生产纺织服装商品的使用价值，满足功能消费是成功的。在消费能力发展到一定程度时，对纺织服装的消费除了功能性消费以外，商品的时效价值、个性化和体验化要求凸显。传统生产厂商能够承担提供纺织服装功能性价值的主体作用，但在创造时效价值与个性化价值时显得难以适应，随着时效与个性化在纺织服装商品的价值构成中所占比重不断提高，以库存调节市场需求的传统方式不能同时满足时间与个性化的要求，纺织与服装生产商作为"推"式供应链中的上游与中游环节，不易掌握纺织服装终端市场快速变化的信息，并做出及时反应。供应链各环节的库存难以承担市场不确定变动情形下的调节作用，却需承担库存积压与市场失销的损失。在商品多元时期，时间与个性化的要求促使市场运作的动力发生了逆转，出现由消费需求来"拉"动生产的变化，处于供应链下游与市场最接近的流通企业逐渐承担引导市场发展主体的重任，产品开发与品牌经营从生产领域向更接近市场的流通服务领域转移成为发展的趋势。

总之，拉动式供应链虽然整体绩效表现出色，但对供应链上企业的要求较高，对供应链运作的技术基础要求也较高，而推动式供应链方式则相对较为容易实施。作为供应链管理战略的重要内容之一，服装企业就是要根据自身实际情况，选择既适合自己又能够快速反应市场需求的运作方式，切不可盲目模仿和跟风，因为不同企业有不同的管理文化，盲目跟从反而会得不偿失。

### 三、服装供应链案例分析

以下将采用推/拉法和环节法来考察分析某一服装生产商不同产品供应链的情况。假定某服装生产商所经营的产品分为两种类型：一种是依据（国外）订单而进行生产的产品，另一种是依靠市场预测而生产的产品。

**1. 由订单驱动的产品供应链流程分析**

对于依靠订单而进行生产的产品来说，该服装生产商直接面向国外客户，其供应链中没有中间商和分销商。当客户订单到达时，生产商的成品库存中并没有顾客所需要的产品，需要直接启动生产环节专门生产顾客所需的产品，也就是说，该生产商满足国外客户需求是通过生产环节而不是利用成品库存。因此，在服装生产商和国外客户之间的这个界面上，发生了顾客订购和生产两个密不可分的环节，共同构成顾客订购循环。此时，该产品的供应链中包括两个有效循环，即顾客订购和生产循环及面辅料获取循环。

如图 5-5 所示，在顾客订购和生产环节中，所有的流程都是由顾客订单到达后而启动的，所以应将其归为拉动流程；而对于面辅料的获取，大多数服装生产商往往会在顾客订单到达之前，预测顾客需求，并补充面辅料库存。也就是说获取环节中的所有流程都是对预测需求量的反应，并不完全依据顾客订单来进行，所以应归为推动流程。

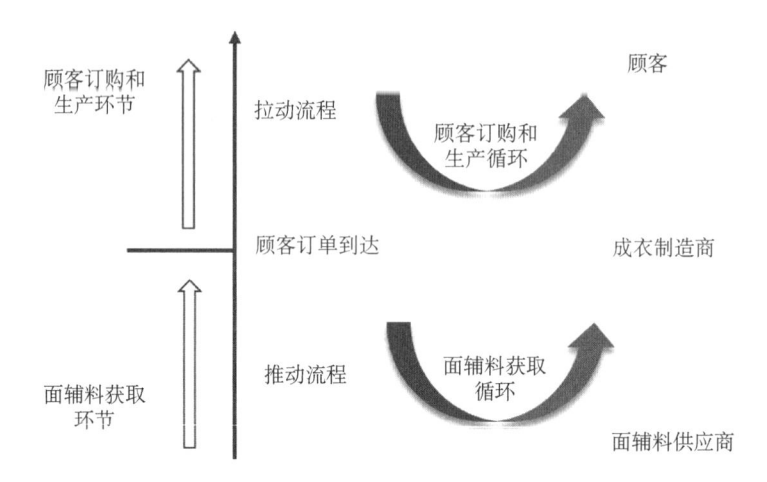

图 5-5　由订单驱动的产品供应链流程

## 2. 依据市场预测而生产的产品供应链分析

对于服装制造商来说，市场预测的基础是销售商的订单，所以销售商订单到达之后的顾客订购环节中的所有流程都可归为拉动流程；而顾客订单的完成开始于依靠服装制造商通过预测顾客需求而建立起来的成品库存清单，所以补充库存环节中的所有流程都应该归入推动流程。当然，服装制造商通常会在预测顾客需求的基础上提前 6~9 个月购进生产所需的面辅料和配件等，并不是依据顾客订单来进行，所以这类产品的生产环节和面辅料的获取环节也应该归为推动流程（如图 5-6 所示）。

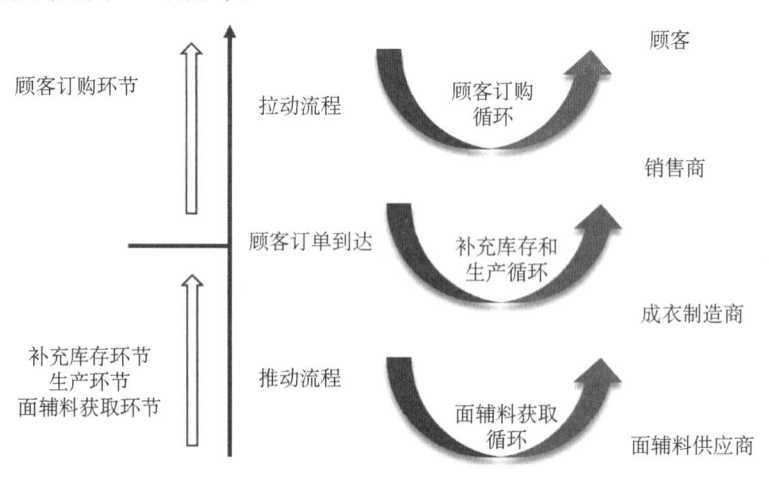

图 5-6　依据市场预测而生产的产品供应链流程

## 第二节　服装供应链运营的驱动要素分析

面对不断变化的顾客需求，服装市场的竞争日益激烈，并趋向国际化，这使得服装企业或者公司在供应链的运营过程中遇到了前所未有的困难。企业一方面要考虑对服装市场的反应能力，最大限度地满足顾客需求；另一方面又必须顾及企业自身的利润，为企业的持续发展提供源源不断的资金和动力支持。为了清楚地掌握服装供应链的运营状况，就必须了解影响服装供应链运营的因素、服装供应链运营的驱动力以及相互间的关系。

### 一、服装供应链运营的障碍因素

#### 1. 服装品类逐步增多

高新技术的迅猛发展提高了服装企业的生产效率，缩短了产品更新换代的周期，服装企业的产品开发能力也在不断提高。但是，顾客消费观念和消费形态的变化使得顾客需求开始向个性化、多样化和多元化方向发展，现在的用户已不满足于从市场上买到标准化生产的产品，他们更希望得到按照自己要求定制的产品或服务，由此导致了服装产品生产方式的革命性变化。传统的标准化生产方式是"一对多"的关系，即企业开发出一种产品，然后组织规模化大批量生产，用一种标准产品满足不同消费者的需求。然而，这种模式已不再能使企业继续获得效益。现在的服装企业必须具有根据每一个顾客的特别要求定制产品或服务的能力，即所谓的"一对一"的定制化服务。在这种情况下，服装企业为了能在新的市场环境下继续保持发展，纷纷转变生产管理模式，采取相应措施从大量生产而转向定制化大量生产。而这样做的前提必须是根据顾客需求不断细分市场，增加的产品种类或者提供个性化的服务。

例如，红领集团采用了独特的"红领模式"，以大数据为基础，致力于满足全球消费者的个性化需求。他们通过 C2M（Customer to Manufacturer，消费者对工厂）+ O2O（Online to Offline，线上到线下）模式，建立起订单提交、设计打样、生产制造和物流交付的一体化的酷特互联网平台。顾客可以在线参与设计并提交个性化正装定制的需求,这些数据会立即传输到制造工厂,生成数字模型,然后经过自动制版、自动化裁剪、规模化缝制与加工以及在线成品检验与发货,从而实现了规模化生产下的个性化定制。这一模式颠覆了个性服装和单件制作的传统,也颠覆了型号服装的大规模生产和市场营销的传统,创造了互联网工业的新模式。

### 2. 服装产品的生命周期日渐缩短

服装产品有一个从产生到消失的生命周期,也称为产品市场的寿命周期,它是指一种(或一个系列的)服装产品从计划、设计、研制、生产、包装、储运、投入市场开始销售,到试销直到最后被淘汰出市场所经历的一段时间。随着人们生活水平的提高,对服装的要求不断增加,越来越追求时尚。因此,服装产品的种类增加的同时,生命周期变得越来越短,从过去以年计算到现在以月甚至以周计算。

从供应链的角度来看,产品生命周期的缩短增加了供应链上战略匹配的难度,因为供应商必须及时跟踪顾客需求,应对需求的不确定性,并及时调整生产计划以满足顾客的需求。因此,对服装企业而言,实现产品生命周期管理是非常必要和紧迫的,需要根据企业的生产特点和信息化水平进行管理。

### 3. 顾客需求的广度和深度不断提高

21世纪以来,顾客需求发生了显著变化,呈现出广度和深度增加的趋势。顾客不再仅仅局限于需求量的满足上,而要求服装产品的质量,如品种、规格、花色多样化和个性化,产品的功能、质量和可靠性日益提高,同时要求服装企业提高服务质量,比如配送的次数、快速反应能力以及良好的消费体验等。而所有这些要求反映到服装供应链上,便增加了供应链的运营难度。

顾客需求的变化会对潜在需求的不确定性产生相应的影响。潜在需求不确定性指的是供应链必须予以满足的需求部分和顾客需求特点是不确定的,它是供应链不确定性的直接后果。它和需求的不确定性概念是有区别的。例如,由于需求量的大幅增长导致需求变动增大,从而增大潜在需求的不确定性;由于顾客所需的供货期缩短导致对订单反应时间的减少,从而使潜在需求的不确定性提高;由于顾客所要求的服务水平的提高,导致企业不得不应付偶然出现的需求高峰,从而扩大了潜在需求的不确定性。顾客需求变化对潜在需求不确定性的影响如图 5-7 所示。

| ■ 顾客需求的变化 | ■ 潜在需求不确定性的变化 |
| --- | --- |
| □ 需求量增长 | □ 增大,因为要求的数量大幅度增加意味着需求变动增大 |
| □ 供货期缩短 | □ 增大,因为对订单反应的时间减少 |
| □ 需求的产品品种增多 | □ 增大,因为对每种产品的需求更加分散 |
| □ 获取产品的渠道增多 | □ 增大,因为顾客总需求分散给更多的供货渠道 |
| □ 创新速度加快 | □ 增大,因为新产品的需求会有更大的不确定性 |
| □ 要求的服务水平的提高 | □ 增大,因为公司不得不应付偶然出现的需求高峰 |
| □ 顾客需求的变化 | □ 潜在需求不确定性的变化 |

图 5-7　顾客需求的变化对潜在需求不确定性的影响

### 4. 服装供应链全球化的进程加快

近年来,随着世界贸易格局的变化,在一定程度上刺激了服装供应链全球化的进程。纺织服装企业可以在全球范围内寻找最有利的供应商、制造商、分销商,或者选择最具潜力的服装市场。从图 5-8 中可以看出,一件大衣上有不同国家生产的产品,产品的加工生产地点可能分别处于不同的国家和地区,产品的供应链可能延伸到全球的任何一个角落。

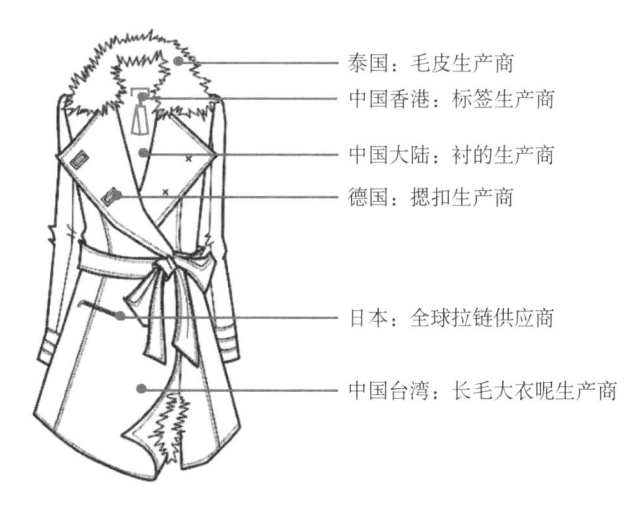

图 5-8　全球服装供应链中产品的组成举例

### 5. 服装供应链所有权的结构发生变化

在服装企业的基本价值活动中，原材料供应、产品开发、生产运行可被称为"上游环节"，成品储运、市场营销和售后服务可称为"下游环节"。上游环节活动的中心是产品生产，与产品的技术特性密切相关，下游环节的中心是满足顾客，与市场紧密相联。任何企业都只能在"价值链"的某些环节上拥有优势，而不可能拥有全部的优势。即在某些价值增值环节上本企业拥有优势，而在其余的环节上其他企业可能拥有优势。为达到"双赢"乃至"多赢"的协同效应，企业之间彼此在各自的关键成功因素——价值链的优势环节上展开合作，以求得整体收益的最大化。也就是说，服装供应链管理注重的是提高服装企业的核心竞争力，强调根据企业的自身特点，专门从事某一领域或某一专门业务，在某一点形成自己的核心竞争力，而将其他非核心竞争力业务外包给其他企业，即所谓的业务外包。在这种情况下，服装企业原有的垂直隶属关系被削弱，供应链上所有权关系发生了变化。但是由于服装供应链联系着许多具有不同利益和方针的节点企业，使得协调的难度更大。

### 6. 制定和执行服装供应链战略存在难度

在动态变化的商业社会中，基于价格和商品的传统竞争方式已经不是真正的竞争能力。仅仅在生产和销售做到最好还远远不够。什么是真正的竞争力？以合适的成本生产合适的产品，并按照客户要求在正确的时间送到正确的地点。对于服装企业来讲，要打造成功的全球供应链，首先必须要有正确的供应链战略，其次要能够富有技巧地执行供应链战略。

首先，欲制订一套有效的供应链战略对大多数企业而言是一个挑战。当中国的服装企业"走出去"之后，原来在中国运作有效的供应链策略很可能变得不是非常适用，也就是说潜在的供应链问题、管理重点均有所不同。在产品种类增多、产品生命周期缩短、顾客需求不断增加、供应链所有权分裂、全球化的情况下，如何保持供应链战略的变动灵活性就显得尤为重要。其次，执行战略比制定战略的难度更大。众所周知耐克（NIKE）公司的经营战略其实就是一个供应链战略，多年来一直保持较强的竞争优势。究其原因，公司组织中所有层次都拥有众多高素质的雇员，这是供应链战略成功实施的必要条件，同时富有技巧地执行战略与战略本身同样重要。

以上讨论的六个障碍因素，虽然使得服装生产企业在供应链反应能力和赢利水平之间的权衡而获得战略匹配的机会减少、难度加大，但同时也为服装供应链的改善提供了潜在的无穷无尽的机遇。

## 二、服装供应链运营的结构框架

服装供应链管理的最终目标是提高服装企业的竞争力，为此绝大多数的服装企业从制定竞争战略开始，然后再确定相应的供应链战略。对于任何一家企业而言，其供应链战略与竞争战略必须相互匹配。竞争战略设计用来满足顾客的目标，供应链战略旨在建立供应链能力的目标，决定供应链如何在赢利水平和反应能力方面进行运作。而要达到供应链战略所设定的业绩水平，一套完整的供应链战略应该包括设施策略、库存策略、运输策略、信息策略、资源获取策略和定价策略六个方面。也就是说，服装供应链的驱动要素包含设施、库存、运输、信息、资源获取和定价六个方面。每个驱动要素在实现战略匹配中的作用是找到反应能力与赢利水平之间的恰当平衡。六个要素的共同作用决定了整条供应链的反应能力和赢利水平。图 5-9 为服装供应链决策的结构框架。

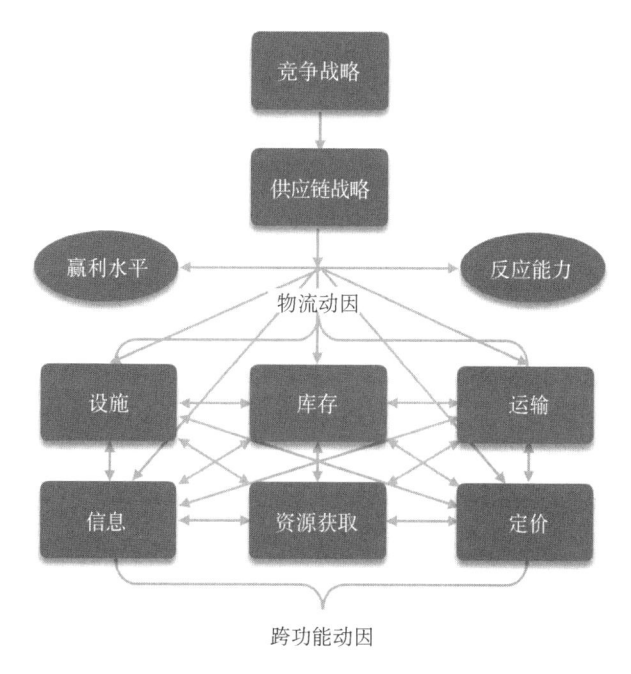

图 5-9　服装供应链决策的结构框架

所谓供应链的反应能力是指供应链用以完成以下任务的能力：对需求大幅变动的反应，对较短供货期要求的满足，多品种产品的供给，高度创新性产品的生产，高客户服务水平的满足等。供应链拥有上述能力越多，则其反应能力就越强。然而，反应能力是有代价的。比如，提高对大幅度变动的需求的反应能力，就必须提高生产的柔性和能力，产品的成本就会随之增加，进而会造成供应链赢利水平的降低。

所谓供应链的赢利水平是指产品销售收入减去产品生产及送达顾客的成本之差。因此每一种提高反应能力的供应链战略，都会因为付出额外的成本而降低它的赢利水平。公司可以选择采用高反应能力的供应链（如通过飞机向远距离的顾客供应产品，提高了供货速度，但成本较高），或是高赢利水平的供应链（如通过火车进行远距离的产品运输，成本较低，但时间却较长）。适合的供应链选择，需要公司在两者之间进行选择与取舍。

需要指出的是，服装供应链的结构框架通常是自上而下进行的，但许多实际运作的实例表明，有可能需要通过研究6个驱动要素，不断调整并改变供应链甚至更高层次的竞争战略。

### 三、主要的驱动要素及其作用

驱动要素是指企业在充满风险和竞争的市场环境中积累起来并能够长期保持优势的因素。从以上分析可知，决定任何一条服装供应链的运营有6个主要的驱动要素，即设施、库存、运输、信息、资源获取和定价。这些要素不但从反应能力和赢利水平两个方面决定供应链的成败，而且还决定着供应链的战略匹配程度。那么，这些要素是如何在供应链的设计、规划和运营中发挥作用的呢？以下我们将分别讨论每个驱动要素。

#### 1. 设施

设施是指供应链网络中物资储存、装配或制造的地方，通常可分为经营场所与储备场所两类。无论设施的功能如何，有关设施选址、功效和弹性的决定对供应链运营有着显著影响。例如，服装分销商为了提高自身的反应能力设置了许多靠近消费者的仓储设施，但是这样做会降低赢利水平。相反，一个赢利的分销商会为了增加利润而减少仓库，但这样做将会降低反应能力。

如果将库存视为在供应链和运输方式上运送的商品，或者看作商品运输的方式。那么，设施就是供应链所在的地方，它们是库存商品运输的目的地或来源地。

设施决策的组成要素包括：

（1）布局区位，即选择集中布局以获取规模效益，还是分散布局、靠近消费者以提高反应能力。同时，管理者必须考虑与设施所在地的各种特征相关的一些问题，比如宏观经济因素、战略性因素、劳动力的成本和质量、设施成本、基础设施状况、税收水平等。

（2）设施能力（灵活性和赢利性），即公司需要确定设施的功能或预定功能能力。拥有大量超额能力的设施可以增加灵活性，更快地应对需求变化。然而，超额能力会增加成本，降低收益。相比之下，拥有较少超额能力的设施每生产单位产品的利润较之拥有许多无用能力的设施更高。然而，利用率高的设施对需求波动的反应能力较低。因此，管理者必须仔细权衡以确定各种设施的能力水平。

（3）生产方式，即关于设施所使用的生产方式决策，必须确定设施布局是以产品为中心、还是以职能为中心。所谓以产品为中心的工厂，是指为了生产某类产品而具备不同的职能（如制造和装配等）；以职能为中心的工厂是指为了生产不同类型的产品而具备极少的职能（如仅有制造或者装配的职能）。以产品为中心的生产商，对特定的产品的专门技术非常熟悉，能取得较好的效益，但缺乏从职能化生产方式中所能得到的职能性专门技术。以职能为中心的生产商，其应变水平比较高，但因缺乏专门技术，常常效益较低。也就是说，两种方式各有优劣势，生产商必须明确哪类技术能最大限度地帮助它们满足顾客的需要，在提高应变水平和专业能力之间进行权衡。

（4）仓储方式，即选择仓储设施设计的各种不同方式，主要包括存货单元式仓储、劳动密集式仓储、对接仓储等。

① 存货单元式仓储是指将所有同类产品储存在一起的传统式仓库，是较为有效的一种。

② 劳动密集式仓储是将用于某种特定用图或满足特定类型顾客需求的各种不同类型的产品储存在一起。通常需要较大的仓储空间，但可创造更高效的分选和包装环境。

③ 对接仓储。由沃尔玛开创，如图 5-10 所示。在这种方式中，来自不同供应商的不同类型的货物被不断地送到沃尔玛在全球各地的仓库（配送中心），然后货物不加停留，直接配送给各个零售店。之所以能做到这样，主要是因为

沃尔玛通过通信卫星和条形码技术，将各零售店每天的销售量和库存情况及时准确地分发到配送中心和各个供应商的手中。依据库存和货物的销售情况，供应商按照供货合同及时准确地补货，配送中心根据得到的信息准确投放到各零售店。这种方式大幅减少了仓库数量和库存量，降低了企业运营成本。同时，通过准确了解各零售店的销售和库存情况，实现了精确运输，降低了运输成本，从而降低了沃尔玛的商品成本，使产品能够以最低价格快速提供给消费者。

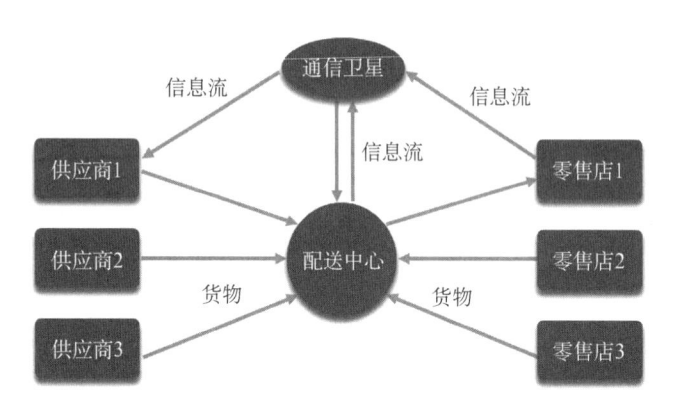

图 5-10　沃尔玛公司的对接仓储示意图

对于管理者来说，需要在由设施数目、区位和类型所决定的成本（赢利水平）与这些设施为消费者所提供的良好市场反应能力之间进行权衡。

### 2. 库存

由于服装产品的季节性和流行性非常明显，而服装企业的生产能力却是相对稳定和有限的，因此，为了解决供需之间的不协调，便需要通过建立库存的方法来平衡供需之间的矛盾。在淡季的时候维持正常生产，建立库存，以备旺季之需。当顾客需要时，以现货或调度的方式满足增加的顾客需求，适应市场变化。同时，服装企业为了降低企业经营成本，常常借助于规模效益的方法，其结果必然导致在生产和流通的各个环节产生库存。

管理好整条供应链是保证企业获得持续性竞争优势的措施之一。供应链中存在的不确定性和由此造成的需求信息放大效应，增加了供应链体系中的整体库存，给供应链中各节点企业带来了不必要的成本负担。如何管理好供应链中的库存是服装企业关注的焦点。

库存之所以是供应链的一个重要驱动因素,是因为改变库存策略会对供应链的效率和反应起到较大的影响。在供应链中,库存包括所有的原材料、流程中的半成品和制成品。由于库存费用占库存物品价值的 20%~40%,库存的改变会在很大程度上提高该供应链的赢利水平和反应能力,因此,供应链中的库存控制策略是十分重要的。例如供应链中的服装业零售商可以通过提高库存水平,来增强其对市场的反应能力。由于库存量大,零售商及时满足顾客的需求的可能性大大增加。然而,库存量大将增加零售商的成本,从而降低其赢利水平。减少库存会提高零售商的赢利水平,却降低了反应能力。

假定某商场销售某一款式的羽绒服,销售季节从每年的 11 月到次年的 2 月。该商场在销售季节来临之前,就从厂商那里直接购进整个季节所需的产品。要提高产品供给水平,商场就需要增加采购量。高水平的产品供给水平虽然可以满足更多的顾客要求,但也很可能增加销售季节结束时产品的积压。相反,如果降低客户服务水平,销售季节结束时产品的积压会下降,但很可能会由于缺货而使顾客流失,从而造成损失。所谓积压成本(Cost of Overstocking)指销售季节结束时每件未出售产品所造成的经济损失。缺货成本(Cost of Understocking)指由于没有存货而失去的每个销售机会所造成的损失,包括当前的利润损失以及在未来由于失去回头客而造成的损失。两者是影响最佳客户服务水平的两个主要因素。因此,在决定适宜的客户服务水平时,商场必须在由产品积压而导致的经济损失与因缺货而导致的经济损失之间进行权衡。

库存决策的内容集中于运行方面,包括生产部署策略(比如是采用"推"式生产管理还是采用"拉"式生产管理)、库存控制策略(如各库存点的最佳订货量、最佳再订货点、安全库存水平的确定)等。

一般而言,库存包括循环库存、安全库存和季节库存等。

(1) 循环库存是指用于满足在供应商两次送货之间所发生的需求的平均库存量。比如某服装零售商每月销售 1 200 件服装。为了减少订货成本,他可能选择批量采购,每月采购一次,但这会导致较高的库存成本。他也可以选择每半个月采购一次,每次采购 600 件,或者每 10 天采购一次,每次采购 400 件。无论采取哪种方案,管理者都需要在库存成本和频繁订货成本之间做出权衡。

（2）安全库存是指应对需求量超过预期数时的库存，它是为了应付不确定性需求的。但是，结果必然会产生一定的误差，要么太少，无法满足顾客需求；要么太多，造成库存积压，成本加大。因此，管理者应该在库存积压而引起的成本和由于库存缺货而导致销售量的损失之间进行权衡。

（3）季节库存是用来应对可预料的需求变化的库存。服装生产企业可以利用季节库存，在淡季建立库存，为无法生产全部需求产品的旺季做储备。否则，它必须在旺季的时候，增加设备、人力以及资金的投入，加大马力提高生产量。因此，管理者应该在保有额外季节库存的成本与调整产量所带来的成本之间进行权衡。

总之，管理者在库存决策中面临的基本权衡是反应能力与赢利水平之间的权衡。增加库存通常会使供应链对顾客更具应变能力。然而，这种做法会遇到成本问题，因为增加库存会减少利润。因此，供应链管理者可利用库存作为一个驱动要素，来实现竞争战略目标所要求的反应能力与赢利水平。

**3. 运输**

运输是指将库存产品从供应链中的一处转移到另一处。运输可采取多种方式与路径，它们拥有各自的运作特点。运输方式选择对供应链的反应能力和赢利水平也会产生重大影响。例如，邮购分类商品的公司可利用速递公司派送商品，由此提高了反应能力，但公司须向速递公司支付高额的运输成本，从而降低供应链赢利水平。另一种选择是，该公司利用陆地运输配送商品，供应链的赢利水平虽然提高，其反应能力却受到了限制。

当服装生产企业考虑目标顾客的需求时，运输在其竞争战略中的作用就显得非常重要。如果企业的竞争战略目标是那些要求高水平反应能力并愿意为此付费的顾客，那么它可以利用运输这个驱动要素来提高供应链反应能力。反之，如果企业的竞争战略目标是那些将价格作为主要决策依据的顾客，那么它可以利用运输手段降低产品成本而牺牲高水平的反应能力。因此，对于管理者来说，需要在某一给定产品的运输费用（赢利水平）与运输速度（反应能力）之间进行权衡。

运输决策主要包括运输方式、路径和网络选择、选择内部运输还是依靠外部资源等要素。

（1）运输方式。运输方式是指将产品从供应链网络的一处移动到另一处所采取的方式。一般情况有以下几种运输方式：

① 海洋运输是利用商船在海上港口之间通过一定的航区和航线运输货物的方式。与其他运输方式相比，海洋运输不受轨道、道路的限制，通过能力大、运力大而运费低，是一种重要的运输方式。

② 铁路运输是利用铁路进行的一种运输方式。由于铁路运输具有不受气候条件影响的特点，可以保证常年的正常运输，而且速度较快、运量也较大。

③ 公路运输是利用汽车进行的一种运输方式。具有较快速、较廉价、高度灵活的特点。

④ 航空运输。与海洋运输、铁路运输相比，航空运输的速度快，因此适用于运送鲜活的商品或者急需的物资。航空运输的费用较高。

以上所述的各种运输方式各具特点，管理者应该根据实际情况，在速度、规模、成本以及灵活性方面进行恰当的选择。

（2）路径和网络的选择。所谓路径是指运输产品的路线；网络是指运输产品的地点与路径的总和。比如，服装销售商选择直接将产品送达顾客的手中，而没有选择一系列的配送者。在供应链的设计阶段，厂商需要做出运输路径的决策。

（3）选择内部运输还是依靠外部资源。服装企业通常依靠自己的车队和运输组织来完成运输工作。然而，随着物流公司的兴起和发展，越来越多的服装企业选择借助外部资源解决物流问题。与传统的物流作业相比，第三方物流具有以下特点：整合多种物流功能；不保存存货；运输设备、仓库等由第三方控制；提供全面的劳动力与管理服务；提供特殊服务，如存货管理、生产准备、组装与集运等。第三方物流具有灵活性高、成本低、专业性强和服务周到等优势。

### 4. 信息

信息是供应链驱动要素之一，信息的许多方式深刻地影响着供应链的每个部分，具体包括以下两个方面：

（1）信息联系着供应链的不同阶段，促进协调，并对整条供应链利润最大化起重要作用。

（2）信息对供应链中各个阶段的日常运营来说非常重要。例如，根据需求信息制定生产计划,使工厂高效生产满足需求的产品;仓储管理利用信息确定库存水平,决定是否需要补充订单。

信息涵盖了库存、运输、设施和顾客等方面的数据和分析。作为驱动因素之一,信息直接影响其他几个方面,因此可能是供应链中最重要的绩效驱动因素。

信息可以为管理者提供机遇,从而使供应链更具反应能力和赢利水平。例如,利用顾客需求模式信息,服装企业通过预期顾客需求来生产和储备产品,在顾客需要的时候能够马上提供相关的产品,这使其供应链具有极强的市场反应能力;同时,根据这些需求信息,服装企业能够更好地预测需求,做到只生产顾客所需要的服装类别和数量,从而提高了供应链的赢利水平;还有,由于信息还可以通过向管理者提供配送方案,比如,提供信息以便管理者在满足必需的服务要求的同时,选择成本较低的替代方案,从而提高供应链赢利水平。

信息决策的组成要素包括以下方面:

(1)推动型与拉动型

在设计供应链流程时,管理者必须确定它们是属于推动型还是属于拉动流程,因为不同类型的流程要求不同类型的信息。推动流程通常要求信息以详尽的原材料需求计划(MRP)体系的形式出现,以便形成主生产计划并将信息反馈给供应商,为供应商制定零部件类型、数量和交货日期计划提供依据。拉动流程要求有关实际需求的信息快速度传递过整条供应链,从而使生产和零部件及产成品的销售能够切实反映现实需求。

(2)供应链协调与信息共享

当供应链中的所有不同阶段的目标是为了使整条供应链而不是某一个阶段的利润最大化时,就出现了供应链协调,缺乏协调会导致供应链利润的重大损失。管理者必须决定如何在供应链中创造这种协调,为了实现协调目标,什么信息需要共享。供应链不同阶段之间的协调要求各阶段与其他阶段适当地共享信息。例如,在一个拉动流程中,假设一个供应商要为某个制造商以适时提供的方式生产相应的零部件,这个制造商就必须和供应商共享需求和生产信息。这时,信息共享就是供应链成功运行的关键。

(3)预测与总体规划

预测是一门艺术和科学,它是用来确定关于未来需求和环境的方法。获取预测信息常常需要使用复杂的技术,以便估计未来的需求或市场条件。管理者必须确定他们如何进行预测,可以在多大程度上利用预测来做出决策。公司经常在战术和战略两个层面上利用预测信息。在战术水平上它可用于制定规划;在战略水平它可用来决定是否增建新厂,甚至决定是否进入一个新市场。

一旦公司做出一项预测,它需要按照这个预测制定规划。总体规划是在供应链内部分享的一个极为重要的信息,它将预测转换为行动计划以满足预测需求。通过影响供应商和顾客,公司的总体规划对需求产生显著影响。

(4)可利用的技术方法

在供应链内分享和分析信息有许多技术方法。管理者必须确定使用何种技术方法,以及如何将这些技术方法与他们的厂商及合作伙伴有机结合起来。常用的一些技术方法有:

① 电子数据交换(EDI)。厂商可以使用这种方法向供应商提供即时的无纸化订单。EDI 不但高效,而且缩短了将产品送达顾客所需的时间,因为这种交易比纸上合同交易发生得更快、更精确。

② 物联网。物联网技术在供应链的生产、仓储、配送、分销、运输、零售等环节都发挥着重要作用。物联网的技术为物流的供应链管理提供了更多的空间,可以实现物流产生的更大和更专业化。针对物流企业的特点,物联网可以实现企业的所有相关的供应链从产品的产生供应商到客户全方位的动态化的管理。例如,在运输环节,通过对在途货物和车辆贴上 EPC 标签,在运输线上的检查点上安装射频识别接收转发装置,使供应商和经销商能实时了解到货物所处的位置、状态及预计到达时间。还可以合理调度在途车辆,最大限度提高车辆利用率。

③ 企业资源规划系统(ERP)。它提供从厂商及其供应链的各个部分可以获得的交易追踪调查和全球范围的可观察性信息。正确决策离不开这些信息,这些即时信息有助于提高供应链决策的质量。企业资源规划系统可以追踪信息,而互联网则提供了观察这些信息的方法。

④ 供应链管理软件。除了可观察信息外,该软件提供了分析法使用的决策支持。企业资源规划系统告诉厂商进展如何,而供应链管理软件系统则帮助厂商做出决策。

对于管理者来说,需要在获取信息而付出的成本(赢利水平)与由于信息而提高供应链的反应能力之间进行权衡。

### 5. 资源获取

资源获取是购买货物和服务过程中所必须的一整套业务流程。首先，企业管理者必须决定哪些任务将在公司内部完成、哪些任务将外包出去。对于任何一项外包任务，必须决定是采用单一供应商还是多个供应商的组合。如果是多个供应商，则要明确每一个供应商在供应商组合中的地位和作用。然后，确定选择和评价供应商的一系列标准，选择供应商并与其洽谈。每一个供应商的选择都应以改善供应链性能，并尽可能减少供应链中的信息失真现象的发生为根本。

资源获取策略是至关重要的，因为它们直接影响到供应链的赢利水平和反应能力。一种情况是，当依靠公司本身完成某件事情的费用和成本过高时，便可以考虑外协的方式。但这时，公司内部必须具备良好的反应能力以控制外购过程中的一些变化。例如，贝纳通公司将针织服装的染色任务在公司内部完成，以便能够快速反应顾客需求。另一种情况是，当第三方能够通过规模效益明显地提高整个供应链的赢利水平或者显著降低成本时，也可以考虑外协。

资源获取决策的组成要素包括以下几个方面：

（1）自供还是外协。资源的获取可以采用自供、外购、租赁或外包的方式来完成。对服装公司而言，决定是否自行完成某项任务或依靠第三方进行外包是采购决策中最重要的一步。这个决策直接影响整个供应链的利润。如果外包能够带来可观的利润且风险较低，那么这是一个不错的选择。在某项特定任务（如运输）中，管理者需要决定是部分外包还是完全外包，这决定可能会带来利润增长或响应能力提高等影响。当然，这个决策要考虑整个供应链的整体利润增长。

（2）供应商选择。管理者必须决定为完成特定活动所需的供应商的数量、供应链的选择和评价标准、是直接谈判还是招标。

（3）采购。采购是供应商提供货物以满足顾客订单的过程。管理者必须决定公司采购的结构组成和战略，是自行采购还是承包商负责采购。不管采取哪种方式，确定重要的机制确保供应链利润的增加是非常重要的。例如：对于自行采购而言，公司应建立一个采购战略以确保供应商和采购商之间的利益协调。

（4）与资源获取有关的指标。管理者应追踪以下影响供应链性能的采购相关的指标：

① 应收账款天数：指供应商从执行供应链任务到收取货款之间的时间（天数）。

② 平均采购价格：指一年内采购商品或服务的平均价格，按照每一购买价格项下的购买数量赋予不同的权重。

③ 采购价格范围：指在特定的期限内采购商品的价格波动范围，其目的是为了识别购买数量与价格之间的相关程度。

④ 平均采购数量：测量每一订单项下的采购数量。

⑤ 准时交货率：测量供应商准时交货的比例。

⑥ 供应产品的质量：衡量供应商交付产品的质量。

⑦ 订货至交货的间隔时间。

由于供应链的整体利润受到采购量、服务、生产成本、库存成本、运输费用和信息成本等因素的影响，所以资源获取决策应该以增加供应链的整体利益为前提。对于管理者来说，当第三方的加入能够比自供创造更多的利润时，外协就显得很有意义。而当第三方不能提高供应链的赢利水平，或者外协存在显著的风险时，公司则应该坚持在内部完成。

### 6. 定价

定价是决定产品价格的过程，与选择并购买产品的细分市场和目标顾客的期望有很大的关系，直接影响供应链的反应能力和赢利水平。利用定价策略可以有效地协调供销之间的矛盾。比如，短期的折扣措施可以消除供过于求的现象或者减弱季节性需求高峰的提前。简言之，定价是供应链中影响需求水平和类型的一个重要因素。

定价决策的组成因素包括以下方面：

（1）定价和规模经济。供应链中的大部分活动都会受到规模经济的影响。小规模的经营成本要比大规模的经营成本高得多。比如，将一车的货物分发到一个地方的装卸成本要比到四个地方的便宜。在任何情况下，供应链活动的执行者必须清楚如何利用规模经济而采取合理的定价决策。常用的办法是提供数量折扣，但此时必须给予充分关注，以确保所提供的数量折扣优惠符合规模经济的进程。否则，不仅没有产生重大的规模经济，却会导致由数量折扣而引起危险的客户订单。

（2）每日低价和高/低价策略。每日低价被美国许多零售商采用。美国零售商家得宝（Home Depot）、沃尔玛等都使用每日低价策略。这种策略强调把价格定得低于正常价格，但仍要高于其竞争者大打折扣后的价格。尽管使用每日低价的零售商尽量保持低价，但他们的定价并非总是市场上的最低价。任何时候，只有在竞争性商店或在批发会员点购买特定的商品时，价格才可能是最低的。因此，从某种意义上说，"每日低价"这个词并不准确，"低"并不一定最低。对这种策略更准确的表述应该是"每日稳定价"。

而高/低价策略是零售商制定的价格会高于其竞争者的每日低价，但却使用广告进行经常性的降低促销。零售商通常只在季末或供货过剩时降价销售时尚商品，但现在许多零售商为了应对激烈的市场竞争和顾客对价值的关注，采用经常降价的促销方式，事实证明这是一种非常有效的方法。某些产品零售店的供货方也通过增加"处理期"（Deal Periods）获得更高收益。在"处理期"内，制造商则对零售商购买的商品提供特惠价格，一些零售商几乎所有的商品都仅在"处理期"内进货。

每日低价策略与高/低定价策略相比，具有下列优势：

① 减少价格战。高/低定价策略的主要特点就是抓住了多数顾客的消费心理，许多顾客只在降价时才购买商品。而成功运用每日低价策略会使零售商从与对手的残酷价格战中撤出。一旦顾客意识到价格是合理的，他们就会更多、更经常地购买。

② 减少广告。每日低价策略下的稳定价格减少了高/低定价策略中的每周进行大量促销所需要的广告，而是把注意力更多放在塑造企业形象上。

③ 提高对顾客的服务水平。每日低价策略不会因贱卖的刺激而产生新的突发消费群，因而销售人员可以在稳定的顾客身上花更多的时间，多为顾客着想，提高企业整体服务水平。

④ 提高边际利润。采用每日低价策略，价格一般较低，但销售量稳定；在高/低定价策略中，只在低价时，销售量猛增。总的来说，每日低价策略会提高商家的边际利润。

但是并非所有的零售商都适用每日低价策略，对大多数零售商而言，每日低价难于保持。采用每日低价策略，零售商的商品价格与其竞争者的价格必须是可比的,比如某商场销售的全国名牌产品或超级市场上的像毛巾、袜子等的日用品。

相对而言,高/低定价策略具有以下四大优点:

① 同一种商品在多重市场上具有吸引力。比如时尚商品在市场刚开始销售时,零售商定价最高,主要吸引那些领导市场潮流或难以满足的消费者购买。随着时间的推移和降价的进行,更多的顾客进入市场,最后才是那些擅长于讨价还价的顾客搜寻着进入购买市场。在季末大甩卖等活动中,商品价格会大幅降低。

② 刺激消费。在降价过程中常常出现一种"仅此一天,过期不候"的氛围,降价导致购买者人头攒动,无疑刺激了消费。

③ 促进商品流通。所有的商品都被甩掉——关键在于价格如何。经常降价使零售商利润受损,但可以尽快把商品销售出去,加快商品流通速度。

④ 强调质量或服务。初始的高价格给顾客一个信号:在商品继续销售的过程中,顾客会继续用其原来的价格作为其价值度量。这时每日低价策略可能由于价格较低,认为质量或服务会不如人意。

当然,两种定价策略并非格格不入,零售价格的确定方法也并非一成不变。

(3) 固定定价与价目表定价。企业必须决定对于供应链上的各项活动是采取固定价格的方法还是采取随一些属性(如响应时间、装运地点等)而变化的价目表的方法。当供应链的边际成本或客户价值随一些属性的变化而显著波动时,采取价目表的方法便是一种很好的选择。但这种方法并不适用于非生产原料性质的工业用品。

(4) 与定价有关的指标:管理者应该追踪一些相关的价格指标,比如:利润率、收回应收账款的平均天数、平均销售价格、销售价格范围等。当采取价目表定价方式时,应该分别关注每一价格区间。

总之,定价决策应以提高供应链的赢利水平为目标。为此,要求了解供应链的运营成本结构以及由此而带来的价值。每日低价可能促进稳定的需求,而其他的定价方法可能降低供应链的运营成本,保持市场份额。需根据客户需求的不同而采取不同的定价方法,以期降低成本并增加收益。

综上所述,实现战略匹配并在整个供应链中取得最佳绩效的关键是恰当组织供应链的以上六个驱动因素，力求找到反应能力与赢利水平之间的恰当平衡，以尽可能低的成本提供预期水平的响应性。近年来，随着信息、资源获取及定价等因素对供应链整体绩效影响程度的日益凸显，服装供应链管理的重点也逐步聚焦在这三个驱动因素上。

## 第三部分 项目实操

### 一、项目任务

基于推拉式服装供应链的流程及特点的了解，以某品牌的一类服装产品为例，通过试验或模拟方式完成供应链的流程分析，提出现存问题和可能的解决方案，完成供应链分析报告。

### 二、完成要求

（1）明确区分服装供应链的关键环节和流程，如设计、采购、生产、物流、销售等。

（2）注意新技术和数字化平台在供应链流程中的应用。

（3）班内同学自由组合，3~4人为一组．组内明确个人分工与任务。

（4）以试验或模拟展示方式进行项目汇报。

## 第四部分 案例学习

### 迪卡侬的供应链模式

作为欧洲大型体育用品零售商之一的迪卡侬运动专业超市，成立于法国里尔，是一家著名的全球性运动零售公司。该公司集产品设计、研发、生产、物流、品牌、零售于一体、以创新的理念和全产业链经营模式为大众提供高性价比的运动产品。从每一件滑雪服到户外野营用的帐篷，从消费者心理分析到体验营销，迪卡侬经营的并不仅仅是单纯的体育运动品，而是一种健康的生活方式。其零售网络覆盖28个国家和地区，员工人数突破6万。该品牌于2003年进入中国，目前在中国已拥有 1 032 家门店。

迪卡侬进入中国之前，中国体育用品行业的运营模式不外乎两种：一种是像李宁、安踏这样的制造商，从设计、生产到经销商渠道一手搞定。另一种是像滔博、跨世这样的品牌代理商，同时运作多个国外品牌，通过布局终端门店提升渠道价值。而迪卡侬采用独特设计、压缩供应链成本以及自建商场的运作模式形成了独特的品牌竞争力。它把产品设计、原材料采购和商场运营抓在自己手里，控制着产业链的两端，而把中间的制造环节交由 OEM（Original Equipment Manufacture）厂商完成。迪卡侬供应管理具体表现在以下方面：

**1. 符合人体科学的产品研发和设计**

迪卡侬坚持"统一设计，适用全球"的产品设计战略，在全球部署研发中心，针对不同的运动项目分开进行产品设计，每一个运动品牌都设有专门的研发团队。根据人种不同，在世界许多地方设立了若干研究中心以及相应的合作实验室。该实验室拥有 40 余项新发明专利，几百名优秀的科研人员和工程师。所有种类的产品都是专门为满足"业余选手""传统选手"和"职业选手"的不同而设计的。研究开发中心均设立在离该项产品体育用户不远的地区，以方便实地考察、探寻和测试。考虑到不同区域消费者使用习惯的不同，在全球多个国家进行人体工学研究，建立各国人体体型数据库，参考各国使用者对于产品的反馈及期待，将设计的产品放入销售地进行实地试用和修改，最终诞生适合不同区域不同类型消费者的产品。

**2. 严格的全球采购标准**

迪卡侬品牌执行全球联合采购模式，产品由法国总公司设计开发，并被分发到世界各地的生产基地。针对高技术含量材料均与专业供应商合作，从各地采购后运回到集团加工厂。该公司制定了完备且较为严格的采购标准，建立了合作商的质量体系，在全球范围内寻找合适的合作商。同时，员工只负责自己专业熟悉的物资采购，并有公司专员或第三方审核机构对供应商审核的一票否决制，严格把控采购质量和成本控制，以确保始终如一的高质量交付方式将最有性价比的迪卡侬产品交付给零售商，并确保世界各地的顾客都能买到称心如意的商品。随着近些年全球门店规模和电商规模的高速扩张，该公司在全球范围内的采购量大幅提升，增强了公司与合作商的议价能力和规模经济效应。

### 3. 专业的产品生产外包商

为了降低生产成本和人力成本，该公司将大部分低附加值环节如产品的制造交给了专业的外包服务商，利用外包商的专业技术生产公司所需要的产品，自己只负责加工。为了确保产品质量，该公司针对合作伙伴进行相关培训，以预防缺陷、检测异常情况并及时采取措施进行纠正。

### 4. 辐射全球的物流平台和供应链管理

通过在全球设立的 69 个仓库和物流平台，迪卡侬大幅度地减少了全球市场范围内的物流配送周期和物流成本，提高了供应链的管理效率。该公司的物流管理系统使用采购模型专注于体育用品的集中管理，当管理和获取的供应商生产产品离开存储仓库时，可以分配到离其最近的相应仓库中。每个存储中心都有一个分销中心，具体取决于商店的销售情况。根据每个商店的销售量、采购类别和数量，直接下单给供应商或物流中心。商店收到订单后，产品会从最近的仓库运到相应门店，同时系统也会自动将数据反馈到后台以实现销售预测、材料采购以及成品生产和仓库分配等。

在我国，建立在江苏的迪卡侬仓储中心，负责中国区域所有商场的货物供应。为了优化供应链，公司引入计算机库存管理系统，以提高产品供货率并降低库存量。通过该系统，任何一个销售人员能够在全国任何一家迪卡侬专卖店或者仓库中快速定位任何一件具体型号的商品，若检索不到所需的具体商品，该系统便自动检索供应商的库存情况，并实现迅速调配。通过与供货商建立的紧密合作关系，该公司能够销售比其他竞争对手更加丰富多样的体育用品。

### 5. 独特的营销模式和零售管理

体验经济的重点在于顾客体验，只有符合效率、互动和体验价值的优质产品才能够增加消费者对产品的认可。迪卡侬通过其独特的设计和体验式的经营被消费者称为运动品牌的"宜家"。在中国，根据用户需求，迪卡侬的零售门店有短租和长租两种形式，大部分设立在居住区和停车良好的区域，这样客户可以随时、自由、放心地进店选择他们中意的产品。该品牌的商品陈列根据不同的运动项目分别设置为相应的小型运动场，到店顾客可以拿起任何一件商品进行体验，以满足主观体验和主观感受，形成了独特的运动式的体验服务。同时,迪卡侬的产品,诸如自行车和小型健身器材,易于携带,客户可以轻松地将产品搬运回家。还有,该品牌的直销模式确保产品以最低的成本进入商场,为客户提供最有利的产品,无论是在线还是离线,客户都不必担心价格差异。

6. 贴心的售后服务

自 1994 年以来,迪卡侬商店逐渐形成了约 1 000 个覆盖全球的工作坊网络,可以修理、维护或定制所有迪卡侬的产品。为提高产品的耐用性并帮助延长体育用户的使用时间,品牌团队从设计阶段就将可修复性作为迪卡侬售后政策的重要部分,帮助用户通过修理而不是丢弃产品以尽可能延长所购买产品的使用时间,这也是迪卡侬品牌减少环境影响的一种可持续发展模式。

总之,从上游到下游、从内部到外部,迪卡侬的全产业链管理模式使得产品价值创造的每个关键环节都能得到良好把控。特别是在设施、库存、运输、信息、资源获取等关键因素上协调和控制,为该品牌提供更大的灵活性以及应对市场变化的快速反应能力。

# 第五部分 知识拓展

## 新零售环境下服装供应链运作模式

随着新零售时代的到来,服装供应链运作模式正经历着深刻变革。如何通过基于消费需求的研发、精细的生产规划与外包、物流分仓作业、全渠道整合、智能技术应用以及大数据云计算等手段,全面提升服装供应链的效率和客户体验是服装品牌供应商及其企业十分关注的问题。为此,需要重点关注以下要点:

**1. 基于消费需求进行服装研发设计,提升需求预测准确率**

根据消费需求,服装企业可以利用互联网的电商平台和移动端社交工具获取客户的需求和喜好信息,分析潮流趋势,进行商品企划和研发设计。快速获取消费端信息不仅缩短了设计研发周期,而且当新款服装设计完成后,可采用预售、预订等方式来了解产品是否有市场,顾客对新品的接受程度如何,初步预测销量和销售周期,以决定是否生产当前版式服装及生产数量,实现需求预测,有效降低库存。

### 2. 合理的生产规划与外包,专注自身核心竞争力发展

服装企业应当转变经营模式,将核心资源聚焦在产品研发和营销上,避免资源分散和链条过长的问题。非核心生产业务可以通过贴牌外包给加工工厂。企业完成需求预测后,将生产订单传递给服装生产企业进行材料采购和成衣加工生产。外包范围应根据企业规模、技术条件和市场环境等因素来确定。通过合理的生产规划和外包,企业能够集中财力物力于核心业务,优化资源配置,控制成本,提高企业效益和竞争力。

### 3. 精准的物流分仓作业,有效缩短物流配送时长

在新零售环境下,物流环节对消费者购物体验至关重要。在新型服装供应链模式中,服装物流与设计、生产和销售同等重要,需要进行合理规划。大型服装企业可以建立现代化的中心仓库和分仓,以更好地控制物流环节。中小型服装企业可以与专业的第三方物流企业建立战略联盟,由物流企业负责仓储、运输、加工、包装和配送等环节。企业可以根据销售预测提前将一定数量的商品运送至各地,或与物流企业共享信息,使物流环节能够快速响应客户需求,并通过调配最近的分仓进行快速配送,缩短物流时间。

### 4. 深度的销售全渠道整合,打破线上线下壁垒

服装企业需要适应深度融合和场景化趋势,改变组织和管理模式。不再将线上和线下、直营和加盟等业务场景划分开,而是以用户为中心,追求一致的体验,并统一调度和协同管理生产力要素。通过整合线上和线下的全渠道零售,服装企业将加盟店转变为直营店,线上和线下不再冲突,而是合作,统一会员认证和销售价格,实现线上和线下销售渠道的无缝对接。消费者可以选择线下试穿线上购买,或在线上选择线下购买,由物流企业即时配送至客户或线下实体店。销售数据整合后反馈给服装企业和物流企业,帮助它们进一步优化生产规划和物流分仓,形成良性循环。

### 5. 应用智能与数字化技术,全面提升消费体验

线下门店智能和数字化技术的应用提升了消费者购物体验,同时帮助企业获取消费者的购物信息和心理需求。例如,智能试衣镜可以向消费者展示服装的设计理念、面料、款式以及适合的配饰,并通过人脸识别技术获取消费者在

试穿过程中的停留时间、浏览路线、表情和动作等信息。这些信息有助于企业调整门店陈列和销售策略，提高交易成功率。由于线下渠道的限制，缺乏线下体验的消费者在线上购物时可能会犹豫不决。因此，企业可以采用新技术如虚拟3D试衣、VR和AR技术，模拟衣物在身上的效果，提供更直观的试穿体验，从而提升客户在线上购物的体验。新技术的应用不仅提升购物体验和全渠道运营效率，还便于收集消费者数据，形成云端数据库，用于更精准的消费者分析。

**6. 大数据、云计算的推动，助力品牌建设和客户积累**

大数据和云计算应用在服装销售和售后过程中的作用是收集消费者的线上和线下信息，包括搜索信息、购买记录、体验评价等，以了解消费者需求。通过大数据分析技术，企业可以及时调整设计和生产计划，满足客户需求。还可以选择定制化生产和精准营销，提升客户价值和品牌建设。这种信息采集、传递和共享形成了数字化闭环价值链，缩短供应链周期，提高响应速度和协作能力。

# 专题六 服装供应链合作伙伴关系构建

现如今,不论是规模强大的制造商、还是具有统治权的零售商,以及大型批发商,都在寻求货流与服务流管理的新的合作方式,其战略视野正从单一的组织转向多个组织的伙伴关系。不得不说,供应链管理改变了企业的竞争方式,将服装企业之间的竞争转变为服装供应链之间的竞争,强调核心企业通过和供应链中上下游企业之间建立战略伙伴关系,使每个企业都发挥各自的优势,从而在价值增值链上达到共赢的效果。因此,本着整个供应链利益最大化的目标,与供应商建立供应链合作伙伴关系是供应链管理的重点。

服装供应链合作关系是在集成化供应链管理环境下,形成于服装供应链中为了特定目标和利益的企业之间,旨在降低供应链的总成本和库存水平、增强企业间的交流和信息共享、保持战略伙伴相互间操作的一贯性,进而产生更大的竞争优势,以实现供应链节点企业的财务状况、质量、产量、交货期、用户满意度和业绩的改善和提高。服装供应链管理的关键就在于供应链各节点企业之间的连接和合作,以及相互间在设计、生产、竞争策略等方面良好的协调。显然,战略合作关系必然要求强调彼此间的合作和信任。本章将介绍服装供应链中的合作伙伴关系及其协作,其教学目标如图6-1所示。

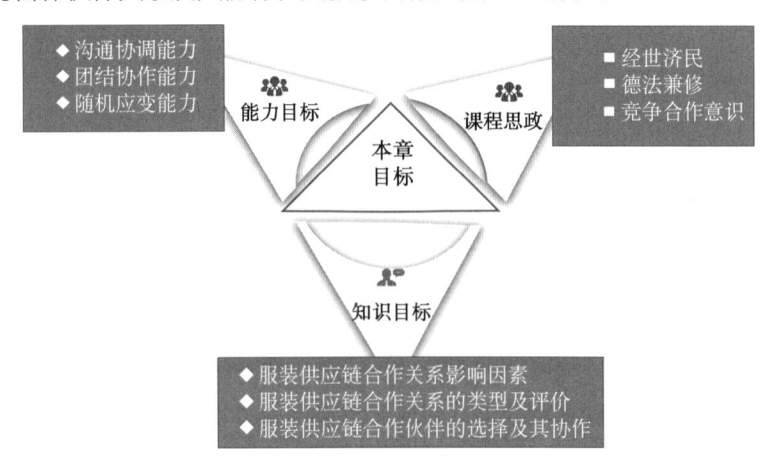

**图 6-1 本章教学目标**

## 第一部分　问题导入

经常听说"得供应链者得天下",你知道这句话的内涵是什么吗? 为什么成功的供应链能够协调并整合供应链中的所有资源而最终形成一体化的无缝链接呢?

## 第二部分　理论、方法及策略基础

### 第一节　服装供应链合作伙伴关系的内涵

#### 一、供应链战略合作伙伴关系的产生

在传统的观念中,企业之间的关系是"买——卖"关系,供应链管理就是物流管理。基于这种企业关系,企业的管理理念是以生产为中心,供销则处于次要的、附属的地位。企业之间的沟通与合作很少,更谈不上企业间的战略联盟与协作。从传统的企业关系过渡到创新的合作企业关系模式,经历了从以生产物流相结合为特征的物流关系(20世纪70年代到80年代),到以战略协作为特征的合作伙伴关系这样的过程(20世纪90年代)。

从传统的以生产为中心的企业关系模式向物流关系模式转化,准时制生产方式(JIT)和全面质量管理(TQM)等管理思想起着催化剂的作用。为了达到生产均衡和物流同步的目的,企业各部门及企业间开始合作与沟通。但这种基于物流关系的合作,仅仅是一种处于作业层和技术层的合作,而在信息共享(透明性)、服务支持(协作性)、并行工程(同步性)、群体决策(集智性)、柔性与敏捷性等方面却远远不能适应日益激烈的市场竞争的需要。因此,企业需要基于战略高度以充分考虑企业之间的合作,基于战略伙伴关系的企业模型应运而生。

#### 二、服装供应链合作关系的内涵及其发展

服装供应链合作关系(Supply Chain Partnership, SCP),是指同一供应链中

上下游实体之间达成的在一定时期内的共享信息、共担风险、共同获利的长期合作的协议关系。比如面辅料供应商与成衣制造商之间的关系，成衣制造商与服装分销商之间的关系等。建立良好的服装供应链合作伙伴关系有利于降低供应链的运营成本、缩短反应时间和创造新的市场价值。对于成衣制造商来说，其合作伙伴关系的组织模式如图 6-2 所示。

图 6-2 成衣制造商合作伙伴关系的组织模式图

实施服装供应链的合作关系就意味着供应链上的合作伙伴将共同开发与服装相关的新产品/技术、彼此交换数据和信息、共享市场机会和共担风险。在供应链合作关系环境下，制造商选择供应商的标准已不再仅仅局限于考虑价格，而是更注重选择能在优质服务、技术革新、产品设计等方面进行良好合作的供应商。因为供应商为成衣制造商的生产和经营供应各种生产要素（原材料、能源、机器设备、零部件、工具、技术和劳务服务等），其所提供要素的数量、价格将直接影响到服装制造企业生产的好坏、成本的高低以及产品质量的优劣。因此，对于成衣制造商与供应商的合作关系应重点关注以下几个方面：

（1）成衣制造商应该通过一定的途径和方法，使面辅料供应商充分了解自己的生产程序和生产能力，清楚地知道自己所需要的产品或原材料的期限、质量和数量。

（2）成衣制造商应该向面辅料供应商提供自己的经营计划、经营策略及其相应的措施，使供应商充分明确本企业的期望和目标，努力达到或满足自己的要求。

（3）成衣制造商与面辅料供应商要明确双方的责任以及共同的利益所在，并彼此向对方负责，团结一致，达到双赢。

随着服装供应链合作关系的发展，其主要特征从以产品/物流为核心而转向以集成/合作为核心。在集成/合作的逻辑思想指导下，面辅料供应商和成衣制造商把彼此的需求和技术集成在一起，从而实现为制造商提供最有用产品的目标。此时，供应商与制造商之间不仅仅是物质上的交换，还包括一系列可见和不可见的服务之间的交换。因此，供应商应该具备一定的创新能力和良好的设计能力，以保证交货的可靠性和及时性。这就要求供应商采用先进的管理技术（如 JIT、TQM 等），管理和控制中间供应商网络。而对于制造商来说，要提供的活动和服务包括：控制供应市场、管理和控制供应网络、提供培训和技术支持、为供应商提供财务服务等。

通常情况下，在供应链合作关系建立后三年左右甚至更长的时间，服装供应链合作关系的潜在效益才能转化成实际利润或效益。因此，企业应以战略的和长远的眼光看待服装供应链合作所带来的整体竞争优势。

## 三、服装供应链合作关系与传统供应商关系的比较

在新的竞争环境下，服装供应链合作关系强调直接、长期的合作，强调共同努力实现共有的计划和解决共同问题，强调相互之间的信任与合作。这与传统的关系模式有着很大的区别。

### 1. 服装企业传统的采购理论与采购-供应商关系

传统的采购理论较多地把目光集中在采购活动的本身，即通过有效地采购管理，降低成本，增加企业利益。因为对服装制造商而言，采购的主要任务是满足生产所需各种面辅料等。因此，服装制造商的采购活动是以适当的价格、从适当的来源、购买适当品质与数量的面辅料等物资，并且交货至适当的地点。

采购活动中，风险是服装制造商考虑的重要因素之一。为保持生产的正常运行，企业需要持续的货源。为了减少对单一供应商的依赖性，服装企业要么进行纵向合并，将原材料生产过程如面料生产、印染甚至纺纱、织布等纳入自己的工厂，形成"大而全"的模式；要么选择多个供应商，使每种零件或材料都有几家供应商提供。

在传统的成本中心采购活动中，服装制造商主要关注价格，通过与多家供

应商的竞争选择最低价格的供应商来开展业务。在这样的基础上，多家供应商竞争供货成为传统采购-供应商关系的决定因素。通过分析多家供应商供货的优势和劣势，可以看出传统采购-供应商关系具有以下特点：

（1）采购方通过竞争获取低价，并与供应商进行短期买卖交易。

（2）为避免生产中断风险，采购方通常与多个供应商保持关系。

（3）采购方将采购量分配给多个供应商。

（4）供应商之间竞争激烈，采购方经常更换供应商，缺乏信任和合作。

（5）采购方注重价格而忽视质量，交货期不稳定，导致原材料质量不稳定。采购方需进行进货检验和维持较高的安全库存。

（6）采购方与供应商之间的沟通局限于采购事务，缺乏对彼此的全面了解。

（7）采购方与供应商通常没有长期合作关系，依赖库存应对市场需求变化，承担库存浪费和供货风险。

**2. 服装供应链管理下新型的采购-供应商关系**

其实，供应链概念基于生产概念延伸而来，将服装企业的生产活动向前延伸到供应商，并向后延伸至产品销售和服务阶段。因此，供应链管理旨在满足顾客需求，通过计划、操作和控制来确保有效的物资运输、储存，以及高质量的服务和相关信息的获取。因此，从采购的角度来看供应链，其构成的基本模式应该是"客户-供应商"模式，整条供应链是一个多层的"客户-供应商"系统，如图6-3所示。

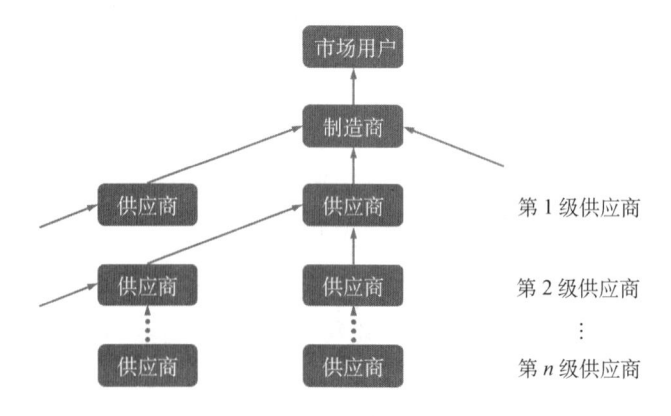

图6-3 供应链"客户-供应商"系统

供应链管理要求企业建立稳定的采购-供应商关系，实现供应链成员之间的协同工作。每个企业在供应链中都依赖于供应商的表现，以满足直接客户的要求。为了实现供应物流的稳定，采购商与供应商之间需要进行更好的协调和沟通。由于供应链管理是把整个链作为一个整合在一起的整体来看待的，因此根据供应链管理的理论，为满足末端用户的需求，供应链上的每个成员都需承担责任，确保供应链的顺畅运作，以提高竞争力。也就是说，企业既是供应商又是客户，因此需意识到生存和发展源于客户，并依赖于供应商的支持。建立良好的合作关系对于供应商和客户都至关重要，以确保稳定的需求和供应，即供应链成员的发展相互影响、密切相关。

以团队工作为基础的供应链管理，决定了采购-供应商关系从互相防范的利益争夺走向考虑整体利益的互相合作。互相合作的采购-供应商关系体现出与传统关系不同的特点：

（1）选择供应商时不仅考虑价格，也要以总拥有成本为标准，要求供应商降低总成本。

（2）从自由竞争、不限制供应商数量发展到有选择地控制供应商数量。控制供应商数量，采购量集中于少量或一个供应商，并帮助其改善生产状况和扩大规模。

（3）采购方与供应商进行开发设计和应用沟通与合作，不仅限于销售员和采购员，还包括工程技术人员等。

（4）采购方的产品质量在一定程度上依赖于供应商的质量表现。

（5）采购方与供应商建立长期合作关系，共同承担风险，通过长期频繁交易来平衡责任。

（6）采购方与供应商实现信息共享，利用现代信息技术进行快速反应和沟通交流，建立高效的运转机制。

总的来说，合作是新型采购-供应商关系的基础。由于供应链竞争的要求越来越高，采购与供应商双方的利益联系更加紧密甚至互相影响，双方在产品设计开发、成本控制和生产方式的配合方面应建立相互的信任。

供应链管理要求采购-供应商关系能够具有预测未来需求并做出快速反应的能力，要有消除各环节不合理费用而实现有效客户响应的能力，以及能在工作时序上做出有效配合和紧密衔接，从而达到双赢的效果。

### 3. 服装供应链合作关系与传统供应商关系的区别

如前所述，在新的竞争环境下，供应链合作关系强调直接的、长期的合作，强调共有的计划和共同解决问题的能力，强调相互之间的信任与合作。这与传统的关系模式有着很大的区别。结合以上两种关系的特征分析，可对供应链合作关系与传统供应商关系进行比较，如表6-1所示。

表6-1 供应链合作关系与传统供应商关系比较

| 项目 | 传统供应商关系 | 供应链合作关系 |
| --- | --- | --- |
| 相互交换的主体 | 物料 | 物料、服务 |
| 供应商选择标准 | 强调价格 | 多标准并行考虑（交货的质量和可靠性） |
| 稳定性 | 变化频繁 | 长期、稳定、紧密合作 |
| 合同性质 | 单一 | 开放合同（长期） |
| 供应批量 | 小 | 大 |
| 供应商数量 | 大量 | 少（少而精，长期紧密合作） |
| 供应商规模 | 小 | 大 |
| 供应商定位 | 当地 | 国内国外均可 |
| 信息交流 | 信息专有 | 信息共享（电子化链接，共享各种信息） |
| 技术支持 | 提供 | 不提供 |
| 质量控制 | 输入检查控制 | 质量保证（供应商对产品质量负全部责任） |
| 选择范围 | 投标评估 | 在国内外广泛评估可增值的供应商 |

### 四、建立服装供应链合作关系的目标

通过建立面辅料供应商与成衣制造商之间的战略合作关系，可以达到如图6-4所示的目标。

虽然有以上这些利益的存在，但仍然存在许多潜在的风险会影响供应链战略合作关系中的参与者。最重要的是，过分地依赖一个合作伙伴可能在合作伙伴不能满足其期望要求时会损失惨重。同时，企业可能因为对战略合作关系的失控、过于自信、合作伙伴的过于专业化等原因降低竞争力。而且，企业可能过高估计供应链战略合作关系的利益而忽视了潜在的缺陷。所以，服装企业必须在对传统合作关系和战略合作关系策略做出正确对比之后，再做出最后决策。

| 对于制造商/买主 | 对于供应商/卖主 | 对于双方 |
|---|---|---|
| • 降低成本（降低合同成本）<br>• 实现数量折扣、稳定而有竞争力的价格<br>• 改善时间管理<br>• 交货提前期的缩短和可靠性的提高<br>• 提高面向工艺的企业规划<br>• 更好的产品设计和对产品变化更快的反应速度<br>• 强化数据信息的获取和管理控制 | • 保证有稳定的市场需求<br>• 对用户需求更好地了解/理解<br>• 提高运作质量<br>• 提高零部件生产质量<br>• 降低生产成本<br>• 提高对买主交货期改变的反应速度<br>• 获得更高（比非战略合作关系的供应商）利润 | • 改善互相之间的交流<br>• 实现共同的期望和目标<br>• 共担风险和共享利益<br>• 共同参与产品和工艺开发，实现相互之间的工艺集成、技术和物理集成<br>• 减少外在因素的影响及其造成的风险<br>• 降低投机思想和投机几率<br>• 增强矛盾冲突解决能力<br>• 订单、生产、运输上实现规模效益以降低成本<br>• 减少管理成本<br>• 提高资产利用率<br>• 提高面向工艺的企业规划<br>• 更好的产品设计和对产品变化更快的反应速度<br>• 强化数据信息的获取和管理控制 |

图 6-4　服装供应链合作关系的目标

## 五、服装供应链企业间战略合作关系所产生的竞争优势

服装供应链企业战略合作关系使得企业内部供应链管理延伸和发展为面向全行业的产业链管理，管理的资源从企业内部扩展到了外部。与一般的企业间合作相比，这种新型的合作关系体现了以下几个基本特点：

（1）系统思想。各个企业及各个部门相互协调、信息共享，将供应商、制造商、销售商看成是一个严密的有机体。

（2）共同目标。产品与服务的最终消费者对成本、质量、交货和服务的要求，应该是供应链企业合作伙伴的共同绩效目标，从而使各成员的收入和利润增加。

（3）减少存货，降低成本。供应链企业合作伙伴交易双方相互间极为了解，利益分配方案比较合理，它们不再把存货看作是供应链中供应与需求不平衡时的首选方案。

（4）节约交易成本。供应链上的合作企业之间是相当信任的，在信息共享和利益相关的氛围下，各个成员的信息比较对称，降低交易成本。

（5）提升核心竞争能力。供应链的企业只有自身具有核心竞争能力，它

们才能够保持战略合作关系。所以，他们的战略合作关系的形成不能以丧失企业核心竞争能力为代价，应该做到能够借助其他企业的（核心）竞争能力来形成、维持甚至强化自己的核心竞争能力。

供应链企业间战略合作关系的这些特点可使纺织服装行业建立一个环环相扣的供应链，把多个企业纳入一个整体的管理下实现协作经营和协调运作。

## 第二节　服装供应链合作关系的形成及其制约因素

### 一、服装供应链合作关系建立的基础分析

建立服装供应链合作关系可以有两种基础，要么以实力为基础，要么以信任为基础，以下将分别进行分析。

#### 1. 以实力为基础的服装供应链合作关系

在服装供应链中，如果是以实力为基础而建立的战略合作关系，那么在短期内实力较强的一方将具有发起者特权，在供应链的协调和管理过程中占据主导地位。但从长期来看，这种主导地位必然产生一些负面作用，从而导致服装供应链的整体利益下降。其主要原因如下：

（1）发起者特权常会导致服装供应链上某一企业将自己的利益最大化，而这些利益的获取通常是建立在其他企业利益损失的基础之上，从而使得供应链的整体利益降低。

（2）当服装供应链上的实力均衡发生改变时，发起者特权施加的不公平性可能会伤及供应链上的其他企业。比如，有的供应链中，许多零售商的实力越来越强，甚至超过了制造商。

（3）当服装供应链中的某个企业在努力加强其权利优势时，其他的企业将想方设法进行抵制。比如，许多零售商试图加强自己的力量，而生产商则努力通过设立专卖店或者建立网上销售等方式与客户建立直接联系。在这种情况下，由于各个企业都在试图加强自己的权利优势，彼此之间相互竞争，而缺乏合作，因此导致供应链的整体利益下降。

## 2. 以信任为基础的服装供应链合作关系

信任是指服装供应链上的各个节点企业关注其他企业的利益,并在采取行为或者措施时认真考虑该行为可能对其他企业而产生的影响。以信任为基础的服装供应链合作关系包括服装供应链上两个企业之间的相互依存和各企业建立更高信用的能力。这种彼此的信任和合作将有利于提高服装供应链的整体效益,这主要是因为:

(1)信任使得各企业的行为与供应链的整体目标趋向一致。也就是说,当节点企业相互信任时,他们在采取行为时会更多地考虑其他企业的目标和利益。

(2)行为导向的管理方法使供应链易于实现协调。相互信任的合作伙伴之间可以自由地分享服装供应链上信息,而且由于彼此具有共同的目标,因此他们更易于提高操作绩效,或制定合适的定价策略。

(3)信任和合作不仅可以减少服装供应链上的重复工作,而且可以将任务在企业间进行合理分配,从而提高供应链的整体绩效。比如,当供应商和服装生产商共享过程控制时,生产商便不需要对接收的原材料进行检验。

(4)信任和合作使供应链上的企业更大程度地共享销售和生产的详细信息,并协调彼此在生产和分销商的决策,更好地满足供应和需求,提高供应链的整体绩效。

## 二、建立服装供应链合作关系的制约因素

建立服装供应链合作关系受到以下因素的制约:

(1)最高管理层的态度。良好的服装供应链合作关系必须得到最高管理层的支持和协商,并且企业之间要保持良好的沟通,建立相互信任的关系。

(2)企业结构和文化。在战略分析阶段需要了解相互的企业结构和文化,解决社会、文化和态度之间的障碍,并适当地改变企业的结构和文化,同时在企业之间建立统一一致的运作模式或体制,解决业务流程和结构上存在的障碍。

(3)合作伙伴的能力和兼容性。在供应商评价和选择阶段,总成本和利润的分配、文化兼容性、财务稳定性、合作伙伴的能力和定位(自然地理位置

分布)、管理的兼容性等将影响合作关系的建立。必须增加与主要供应商和用户的联系,增进相互之间的了解(对产品、工艺、组织、企业文化等),相互之间保持一定的一致性。

（4）信任。到了供应链战略合作关系建立的实质阶段,需要进行期望和需求分析,相互之间需要紧密合作,加强信息共享,相互进行技术交流和提供设计支持。在实施阶段,相互之间的信任最为重要,良好愿望、柔性、解决矛盾冲突的技能、业绩评价(评估)、有效的技术方法和资源支持等都很重要。

## 第三节 服装供应链合作伙伴的类型及其评价

### 一、供应链管理环境下合作伙伴的类型

在集成化供应链管理环境下,供应链合作关系的运作需要减少供应源的数量(短期成本最小化的需要,但是供应链合作关系并不意味着单一的供应源),相互的连接变得更专有(紧密合作的需要),并且制造商会在全球市场范围内寻找最杰出的合作伙伴。这样可以把合作伙伴分为两个层次:重要合作伙伴和次要合作伙伴。重要合作伙伴是少而精的、与制造商关系密切的合作伙伴,而次要合作伙伴是相对多的、与制造商关系不很密切的合作伙伴。供应链合作关系的变化主要影响重要合作伙伴,而对次要合作伙伴的影响较小。

图 6-5 为合作伙伴分类矩阵图。图中纵轴代表的是合作伙伴在供应链中增值的作用。如果一个合作伙伴不能对增值做出贡献,那么它对供应链的其他企业就没有吸引力。横轴代表某个合作伙伴与其他合作伙伴之间的区别,主要是设计能力、特殊工艺能力、柔性、项目管理能力等方面的竞争力的区别。根据合作伙伴在供应链中的增值作用和它的竞争实力,可将合作伙伴分成普通合作伙伴、竞争或技术性合作伙伴、有影响力的合作伙伴和战略合作伙伴四类,不同类型的合作伙伴关系的特点如表 6-2 所示。

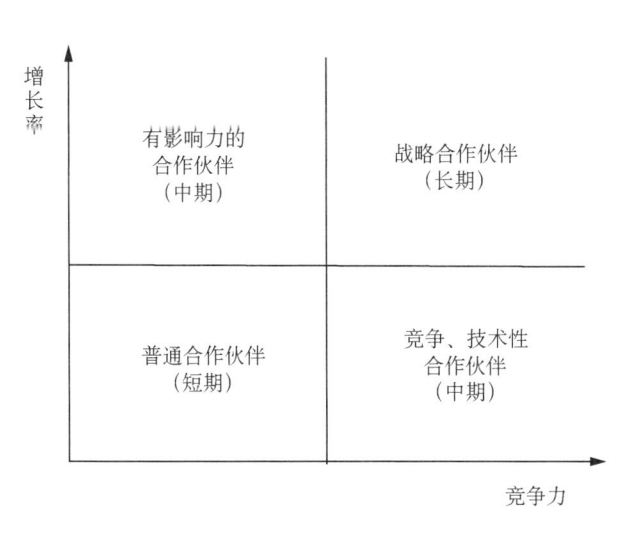

图 6-5　合作伙伴分类矩阵

表 6-2　不同类型合作伙伴关系的特点

| 项目 | 普通合作伙伴 | 竞争性或技术性合作伙伴 | 有影响力的合作伙伴 | 战略合作伙伴 |
| --- | --- | --- | --- | --- |
| 产品特点 | 低值一般产品、充分供应、开放型产品结构 | 偏向开放型产品 | 定制化、产品结构封闭 | 完全定制化、产品结构封闭 |
| 规制形式 | 契约 | 契约+部分专用性投资 | 契约+专用投资+部分信息共享 | 专用人才投资+高度信息分享 |
| 契约的作用 | 非常大 | 较大 | 较小 | 很小 |
| 管理特点 | 严格控制 | 利用型 | 支持、帮助 | 战略协同 |
| 考虑因素 | 价格、供货及时性 | 持续合理供货+价格 | 多功能界面 | 多功能界面 |

在实际运作中，应根据核心企业不同的选择目标、不同的价值趋向，选择不同类型的合作伙伴。对于长期合作需求而言，要求合作伙伴能保持较强的竞争力和增值率，因此最好选择战略性合作伙伴；对于短期或某一短暂市场需求而言，只需选择普通合作伙伴满足需求则可，以保证成本最小化；对于中期需求而言，可根据竞争力和增值率对供应链的重要程度，选择有影响力的合作伙伴或竞争性/技术性的合作伙伴。

## 二、合作伙伴选择的影响因素及其评价

通常情况下，我国服装企业在选择合作伙伴时，产品质量是首要和主要的

考量因素，这与国际上重视质量的趋势相一致；其次是产品价格。另外，出于市场竞争需要，交货提前期以及批量柔性和品种多样性等也是企业考虑的重要因素。但通过调查发现，现阶段服装企业在合作伙伴选择方面还存在较多问题：比如主观性较强、掺杂个人成分、根据印象选择、选择标准不全面、缺乏对产品绿色和环保性能考核等。随着绿色环保成为世界经济发展的主旋律，合作伙伴产品的绿色环保特性必须重点关注。

**1. 综合评价指标体系的设置原则**

（1）系统全面性原则。评价指标体系必须全面反映供应商企业目前的综合水平，并包括企业发展前景的各方面指标。

（2）简明科学性原则。评价指标体系的大小也必须适宜，亦即指标体系的设置应有一定的科学性。如果指标体系过大，指标层次过多、指标过细，势必将评价者的注意力吸引到细小的问题上；而指标体系过小，指标层次过少、指标过粗，又不能充分反映供应商的水平。

（3）稳定可比性原则。评价指标体系的设置还应考虑到易与国内其他指标体系相比较。

（4）灵活可操作性原则。评价指标体系应具有足够的灵活性，以使企业能根据自己的特点以及实际情况，对指标灵活运用。

**2. 综合评价指标体系结构**

随着对环境和社会问题的关注不断增加，可持续的概念也逐渐被引入到合作伙伴的综合评价指标体系中，影响合作伙伴选择的主要因素也在不断更新。厦门大学吴冲、张毅等学者综合文献、政策以及专家意见，构建了包含经济、环境和社会三重底线的合作伙伴选择标准（如图6-6所示）。该评价体系包括15个二级标准和63个三级标准。其中，经济方面涵盖成本、质量、可靠性、交付与服务、灵活性等五个子标准；环境方面包括生态设计、环境管理体系、资源消耗、污染产生、环境实践；社会方面包括就业实践、健康与安全、对当地社区的影响、对合同相关方的影响、对其他利益相关者的影响。第三级标准是对第二级标准的进一步划分，这种层次结构有助于明确定义和解释每个标准。

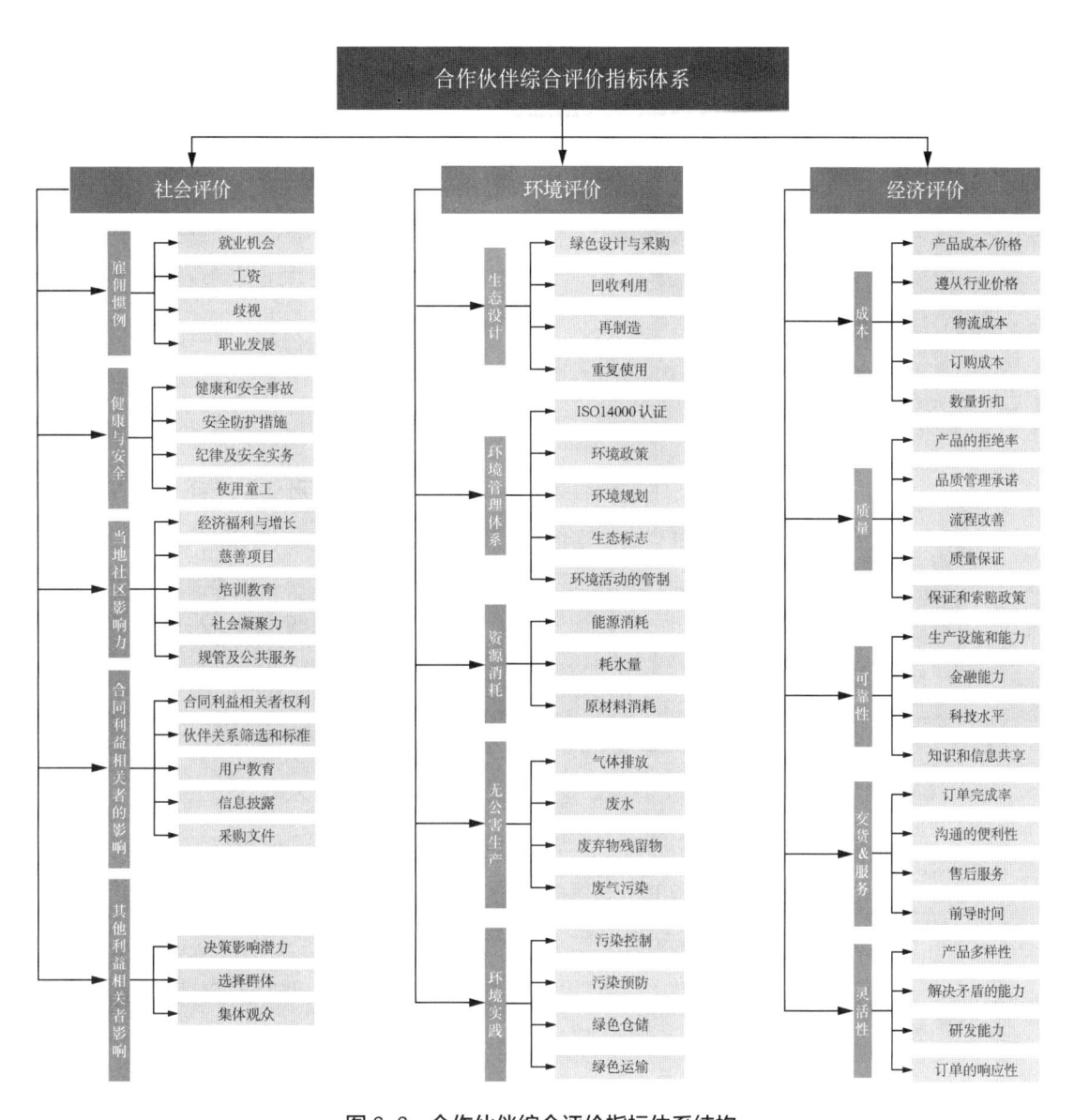

图 6-6　合作伙伴综合评价指标体系结构

## 第四节　服装供应链合作伙伴的选择

合作伙伴的选择是供应链合作关系运行的基础。目前，合作伙伴的业绩对服装制造企业的影响越来越大，在交货、产品质量、提前期、库存水平、产品设计等方面都影响着服装制造商的成功与否。传统的供应关系已不再适应激烈的全球竞争和产品需求日新月异的环境，为了实现低成本、高质量、柔性生产、快速反应的目标，企业的业务重构就必须包括对供应商的评价选择。

## 一、合作伙伴的选择原则

合作伙伴的评价选择是服装供应链合作关系运行的基础。所选企业是否能和整个供应链步调保持一致，是否能促进并增强整个供应链的竞争力，是供应链上每个企业所关注的问题。因此，合作伙伴的选择是企业和供应链提高业绩的首要和基本的问题。

要成功建立服装供应链企业间的战略合作关系，必须选择合适的合作伙伴。如果选择不当，不仅造成企业利润的损失，还会使企业失去与其他企业合作的机会，从而无形中抑制服装企业竞争力的提高。对于供应链中合作伙伴的选择，应根据不同的供应链组织形式和具体任务而制定不同的选择原则和标准。除考虑买卖关系下所关注的价格、质量和交货期外，还要评估企业是否能提供长期而稳定的供应、其生产能力是否配合公司的成长而相对扩展、供应商是否具有适合的企业体制和同本企业相近的经营理念、其产品未来的发展方向和潜力能否符合本企业的需求，以及是否具有长期合作的意愿等。一般的通用性原则如下：

（1）核心能力原则。合作伙伴必须拥有各自可利用的核心竞争优势。惟有合作企业拥有各自的核心竞争优势，并使各自的核心竞争优势相结合，才能提高整条供应链的运作效率，从而为企业带来可观的贡献。这些贡献包括及时、准确的市场信息，快速高效的物流，快速的新产品研制，高质量的客户服务，成本的降低等。

（2）总成本核算原则。即实现供应链总成本最小化以及多赢的战略目标。这要求合作伙伴之间具有良好的信任关系，连接成本最小。同时，伙伴必须少而精。若选择合作伙伴的目的性和针对性不强，过于泛滥的合作可能导致过多的资源、机会以及成本的浪费。

（3）敏捷性原则。服装供应链管理的一个重要目标就是要把握快速变化的市场机会，因此要求各个合作伙伴具有较高的敏捷性，即对来自服装供应链核心企业或其他合作伙伴企业的服务请求具有一定的快速反应能力。

（4）风险最小化原则。供应链运营具有一定的风险性，例如市场风险依旧存在，只不过在个体伙伴之间得到了重新分配，因为合作伙伴面临不同的组织结构、技术标准、企业文化和管理理念，所以必须关注风险问题，尽量回避或减少服装供应链的整体运作风险。

由于服装供应链核心企业具体目标的差异以及具体问题的不同，在选择合作伙伴时可能并不仅仅限于以上四条基本原则，还要考虑很多其他方面的因素。比如：

（1）要求合作伙伴必须拥有相同的企业价值观及战略思想。企业价值观的差异表现在是否存在官僚作风，是否强调投资的快速回收，是否采取长期的观点等。战略思想的差异表现在市场策略是否一致，注重质量还是注重价格等。若价值观及战略思想差距过大，合作必定以失败而告终。

（2）工艺与技术的连贯性。供应链合作关系的展开必须在技术上保持一致标准，包括产品设计、制造工艺的连贯性。工艺上的差异或供应商现在、未来制造能力的局限都会限制供应商在被引入战略合作伙伴后的先进生产技术的引进，从而影响整个供应链的运作。当存在差异时，双方应该在平等互利的基础上进行协商，改进技术工艺的适应性，供应方也要考虑他们是否能适应新原则和操作。

（3）企业业绩和经营状况。一个企业在过去年度里的经营状况往往成为选择长期合作伙伴的重要因素。在与某企业的交易过程中，该企业产品的价格、质量、交货状况决定其在供应商市场的信誉和声望。业绩好的企业一般比较容易被接纳，也很容易进入合作角色。但业绩差的企业也可能拥有很强的潜力，也是值得考虑的。

（4）企业经营状况也是服装供应链条件下的合作伙伴关系选择的重要因素。供应链企业的长期合作要求在战略经营上保持和谐的步调。供应商内部组织与管理是关系到日后供应商服务质量的重要因素。供应商内部组织机构是否合理影响着采购的效率及质量。如果供应商组织机构设置混乱，采购的效率与质量就会下降，甚至由于供应商部门之间的纠纷而影响供应活动及时、高效地完成。另外，供应商的高层主管是否将采购单位视为主要客户也很重要，如果采购单位不被视为主要客户，那么在面临一些突发情况时，便无法取得优先处理的机会。

（5）供应商的财务状况直接影响其交货和履约的绩效。如果供应商的财务出现问题，周转不灵，导致倒闭破产，将会造成自身供料不足，甚至出现停工的严重危机。财务状况稳定的供应商在未来风险的保障上能给企业更多的信息和信任感。此外，企业经营的各个方面都是影响供应商选择的重要因素。

（6）有效交流和信息共享。选择高效的供应商依赖于所有参与者积极的参与，要求双方有效地交流和信息共享。已有业务来往的供应商在信息交流方面比没有业务来往的企业有更多优势。在选择供应商的过程中，只有更好地与被选择方加强交流，才能提供更多的战略信息，使得评价过程和结果更具可信度和参考价值。

## 二、服装供应链中合作伙伴的选择方法

选择合作伙伴的方法较多，一般要根据供应单位的多少、对供应单位的了解程度以及对物资需要的时间是否紧迫等要求来确定。目前国内外较常用的方法主要有：

### 1. 直观判断法

直观判断法是根据征询和调查所得的资料并结合人的分析判断，对合作伙伴进行分析、评价的一种方法。这种方法主要是倾听和采纳有经验的采购人员意见，或者直接由采购人员凭经验做出判断。常用于选择企业非主要原材料，如辅料、配料的合作伙伴。

### 2. 招标法

当订购数量大、合作伙伴竞争激烈时，可采用招标法来选择适当的合作伙伴。它是由企业提出招标条件，各招标合作伙伴进行竞标，然后由企业决标，与提出最有利条件的合作伙伴签订合同或协议。招标法可以是公开招标，也可以是指定竞级招标。公开招标对投标者的资格不予限制，指定竞标则由企业预先选择若干个可能的合作伙伴，再进行竞标和决标。

招标方法竞争激烈，企业可以在更广泛的范围内选择合适的合作伙伴，获得有利条件和经济实惠的物资。然而，招标手续繁琐、时间长，无法应对紧急订购的需求；订购灵活性较差，有时双方了解不足、协商不充分，导致货物不符合要求或无法按时交付。

### 3. 协商选择法

在供货方较多、企业难以抉择时，也可以采用协商选择的方法，即由企业

先选出供应条件较为有利的几个合作伙伴，同他们分别进行协商，再确定适当的合作伙伴。

与招标法相比，协商方法由于供需双方能充分协商，在物资质量、交货日期和售后服务等方面较有保证。但由于选择范围有限，不一定能得到价格最合理、供应条件最有利的供应来源。当采购时间紧迫、投标单位少、竞争程度小、订购物资规格和技术条件复杂时，协商选择方法比招标法更为合适。

#### 4. 采购成本比较法

对质量和交货期都能满足要求的合作伙伴，则需要通过计算采购成本来进行比较分析。采购成本一般包括售价、采购费用、运输费用等各项支出的总和。采购成本比较法是通过计算分析针对各个不同合作伙伴的采购成本，选择采购成本较低的合作伙伴的一种方法。

#### 5. ABC 成本法

鲁德霍夫（Roodhooft）和科林斯（Jozef Konings）在 1996 年提出基于活动的成本分析法，通过计算合作伙伴的总成本来选择合作伙伴。它通过分析企业因采购活动而产生的直接和间接的成本的大小，选择成本最小的合作伙伴。

#### 6. 层次分析法

该方法的基本原理是根据具有递阶结构的目标、子目标（准则）、约束条件、部门等来评价方案，采用两两比较的方法确定判断矩阵，然后把判断矩阵的最大特征相对应的特征向量的分量作为相应的系数，最后综合给出各方案的权重（优先程度）。

由于该方法让评价者对照相对重要性函数表，给出因素两两比较的重要性等级，因而可靠性高、误差小，并且思路清晰、方法简单，适用面广，便于推广应用。不足之处在于存在一定的主观性，而且当遇到因素众多、规模较大的问题时，该方法容易出现问题，如判断矩阵难以满足一致性要求，往往难于进一步对其分组。

#### 7. 神经网络算法

人工神经网络（ANN）可以模拟人脑的某些智能行为，如知觉、灵感和形象思维等，具有自学习、自适应和非线形动态处理等特征。由于该方法的评价模型更加接近于人类思维模式。评价过程中可再现评价专家的经验、知识和直觉思维，实现了定性分析与定量分析的有效结合，也可以较好地保证合作伙伴综合评价结果的客观性。因而具有一定的优势。但也存在一定的缺点，学习过程收敛速度慢，难以获得全局最优解。B-P算法难以解决供应商选择评价中的大量指标问题，同时也很难达到较高的精度。

### 三、合作伙伴的选择步骤

服装供应链战略合作关系的建立是一个复杂的过程，不仅是企业结构上的变化，而且在观念上也必须有相应的改变。所以，必须一丝不苟地选择合作伙伴，以确保真正实现供应链合作关系的利益。

图6-7为合作伙伴的综合评价选择步骤。企业必须确定各个步骤的开始时间，每一个步骤对企业来说都是动态的（企业可自行决定先后和开始时间），并且每一个步骤对于企业来说都是一次改善业务的过程。

#### 1. 分析服装市场竞争环境

市场需求是服装企业一切活动的驱动源。为建立长期合作的供应链关系，首先需要分析市场竞争环境。包括确定产品需求、类型和特征，以确认用户需求，确定是否需要建立供应链合作关系。如果已有供应链合作关系，需要根据需求变化考虑调整。同时还需分析现有合作伙伴的状况，总结问题并评估合作伙伴的选择。

#### 2. 确立合作伙伴选择目标

企业必须确定合作伙伴评价程序如何实施、信息流程如何运作、谁负责，而且必须建立实质性、实际的目标。其

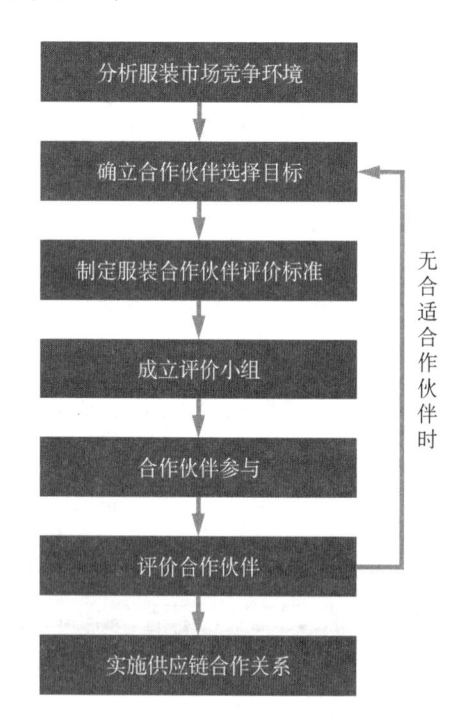

**图6-7 合作伙伴评价及选择步骤**

中降低成本是主要目标之一，合作伙伴评价和选择并不是一个简单的评价、选择过程，而是企业自身和企业与企业之间的一次业务流程重构过程。

### 3. 制定服装合作伙伴评价标准

合作伙伴综合评价的指标体系是企业对合作伙伴进行综合评价的依据和标准，是反映企业本身和环境所构成的复杂系统不同属性的指标，按隶属关系、层次结构有序组成的集合。根据系统全面性、简明科学性、稳定可比性、灵活可操作性的原则，建立集成化供应链管理环境下服装合作伙伴的综合评价指标体系。

### 4. 成立评价小组

企业必须建立一个小组以控制和实施合作伙伴评价。组员以来自采购、质量、生产、工程等与供应链合作关系密切的部门为主，组员必须有团队合作精神、具有一定的专业技能。评价小组必须同时得到制造商企业和合作伙伴企业最高领导层的支持。

### 5. 合作伙伴参与

一旦企业决定进行合作伙伴评价，评价小组必须与初步选定的合作伙伴取得联系，以确认他们是否愿意与企业建立供应链合作关系，是否有获得更高业绩水平的愿望。企业应尽可能早地让合作伙伴参与到评价的设计过程中来。然而，由于企业的力量和资源的有限性，企业只能与少数的、关键的合作伙伴保持紧密合作，所以参与的合作伙伴不能太多。

### 6. 评价合作伙伴

评价合作伙伴就是调查、收集有关合作伙伴的生产运作等方面全方位的信息。在评价合作伙伴时，可以收集其信息并利用适当的工具和技术方法进行评估，如前面所提到的人工神经网络技术评价。考虑到服装供应链中不同合作伙伴的特点和角色，评价指标应根据其在供应链中的作用进行选择。评价完成之后，需要根据技术方法做出选择合作伙伴的决策。如果找到适合的合作伙伴，则可以开始实施供应链合作关系。如果没有则需返回评价选择步骤重新开始。

### 7. 实施供应链合作关系

在实施供应链合作关系的过程中，市场需求将不断变化，可以根据实际情况的需要及时修改合作伙伴评价标准，或重新开始合作伙伴评价选择。在重新选择合作伙伴的时候，应给予旧合作伙伴以足够的时间以适应变化。

### 四、服装供应链合作伙伴选择的误区

合作伙伴选择是供应链管理中最重要的基础,也是成功的关键。许多大企业通过选择合适的合作伙伴实现了供应链管理的高效协作和成功。然而,实际运作中仍有不少企业容易陷入一些误区,导致合作伙伴选择不当而影响绩效并浪费资源。为此,服装企业在选择合作伙伴时需审慎而后行,避免出现以下误区:

#### 1. 选择合作伙伴就是选择战略性合作伙伴

如前所说,根据合作伙伴在供应链中的增值作用及其竞争实力,可以将合作伙伴分成四种类型:普通合作伙伴、有影响力的合作伙伴、竞争性/技术性合作伙伴和战略性合作伙伴。由于供应链战略性合作伙伴关系的形成,可以降低供应链总成本、降低供应链上的库存水平、增强信息共享水平、改善相互之间的交流、保持战略伙伴相互之间操作的一贯性,最终产生更大的竞争优势,进而实现供应链节点企业的财务状况、质量、产量、交货、用户满意度以及业绩的改善和提高。因此,许多企业认为只有战略性合作伙伴才是真正的合作伙伴,选择合作伙伴就是选择战略性合作伙伴。然而,不同的供应链目标需要选择不同类型的合作伙伴,需要视具体情况具体对待。

#### 2. 所有客户都应该成为合作伙伴

有些企业认为,既然供应链合作伙伴关系对供需双方具有双赢的效应,因而应将合作伙伴关系推广到所有客户身上,即视所有客户为合作伙伴,也就是将合作伙伴关系视为经营客户关系的一个通用的、全方位的、全功能的策略。事实上,有许多看似确实不错的合作伙伴关系,最后获得的成效甚至无法弥补建立合作伙伴关系所花费的成本与精力。换言之,当企业关系只涉及非常单纯的产品服务的传递,或是当基本的运送目标非常标准且固定时,合作伙伴关系的缔结就没有任何意义可言。毕竟建立合作伙伴关系是一种高风险的策略,一旦失败将会导致大量的资源、机会与成本的浪费,比传统的供应商关系更加糟糕。因此,企业必须有选择性地运用伙伴关系策略。

#### 3. 仅仅把供应商纳入合作伙伴选择范围

在涉及供应链合作伙伴选择的问题时,许多企业只是把供应链的上游企

业——供应商列入合作伙伴的范围,而容易忽略供应链的下游企业——分销商。事实上,合作伙伴关系不仅存在于供应商和制造商之间,还存在于制造商和分销商之间。因为分销商更接近用户,也更了解用户的喜好,更能够提供恰当的建议来根据用户需求设计和开发产品。因此,在选择供应链合作伙伴时,也应重视分销商的选择,并与其建立良好的合作关系,以确保产品的渠道畅通和适销对路,从而实现供应链的成功协作和管理。

### 4. 把合作伙伴选择看成是一种阶段性行为

供应链合作伙伴关系需要具有延续性和扩展性。企业在选择供应链合作伙伴时不仅要考虑全面、具体,更要充分考虑供应链的未来发展以及合作伙伴关系的升级,通过宏观和长期的规划以实现可持续发展。选择供应链合作伙伴是一个复杂的系统工程,简单地一次性建立合作伙伴关系、或放弃可进一步合作的伙伴都会浪费企业大量时间、人力资源和各项投资。因此,在选择供应链合作伙伴时,应先进行总体规划,然后逐步实施,并在此基础上建立迫切需要加强合作的合作伙伴关系,并将可稍后考虑的合作伙伴放在后续环节进行链接。同时,企业需要平衡对供应链合作伙伴的阶段性需求和长远发展之间的矛盾。对于确实失去合作价值或无法提高供应链绩效的合作伙伴,及时淘汰是正确的决策。因此,正确评价和处理当前合作的合作伙伴是一个关键决策问题。

### 5. 选择合作伙伴的数量越少越好

有些企业倾向于选择更少甚至单一供应商,以便更好管理供应链并建立长期合作关系。从理论上来讲,减少供应商数量可以扩大供货量、实现规模效益,并促进稳定合作关系,但在实际操作中却存在一些问题。因为单一供应商有可能由于意外情况或缺乏竞争意识而中断供货,从而导致生产延误。此外,供应商通常是独立的商业竞争者,不愿成为企业的原材料库存点,故选择单一供应商的愿望难以实现。所以,在选择供应商时,服装企业应综合考虑企业运行需求和供应商情况,不能简单地认为选择越少(甚至单一供应商)越好。

### 6. 视交易量为选择合作伙伴的重要标准

目前,服装企业在选择合作伙伴时,产品质量是主要的标准,这与国际上重视质量的趋势相一致。然而,针对交易量、交易频率也应客观和正确分析,许多企业都倾向于将单次高交易量的客户作为合作伙伴的选择对象,而忽略了那些低交易量、高频次的客户。交易量是指企业与客户往来生意的金额大小；交易频率是指供应商与客户往来生意的次数，两者之间有本质区别。长期来看，企业与客户的频繁往来对于建立合作伙伴关系具有深远影响。客户通常根据交易频率来评估供应商或分销商。如果往来不频繁，客户难以超越传统交易模式，也无法在多次交易中发现合作伙伴关系的价值。因此，企业更容易选择与频繁交易的客户建立合作伙伴关系，相比选择交易量大但不频繁的客户，成功机会更高，风险更小。

**7. 根据印象选择合作伙伴**

选择合作伙伴的前提是明确选择哪些企业作为合作对象，并根据供应链目标确定选择标准。通过综合评价指标体系对合作对象进行筛选，最终确定合作伙伴。然而，一些服装企业在选择合作伙伴时往往过于主观，凭个人印象进行选择，缺乏全面的评价标准和指标体系，导致选择的合作伙伴无法发挥应有作用。因此，在选择合作伙伴之前，企业需要建立一套完整、科学、全面的供应链合作伙伴综合评价指标体系，以确保评价建立在全面、具体、客观的基础上。

## 第五节　服装供应链合作伙伴的协作

在服装供应链中，常常会存在一些影响供应链合作伙伴有效协作的障碍因素，即服装供应链中任何由于企业自身最优化而导致供应链效益受损、或使供应链内信息扭曲和不确定性增加的因素。通常情况下，主要表现为激励障碍、信息处理障碍、操作障碍、定价障碍和行为障碍五种，这些障碍因素的存在使得服装供应链中合作伙伴的协作存在一定的难度。以下将针对不同类型的障碍因素，分析促使合作伙伴之间有效协作的方法。

### 一、激励措施与供应链的目标相一致

服装供应链中的不同企业或参与方由于提供了一些"激励"措施而使得供应链的不确定性增加，降低了供应链的赢利水平，形成了服装供应链中的激励障碍。在服装供应链中，主要存在以下两类激励障碍：

（1）追求供应链功能部门或企业自身利益的最大化，而忽视供应链的整体利益。通常评估供应链中的企业或功能部门时，主要以成本为依据。因此，各个节点企业或内部功能部门都会采取激励措施来追求自身的最佳表现。然而，这些激励措施通常只考虑了企业或部门的利益，而忽视了供应链整体利益，导致整个供应链的总体利润未能最大化。比如，在考核服装企业内部运输部门绩效时，通常使用单位平均运输成本，并将人员工资与绩效挂钩。为了降低单位货物的平均运输成本，运输人员会采取降低成本的措施，如批量运输。然而，这可能导致企业库存水平增加，占用资金。从整体供应链的角度来看，虽然这种运输决策降低了部门的运输成本，但却提高了供应链的库存水平，总成本未必最小化。同样，如某服装零售商为追求自身利润最大化，可能片面压低采购价格，忽视与供应商之间的双赢，导致整体供应链绩效下降。

以上两个例子表明，服装供应链内部目标的不一致是导致问题出现的根本原因。为了解决这个问题，需要改变传统的绩效考核方法，确保供应链中的所有节点企业或企业内部不同的功能部门的考核目标相一致。在服装企业内部，各功能部门的考核指标应与企业整体目标一致。设备、运输、采购和库存等决策应根据它们对企业利润率的影响进行评估，而不是仅仅关注总成本或自身成本。

（2）销售人员的奖励措施存在缺陷。不恰当的销售人员奖励措施对服装供应链协作造成了障碍。目前，销售人员的绩效通常以单位时间内完成的销售量来衡量。为了达成销售任务或提高绩效，销售人员可能采取一些措施，比如给予折扣来刺激销售，这增加了供应链的不确定性。此外，销售人员的销售量是指销售给分销商或零售商的产品数量，而不是最终顾客的销售量。以不稳定的非最终顾客销售量来预测未来的生产量会导致较大误差，降低供应链整体绩效。

因此，应将销售人员的绩效考核改为根据零售商的实际销售量来评估，而不是买入量。这样可以有效降低销售人员在评估期末推销给分销商或零售商的行为，减少提前购买，减轻供应链中订单流的波动，降低牛鞭效应的影响。

## 二、提高供应链上需求信息的准确性

需求信息在传递过程中被扭曲而导致供应链中订单的不确定性增加，形成服装供应链上的信息处理障碍。服装供应链中信息处理障碍主要表现在以下方面：

（1）根据订单而不是顾客需求预测需求。在传统模式下，服装供应链上的各个企业通过发送订单进行基本的交流。节点企业之一的主要任务是履行下游企业的订单。然而，这种方式下，节点企业将下游订单量的变化视为顾客需求的变化，并以此预测下游的订货量。这样的需求预测在供应链中传递时会被扭曲和放大，导致牛鞭效应的产生。

（2）信息共享缺乏。服装供应链上节点企业之间信息共享的不足会扩大牛鞭效应。例如，一家服装零售商计划在节日期间通过促销活动扩大销售，为此增加了向上游供应商的订单量和库存补充。如果生产商不知道订单增加是因为促销活动所致，可能会错误地将订单增加解读为长期需求增加，并相应增加对上游供应商的订单量。然而，当促销活动结束后，供应商将面临大量库存。当该服装零售商在节日期后恢复到正常订单水平时，生产商可能将订单减少理解为顾客需求降低，并相应减少对供应商的采购量。实际上，服装零售商的促销活动并没有实质性改变顾客需求，只是通过促销活动提前或刺激了购买行为。然而，这导致服装生产商在面辅料供应链中订单量出现大幅波动。

针对以上问题，为有效降低供应链中牛鞭效应的影响，可以采取以下措施：

（1）共享销售点数据。共享销售点数据是服装供应链中的一项重要策略，通过共享零售商的销售数据，以最终顾客的需求为依据进行需求预测，可以降低牛鞭效应。然而，真正实现信息共享依然存在难度，许多企业不愿意分享库存数据、需求数据和经营状况等信息，导致博弈行为增加。因此，实现服装供应链上的信息共享需要各方共同努力。

（2）实行共同预测与补货。合作预测与补货计划（CFAR）是指零售企业与生产企业通过合作进行商品预测和连续补货的系统。最初由沃尔玛和宝洁公司创造，通过共同预测销售情况并设计补货策略来保持沃尔玛和宝洁之间的协调。在沃尔玛的推动下，CFAR系统发展为共同预测与补货（CPFR），不仅包括预测和补货，还涵盖生产计划、库存计划、配送计划、销售规划等全方位的共同计划。CPFR的优势在于准确预测销售高峰和波动，让分销商和供应商做好充分准备。CPFR采取多赢原则，从整体管理角度出发，以库存管理为核心，并促进更广泛深入的伙伴合作，实现面向客户的合作框架和消除供应链约束。

（3）采取由单一企业控制补货的方案。设计一种整条供应链仅仅由一家企业控制补货的供应链模式将有助于减少牛鞭效应的影响。如前所述，牛鞭效应的关键原因是供应链中每个企业都将自己下游企业的订单看成历史需求，结果每个企业都认为自己的作用就是给下游企业补给货物。事实上，最主要的补给是在零售商，因为这是最终顾客购买商品的地方。当一个企业控制整条供应链的补给决策时，将会降低供应链上不同企业分别预测而产生的牛鞭效应的影响。

### 三、提高操作绩效

在下达和履行订单的过程中，供应链节点企业所采取的导致不确定性增加的行为，形成了服装供应链协作中操作障碍。主要表现在以下方面：

（1）大批量订货。所谓大批量订货，是指供应链的节点企业所下达的订单的批量远大于需求增长的批量。企业之所以会采取大批量订货，要么是出于以规模效益降低成本的目的，要么是为了享受基于批量大小而带来的数量折扣。但是，大批量订货的信息会导致供应链上不确定性的订单流。

某服装分销商为了获得折扣或降低运输成本，采取大批量订货的方式，将采购周期调整为4周，一次采购大约2 000件服装。这导致在一次订单完成后有3周没有订单，给成衣生产商的订单流带来不稳定性。如果多家分销商或零售商都采取这种方式，成衣生产商的订单流的不确定性将更大。为了减少这种影响，应尽量减少批量大小，降低订单流和需求流的波动幅度。管理者可以采取措施降低固定成本或设计合理的定价策略来实现这一目标。

比如，为了降低与订货、运输和收取每票货物相关的固定成本，可以使用计算机辅助订货（CAO）来综合考虑销售情况、市场因素、库存水平、产品接收和期望服务水平等信息。在运输方面，可以将同一家或多家零售商的多种类、小批量货物装满一辆车进行运输。另外，通过鼓励顾客以均匀分配的方式订货，可以减小批量影响的最小化。例如，将一段时间内的订货量平均分配到每天，以避免产生牛鞭效应。这种方式不会对零售商产生太大影响，但可以有效改善订货流程。

（2）补货提前期的延长。如果供应链上企业之间的补货提前期延长的话，将会导致牛鞭效应的扩大。假定某服装零售商的提前期为两周，那么它在下达订单时就会把两周的预期增长（减少）量考虑到订单内。可以想象，如果补货提前越多，它下订单时考虑进去的预期增长（减少）量就越大，结果必然导致供应链上牛鞭效应的影响。

因此，企业管理者应该尽可能缩短补货提前期。这对季节性强的服装尤为有效。比如，利用电子数据交换和其他电子通信方式，大幅缩减与订单下达和信息转移相关的提前期；增加生产单位的生产柔性和模块化生产；将一次订货分成几次订货等。

（3）配给和缺货的博弈。当高需求的产品在供不应求的情况下，按比例将有限的产品分配给零售商下达的订单的配给计划将导致供应链上牛鞭效应的扩大。比如，某服装公司开发了一种新产品，需求超过供应。为满足不同分销商或零售商的需求，采取配给计划，按可提供商品与总订单数量的比例来分配不足的产品。一些零售商为了获得更多产品，增加了订货量。但由于这种配给计划引发博弈，导致人为扩大产品订货数量。如果公司以订单来预测未来需求，会误以为需求增加，进而增加投入以满足订单，尽管顾客需求并未改变。随着生产力满足需求后，由于配给计划导致的订单增加将回归正常水平，公司产品供过于求。这种供求矛盾将交替出现。

针对配给和缺货的博弈，管理者可以设计合理的配给计划以抑制零售商在缺货情况下的人为扩大订货量。比如，根据零售商过去的销售量而不是目前的订货量来分配不足的商品，即"延期兑现"的方法。按过去销售量分配供应产品可以消除零售商不得不扩大订货量的刺激，因此也会抑制牛鞭效应。更重要的是，延期兑现的方法可以促使零售商在低需求的时候努力销售更多的商品，以便提高在缺货时期可得到的分配量。

## 四、利用定价策略稳定订货量

由于产品的定价策略而导致发送订单的不确定性增加的情况，称为服装供应链中的定价障碍。比如之前已经提到的基于订单大小的数量折扣，或者由于促销活动而使得产品价格波动，引起零售商提前购买行为的发生，都会造成服装供应链上订单流和生产活动的不稳定。

针对这类障碍，管理者可以通过设计定价策略的办法，达到稳定订货量的目的。比如,数量折扣由基于批量大小向基于总量大小转移。批量折扣是根据每批采购的数量确定的,而总量折扣是根据特定时期内的采购总量确定的。批量折扣鼓励零售商增加批量规模,导致供应链中的循环库存增加。而总量折扣旨在提高供应链的利润,与减小批量规模和降低库存的目标一致。因此,供应链可以通过小批量规模与总量折扣方案协调。此外,可以通过减少促销活动、限制购买量或实行每天低价等方法,减少零售商的提前购买行为,以使其订货量与顾客需求相匹配。

另外,即使在总量折扣方案下,零售商在接近计算期末时也将有增加批量规模的趋势,从而导致曲棍球现象的产生。例如,假设某服装销售企业在一个季度内订购数量超过4 000件,生产商会提供2%的折扣。在这一季度结束的前一星期,该公司共卖了3 000件。即使销售企业本打算最后一星期只卖300件,为了获得折扣,它可能订购1 000件。在这种情况下,尽管所采取的不是以批量为基础的数量折扣,供应链的循环库存仍将增大。这种订购峰值出现在财务水平线末端的情况就称为曲棍球现象。为避免这种现象,可以采取滚动折扣的方式,以过去12周的销售总量为基础来确定价格折扣。例如,每个星期服装生产商都可以向服装销售企业提供以过去12周的销售量总和为基础的价格折扣。这样,通过滚动水平总量折扣的方法就减弱了曲棍球现象。

### 五、建立战略合作伙伴关系

行为障碍是指企业行为方面的问题,这些问题通常与供应链结构中不同企业间的交流等方式有关。如果解决不好,同样会促成牛鞭效应的产生。实际中主要存在以下行为障碍:

(1)供应链每个企业只关注自身行为而看不到其行为对其他企业的影响。

(2)供应链的不同企业仅对当前自身行为做出反应,而没有明确根本原因。

(3)供应链的不同企业各自根据自身分析产生波动的原因,结果相互责怪,使得上、下游企业成为对手而不是合作伙伴。

(4)供应链中的企业不会从自身行为中吸取教训,因为任何企业采取的行为的最显著的影响发生在其他企业身上,结果形成一种恶性循环:一个企业采取的行为造成的问题恰好是其责怪其他企业的问题。

（5）供应链合作伙伴之间的信任缺乏也会导致明显的重复努力，更重要的是有效的信息在不同企业之间或者没有共享或者因为不信任而被忽略。

针对以上问题，在供应链中建立信任和战略伙伴关系可以有效解决牛鞭效应的问题。如果每个企业都能相互信任地共享准确信息，那么整条供应链内将能很好地做到供应与需求的一致且维持较低的成本。同时，良好的合作伙伴关系也易于降低供应链节点企业间的交易成本。比如，供应商如果相信来自于零售商的订货量和预测信息，他们就可以减少预测方面的努力。总之，供应链中的企业可以在提高信任和良好关系的基础上减少重复努力。伴随准确的共享信息，交易成本的降低有助于减少牛鞭效应的影响。

## 第三部分　项目实操

### 一、项目任务

基于对服装供应链合作伙伴关系知识的了解，以学生校服为例，采用招投标的方法进行合作伙伴的模拟演练，分组完成招投标的相关资料和文件。

### 二、完成要求

（1）班内同学分为3~4组，协商形成招标方和投标方。

（2）采取文献调研、市场调研、专家访谈等多种方法了解校服市场行情、生产企业等信息，明确目标品牌合作伙伴关系建立的类型和管理策略。

（3）组内明确个人分工与任务，合作完成招投标的相关文件。

（4）采用现场模拟方法，各小组完成校服招投标的项目汇报。

## 第四部分　案例学习

### 秒优智造与爱慕、迪卡侬和森马的服装供应链战略合作

作为供应链服务商的秒优智造，是国内领先的一站式、全品类服装柔性供应链优质服务商。该公司以羽绒服、双面呢、针织和梭织时装四大品类为主，主要

为国内服装企业提供从设计、开发、打样到生产、交付的供应链服务，实现了从订单、开发、打样、采购、裁剪、缝制、后道到成品的一站式数字化管理和全流程智能化生产，打造了 1 小时报价、48 小时打样、72 小时大货生产的快反柔性供应链服务能力。该公司始终专注于产业数字化和供应链创新两大布局，通过技术创新提升服装制造的整体快速反应和数字化水平，先后完成浙江、广东、山东、河南、江苏五大智能制造基地和 100 余家云工厂的全国供应链产能布局。

秒优智造依托大数据、物联网、人工智能、5G 等新兴技术，坚持自主研发增值税（GST）、MES、ERP、吊挂 FMS、iMES 等全套核心产品，已成功为绫致集团、爱慕、森马、SHEIN、伊芙丽、三彩等 300 余家服装企业提供专业、快速、高质量的柔性供应链服务。良好的客户口碑效应，使得秒优智造的供应链创新模式受到业界企业的高度认可。根据秒优科技官网信息，以下为该公司供应链合作的典型案例：

### 1. 秒优×爱慕，打造时尚数字化标杆工厂

爱慕股份有限公司是知名的上市品牌企业，专业从事高品质贴身服饰及其用品的研发、生产与销售。自创建"爱慕"（AIMER）品牌，持续建设品牌和品类，现拥有"爱慕先生""爱慕儿童""爱美丽""爱慕健康"等多个品牌。在数字化时代，全球整合、规模生产和销售、市场细分为企业提供了巨大的发展空间，爱慕借助国内领先的数字化软件，打造时尚数字化工厂，帮助企业实现转型升级。

爱慕联合秒优科技及国内其他 3 家知名供应商企业，推进以物联网技术为基础的生产过程智能化改造、业务财务一体化整合，涉及四大系统（PLM、ERP、NC、MES）关联整合，最终实现爱慕时尚工厂高效生产、质量提升、数字赋能，打通时尚工厂数字化链条。秒优智造通过领先的 MES 智能制造实力和项目实施的执行力，帮助爱慕解决生产问题，为企业提供一个快速反应、有弹性、精细化的制造车间环境，帮助企业降低成本、按期交货、提高产品和服务质量，赋能爱慕领跑行业数智浪潮。

### 2. 秒优×迪卡侬，快速打造细胞流数字化平台

迪卡侬集团在数字化精益生产方面一直走在前列，以创新的理念和全产业链模式为大众提供高性价比的产品，在柔性供应链等领域不断探索实践。为了更好地适应发展趋势，快速响应市场需求，迪卡侬联合秒优，通过系统算法协

助生产团队动态模拟细胞流生产过程,在细胞流生产模式下,一条生产线上同时生产 5 款产品,高频快速转款,生产效率达到 70% 以上,满足了多款小单快反的需求,树立了业内小单快反的新标杆。

### 3. 秒优 × 森马,打造协同的上下游生态圈

秒优智造与森马国际高端系列 Juicy Couture、Marc o'Polo 等品牌达成服装供应链战略合作,双方通过技术创新、协同合作,发挥各自优势,共同开启小单快反柔性智造新时代。基于供应链价值,森马国际与秒优智造发展为长期而友好的商业合作伙伴关系。一方面,秒优智造为森马国际的 Juicy Couture、Marc o'Polo 等品牌的战略合作伙伴提供从打样到生产交付的"有质量的快反"供应链服务,有序打造从订单到供应链数据协同的上下游生态圈;另一方面,森马国际希望借助秒优智造领先的柔性供应链技术,凭借自身在国内服装领域多年的积累,能够强强联合,完成业务需求。

### 4. 秒优 × 361° 集团,打造全数据链接的品质快反标杆工厂

361° 集团是一家集品牌、研发、设计、生产、经销为一体的综合性体育用品公司,是中国领先的运动品牌企业之一。随着互联网发展,新生代消费者日益增长的个性化、定制化的需求,服装行业也不断进行组织模式革新。该集团联合秒优,通过对其五里工业区的园区进行以物联网技术为基础的智能化改造,打通企业数字链条。从订单获取到最终交货的所有环节实现信息的传递,在生产过程中,通过 MES 管理系统,标准工时 GST 管理系统,APS 及 WMS 管理系统等,基于移动端 SCM 系统对生产端各节点生产数据的监控及分析预警推送,降低管理难度,提高生产效率,大幅降低企业管理成本,进一步提升生产企业市场快速反应能力、提升产品加工效率和产品质量、降低产品成本,增强企业整体竞争力。

## 第五部分　知识拓展

### 供应链合作伙伴关系的维护

供应链合作伙伴关系的维护,是成功供应链管理体系中的关键一环。只有通过信息共享、公平公正、失信防范、文化融合等方面的努力,才可以加强合

作伙伴之间的互信与协作,提高供应链的效率与竞争力。具体分析如下:

### 1. 通过信息共享加快反应速度

加强供应链中企业间的信息共享可以减少不确定性。通过以客户需求为基础进行生产预测,并在各节点企业间共享信息,可以缓解信息传递过程中的扭曲。通过高度的信息共享,企业可以根据销售商数据来制订和调整生产计划,降低整个供应链的不确定性。完善企业的信息系统、构建第三方信息系统平台和建立公共的信息平台等方法可以提高信息共享水平,减少供应链中的"牛鞭效应"。

### 2. 公平公正,平等互利

公平分配和程序公平是供应链管理中非常重要的方面。公平分配指合作成员从合作关系中获得的结果是否与付出的代价成比例,包括平等性、需求性和均等性。平等性表示收益与投入是否相称,需求性表示分配结果是否满足参与条件,均等性表示不同成员所得收益是否相同。供应链成员企业追求分配公平,不公平待遇可能导致合作关系破裂。程序公平指合作流程的公正性,包括无偏性、知识性和可驳性。无偏性表示成员企业政策的一致性,知识性表示对经营环境的熟悉程度,可驳性表示企业可以反驳合作伙伴的经营政策。程序公平展示了供应链成员的团体身份和地位,有助于加强归属感和合作关系的稳定性。

### 3. 建立失信行为的防范机制

每个成员企业行为的理性化,尤其要抵御住外部的巨大诱惑,就需要建立一套合理的防止"失信"行为产生的防范机制。例如:制定详细而周密的合同,强化"失信退出"的惩罚机制,如果企业失信将受到资产和信誉的很大损失。如果供应链成员企业觉得评估是公正的,利益分配是公平的,失信的代价是沉重的,那么他们会更愿意遵循既定的原则和规定。

### 4. 深入的文化融合

培养供应链协作的文化氛围是成功实施供应商关系管理的关键因素。随着合作时间的延续与合作关系的深化,合作伙伴的价值观与信念在合作中的作用越来越明显。趋同的价值观将成为连接供应链企业的无形纽带,有利于增强各节点企业的归属感和认同感,提升供应链整体竞争力。为了减少文化差异对供应链竞争力的影响，可以从以下几个方面促进文化融合：

（1）加强企业间的沟通。保持企业间人员的频繁接触，取得相互的信任和理解，以便能更好地理解他人的行为，消除企业间的偏见。

（2）加强供应链中的管理移植。供应链中的管理移植就是将一种文化中成功的管理思想、方法、制度和技术，转移到另一种企业文化中，以求得相应的效果。

（3）提高供应链内企业各自的核心竞争力。核心竞争力的提高在很大程度上取决于企业人员素质的提高。要加强企业的人力资源管理，通过引进、教育、培训等方式，提高各类人员的业务素质，培养员工的大局观和合作共赢意识。

值得注意的是，以上四点均需建立在合作伙伴共同的战略愿景和长期合作的目标之上。只有供应链各方秉持共同的理念和价值观，并通过共同奋斗，才能真正起到维护供应链合作伙伴关系的目的。

# 专题七  服装供应链的运营及管理

在全球化的时代背景下，服装供应链的各个节点企业位于不同区域，且各个区域都有自身特色，如何让服装品牌与上下游进行系统性的合作，对产业提升、产品创新的作用不言而喻，这就涉及到服装供应链的运营与管理问题。服装供应链涵盖了从原材料采购、生产制造、物流运输、销售零售的全过程，其高效与否直接影响着企业的竞争力和可持续发展。然而，服装供应链的复杂性和多样性使其管理充满了挑战。近几十年来，供应链管理得到了前所未有的重视，发展十分迅速，鉴于企业自身生存的需要，促使企业越来越重视供应链管理，并根据顾客需求、全球化、竞争、信息与通讯、政策和环境的不断变化，积极寻求供应链的改进，以提高企业的竞争能力。

供应链管理要取得创新成果，企业需要多方面、多层次地与供应链伙伴之间进行交流，共同培训、开发改进，建立长期合作关系并在业绩评价和利益分配问题上达成协议。本章将从采购管理、生产规划、库存管理、客户管理及物流管理方面，对服装供应链的各个环节进行剖析，揭示服装供应链背后的复杂关系和运作原理。本章教学目标如图 7-1 所示。

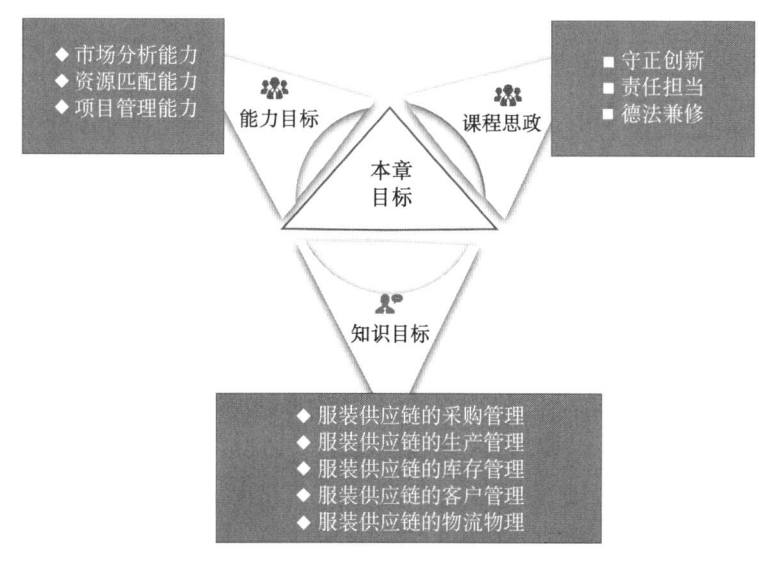

**图 7-1  本章教学目标**

## 第一部分　问题导入

与不确定性共存已成为当前身处复杂市场环境下的服装企业的"新常态"。对每个服装企业来说，如何以不变应万变始终保持供应链的韧性和快速反应能力正变得至关重要。你认为该如何运营和管理服装供应链？其特色和亮点是什么呢？

## 第二部分　理论、方法及策略基础

### 第一节　服装供应链的采购管理

采购管理是连接供应链企业原材料与半成品生产之间的桥梁，旨在满足生产需求和物资供应之间的关系，是服装供应链管理的重要内容之一。加强采购管理能够实现供应链系统的无缝连接，提高供应链企业的协同运作效率。在供应链管理模式下，采购工作要做到五个恰当：适当的数量、适当的时间、适当的地点、适当的价格和适当的来源。

#### 一、供应链管理环境下的采购管理

**1. 传统的采购模式**

服装企业传统的采购模式是，企业中的各个部门在每月月底申报下一个月的采购申请，采购科汇总数据后制定统一的采购计划，并在下个月实施采购。采购回来的物资存放于企业的仓库中，满足下个月对各个单位的物资供应。这种采购，以各个单位的采购申请单为依据，以填充库存为目的，管理比较简单、粗糙，市场响应不灵敏、库存量大、资金积压多、库存风险大。

在传统采购的过程中，重点在于如何和供应商进行商业交易的活动上，特点是比较重视交易过程中的供应商的价格比较，通过供应商的多头竞争，从中选择价格最低的作为合作者。虽然质量、交货期也是采购过程中的重要考虑因素，但在传统的采购方式下，质量、交货期等都只能是通过事后把关的办法如

到货验收等进行控制,交易过程的重点则放在价格的谈判上。因此,在供应商与采购部门之间经常要进行报价、询价、还价等反复的磋商和谈判,并且多头进行,最后从多个供应商中选择一个价格最低的供应商签订合同,确定订单。

**2. 供应链管理环境下采购的特点**

在供应链管理环境下,企业的采购方式与传统方式有所不同。主要体现在如下几个方面:

(1) 从为库存采购转变成为订单而采购

在传统的采购模式中,采购的目的很简单,就是为了补充库存,即为库存而采购。采购部门并不关心企业的生产过程,不了解生产的进度和产品需求的变化,因此,采购过程缺乏主动性,采购部门制定的采购计划很难适应制造需求的变化。在供应链管理模式下,采购活动是以订单驱动方式进行的,制造订单的产生是在用户需求订单的驱动下产生的,之后,制造订单驱动采购订单,采购订单再驱动供应商。这种准时化的订单驱动模式,使供应链系统得以准时响应用户的需求,从而降低了库存成本,提高了物流的速度和库存周转率。

订单驱动的采购方式有如下特点:①由于供应商与制造商建立了战略合作伙伴关系,签订供应合同的手续大大简化,不再需要双方的询盘和报盘的反复协商,因此,交易成本也大大降低。②在同步化供应链计划的协调下,制造计划、采购计划、供应计划能够并行进行,缩短了用户响应时间,实现了供应链的同步化运作。此时,采购与供应的重点在于协调各种计划的执行。③采购物资直接进入制造部门,减少采购部门的工作压力和不增加价值的活动过程,实现供应链的精细化运作。④信息传递方式发生了变化。在传统采购方式中,供应商对制造过程的信息不了解,也无需关心制造商的生产活动。但在供应链管理环境下,供应商能共享制造部门的信息,提高了供应商应变能力,减少信息失真。同时在订货过程中不断进行信息反馈,修正订货计划,使订货与需求保持同步。⑤实现了面向过程的作业管理模式的转变。订单驱动的采购方式简化了采购工作流程,采购部门的作用主要是沟通供应与制造部门之间的联系,协调供应与制造的关系,为实现精细采购提供基础保障。

(2) 从采购管理转变为外部资源管理

外部资源管理就是将采购活动渗透到供应商的产品设计和产品质量控制过程当中。要实现有效的外部资源管理,必须做到以下几点:①制造商要和供应商建立一种长期的、互惠互利的合作关系。②通过提供信息反馈和教育培训支持，在供应商之间促进质量改善和质量保证。③参与供应商的产品设计和产品质量控制过程。④协调供应商的计划。⑤建立一种新的、有不同层次的供应商网络，并通过逐步减少供应商的数量，致力于与供应商建立合作伙伴关系。

当然，外部资源管理并不是仅仅依靠采购一方（下游企业）的单方面努力就能取得成效的，需要供应商的配合和支持。为此，供应商应该从以下几个方面提供协作：①帮助拓展用户（下游企业）的多种战略；②保证高质量的售后服务；③对下游企业的问题做出快速反应；④及时报告所发现的可能影响用户服务的内部问题；⑤基于用户的需求，不断改进产品和服务质量；⑥在满足自己的能力需求的前提下提供一部分能力给下游企业——能力外援。

（3）从一般买卖关系转变为战略协作伙伴关系

在传统的采购模式中，供应商与需求企业之间是一种简单的买卖关系，因此无法解决一些涉及全局性、战略性的供应链问题，而基于战略伙伴关系的采购方式为解决这些问题创造了条件。主要问题有：

① 库存问题。在传统的采购模式下，供应链的各级企业都无法共享库存信息，各级节点企业都独立地采用订货点技术进行库存决策，不可避免地产生需求信息的扭曲现象，因此供应链的整体效率得不到充分提高。但在供应链管理模式下，通过双方的合作伙伴关系，供应与需求双方可以共享库存数据，因此采购的决策过程变得比较透明，减少了需求信息的失真现象。

② 风险问题。供需双方通过战略性合作关系，可以降低由于不可预测的需求变化带来的风险，比如运输过程的风险、信用的风险、产品质量的风险等。

③ 通过合作伙伴关系可以为双方共同解决问题提供便利的条件。通过合作伙伴关系，双方可以为制定战略性的采购供应计划共同协商，不必要为日常琐事消耗时间与精力。

④ 降低采购成本问题。通过合作伙伴关系，供需双方都从降低交易成本中获得好处。由于避免了许多不必要的手续和谈判过程，信息的共享避免了信息不对称决策可能造成的成本损失。

⑤ 战略性的伙伴关系消除了供应过程的组织障碍，为实现准时化采购创造了条件。

### 3. 供应链管理下采购模式与传统采购模式的比较

供应链管理采购模式与传统采购模式的比较见表 7-1。

**表 7-1　供应链管理采购模式与传统采购模式的区别**

| 特点 | 传统采购模式 | 供应链管理采购模式 |
| --- | --- | --- |
| 管理方法 | 采购管理 | 外部资源管理 |
| 采购目的 | 补充库存。采购部门并不关心企业的生产过程，不了解生产的进度和产品需求变化，因此采购过程缺乏主动性，采购计划难以适应制造需求的变化 | 以订单驱动方式进行。制造订单由用户需求订单驱动产生，进而驱动采购订单，再驱动供应商，使采购物资直接进入制造部门，减轻采购部门的工作压力和不增值的活动过程 |
| 考虑因素 | 价格、质量、交货期，低价为首要考虑因素 | 质量是最重要的标准。其中包括产品质量、工作质量、交货质量、技术质量等多方面内容 |
| 重点 | 重点放在如何和供应商进行商业交易的活动上，特点是比较重视交易过程的供应商的价格比较，通过供应商的多头竞争，从中选择价格最低的作为合作者 | 采购与供应的重点在于协调各种计划的执行，实现了面向过程的作用管理模式的转变，简化了采购工作流程 |
| 采购批量 | 一定时期内的批量采购，批量较大 | 小批量多次可靠送货。采购采取长期合同但小批量办法 |
| 设计流程 | 先设计产品后询价 | 供应商参与产品设计 |
| 交货安排 | 每月 | 每周或每天 |
| 运输策略 | 单一品种整车发送 | 多品种整车发送 |
| 谈判重点 | 价格。多次多头磋商，手续复杂，交易成本高 | 建立战略合作伙伴关系。供应合同的签订手续大大简化，交易成本降低 |
| 供应商的选择标准 | 通过价格竞争而选择，不合适时重新选择 | 对供应商要求较高，需要进行综合评价。供应商和用户之间是长期的合作关系 |
| 与供应商的关系 | 简单的买卖关系，属于临时的或短期的合作，且竞争多于合作 | 全局性、战略性的、长期的、互惠互利的合作关系，提倡双赢（Win-win）机制 |
| 供应商的数量与地理分布 | 多头采购，供应商分布于很广的区域，且数目相对较多，运作中的不确定性大 | 采用较少的供应商、较近的供应商、长期从同一供应商处进货，降低了由于不可预测的需求变化带来的风险 |
| 信息沟通 | 典型的非信息对称博弈过程。采购一方尽量保留私有信息，而供应商也在和其他的供应商竞争中隐瞒自己的信息。采购、供应双方都不进行有效的信息沟通，导致信息扭曲和失真 | 供应商能准确和实时共享制造商的信息，提高了供应商的应变能力。同时制造商在订货过程中不断进行信息反馈，修正订货计划，使订货和需求保持同步 |
| 信息沟通的频率 | 离散的 | 连续的 |
| 质量控制 | 事后把关（如按照有关标准进行到货验收），控制难度大 | 通过信息反馈和教育培训支持，在供应商之间建立质量改善和资料保证，给合格供应链颁发产品免检合格证书。对采购产品无需较多的检验手续 |

续　表

| 特点 | 传统采购模式 | 供应链管理采购模式 |
|---|---|---|
| 响应 | 响应用户需求能力迟钝。在市场需求发生变化的情况下，采购一方不能改变与供应一方已有的订货合同，因此采购一方在需求减少时库存增加；需求增加时，出现供不应求。重新订货需要增加谈判过程，因此供需之间对用户需求的响应没有同步进行，缺乏应付需求变化的能力 | 即时化的订单驱动模式。在同步化的供应链计划的协调下，制造计划、采购计划、供应计划并行，即时响应用户需求，增强了柔性和对需求的快速响应能力 |
| 对库存的认识 | 资产 | 祸害 |
| 仓库 | 大、自动化 | 小、灵活 |

## 二、原材料的采购流程

在服装企业中，原材料采购具有经常性、重复性和金额高等特点。企业采购流程通常是指有生产需求的企业选择和购买生产所需的各种原材料、零部件等物料的全过程。明确的采购流程有助于帮助企业对采购进行控制，避免漏洞，从而实现战略采购。一个完善的采购流程应满足所需物料在价格与质量、数量、区域之间的综合平衡。即：物料价格在供应商中的合理性，物料质量在生产所允许的极限范围内，物料数量能保证生产的连续性，物料的采购区域经济性等要求。服装企业原材料的采购流程如图7-2所示，以下将具体分析每一步骤的运作情况。

### 1. 确定采购需求

采购始于企业内某一部门的确切需求，因此采购部门需了解使用部门的独特需求并协助预测物料需求。确定采购要求是成功采购的前提，可通过一些适当的办法使供应商完全充分地理解采购要求。比如：制定规范、图样和采购订单的书面程序；发出采购订单前与供应商协商；在采

图7-2　采购流程图

购文件中提供清晰的描述所定产品或服务的数据,如产品的精确等级、检查规程、应用的质量标准等。所有检查或检验方法和技术要求应指明相应的国家和国际标准。针对服装企业而言,物料单是描述需求的最常用的单据。

### 2. 分析资源市场

资源市场分析,就是根据纺织服装企业所需要的物资品种,分析资源市场的情况,包括对资源分布情况、供应商情况、品种质量、价格情况、交通运输情况等。资源市场分析的重点在于供应商分析和品种分析,其目的是为制定采购计划做准备。

### 3. 制定采购计划

制定采购计划是根据需求品种情况和供应商的情况,制定出切实可行的采购订货计划,包括选择供应商、制定进货策略、确定订购参数。

### 4. 实施采购计划

实施采购计划就是把之前制定好的采购计划分配落实到人,根据既定的进度进行实施。具体包括谈判及签订合同、组织进货、接受与入库、付款。

### 5. 采购评价

采购评价是对一次采购或一定时期内采购活动的评估,旨在评估效果、总结经验、发现问题和提出改进方法等。通过总结评估,可以肯定成绩、发现问题、制定措施、改进工作,不断提高采购管理水平。

## 三、准时化采购策略

### 1. 准时化采购的基本思想和原理

准时化采购(JIT采购法)是一种先进的采购模式。其基本思想是:在恰当的时间、恰当的地点、以恰当的数量、恰当的质量提供恰当的物品,最好地满足用户的需要。它是从准时生产发展而来的,是为了消除库存和不必要的浪费而进行的持续性改进。要进行准时化生产必须有准时供应,因此准时化采购是准时化生产管理模式的必然要求。与传统的采购方法相比,准时化采购在质量控制、供需关系、供应商的数目、交货期管理等方面呈现出诸多不同,其中关于供应商的选择(数量与关系)和质量控制是其核心内容。

准时化采购的原理主要表现在以下几个方面:

(1)准时化采购是一种直接面向需求的采购模式。它的采购送货是直接送到需求点上；

（2）送客户需要的品种和规格；

（3）送符合用户质量要求的产品，拒绝次品和废品；

（4）用户需要多少就送多少，既不多送，也不少送；

（5）将用户需要的产品准时送达；

（6）将产品送到用户需要的地点。

准时化采购包括供应商的支持与合作以及制造过程、货物运输系统等一系列的内容。准时化采购不但能最大限度地消除浪费，降低库存、实现零库存，还可以加快库存周转、缩短提前期、提高购物的质量、获得满意交货等效果，因而是一种最节省、最有效率的采购模式。

**2. 准时化采购对供应链管理的意义**

准时采购对于供应链管理的实施至关重要。与传统采购模式不同，供应链环境下的采购模式采用订单驱动方式，以实现准时化和同步化运作。它要求采购和供应商之间并行操作，以确保物资快速交付给用户。准时化采购增加了供应链的柔性和敏捷性，使供应链能够适应多变的市场需求。因此，准时化采购策略体现了供应链管理的协调性、同步性和集成性，为供应链的整体同步运作提供了保证。

**3. 准时化采购的特点**

准时化采购和传统的采购方式有许多不同之处，其主要表现在如下几个方面（见表7-2）：

表7-2 准时化采购与传统采购的区别

| 项目 | 准时化采购 | 传统采购 |
| --- | --- | --- |
| 采购批量 | 小批量、送货频率高 | 大批量，送货频率低 |
| 供应商选择 | 长期合作，单源供应 | 短期合作，多源供应 |
| 供应商评价 | 质量、交货期和价格 | 质量、交货期和价格 |
| 检查工作 | 逐渐减少，最后消除 | 收货、点货、质量验收 |
| 协商内容 | 长期合作关系、质量、合理的价格 | 获得最低价格 |
| 运输 | 准时送货、买方负责安排 | 较低的成本、卖方负责安排 |
| 文书工作 | 文书工作少，需要的是有能力改变交货时间和质量 | 文书工作量大，改变交货期和质量的采购单多 |
| 产品说明 | 供应商革新，强调性能宽松要求 | 买方关系设计，供应商没有创新 |
| 包装 | 小，标准化包装 | 普通包装，没有特地说明 |
| 信息交流 | 快速、可靠 | 一般要求 |

(1) 采用较少的供应商

传统的采购模式一般是多头采购,供应商的数目相对较多。从理论上讲,采用单供应源比多供应源好。一方面,管理供应商比较方便,也有利于降低采购成本;另一方面,有利于供需之间建立长期稳定的合作关系,质量上比较有保证。但是,采用单一的供应源也有风险,比如供应商可能因意外原因中断交货,以及供应商缺乏竞争意识等。在实际工作中,许多企业不愿成为单一供应商,因为其不愿把自己的成本数据披露给用户,也不愿成为用户的一个产品库存点。实施准时化采购,需要减少库存,但库存成本原先是在用户一边,现在转移到了供应商。因此用户必须意识到供应商的这种忧虑。

(2) 对供应商的选择标准不同

在传统的采购模式中,供应商选择是基于价格竞争,供应商与用户的关系是短期的合作关系。而准时化采购要求供应商与用户之间建立长期的合作关系,供应商的合作能力将影响企业的长期经济利益,因此对供应商的要求就比较高。在选择供应商时,需对其进行综合评估。其中,价格并不是评价供应商的主要因素,质量才是最重要的标准,这种质量不单指产品质量,还包括工作质量、交货质量、技术质量等多方面内容。高质量的供应商有利于建立长期的合作关系。

(3) 对交货准时性的要求不同

准时采购要求交货准时,这是实施精细生产的前提条件。针对供应商而言,要做到交货准时,企业一方面要不断改进生产条件,提高生产的可靠性和稳定性,减少延迟交货或误点现象。作为准时化供应链管理的一部分,供应商同样应该采用准时化的生产管理模式,以提高生产过程的准时性。另一方面,为了提高交货准时性,运输问题不容忽视,它决定了准时交货的可能性。特别是全球的供应链系统,运输过程长,而且可能要先后经过不同的运输工具,需要中转运输等,因此要进行有效的运输计划与管理,使运输过程准确无误。

(4) 从根源上保障采购质量

实施准时化采购后,企业的原材料和外购件的库存数量很少甚至为零。因此,为了保证企业生产经营的顺利进行,采购物资的质量必须从根源上抓起。也就是说,购买的原材料和外购件的质量保证,应由供应商负责,而不是企业的物资部门。准时化采购就是要把质量责任还给供应商,从根源上保证采购质量。为此，供应商必须参与制造商的产品设计过程，制造商也应帮助供应商提高技术能力和管理水平。

（5）对信息交流的需求不同

准时化采购要求供应与需求双方信息高度共享，保证供应与需求信息的准确性和实时性。由于双方的战略合作关系，企业在生产计划、库存、质量等各方面的信息都可以及时进行交流，以便出现问题时能够及时处理。

（6）制定采购批量的策略不同

小批量采购是准时化采购的一个基本特征。准时化采购和传统采购模式的重要不同之处在于，准时化生产需要减少生产批量，直至实现"一个流生产"，因此采购的物资也应采用小批量办法。当然，小批量采购自然增加运输次数和成本，特别是对于国外远距离的供应商而言，实施准时化采购的难度更大。解决的办法可以通过混合运输、代理运输等方式，或尽量使供应商靠近用户等。

（7）可靠的送货和特定的包装要求

由于准时化采购消除了原材料和外购件的缓冲库存，供应商交货的失误和送货的延迟必将导致企业生产线的停工待料。因此，可靠的送货好似实施准时化采购的前提条件。而送货的可靠性，常取决于供应商的生产能力和运输条件；一些不可预料的因素，如恶劣的气候条件、交通堵塞、运输工具的故障等，都可能引起送货的延迟。当然，最理想的送货是直接将货送到生产线上。

准时化采购对原材料和外购件的包装也提出了特定的要求。良好的包装不仅可以减少装货、卸货对人力的需求，而且使原材料和外购件的运输和接收更为便利。最理想的情况是，对每一种原材料和外购件，采用标准规格而且可以重复使用的容器保证，既可提高运输效率，又能保证交货的准确性。

**4. 准时化采购带来的问题及解决的办法**

（1）小批量采购带来的问题及其解决办法

如前所述，小批量采购必然增加运输次数和运输成本，特别是供应商在国外等远距离时，实施 JIT 难度就很大。解决这一问题可以有以下几种方法：使供应商靠近制造商、在制造商附近建立临时仓库、委托专门的运输商或第三方物流企业负责送货、让一个供应商负责多种原材料和外购件的供应。这些方法可以有效应对远距离供应和运输的挑战，确保及时交付和降低成本。

（2）采用单源供应带来的风险及其解决办法

采用单源供应，有时会存在较大的风险，如供应商有可能因意外原因中断交货。另外，采取单源供应，使企业不能得到竞争性的采购价格，会对供应商的依赖性过大等。因此，必须与供应商建立长期互利合作的新型伙伴关系。比如由两个供应商供货，一个为主，一个为辅。同时，许多企业也不是很愿意成为单一的供应商。正如前面所提到的，一方面，供应商是具有独立性较强的商业竞争者，不愿意把自己的成本数据披露给用户；另一方面，供应商不愿意为用户储存产品。实施JIT采购，需要减少库存，但库存成本原先在用户一边，现在转移到供应商。

### 5. 准时化采购的实施步骤

服装企业开展准时化采购需遵循计划、实施、检查、总结提高的基本思路。一般来讲，准时化采购的实施步骤如图7-3所示。具体分析如下：

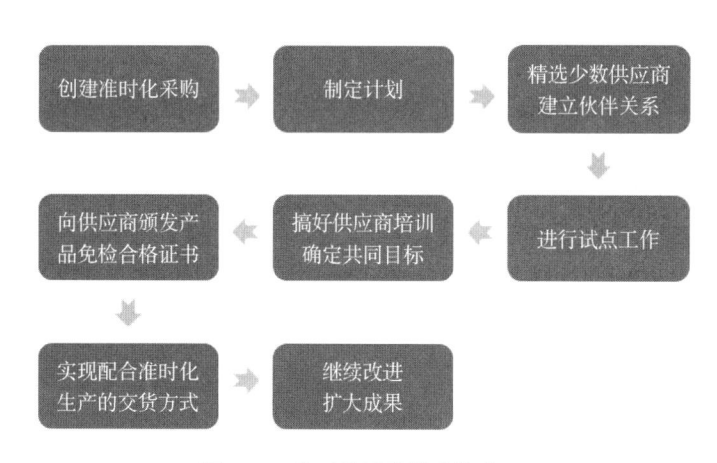

图7-3 准时化采购的实施步骤

（1）创建准时化采购班组

专业采购人员在实施准时化采购中有三个责任：寻找货源、商定价格、与供应商建立协作关系并进行持续改进。为此，组建两个班组是关键，一个处理供应商事务，负责评估供应商、谈判准时化合同以及培训供应商；另一个专注于消除采购过程中的浪费。这些班组人员需深入了解准时化采购方法，并接受培训，否则无法期待供应商的合作。

（2）制定计划

制定计划，确保准时化采购策略有计划、有步骤地实施，包括改进采购方式、评价供应商、制定目标和与供应商保持信息沟通。

（3）精选少数供应商，建立伙伴关系

选择供应商时，应考虑这几个方面：产品质量、供货情况、应变能力、地理位置、企业规模、财务状况、技术能力、价格、与其他供应商的可替代性等。

（4）进行试点工作

先从某种产品或某条生产线试点开始，进行零部件或原材料的准时化供应试点。在试点过程中，取得企业各个部门的支持是很重要的，特别是生产部门的支持。通过试点，总结经验，为正式实施准时化采购打下基础。

（5）搞好供应商的培训，确定共同目标

准时化采购需要采购部门与供应商的合作，只有通过教育培训供应商，使其理解和支持准时化采购的策略和运作方法，才能达成共同的目标并实现良好的协调。

（6）向供应商颁发产品免检合格证书

准时化采购与传统采购的区别在于买方不需要进行繁琐的产品检验，而供应商需要提供百分之百合格产品并发放免检证书来实现这一点。

（7）实现配合准时化生产的交货方式

准时化采购的最终目标是实现企业的生产准时化，为此，要实现从预测的交货方式向准时化适时交货方式转变。

（8）继续改进，扩大成果

准时化采购是一个不断完善和改进的过程，需要在实施过程中不断总结经验教训，从降低运输成本、提高交货的准确性和产品的质量、降低供应商库存等各个方面进行改进，不断提高准时化采购的运作绩效。

### 四、服装企业原材料的供应商管理

供应商管理对于实现准时化采购非常重要。针对供应商与客户之间的关系，传统企业的关系表现为竞争性关系、合同性关系（法律性关系）、合作性关系三种，而且企业之间的竞争多于合作，是非合作性的竞争。而在供应链管理环境下，供应商和客户是一种战略性合作关系，提倡双赢机制。从传统的非合作性竞争走向合作性竞争、合作与竞争并存是当今服装企业发展的必然趋势。因此，建立一种双赢的合作关系对于实施准时化采购是非常重要的。

在服装企业中,原材料采购是非常重要的一部分,故在此主要探讨服装企业原材料供应商管理,主要涉及供应商选择和分类等内容。具体内容包括以下方面:

### 1. 选择正确供应商的步骤

企业选择供应商时,首先要对市场上所提供的产品进行比较和选择。通过功能成本分析和价值工程分析方法,找到既满足功能要求又保证费用较低的方案。当然,选择供应商还要考虑供应商的产品质量、供货能力、价格、交货时间、信誉、供应商实力、售后服务等因素,以确保选择真正适合自己需要的供应商、建立相对稳定的供求关系、及确保企业利益的最大化。针对服装企业而言,对于重要的供应商可以采用如图 7-4 所示的步骤。

(1)成立供应商评估与选择小组。供应商选择并不仅仅是采购部门的事情,而是整个企业都需关注的重要决策,需要企业各部门有关人员共同参与讨论、参与决策,包括采购部门的决策者和其他部门的决策影响者。供应商的选择涉及企业的生产、技术、计划、财务、人事、物流、市场部门等。

(2)确定全部的供应商名单。通过供应商信息数据库,采购人员、销售人员或行业杂志、网站等媒介渠道,了解市场上能提供所需物品的供应商。当然,以前合作的供应商也在选择范围之内。

(3)列出评估指标并确定权重。确定代表供应商服务水平的有关因素,据此提出评估指标。评估指标和权重对于不同产品的供应商是不尽相同的。

(4)逐项评估每个供应商的履约能力。

(5)综合评分并确定供应商。在综合考虑多方面的重要因素之后,就可以给每个供应商打出综合评分,选择出合格的供应商。

图 7-4 服装企业的供应商选择步骤

### 2. 供应商分类管理

在供应商管理中，必须将这些供应商关系分为不同的类别，根据各供应商对本公司企业经营影响的大小设定优先次序，区别对待，以利于集中精力重点改进并发展最重要的供应商。

供应商关系的基础是供应商分类，最简单的方法是将他们分为普通供应商和重点供应商，通常可采用 ABC 分类法对供应商进行分类。

A 类供应商占总供应商数量的 10% 左右，但其供应的物资价值占企业采购物资价值的 60%~70% 左右。

B 类供应商占总供应商数量的 20% 左右，其供应的物资价值占企业采购物资价值的 20% 左右。

C 类供应商占总供应商数量的 60%~70%，但其供应的物资价值仅占企业采购物资价值的 10%~20%。

这样划分出 ABC 三类。A 类供应商，为公司提供了大部分的物资供应，并且数量少，对其进行重点管理是降低采购供应成本的潜力所在和主要途径。因而要投入主要精力，进行重点管理。而对于 B、C 类供应商，因其所提供的物资比重小、数量多，则可以减少精力的投入，作一般管理，它们不是降低采购供应成本的重点。ABC 分类管理方法的应用，减轻了工作量，加强了管理，提高了效率，是一种科学的、实用的供应商管理方法。

当然，实际操作中单纯的 ABC 分类法还需视具体情况而需要进一步细分。

还有，依据供应市场情况，分别按供应商对本企业的重要性和本企业对供应商的重要性将供应商划分为伙伴型、优先型、商业型和重点商业型，针对不同类型的供应商采取不同的管理策略与方法。供应商的分类模块如图 7-5 所示。

（1）伙伴型供应商

在供应商分类模块中，如果供应商认为本公司的采购业务对他们来说非常重要，供应商自身又有很强的产品开发能力等，同时该采购业务对本公司也很重要，那么这些采购业务应该对应于"伙伴型的供应商"。在一些较大的服装生产企业中，面料供应商一般就是这种关系。因为面料的好坏直接影响到服装成品的质量。

（2）优先型供应商

如果供应商认为本公司的采购业务对他们来说非常重要，但该采购业务对

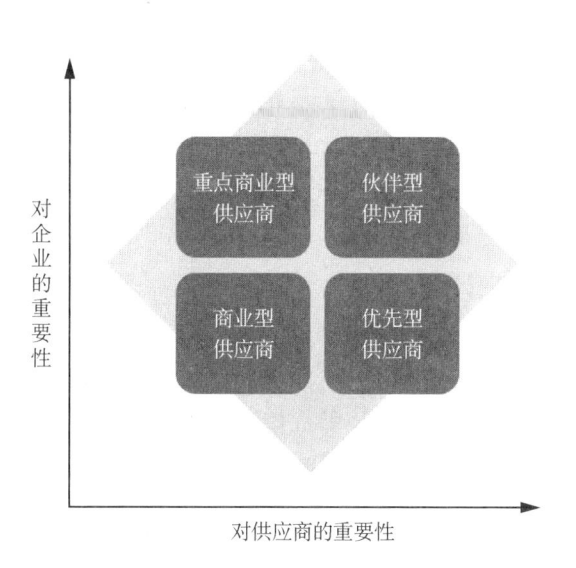

图 7-5　供应商的分类模块

本公司来说却不是十分重要，这样的供应商无疑有利于本公司，是本公司的"优先型供应商"。对于大型服装企业而言，普通的纽扣制造商便属于优先型供应商。

（3）重点商业型供应商

如果供应商认为本公司的采购业务对他们来说无关紧要，但该采购业务对本公司来说却是十分重要，这样的供应商就是需注意改进提高的"重点商业型供应商"。对于一些小型服装加工企业来说，如果要从大型纺织面料企业进货，则属于此种情况。

（4）商业型供应商

那些对于供应商及本公司来说均不是很重要的采购业务，相应的供应商可以很方便地选择更换，那么这些采购业务对应于的供应商就是普通的"商业型供应商"。对纺织企业而言，普通的办公用品供应商即属于此种类型。

## 第二节　服装供应链的生产管理

供应链管理思想对企业的最直接和最深刻的影响是企业家决策思维方式的转变：从传统、封闭的纵向思维方式向横向、开放思维方式转变。生产计划与控制是服装企业管理主要内容之一，供应链管理思想无疑会对此带来很大的影响。与传统的企业生产计划与控制方法相比，在信息来源、信息的集成方法、计划的决策模式、计划的运行环境、生产控制的手段等许多方面，供应链管理模式下的服装生产计划与控制方法都有显著不同。

### 一、供应链生产计划

供应链是一个跨越多厂家、多部门的网络化组织，一个有效的供应链企业计划系统必须保证企业能快速响应市场需求。有效的供应链计划系统集成企业所有的计划和决策业务，包括需求预测、库存计划、资源配置、设备管理、渠道优化、生产作业计划、物料需求与采购计划等。供应链是由不同的企业组成的企业网络，有紧密型的联合体成员，有协作型的伙伴企业，有动态联盟型的战略伙伴。作为供应链的整体，以核心企业为龙头，把各个参与供应链的企业有效地组织起来，优化整个供应链的资源，以最低的成本和最快的速度生产最好的产品，最快地满足用户需求，以达到快速响应市场和用户需求的目的，这是供应链企业计划的最根本的目的和要求。

供应链企业计划工作需要考虑供应链企业计划的方法与工具（如 MRPII、管理 JIT、DRP/LRP）、优化方法（如 TOC 理论、线性规划、随机库存理论）以及计划类型（全局供应链计划和局部供应链计划）和层次性（战略供应链计划、战术供应链计划和运作供应链计划）等。

### 二、传统的生产计划与供应链生产计划之间的比较

传统的生产计划与供应链生产计划的差距主要表现在以下方面：

（1）决策信息来源的差距——多源信息

生产计划的制定要依据一定的决策信息，即基础数据。在传统的生产计划决策模式中，计划决策的信息包括需求信息和资源信息两类。其中需求信息来自于用户订单和需求预测。通过对这两方面信息的综合，得到制定生产计划所需要的需求信息。资源信息则是指生产计划决策的约束条件。而在供应链管理环境下，需求信息和企业资源的概念与传统概念不同，信息多源化是其主要特征，多源信息是供应链环境下生产计划的特点。另外，在供应链环境下资源信息不仅来自企业内部，还来自供应商、分销商和用户。约束条件放宽了，资

源的扩展使生产计划的优化空间也扩大了。

（2）决策模式的差距——决策群体性、分布性

传统的生产计划决策模式是一种集中式决策，而供应链管理环境下的决策模式是分布式的、群体决策过程。基于多代理的供应链系统是立体的网络，各个节点企业具有相同的地位，有本地数据库和领域知识库，在形成供应链时，各节点企业拥有暂时性的监视权和决策权，每个节点企业的生产计划决策都受到其他企业生产计划决策的影响，需要一种协调机制和冲突解决机制。当一个企业的生产计划发生改变时，其他企业的计划也需要做出相应的改变，这样供应链才能获得同步化的响应。

（3）信息反馈机制的差距——递阶、链式反馈与并行、网络反馈

企业的计划能否得到很好的贯彻执行，需要有效的监督控制机制作为保证，因此建立信息反馈机制非常必要。传统的企业生产计划的信息反馈机制是一种链式反馈机制，即信息反馈是企业内部从一个部门到另一个部门的直线性的传递。正是由于递阶组织结构的特点，信息传递一般是从底层向高层信息处理中心（权力中心）反馈，形成和组织结构平行的信息递阶的传递模式。

而供应链管理环境下企业信息的传递模式是以团队工作为特征的多代理组织模式，具有网络化的结构特征，因此供应链管理既不是递阶管理、也不是矩阵管理，而是网络化的管理。生产计划信息的传递不是沿着企业内部的递阶结构（权力结构），而是沿着供应链不同的节点方向（网络结构）传递。为了做到供应链的同步化运作，供应链企业之间信息的交互频率比传统企业信息传递的频率大得多，因此应采用并行化的信息传递模式。

（4）计划运行环境的差异——不确定性、动态性

供应链管理的目的是使企业能够适应剧烈多变的市场环境需要。供应链管理环境下，复杂多变的环境因素增加了企业生产计划运行的不确定性和动态性因素，因此要求生产计划与控制系统具有更高的柔性和敏捷性，比如提前期的柔性、生产批量的柔性等。而传统的MRPII是以固定的环境约束变量应付不确定的市场环境，因而缺乏柔性。供应链管理环境下的生产计划涉及的多是订单化生产，这种生产模式动态性更强。因此生产计划与控制要更多地考虑不确定性和动态性因素，使生产计划具有更高的柔性和敏捷性，使企业能对市场变化做出快速反应。

### 三、供应链管理环境下生产计划与控制的主要问题

供应链管理环境下的生产计划与传统生产计划有显著不同。在供应链管理环境下，与企业具有战略伙伴关系企业的资源通过物资流、信息流和资金流的紧密合作而成为企业制造资源的拓展。在制定生产计划的过程中，主要面临以下三方面的问题：

#### 1. 柔性约束

柔性实际上是对承诺的一种完善。承诺是企业对合作伙伴的保证，只有在此基础上企业之间才能具有基本的信任，合作伙伴也因此而获得相对稳定的需求信息。然而，由于承诺的下达在时间上超前于承诺本身付诸实施的时间，因此，尽管承诺方一般来讲都尽力使承诺与未来的实际情况接近，但误差总是在所难免。柔性的提出为承诺方缓解了这一矛盾，使承诺方有可能修正原有的承诺。可见，承诺与柔性是供应合同签订的关键要素。

对生产计划而言，柔性具有多重含义：

（1）如果仅仅根据承诺的数量来制定计划相对容易，但柔性的存在使这一过程变得复杂？柔性是双方共同制定的一个合同要素。对需方而言，它代表着对未来变化的预期；对供方而言，它是对自身所能承受的需求波动的估计。从本质上讲，供应合同使用有限的可预知的需求波动代替了可以预测但不可控制的需求波动。

（2）下游企业的柔性对本企业的计划产量造成的影响在于：企业必须选择一个在已知需求波动下最为合理的产量。企业的产量不可能覆盖整个需求的变化区域，否则会造成不可避免的库存费用。在库存费用与缺货费用之间取得一个均衡点是确定产量的标准。

（3）供应链是首尾相通的，企业在确定生产计划时还必须考虑上游企业的利益。在与上游企业的供应合同之中，上游企业除了估计自身所能承受的需求波动外，还需权衡自身的生产能力。可以认为，上游企业合同中反映的是相对于该下游企业的最优产量。这主要是因为相对于该下游企业，上游企业可能同时为多家企业提供产品。因此，下游企业在制定生产计划时应该尽量使需求与合同的承诺量接近，帮助供应企业达到最优产量。

## 2. 生产进度

生产进度信息是企业检查生产计划执行状况的重要依据，也是滚动制定生产计划过程中用于修正原有计划和制定新计划的重要信息。在供应链管理环境下，生产进度计划属于可共享的信息。具有以下作用：

（1）供应链上游企业通过了解对方的生产进度情况以实现准时供应。企业的生产计划是在对未来需求做出的预测的基础上制定的，它与生产过程的实际进度一般是不同的，生产计划信息不可能实时反映物流的运动状态。供应链企业可以借助现代网络技术，与合作方共享实时生产进度信息。上游企业可以通过网络和双方通用的软件了解下游企业真实需求信息，实现准时提供物资。在这种情况下，下游企业可以避免不必要的库存，而上游企业可以灵活主动安排生产和调拨物资。

（2）原材料和零部件的供应是企业进行生产的首要条件之一，供应链上游企业修正原有计划时应该考虑下游企业的生产状况。在供应链管理下，企业可以了解上游企业的生产进度，然后适当调节生产计划，使供应链上的各个环节紧密地衔接在一起，避免企业与企业之间出现供需脱节的现象，从而保证供应链上的整体利益。

## 3. 生产能力

企业完成一份订单离不开上游企业的支持，因此，在编制生产计划时要尽可能借助外部资源，有必要考虑如何利用上游企业的生产能力。任何企业在现有的技术水平和组织条件下都具有一个最大的生产能力，但最大的生产能力并不是最优生产负荷。在上下游企业间稳定的供应关系形成后，上游企业从自身利益出发，更希望所有与之相关的下游企业在同一时期的总需求与自身的生产能力相匹配。上游企业的这种对生产负荷量的期望可以通过合同、协议等形式反映出来，即上游企业提供给每一个相关下游企业一定的生产能力，并允许一定程度上的浮动。这样，在下游企业编制生产计划时就必须考虑上游企业的这一能力上的约束。

## 四、供应链管理环境下生产计划的特点

在供应链管理下，企业的生产计划编制过程有了较大的变动，在原有的生

产计划制定过程的基础上增添了新的特点。

**1. 具有纵向和横向的信息集成过程**

这里的纵向指供应链由下游向上游的信息集成，而横向指生产相同或类似产品的企业之间的信息共享。

在生产计划过程中上游企业的生产能力信息在生产计划的能力分析中独立发挥作用。通过在主生产计划和投入出产计划中分别进行的粗、细能力平衡，上游企业承接订单的能力和意愿都反映到了下游企业的生产计划中。同时，上游企业的生产进度信息也和下游企业的生产进度信息一道作为滚动编制计划的依据，其目的在于保持上下游企业间生产活动的同步。

外包决策和外包生产进度分析是集中体现供应链横向集成的环节。在外包中所涉及的企业都能够生产相同或类似的产品，或者说在供应链网络上是属于同一产品级别的企业。企业在编制主生产计划时所面临的订单，在两种情况下可能转向外包：一是企业本身或其上游企业的生产能力无法承受需求波动所带来的负荷；二是所承接的订单通过外包所获得利润大于企业自己进行生产的利润。无论在何种情况下，都需要承接外包的企业的基本数据来支持企业的获利分析，以确定是否外包。同时，由于企业对该订单的客户有着直接的责任，因此也需要承接外包的企业的生产进度信息来确保对客户的供应。

**2. 丰富了能力平衡在计划中的作用**

在通常的概念中，能力平衡只是一种分析生产任务与生产能力之间差距的手段，再根据能力平衡的结果对计划进行修正。在供应链管理下制定生产计划过程中，能力平衡发挥了以下作用：

（1）为修正主生产计划和投入出产计划提供依据，这也是能力平衡的传统作用；

（2）能力平衡是进行外包决策和零部件（原材料）急件外购的决策依据；

（3）在主生产计划和投入出产计划中所使用的上游企业能力数据，反映了其在合作中所愿意承担的生产负荷，可以为供应链管理的高效运作提供保证。

（4）在信息技术的支持下，对本企业和上游企业的能力状态的实时更新使生产计划具有较高的可行性。

**3. 计划的循环过程突破了企业的限制**

在企业独立运行生产计划系统时，一般有三个信息流的闭环，而且都在企业内部：

（1）主生产计划——粗能力平衡——主生产计划

（2）投入出产计划——能力需求分析（细能力平衡）——投入出产计划

（3）投入出产计划——车间作业计划——生产进度状态——投入出产计划

在供应链管理下生产计划的信息流跨越了企业，从而增添了新的内容：

（1）主生产计划——供应链企业粗能力平衡——主生产计划

（2）主生产计划——外包工程计划——外包工程进度——主生产计划

（3）外包工程计划——主生产计划——供应链企业生产能力平衡——外包工程计划

（4）投入出产计划——供应链企业能力需求分析（细能力平衡）——投入出产计划

（5）投入出产计划——上游企业生产进度分析——投入出产计划

（6）投入出产计划——车间作业计划——生产进度状态——投入出产计划

需要说明的是，以上各循环中的信息流都只是各自循环所必需的信息流的一部分，但可对计划的某个方面起决定性的作用。

## 五、供应链管理环境下的生产控制新特点

供应链环境下的企业生产控制和传统的企业生产控制模式不同，需要更多的协调机制（企业内部和企业之间的协调）。供应链环境下的生产协调控制包括如下几个方面的内容：

### 1. 生产进度控制

生产进度控制的目的在于依据生产作业计划，检查零部件的投入和出产数量、出产时间和配套性，保证产品能准时装配出厂。供应链环境下的进度控制与传统生产模式的进度控制不同，因为许多产品是协作生产的和转包的业务，与传统的企业内部的进度控制比较来说，其控制的难度更大，必须建立一种有效的跟踪机制进行生产进度信息的跟踪和反馈。生产进度控制在供应链管理中具有重要作用，因此必须研究解决供应链企业之间的信息跟踪机制和快速反应机制。

### 2. 生产节奏控制

供应链的同步化计划需要解决供应链企业之间的生产同步化问题，只有各

供应链企业之间以及企业内部各部门之间保持步调一致时,供应链的同步化才可能实现。供应链形成的准时生产系统,要求上游企业准时为下游企业提供必需的零部件。如果供应链中任何一个企业不能准时交货,都会导致供应链不稳定或中断,导致供应链对用户的响应性下降,因此严格控制供应链的生产节奏对供应链的敏捷性是十分重要的。

### 3. 提前期管理

供应链环境下的生产控制中,提前期管理是实现快速响应用户需求的有效途径。缩短提前期,提高交货期的准时性是保证供应链获得柔性和敏捷性的关键。缺乏对供应商不确定性的有效控制是供应链提前期管理中的难点,因此,建立有效的供应提前期的管理模式和交货期的设置系统是供应链提前期管理中值得研究的问题。

### 4. 库存控制和在制品管理

供应链管理模式下,实施多级、多点、多方管理库存的策略,对提高供应链环境下的库存管理水平和降低制造成本有重要意义。该库存管理模式涉及的部门并不仅仅局限于企业内部。基于 JIT 的供应与采购、供应商管理库存(Vendor Managed Inventory,VMI)、联合库存管理等对于降低库存有重要作用。因此,建立供应链管理环境下的库存控制体系和运作模式是提高供应链的库存管理水平和供应链企业生产控制的重要手段。

## 六、供应链生产协调机制的运行环境

供应链各个企业之间是服务与被服务的关系,服务信号的跟踪和反馈机制可使企业生产与供应同步进行,从而消除不确定性对供应链的影响。因此,在供应链系统中建立服务跟踪机制至关重要。

供应链的服务跟踪机制主要提供非信息协调和信息协调两方面。非信息协调是指完善供应链运作的实物供需条件,采用 JIT 生产与采购、运输调度等;信息协调是指通过企业之间的生产进度的跟踪与反馈来协调各个企业的生产进度,保证按时完成用户的订单,及时交货。生产系统中使用跟踪机制旨在保证对下游企业的服务质量。只有在企业集成化管理的条件下,跟踪机制才能够发挥其最大的作用。在企业内部,跟踪机制表现为客户(上游企业)的相关信息在企业生产系统中的渗透。因此，客户的需求信息（订单）是贯穿企业生产系统的线索，成为生产计划、生产控制、物资供应相互衔接、协调的手段。供应链管理下企业间的信息集成主要从以下三个部门展开。

**1. 采购部门与销售部门**

采购部门与销售部门是企业间传递需求信息的接口。需求信息总是沿着供应链从下游传至上游，从一个企业的采购部门传向另一个企业的销售部门。在供应链管理下的销售与采购环节，稳定而长期的供应关系是必备的前提，因此应重点考虑需求信息传递。

从常用的概念来看，企业的销售部门应该对产品交货的全过程负责，即从订单下达到企业开始，直到交货完毕的全过程。然而，供应链管理下战略伙伴关系建立以后，销售部门的职能被简化，其在供应链上下游企业间的作用仅仅是一个信息的接口。它负责接收和管理有关下游企业需求的一切信息。除了单纯意义上的订单外，还有下游企业对产品的个性化要求，如质量、规格、交货渠道、交货方式等。这些信息是企业其他部门的工作所必需的。

同销售部门一样，采购部门的职责也得以简化。采购部门原有的工作是保证生产所需的物资供应。它不仅要下达采购订单，还要确保采购的物资的保质保量按时入库。在供应链管理下，采购部门的主要工作是将生产计划系统的采购计划转换为需求信息，以电子订单的形式传达给上游企业。同时，它还要从销售部门获取与所采购的零部件和原材料相关的客户个性化要求，并传达给上游企业。

**2. 制造部门**

制造部门的任务并不仅仅是生产，还包括对采购物资的接收以及按计划对下游企业配套件的供应。此时，制造部门实际上兼具运输服务和仓储管理两项辅助功能。制造部门能够完成如此复杂的工作，主要原因在于生产计划部门对上下游企业的信息集成，同时也依赖于战略伙伴关系中的质量保证体系。

此外，制造部门还担负着在制造过程中实时收集订单的生产进度信息，经过分析后提供给生产计划部门。

**3. 生产计划部门**

在集成化管理中企业的生产计划部门肩负着大量的工作，集成了来自上下游生产计划部门、企业自身的销售部门和制造部门的信息。其主要功能有：

（1）滚动编制生产计划。来自销售部门的新增订单信息，来自企业制造部门的订单生产进度信息和来自上游企业的外购物资的生产计划信息，以及来自上游企业的需求变动信息，这四部分信息共同构成了企业滚动编制生产计划的信息支柱。

（2）保证对下游企业的产品供应。下游企业的订单并非一成不变，从订单到达，供方和需方的内外环境在不断变化，最终的供应时间实际上是双方不断协调的结果，其协调的工具就是双方不断滚动更新的生产计划。生产计划部门按照最终的协议指示制造部门对下游企业进行供应。这种供应是与下游企业生产计划相匹配的准时供应。由于生产出来的产品不断发往下游企业，制造部门不会有过多的在制品和成品库存压力。

（3）保证上游企业对本企业的供应。在分析制造部门提供的实时生产进度的基础上，生产计划部门结合上游企业传来的生产计划（生产进度分析）信息，与上游企业协商确定各批订单的准确供货时间。上游企业将按照约定的时间将物资发送到本企业。采购零部件和原材料的准时供应降低了制造部门的库存压力。

图 7-6 为跟踪机制的运行环境示意图。

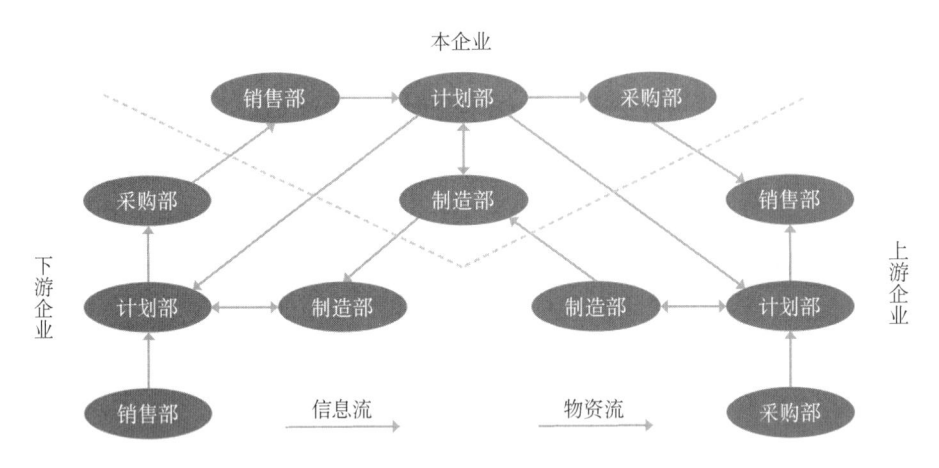

图 7-6 跟踪机制运行环境

### 七、服装供应链环境下的业务外包

#### 1. 业务外包的产生及优点

（1）单个服装企业资源的有限性。服装企业要在竞争激烈的市场中具备竞争力，需要快速的产品开发和设计能力、高效的生产加工能力、优质的管理和成本控制能力、强大的品牌创新能力和完善的营销网络。然而，对于单个企业来说，这些要求超出了其有限的资源范围。

（2）服装企业内部各项业务水平发展的不均衡。由于资源有限性，服装企业内部的功能发展存在不均衡，某些业务可能相对薄弱。在这种情况下，传统的纵向一体化模式无法满足市场快速变化的需求，而将非核心业务外包给专业公司完成能更好地集中企业资源在核心竞争优势领域。

（3）降低和控制成本，节约资本资金。外部资源配置服务提供商拥有更有效、更便宜的技术和知识，能够实现规模效益并获利。通过外包，服装企业可以避免大量投资在设备、技术和研发上，以更低的成本获取高价值的资源。

（4）分担风险。外部资源配置可以分散政府、经济、市场和财务等因素带来的风险。企业的资源和能力是有限的，通过与外部合作伙伴共享风险，企业能够更具弹性，适应不断变化的外部环境。

与传统的纵向一体化相比，业务外包的企业更注重将资源集中在少数具有竞争力的核心业务上，将其他重要但非核心的业务外包给专业公司，并与其保持紧密合作，从而提升整体运作水平，同时节约费用和避免巨额投资。因此，服装企业实施业务外包具有以下优点：

（1）缩短产品开发周期，加快新产品上市速度。多个一流供应商同时负责生产复杂系统中的不同组件，提高了产品开发效率。

（2）供应商是专业公司，拥有专业领域的技术和人才，支持更高质量的设备，提升了组件产品的质量和水平。

（3）战略性外包将零部件和技术发展的风险扩散到供应商身上，减轻企业的研发和投资风险，无需不断提高自身生产能力。

## 2. 虚拟企业的概念及特点

实施供应链管理的企业通过业务外包获得更多竞争优势，产生了一种新型企业组织结构——虚拟企业。虚拟企业是由具有不同资源和优势的企业组成的，基于信息网络建立的共享技术与信息、分担费用、联合开发的企业联盟体。虚拟企业具有以下特点：

（1）虚拟企业使得传统的企业界限模糊化。具有不同资源及优势的企业为了共同的利益或目标走到一起联盟，组成虚拟企业。这些企业可能是供应商、顾客或同行中的竞争对手，这种新型的企业组织模式打破了传统的企业组织界限，使企业界限变得模糊。

（2）虚拟企业具有流动性、灵活性的特点。多个企业出于共同的需要、共同的目标而走到一起结盟，一旦合作目的达到，这种联盟便可能宣告结束，虚拟企业便可能消失。因此，虚拟企业可能是临时性的，也可能是长期性的，虚拟企业的参与者也是具有流动性的。

（3）虚拟企业是建立在当今发达的信息网络基础之上的企业合作。采用通用数据进行信息交换，使所有参与联盟的企业都能共享设计、生产以及营销的有关信息，从而能够真正协调步调，保证合作各方能够较好合作，从而使虚拟企业集成出较强的竞争优势。

（4）在运行过程中，虚拟企业运用并行工程而不是串行工程来分解和安排各个参与企业要做的工作。

（5）虚拟企业一般在技术上占有优势。因为虚拟企业集合了各参与方的优势，尤其是技术上的优势而形成的。

（6）虚拟企业可以看作是一个企业网络。企业网络运行的集合竞争优势大于各个参与者的简单相加。因此，虚拟企业具有较强的适应市场能力、柔性和灵活性，成为提高竞争力的合作方式。

### 3. 虚拟经营的形式

虚拟经营是一种动态企业经营观，通过整合内外部资源、精简机构和加强外部协作，以灵活适应需求和竞争环境。它建立了企业的供应商、生产商、顾客和竞争对手之间的合作网络，是一种新型的企业经营方式。虚拟经营形式多样，包括虚拟生产、策略联盟、虚拟销售网络、虚拟共生和虚拟行政部门等。对于服装企业来说，选择适合自身竞争优势的虚拟化方式可以实现优势互补，实现合作、互利和共同发展。但虚拟经营需要建立在企业拥有关键资源的基础上，以确保自身的主导地位。

（1）虚拟生产

虚拟生产是一种以设计、营销和网络规划为重点，委托低成本企业加工生产的形式。这种企业组织形态突破了企业与企业之间的有形界限，借用外部的生产能力进行整合运作。在这种企业里运作有完整的功能，如设计、生产、行销、财务等，只不过在生产这一环节大量采用代工制造，使生产环节形同虚设，而本企业则集中资源专攻附加值较高的环节、企业通过品牌优势、市场规划和快速反应，以低成本创造高收益，形成竞争优势。虚拟生产在单一产品、简单工艺的生产中更有效。例如，耐克公司将制鞋业务转向低工资国家的加工，公司专注于设计和营销，以创造价值。这种战略使其集中资源在核心业务上，外包非核心业务的加工制造。

（2）策略联盟

企业间存在相对优势和不同的关键资源，彼此市场存在差异但无尖锐矛盾。为了实现各自利益，它们建立策略联盟，在共同利益基础上进行资源交换和合作，优化资源配置能力，采取低价策略，创造新的竞争优势，共同发展。例如，江苏的波司登与美国杜邦合作推广 Tyvek Plus Down 品牌，波司登成为杜邦在中国的唯一合作伙伴。通过合作，波司登借助杜邦的高科技优势，加速国际市场进军，成为世界名牌；而杜邦利用波司登广泛的销售网络和客户渠道，增强 Tyvek Plus Down 在国内市场的品牌影响力。这种合作可以互相学习，创造更强的竞争力，塑造具备国际化素质的优秀品牌。

（3）虚拟销售网络

企业集团总部赋予下属销售网络自主权，使其成为独立法人资格的销售公司，即两者间"产权"关系分离，这就是虚拟销售。虚拟销售不仅可以减少管理成本、工资支出以及市场开拓费用，充分利用独立的销售公司的分销渠道以广泛推广企业的产品，促使本企业致力于产品与技术的创新，不断提升企业品牌产品的竞争优势，而且还可以推动销售公司的快速成长，网罗大批优秀的营销人才，不断扩展企业产品的营销网络。虚拟销售网络的运作表明服装公司将不再被定位为制造者或经销者，而是资源的组织者。

（4）虚拟共生

几个同行共同组织一个作业中心，共同承担支援性工作的成本，实现规模经济，并节省运作和管理成本。虚拟共生通过共同的机构完成企业共需的业务，如专业人员培训、业务训练和咨询服务，减轻负担，节省精力，并具有成本优势。

（5）虚拟行政部门

企业集团的总部可以通过寻求境外专业化公司来承担部门业务，减轻负担，降低管理成本，并提高弹性管理水平，取得更显著的业绩。

## 八、服装生产外包的管理

生产外包已被证实能够给服装企业带来规模、效率、成本、技术和市场需求等方面的好处。然而，生产外包要求企业与承包商共同应对客户需求，故管理流程变得复杂且难度增大。通常情况下，客户关注服装产品的价格、数量、质量、交货期以及服务等因素，因此，如何通过有效的生产外包管理满足客户期望是生产外包的关键。生产外包企业供应链示意图如 7-7 所示。

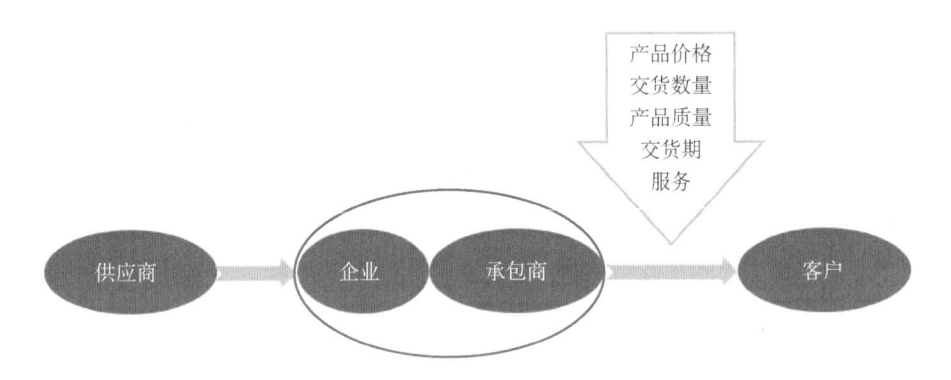

图 7-7 服装生产外包的管理内容

### 1. 产品价格

产品价格与销售成本、设计成本、原材料成本、制造成本、运输成本和管理费用直接或间接相关，与企业的毛利率目标有关。对于生产外包，企业更关注原材料成本的波动，而承包商的制造费用由双方协商确定，通常不提供详细的生产或加工成本。为了确保产品具有价格竞争优势，企业需要采取以下措施：

（1）选择合适的外包对象，关注其设备状况和良好的工艺，以提高生产或加工效率，从而降低成本。

（2）对外包生产物料的采购，企业可以自行采购或采取承包商负责采购的方式。企业需要确认供应商和采购价格，并及时关注价格变化，以掌握直接成本的波动并调整销售策略。

（3）成本控制方面，企业可以在产品设计和销售等内部环节进行有效控制。对于运输费用，如果企业自行发运产品，运费计算相对较容易；如果产品由承包商直接发运，由于不同的发运方式、区域和报关手续等因素，难以使用标准费率结算，但长期合作后可以有较准确的计算。

（4）信息交流方面，生产外包意味着企业无法随时关注制造过程中的变化，因此与承包商之间的信息交流至关重要。如果承包商使用 ERP 系统并提供生产过程的相关信息，企业可以实现一定程度的可控性。此外，承包商的信誉也是需要关注的重要因素。企业与承包商之间的信息交流涉及许多方面，如表7-3 所示。

表 7-3　企业与承包商之间的信息交流

| 企业 ERP　承包商 ERP | 备注 |
| --- | --- |
| BOM 及设计工艺 | 表达与理解的完全一致 |
| 生产计划 | 两者计划如何匹配 |
| 物料需求 | 如何严格保证先进先出 |
| 生产执行状态 | 完工数量、成品率 |
| 意外事件处理 | 订单更改、紧急订单处理 |

### 2. 交货数量

企业在售前过程中，客户对产品数量和规格有明确要求。当签订合同或确认订单后，企业需要及时交付相应的产品。然而，如果订单在生产过程中发生变化，如何管理变得关键。在纺织服装行业，长期合同下的订单变化需要快速反应以维护与客户的长期利益关系，否则将出现连锁的负面效应。要有效应对订单变化，企业需要注意以下几个方面：

（1）生产订单的取消。当客户突然取消订单时，企业需要迅速了解已完成的数量，并及时通知承包商停止生产。这样可以避免不必要的产品库存、资金占用和管理费用，并通过加工变成其他规格的产品满足其他客户需求，或提供给有需求的客户。

（2）生产订单的调整。如果客户对订单的一部分进行规格调整并要求按原交货期交货，企业需要综合考虑物料状况、其他订单执行情况、已完成产品和工艺变更情况，及时做出决策。

（3）处理生产插单。当客户需要在原订单基础上增加交货数量或临时插单时，企业需要掌握承包商的生产能力和计划安排情况，以避免无法交付所需数量的产品，并确保不失信于客户。

### 3. 产品质量

产品质量保障至关重要。为了保证产品的质量，承包商需要熟练掌握产品检测设备和程序，并对产品最终出厂做出承诺，这也是企业对客户的承诺。然而，批次和序列号跟踪以及物料和零部件的追溯是生产外包管理的关键和难点。企业需要将承包商的生产过程相关信息纳入自身的 ERP 系统中，以实现对产品批次、物料批次和去向的清晰了解,以及客户与产品及核心物料的对应情况。这对企业至关重要。

当某个批次的产品出现问题时,企业可以迅速追踪相关客户,并承诺更换或尽快修复产品,以最大限度地减少客户损失,保持良好信誉。通过物料的追溯,可以查明物料批次、来源、时间以及相关工单和人员,从而分析具体原因。若问题源自供应商,可以要求赔偿;若为承包商的生产加工问题,可以协商损失承担方式。总之,深入分析问题的来龙去脉至关重要。如果企业无法掌握这些信息,遇到类似问题时将无能为力,遭受损失,并且重要的是客户将失去信心,这将是巨大的损失。

**4. 产品交货期**

"客户要求的交货期越来越短"是许多企业所面临的问题。对于生产外包的企业来说,虽然承包商似乎拥有主动权,但仍可以采取措施来控制交货期,例如:

(1)将产品设计方案尽快转化为生产方案,专业的承包商在此方面经验丰富,企业不需过多担忧。

(2)企业有时提供核心物料,或由承包商负责所有物料采购。缩短采购提前期是满足交货期的重要环节。企业可以运行自己的 MRP 系统,为客户的采购提供指导和建议,并协助承包商与供应商协商,适当改变采购方式。对于采购周期较长的物料,可以采取供应商的"寄售"方式,有效控制交货期。

(3)企业可以根据承包商的信息反馈和信息共享结果,在确认订单之前相对准确地了解承包商的生产计划和执行状态。这样可以合理地分解订单,按多批次交付给客户,既保证了交货期,也缓解了承包商可能面临的生产压力,确保产品质量。

(4)运输周期通常是影响交货期的因素之一。如果承包商直接发运,为了节约成本可能采取拼箱方式,但可能人为延长运输周期。企业可以通过费率调整和其他协调措施,尽量确保及时发运,并根据不同区域和情况选择适合的后勤伙伴(如空运、铁路、邮寄、汽车、航运等)。

(5)企业通常与承包商达成协议,要么要求专用整条生产线,要么根据生产时段进行专用。在这些方面没有固定的模式。

### 5. 服务

服务分为售前服务、售中服务和售后服务。对于生产外包的企业来说，信息掌握越主动、及时、准确，服务效率和效果就会更好。现今对制造业的评价已不再仅仅基于规模，而是考虑快速反应、核心竞争能力、专业水准和盈利能力等因素。世界级制造业已经注重管理要求和供应链的协同，并利用虚拟制造实现更高的利润回报。在这种背景下，生产外包已成为战略布局，并全面考虑外包的管理流程和信息化共享模式。然而，国内企业仍存在"以规模论英雄"的误区。希望通过对管理生产外包的简要探讨，为企业实现突破性发展和变革带来价值。

## 第三节　服装供应链的库存管理

库存管理是服装企业物流管理的关键环节之一。服装企业物料的库存水平和库存周转速度的高低会直接影响物流成本及其企业的经济效益。库存水平过高，不仅占用大量资金，增加商品保管费用，而且还会加大市场风险；相反，库存量过少，会影响到生产经营活动的顺利进行，甚至失去市场机会。因此，在物料管理中，必须科学地管理和控制库存，在满足正常生产需求的同时将库存数量控制在最低水平，以降低物流成本并提高经济效益。

### 一、库存的种类及其功能

#### 1. 库存的概念

库存，也称存货，是指处于储存状态的物品，主要是作为以后按规定目的使用而处于闲置或非生产状态的物料。广义的库存还包括处于制造加工状态和运输状态的物品。在纺织服装制造企业，库存一般包括纤维、棉花、布料等原材料、在制品、半成品、产成品、备件、低值易耗品等。库存是一种闲置资源，并不会在生产经营中创造价值，相反却占用资金且增加企业成本。但实际经营过程中，库存又是不可避免的。因此，库存管理的核心问题是在满足对库存需要的前提下，保持合理的库存水平，提高库存周转率。

### 2. 库存的类型

库存范围的确认，应以企业对库存是否拥有所有权为依据，而不论物品存放在何处、处于何种状态。如果按照库存的用途，服装企业持有的库存可分为以下几种：

（1）原材料库存：指企业通过采购和其他方式取得的用于制造产品并构成产品实体的物品，以及生产耗用但不构成产品实体的辅助材料、修理用备件、燃料以及外购半成品等的库存。

（2）在制品库存：是指已经过一定生产过程、但尚未全部完工，在销售之前还要进一步加工的中间产品和正在加工中的产品。

（3）维护/维修作业用品库存：是指用于维护和维修设备而储存的配件、零件、材料等。

（4）包装物和低值易耗品库存：是指企业为了包装产品而储备的各种包装物和由于价值低、易损耗等原因而不能作为固定资产的各种劳动资料的储备。

（5）产成品库存：是指已经制造完成并等待装运，可以对外销售的制成产品的库存。

如果按照库存的目的，企业持有的库存可以分为：

（1）循环库存

循环库存是在需求稳定和补货周期（前置期）不变的情况下，为满足日常生产或销售需要而建立的库存。循环库存又称为周期库存或者经常库存。

循环库存的大小与订货量直接正相关，通常按订货量的 1/2 计算。例如，如果某物料每天总是消耗 20 单位，补货周期总是 10 天，则在循环库存以外就不再需要额外库存，同时这种确定的情况也减少了库存管理的复杂性。图 7-8 显示了 3 种可选的再订货策略，其中平均周转库存分别为 100、200 和 300 单位。

（2）安全库存

在分析循环库存时，假定需求是不变的。而事实上，所有的业务都面临着需求的不稳定（如大量突发性订货）或补货周期的不确定（如交货期突然延期等），同时，对需求的预测也可能有误差，使得产品的实际需求量超过预测值，

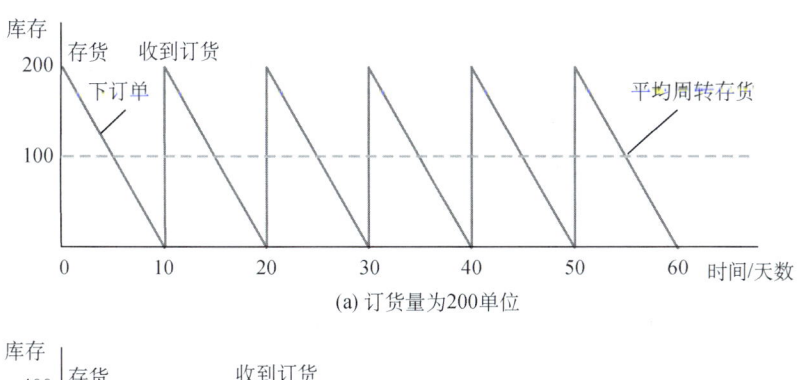

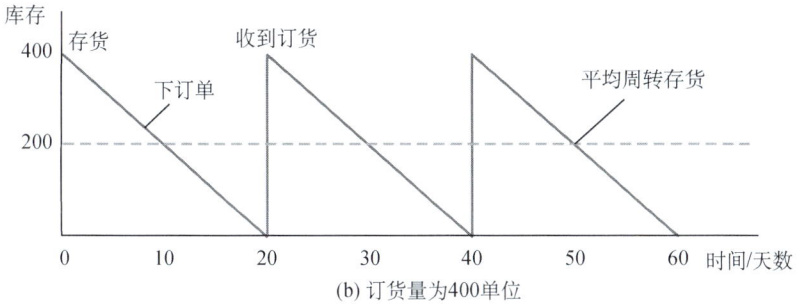

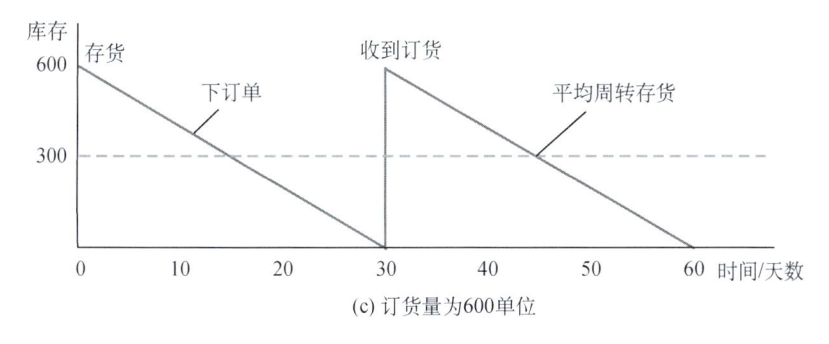

图 7-8 需求和前置期稳定的前提下，再订货量对平均库存的影响

导致产品短缺，这就需要在周转库存之外额外保有一定的安全库存来进行缓冲处理，以应对不确定性。安全库存是指在给定时期内，为了防止由于不确定性的影响而持有的超过预测的库存量。

例如，某购物中心出售某款意大利产服装。假设从意大利进货的运输成本很高，该购物中心每批订购 600 件，每周销售 100 件该款服装。服装生产商需要 3 周时间来完成订单，并将产品送交到购物中心。如果市场需求是确定的，并且每周正好销售 100 件服装，那么购物中心在其库存刚好为 300 件时发出订单。这样，在购物中心的库存服装正好卖完的时候，重新订购的服装刚好到达。

然而，市场需求有时是不确定的。有时 3 周的销量大于 300 件，这样有的顾客就有可能买不到,造成脱销。于是,购物中心决定在存货大于 300 的某个值时(比如 400 件)就向制造商订货。这种订货策略下,只有当 3 周的销量大于 400 件服装时,才会出现脱销现象。在假定每周 100 件服装的情况下,购物中心在下一个补货订单的产品到达时的平均库存为 100 件服装。因此安全库存是指在一批补给货物到达时剩余产品的平均库存量。这里购物中心的安全库存为 100 件服装。图 7-9 描述了在考虑安全库存的情况下,购物中心的库存剖面图。此时,购物中心的循环库存为每批订货量的一半,即 600/2 = 300,平均库存为循环库存与安全库存之和。即平均库存应等于订货量的一半加上安全库存。

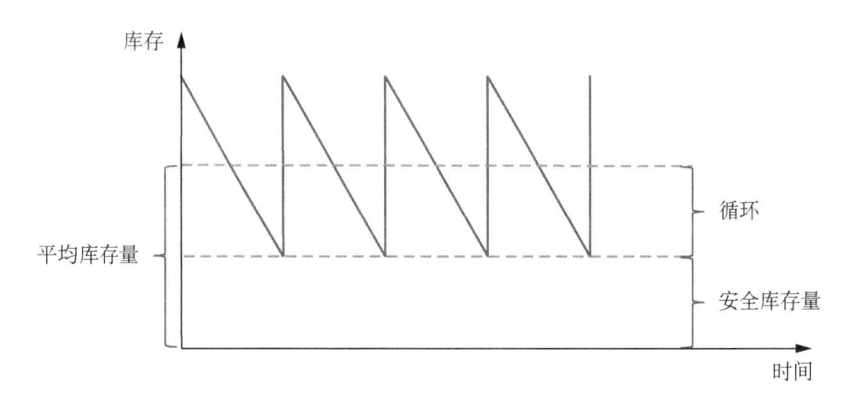

**图 7-9　安全库存剖面图**

(3) 在途库存

在途库存是指处于运输之中以及停放在相邻两个工作地点之间或者相邻两个组织之间的库存。这种库存是客观存在的,而不是有意设置的。在途库存的大小取决于运输时间以及该期间的平均需求。

(4) 投机库存

投机库存是在满足正常需求之外而备的库存。例如,由于可能出现罢工、预期价格会大幅上涨或政局动荡引发供应短缺等,企业要备有多于正常需求的库存以"躲避"这些特殊事件。

(5) 季节性库存

季节性库存是投机库存的一种形式,指在某个季节前进行的库存积累。例如,生产棉被的企业预测棉花在后期将要涨价,因此在棉花收获季节大量购进原材料,以备全年的生产需求。

（6）呆滞库存

呆滞库存是那些已有一段时间没有需求的物品。呆滞库存可能在任何地方都是过时的，也可能只在某一存储点是过时的。如果是后者，那么可以将其运到其他存储点，以避免完全作废。

### 3. 库存的功能

库存的功能，集中体现在以下几方面：

（1）有利于实现规模经济

如果企业意识到采购、运输或制造中的规模经济问题，就需要考虑设置库存。例如，大批量订购原材料可以利用与订购数量有关的单位价格折扣。运输的经济性又与运输批量密切相关，通常整车运输比零担货运的运输费要低。产成品库存使制造经济性成为可能。然而，大批量生产可能使一些产品在售出之前存储更长时间。可见，实现采购、运输或制造中的规模经济往往需要增加存货数量。

（2）保证生产活动的连续性和稳定性

在生产经营中，制定计划、物料申请、供应商发货、运输、检验、生产以及物资送达消费者等都需要时间。备有存货可以满足购买期间的物料供应，并应对季节性需求差异。没有库存可能无法保证生产经营的持续进行。季节性供需要求企业持有库存，以降低波动性，确保生产的连续性和稳定性。

（3）应对市场以及生产过程中的不确定性

持有库存可防止不确定性的影响，即在需求变动或补货周期变动的情况下防止缺货。从供货来源的不确定性看，管理层若预测原材料价格将上涨或供应会短缺，可能会持有更多库存来防止因原材料短缺关闭生产线，或因原材料价格上涨增加市场成本。企业应与供应商和承运人紧密合作以提供供应的可靠性，降低因运达不可靠而准备的原材料库存的数量。

在制品的库存可避免关键设备出现故障时生产停顿，而且可以使流动平稳，因为并非所有的工序都以同样的速度进行。目前企业越来越关注生产过程的再平衡，已使在制品库存最小化甚至消除。

（4）实现区域专业化生产

考虑到面辅料、能源、水资源和劳动力资源在服装生产中的需求，为了节省成本，某些产品需要在靠近原材料或能源的地方生产，而其他产品可能需要在劳动力丰富的地方生产。因此，不同产品的组成部分可能在不同地区生产，并通过内部库存转移来集中到最终产品的加工地。另外，由于原材料产地和制造工厂通常远离市场地区，为了集散产品，需要将多家工厂的产品集中在距离市场较近的仓库。因此，地理上的专业化分工需要在不同地点持有库存，以实现区域专业化生产。

## 二、库存管理及其影响因素

### 1. 库存管理

库存管理是对库存物资的管理，为了保证生产连续性和满足顾客需求，必须保持一定的库存。然而，库存商品占用资金、产生维持费用，并存在积压导致损失的潜在风险。不当的库存管理会导致资金沉淀、影响周转，并增加市场风险、降低盈利能力。尽管库存成本包含较高的机会成本，但在实际生产经营中，库存是不可避免且重要的。因此，企业需要采取各种技术和手段，做好预测和管理工作，既防止缺货和库存不足，又避免库存过量导致不必要的费用，在满足库存需求的前提下维持合理水平。

### 2. 库存管理的目的

库存管理的目的主要有两个：保障供应（即服务水平）和保持低成本。

首先是保证供应，防止缺货。持有存货的主要目的就是要满足需求。在生产过程中，仓库为生产线提供所需的原材料、零部件、设备和工具等。若物资供应中断，企业将停产，导致巨大利润损失和信誉损失。信誉损失虽无法准确估计，但常常具有重大影响。因此，库存管理的首要目标是确保供应，尽量避免缺货情况的发生。

要保障供应，最简单的方法就是保持高库存水平，这样一般不会发生缺货现象。但是如前面提到的库存要占用资金、会发生维护等相关的费用，高库存水平会给企业造成巨大的负担。因此，库存管理又要尽量降低库存成本。如图 7-10 所示，可以通过采取一系列的技术方法来平衡服务水平和库存之间的关系。因此，如何通过科学巧妙的运作，既做到保障供应又降低成本，确定一个科学的库存管理水平，实现服装企业的最大利益就是库存管理的根本任务。

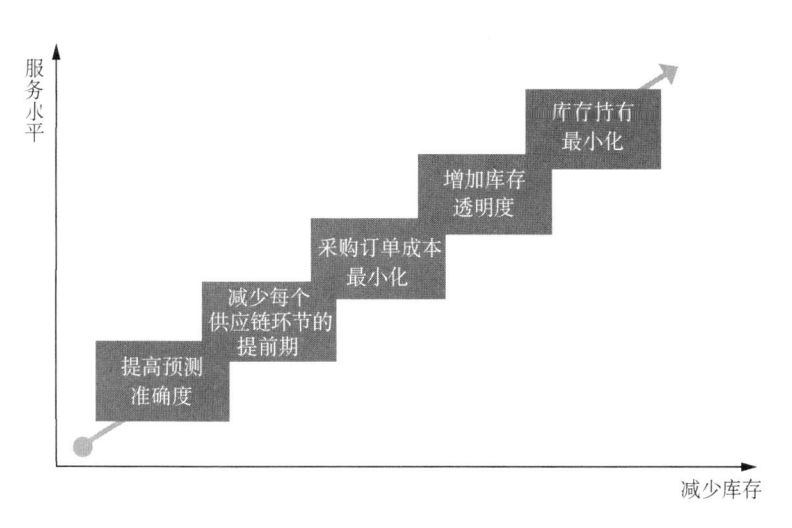

图 7-10　供应链库存控制的逐步改进

### 3. 库存管理的影响因素

库存管理受许多环境条件的制约，包括需求的不确定性、订货周期变化、资金投入、管理水平、运输条件以及客户要求等因素。同时，库存控制系统内部也存在"交替损益"的现象，这些制约因素都会影响库存的控制效果，并决定控制的成败。服装企业在进行库存管理时应考虑以下因素：

（1）服务水平的制约

服务水平是指库存能够满足用户需求的百分比。若库存能满足全部用户的全部订货需求，则服务水平为100%。但在顾客需求不确定的情况下，百分之百满足顾客订单通常是不可能且不经济的。通常情况下，服务水平由企业领导根据经营目标和战略而规定，但它会影响库存水平的选择。服务水平要求高，则需要较多的储备来确保，因此管理层需要确定一个合理的服务水平。

（2）顾客需求的变动性

受许多因素影响，市场需求可能是不确定的，如突发的热销会造成的需求突增等，从而使库存控制难度加大。如果可以获取历史数据来估计顾客的平均需求和需求的变动性（常用标准差来表示），那么，企业就可以采用相应的预测工具来对需求进行准确预测。

然而，不同的需求性质对库存管理决策有着决定性的影响。确定且已知的需求可以在需求发生时准备库存，数量依据给定计划确定。不确定的需求则需要经常备货,以应对随时发生的需求。有规律性的需求变动如季节性需求可以根据变动规律进行计划,提前准备更多的库存。随机性的需求变动需要设置常备库存或备有保险储备量以防突发需求。另外,存在可替代性的物品可减少库存量,而没有替代品的物品需要保持较多的库存以确保供应需求。

(3) 仓库储存食物产品种类和结构

市场对产品种类的需求是多样化的,企业难以知道各种产品需要的确切数量,因此,仓库储存的产品种类就成为一种新的不确定因素,制约着库存控制。同时,任何企业的实力都是有限的,不可能满足市场所有的需求,企业必须根据自身情况,确定合理的产品品种及其结构。

(4) 订货提前期

提前期是指从订购或下达生产指令时间开始,到物品入库的时间周期。提前期是确定订购的时间或下达生产指令时间的主要考虑因素。在库存控制中,都是根据库存量将要消耗完的时间,提前一个提前期提出订货,以避免在订货到达之前发生缺货。在企业发出订单时,库存补充的提前期(订货周期)可能是已知的,也可能是不确定的。这主要是受到信息传递、生产周期、交通运输或其他自然的、社会的、生理的等因素的影响。因此,订货提前期的不确定性就成为影响库存控制的另一因素。

(5) 订货批量

订货次数和订货批量对库存水平至关重要。增加订货次数降低了每次订货数量,平均库存水平和持有成本也相应减少。然而,增加订货次数会增加订货成本,因此需要在存货成本和订货成本之间权衡,确定最佳订货批量。

(6) 运输状况

运输的不稳定性和不确定性必然会制约库存控制,这种制约因素受到运输距离长短、运输条件改善和运输工具选择等的影响。因此,制订最佳的运输路线,选择可靠的承运人,合理安排运输方式等,就显得十分必要。

(7) 信息处理能力

信息要素在库存控制和其他系统中的作用不分伯仲。在库存控制系统中,监控信息的采集、传递、反馈是控制的一个关键。信息处理能力的高低,成为信息代替库存的关键要素。

(8) 库存管理水平

库存控制系统的运行,不仅要靠先进的仓储设备、计算机监控系统等硬件支持,还靠库存管理这一软件来支持。库存管理水平若达不到控制的要求,则库存控制就无法高效运行。

(9) 资金状况

资金的暂缺、资本周转不灵等也会使预想的控制方法和目的落空。因而,是否具有一个良好的财务状况也是提升库存管理水平的一个关键。

(10) 价格和成本

库存控制是建立在一定的成本基础上的,价格和成本成为库存控制中的一项制约因素。企业应在尽可能满足顾客需求的基础上,通过各种方式降低库存成本,增加企业利润。

(11) 自制或外购

所需要的物品是自制还是外购,也影响库存的决策。若从外部采购,应着重从经济性,即节约成本的要求来确定它们的供货数量和供货次数。若属于本厂自制,则不但要考虑成本的经济,还需要考虑生产能力的约束、生产各阶段的节奏性等因素来确定供货的数量和时间。

### 三、服装供应链管理环境下的库存问题

绝大多数制造业供应链由制造和分销网络组织,将原材料转化为产品并销售给用户。供应链中的不同节点企业的库存有复杂的关系。我国服装行业长期以来一直面临着库存问题,有相当数量的服装供过于求。服装产品的特点使得预测市场需求困难,导致脱销或积压库存现象。牛鞭效应使得供应链中库存不均衡。因此,供应链的库存管理需要采用先进的商业建模技术来评价策略,并考虑各方面的影响来确定经济订货量和适当的服务水平,以获得用户服务和利润的最优化。供应链管理环境下的库存问题,主要表现在以下方面:

**1. 缺乏供应链的整体观念**

供应链的绩效依赖于各个节点的绩效,但各个部门有独立的目标和使命。这导致各自为政的做法,可能与整体目标冲突。例如,某服装企业减少订货成本,但不考虑对其他制造商和分销商的影响,结果维持高库存。另一家服装企业则压缩库存,导致响应时间延长。供应链绩效评价指标普遍缺乏全局视角。

有些企业以库存周转率为指标，却忽视用户反应时间和服务水平。用户满意应成为供应链库存管理的重要指标。

### 2. 对用户服务的理解与定义不恰当

供应链管理的绩效应由用户评价或根据用户反应能力评估。企业通常使用订货满足率作为用户服务水平的考核指标，但它不能全面保证运作顺利。例如，在满足一个包含多产品订单的要求时，无法确定是哪个供应商交货延迟或提前。此外，订货满足率也无法评价订货的延迟水平。因此，除了订货满足率外，还需考虑其他指标如订货周转时间、回头订货率、延迟时间等。

### 3. 不准确的交货状态数据

顾客下订单时关心交货时间和状态，尤其在延迟时，他们希望及时了解并修改。然而，很多企业未能准确地向用户提供延迟订单交货的信息，导致用户不满和期望的破灭。

### 4. 低效率的信息传递系统

供应链管理需要供应链节点企业之间的需求预测、库存状态和生产计划等数据的实时传递。然而，当前许多企业的信息系统并没有良好的集成，导致供应商无法及时获得准确的用户需求信息，从而产生延迟和误差，并且给短期生产计划带来困难。为了有效应对用户需求，需要改变供应链的信息系统模型，并通过系统集成确保库存数据能够实时快速传递。

### 5. 忽视不确定性对库存的影响

供应链运作中的不确定因素包括订货提前期、运输状况、原材料质量、生产时间、运输时间和需求变化等。为减少不确定性对供应链的影响，首先要了解不确定性的来源和影响程度。许多公司没有认真研究和跟踪不确定性的来源和影响，导致错误估计物料流动时间，有些物品过剩，而有些物品不足。

### 6. 库存控制策略简单化

供应链中的企业和物流企业都希望通过库存控制来保证供应链运作和满足不确定需求。库存控制需要了解和追踪不确定因素，并制定适当策略。供应商可靠性和物品预测性不同，库存控制策略应考虑这些差异。许多公司使用统一库存控制策略，未反映供需不确定性。传统库存控制策略只关注企业内部信息，未体现供应链管理思想。建立有效库存控制并体现供应链管理思想是关键。

### 7. 缺乏合作与协调性

供应链需要协调各方活动，以实现最佳运作效果。协调的目的是确保信息在供应链中流畅传递，满足服务质量要求，使供应链能根据用户要求一致运作，适应市场环境。缺乏协调会导致交货延迟、服务水平下降和库存增加。由于不确定性，每个节点企业都设置安全库存，但协调问题导致安全库存成本高。组织障碍使库存控制更困难，激励机制对于跨企业合作也很困难，信任风险和缺乏监督机制是合作性不稳固的原因。

### 8. 产品的过程设计没有考虑供应链上库存的影响

先进制造技术提高产品生产效率，但供应链库存复杂性常被忽视，抵消了成本效益。未规划供应链导致运输时间长、库存成本高，新产品难以成功。在供应链结构设计中，要考虑库存影响，但常被忽略，而关注固定成本和物流成本。然而，库存投资和订单响应时间等因素对供应链影响重要且不可低估。

## 四、供应链中的不确定性与库存

### 1. 供应链中的不确定性

从供应链整体的角度看，供应链上的库存无非有两种，一种是生产制造过程中的库存，一种是物流过程中的库存。库存存在的客观原因是为了应付各种各样的不确定性，保持供应链系统的正常性和稳定性，但库存也同时产生和掩盖了管理中的问题。

（1）供应链上的不确定性表现形式

供应链上的不确定性表现形式有两种：①衔接不确定性。企业之间（或部门之间）不确定性，可以说是供应链的衔接不确定性，这种衔接的不确定性主要表现在合作性上。为了消除衔接不确定性，需要增加企业之间或部门之间的合作性。②运作不确定性。系统运行不稳定是组织内部缺乏有效的控制机制所致，控制失效是组织管理不稳定和不确定性的根源。为了消除运行中的不确定性需要增加组织的控制，提高系统的可靠性。

（2）供应链上不确定性的来源

供应链上的不确定性的来源主要有三个方面：供应者不确定性，生产者不确定性，顾客不确定性。不同的原因造成的不确定性表现形式各不相同。

供应商的不确定性主要表现在提前期的不确定性、订货量的不确定性等方面。供应不确定的原因是多方面的，比如，供应商的生产系统发生故障延迟生产，供应商的供应商的延迟，意外的交通事故导致的运输延迟等。

生产者不确定性主要缘于制造商本身的生产系统的可靠性、机器的故障、计划执行的偏差等。造成生产者生产过程中在制品的库存的原因也表现在其对需求的处理方式上。生产计划是一种根据当前的生产系统的状态和未来情况做出的对生产过程的模拟，用计划的形式表达模拟的结果，用计划来驱动生产的管理方法。但是生产过程的复杂性使生产计划并不能精确地反映企业的实际生产条件和预测生产环境的改变，不可避免地造成计划与实际执行的偏差。生产控制的有效措施能够对生产的偏差给以一定的修补，但是生产控制必须建立在对生产信息的实时采集与处理上，使信息及时、准确、快速地转化为生产控制的有效信息。

顾客不确定性原因主要有：需求预测的偏差、购买力的波动、从众心理和个性特征等。通常的需求预测的方法都有一定的模式或假设条件，假设需求按照一定的规律运行或表现一定的规律特征，但是任何需求预测方法都存在这样或那样的缺陷而无法确切地预测需求的波动和顾客心理性反应。在供应链中，不同的节点企业相互之间的需求预测的偏差进一步加剧了供应链的放大效应及信息的扭曲。

（3）供应链上的不确定性的原因

供应链上的不确定性的原因主要有以下方面：

① 需求预测水平造成的不确定性。预测水平与预测时间的长短有关，预测时间长，预测精度则差，另外还有预测的方法对预测的影响。

② 决策信息的可获得性、透明性、可靠性。信息的准确性对预测同样造成影响，下游企业与顾客接触的机会多，可获得的有用信息多；远离顾客需求，信息可获得性和准确性差，因而预测的可靠性差。

③ 决策过程的影响，特别是决策人心理的影响。需求计划的取舍与修订，对信息的要求与共享，无不反映个人的心理偏好。

**2. 供应链的不确定性与库存的关系**

（1）衔接不确定性对库存的影响

传统供应链上存在信息孤岛（企业之间的独立信息体系）和合作的障碍，

企业为了各自利益而进行资源的自我封闭（包括物质资源和信息资源），人为地增加了企业之间的信息壁垒和沟通的障碍，为了应付不测企业不得不建立库存。由此可见，信息共享不足是不确定性增加的主要原因。而在集成的供应链系统中，共享需求信息和建立合作伙伴关系可以推动信息交流与沟通，减少库存。供应链联盟可以提供稳定的供应信息，帮助下游企业预先采取措施，减少库存的需要。

（2）运作不确定性对库存的影响

建立战略伙伴关系的供应链联盟或供应链协作体可以减少供应链企业间的衔接不确定性，并消除不确定性对库存的影响。改善合作关系可提升企业的内部生产管理和实现实时、准确的生产控制，同时消除不必要的库存现象。传统的生产决策中很难预测外在需求和供应变化信息，因此企业常常依赖库存来对付不确定性，导致高库存水平和服务水平。通过加强信息交流、透明性和协调，供应链管理可最大程度减少库存水平，实现供应链企业的无缝连接，消除高库存现象。

## 五、服装供应链环境下的库存控制目标

供应链管理下的库存控制，是在动态中达到最优化的目标，在满足客户服务要求的前提下，应力求尽可能地降低库存，提高供应链的整体效益。如图7-11所示，库存控制的目标具体表现为以下方面：

（1）库存成本最低。这是企业需要通过降低库存成本而增加盈利、增强竞争能力所选择的目标。

（2）库存保证程度最高。若企业有很多的销售机会，如通过增加生产以扩大经营时，则特别强调库存对其他经营、生产活动的保证，而非库存本身的效益。

（3）不允许缺货。如果企业由于技术、工艺条件等不允许停产，则必须以不缺货为控制目标。

（4）限定资金。企业必须在限定资金预算的前提下实现供应，这就需要以此为前提进行库存的一系列控制。

（5）快捷。当库存控制依靠大的竞争环境系统要求而确定目标时，常常要求以最快速度实现进出货为目标。

图 7-11　库存控制的目标

对于服装企业来说，需要根据自己企业的类型和性质，选择合适的库存控制目标。比如，对于生产型的加工企业，要以库存保证程度最高、不允许缺货为主要目标，而对于以分销为主的零售企业则要以库存成本最低、快捷为主要目标。此外，为了实现最佳库存控制目标，需要协调和整合各个部门的活动，使每个部门不仅以有效实现本部门的功能为目标，更要以实现企业的整体效益为目标。高的客户满足度和低的库存投资似乎是一对相冲突的目标，过去曾经认为这对目标不可能同时实现。现在，通过供应链管理下创新的物流管理技术，同时伴随改进企业内部管理，企业已完全能够实现这一目标。

### 六、服装供应链环境下的库存管理方法

根据供应链中库存管理主体及内涵的不同，主要有以下四种库存管理方法：

#### 1. 自动库存补给法

这种库存管理方法主要用于制造业中有多种用途、且低价值的商品。其前提是双方要有很高的相互信任程度，并对特殊商品的配送数量、固定的仓库地点达成一致。旨在给供应商提供更多的自由空间以直接面对采购商的要求做出反应，提高订货和补给流程的效率。所有包装袋中每一个都装有要配送的一定数量的商品，并被存放在仓库的箱子中。当生产需要更多的商品时，就使用其

中的袋子。供应商经常检查采购商的仓库，补充袋子，实行电子化处理开票手续。箱子一经补充，这个仓库就成为采购商的财产了。值得注意的是，使用这种方法要处理好的问题是在采购商的控制、有效性和供应商的自由行动之间如何获得较好的平衡。

**2. 供应商管理库存法**

传统情况下，库存是由库存拥有者管理的。因为无法确切知道客户需求与供应的匹配状态，所以需要库存。此时，库存设置与管理由同一组织完成。但这种库存管理模式并不总是最优策略。例如，一个供应商用库存来应付不可预测的或某一用户不稳定的（这里的用户不是指最终用户，而是分销商或批发商）需求，用户也设立库存来应付不稳定的内部需求或供应链的不确定性。供应链的各个不同组织根据各自的需要独立运作，导致重复建立库存，因而无法达到供应链全局的最低成本，整个供应链系统的库存会随着供应链长度的增加而发生需求扭曲。

要在供应链上消除牛鞭效应不能仅仅依靠企业的单打独斗，而是必须将传统企业间的竞争、利润瓜分的关系转变为共同发展的新型合作伙伴关系，必须在竞争中寻求合作，在协作中求发展，供应商管理库存（VMI）就是基于这种理念的库存管理方法。VMI库存管理系统就能够突破传统的条块分割的库存管理模式，以系统的、集成的管理思想进行库存管理，使供应链系统能够获得同步化的运作。

供应商管理库存模式是一种供应商和其下游节点企业之间在充分沟通协调的基础上，具有合作性的库存管理策略。其主要思想是供应商在用户的允许下设立库存，确定库存水平和补给策略，拥有库存控制权。所以，从这点上来看，供应商管理库存模式是一种代理决策模式。精心设计与开发的供应商管理库存系统，不仅可以降低供应链的库存水平，降低成本；而且，用户外还可获得高水平的服务，改善资金流，与供应商共享需求变化的透明性和获得更高的用户信任度。

该方法的关键措施主要体现在如下几个原则中：

（1）合作精神（合作性原则）。在实施该策略时，供应商和用户（零售商）都要有较好的合作精神，相互信任与信息透明非常重要。

（2）使双方成本最小（互惠原则）。VMI不是关于成本如何分配或谁来支付的问题，而是关于减少成本的问题。通过该策略使双方的成本都获得减少。

（3）框架协议（目标一致性原则）。双方都明白各自的责任，观念上达成一致的目标。如库存放在哪里，什么时候支付，是否要管理费，要花费多少等问题都要回答，并且体现在框架协议中。

（4）连续改进原则，使供需双方能共享利益和消除浪费。VMI 的主要思想是供应商在用户的允许下设立库存，确定库存水平和补给策略，拥有库存控制权。

需要说明的是，供应链上各节点企业所达成的共同的协议框架是双方合作的基础，对合作双方来说库存管理成本都是最低，在这个协议下将库存的管理权和控制权交给供应商。但在实际的执行过程中，由于内外部环境的会导致共同协议出现这样或那样的不足和问题，因此需要经常监督和修正，以使它不断适应新的变化的环境。同时，要严格监督共同协议的执行，因为再完善科学的协议如果没有认真的执行，双方的合作都将无法进行下去。

精心设计与开发的 VMI 系统，不仅可以降低供应链的库存水平，改进资金流，而且用户还可获得高水平的服务。VMI 在供应链中的实施流程如图 7-12 所示。

**图 7-12　VMI 在供应链中的实施流程**

供应商管理库存法有着相当大的优越性，特别是在第一层的供应商、零售商的分销商之间，它打破了传统的各自为政的库存管理模式，体现了供应链的集成化管理思想，适应市场变化的要求，是一种新型的、有代表性库存管理思想。

一般来说，在以下的情况下适合实施供应商管理库存法：零售商或批发商没有 IT 系统或基础设施来有效管理他们的库存；制造商实力雄厚并且比零售商市场信息量大；有较高的直接存储交货水平，因而制造商能够有效地规划运输。

### 3. 制造商管理库存法

制造商管理库存法是指零售商将自己的物流中心或仓库的管理权由制造商代为实施，但所有权仍为零售商，这样，零售商可以不从事具体的物流活动，并且由于双方不用就每笔交易的条件（如配送、价格问题等）进行谈判，从而大大缩短了商品的订货、进货、检验、保管、分拣、备货到销售整个业务流程的时间。

制造商管理库存法成功实施的例子是宝洁公司与沃尔玛之间的库存管理合作。具体作业流程是：沃尔玛的各店铺都制定了一个安全库存水平，一旦现有库存低于这种水平，设在沃尔玛的计算机通过通讯卫星自动向宝洁公司的纸尿裤工厂订货。宝洁公司在接到订货后，将订购商品配送到各店铺，并实施在库管理，与整个商品前置时间缩短相适应。两个企业之间的结算系统也采用了电子资金划拨(EFT)系统。通过这种系统，企业之间的财务结算就不需要传统的支票等物质形式来进行了，而是通过计算机、终端等电子设备来完成。显然，电子资金划拨系统的导入不仅提高了企业之间的结算效率，而且大大降低了两个企业的间接成本。因为对于宝洁公司来讲，电子资金划拨加速了资金的回笼，提高了资金周转率；对于沃尔玛来讲，由于及时化的商品管理制度，保证了货款的交付在商品完成以后进行，因此，也加速了它的资金周转，提高了资金效率。

### 4. 联合库存管理法

联合库存管理模式是一种在供应商管理库存模式的基础上发展而来的新型库存管理模式，它改变了供应商库存管理模式下供应商握有库存管理权的情况，平衡了上游企业和下游企业的权利责任，共担了风险。

联合库存管理是为克服供应链系统中由于各节点企业的相互独立库存运作模式导致的需求放大现象，而提高供应链的同步化程度的一种有效方法。在联合管理库存这种方式的安排下，仓库应由供应商所有，但建在采购商使用的地点。预测需求和补充存货的合适水平取决于供应商。供应商和采购商共同形成的系统要求双方相互开放、共享资源。

联合库存管理体现了战略供应商联盟的新型企业合作关系。联合库存管理和供应商管理的用户库存不同，它强调双方同时参与，共同制定库存计划，使供应链过程中的每个库存管理者(供应商、制造商、分销商)都从相互之间的协调性考虑，保持供应链相邻的两个节点之间的库存管理者对需求的预期保持一致，从而消除了牛鞭效应。任何相邻节点需求的确定都是供需双方协调的结果，库存管理不再是各自为政的独立运作过程，而是供需连接的纽带和协调中心。最明显的效益就是整合制造和配送过程，将预测与补货整合进入商品供应策略后，交易伙伴可以共同决定如何适时、适量地将商品送达客户手中。例如可以由制造工厂直接配送至客户的配送中心，或由工厂直接配送至零售店，或通过接驳转运方式，或经由工厂配送至行销中心等。应用于下游的零售点时，补货的资料会从零售点的销售管理资料取得，使得补货更具有效率，因为自动补货是根据消费者的实际消费得来的，而零售点的销售资料则可以借助销售点管理系统取得。

图 7-13 为传统的供应链活动过程模型，图 7-14 为基于协调中心联合管理库存的供应链系统模型。通过比较可以得到，基于协调中心的联合库存管理和传统的库存管理模式相比，有如下几个方面的优点：

（1）为实现供应链的同步化运作提供了条件和保证。

（2）减少了供应链中的需求扭曲现象，降低了库存的不确定性，提高了供应链的稳定性。

（3）库存作为供需双方的信息交流和协调的纽带，可以暴露供应链管理中的缺陷，为改进供应链管理水平提供依据。

（4）为实现零库存管理、准时采购以及精细供应链管理创造了条件。

（5）进一步体现了供应链管理的资源共享和风险分担的原则。

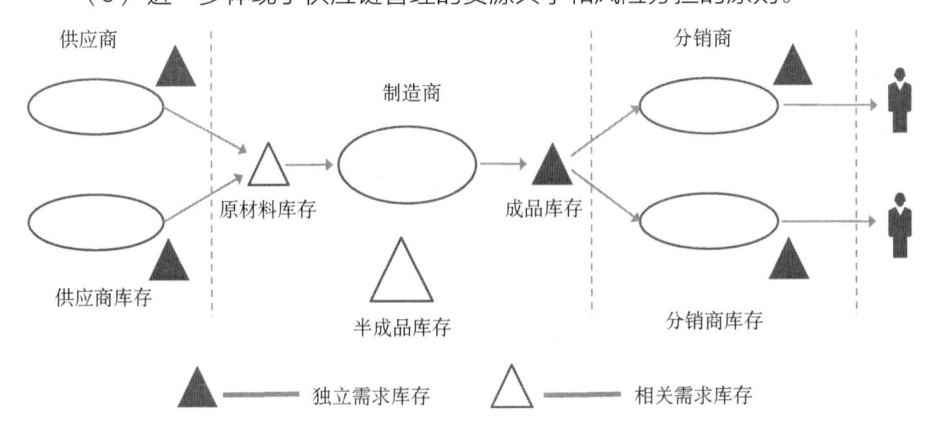

图 7-13　传统的供应链活动过程模型

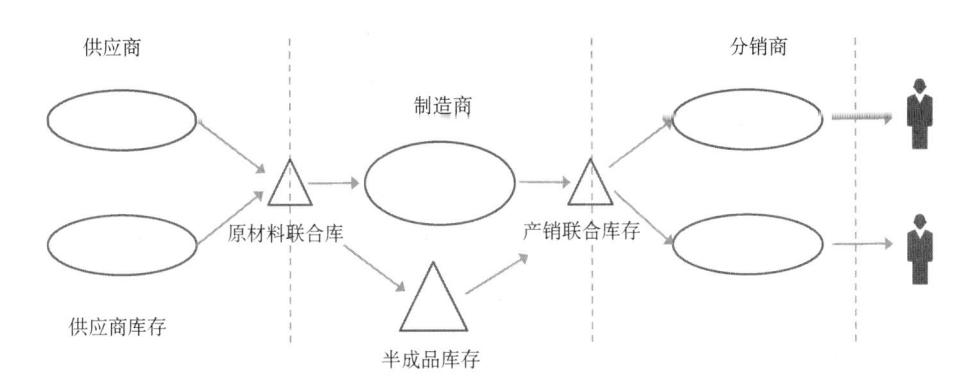

图 7-14　基于协调中心联合管理库存的供应链系统模型

联合库存管理系统把供应链系统管理进一步集成为上游和下游两个协调管理中心，从而部分消除了由于供应链环节之间的不确定性和需求信息扭曲现象而导致的供应链的库存波动。通过协调管理中心，供需双方共享需求信息，因而起到了提高供应链的运作稳定性作用。这一系统为企业提供了三种优势：一是保持较低的存货水平；二是可以减少缺货的风险；三是必须增加支付方式。供应商通过与采购商联合，在生产中负有责任，并能直接与消费者接触，了解消费者信息，从而获得利益。

供应商和采购商在交付货物时，需要用适当的协议来巩固这种安排。这个协议要反映双方的能力、合作关系的性质和各种支出的种类。具体地说，就是要在协议中体现以下内容：

① 仓储水平的最低和最高限度。

② 补给的周期。

③ 明确要生产的产品，考虑健康、安全和环境保护问题。

④ 数据的提供、预测、补给和仓储负责问题。

⑤ 库存财产权的分割和转移的原则。

⑥ 库存的准确目标，预估仓库年用量。

⑦ 供应商为其他用途回收存货的相关情况。

⑧ 发票开取及支付的相关问题。

⑨ 一方未能履行其职责的相应补救措施。

联合库存管理的实施步骤如下：

① 供需双方本着互惠互利原则，通过协商形成共同的合作目标，例如，费

用下降、风险下降、利润共同增长、客户满意度提高。

② 确定库存优化的方法，例如，库存周转时间的确定，库存如何在多个供应商或多个需求商之间调节与分配，库存的最大量和最低库存水平的确定，安全库存的确定，需求的预测。

③ 建立信息沟通的渠道或系统，以保证需求信息在供应链中准确传递、畅通无阻。要将 EDI 技术、条码技术、光电扫描读取、POS 系统等集成起来，并充分利用互联网的优势。

④ 建立利益的分配和激励机制，并形成供应链协议文本，成为供应链运作的重要规则和条款。

综上所述，以上提到的几种服装供应链的库存管理方法，都需要有功能强大的 IT 系统来支持：这也是现代供应链管理最根本的特征之一，是整个供应链管理业务的神经系统。供应链管理通过物联网作为技术支撑，使企业能够实时获取并处理各种外部信息与内部信息，提高整个企业客户需求快速有效的反应能力，实现即时采购、即时制造、即时出售、即时供应。也就是说，通过优化组合，使需求信息获取与随后做出的反应尽量接近实时及最终客户，将客户需求的提前期减少到最低限度，而获取市场竞争的时间与空间优势，创造企业利润。通过建立共享的电子数据交换系统，能够将供应商与零售商之间的销售业务流程，包括电子订单、订单响应、订单签收、退货单全面实现电子化管理，可以有效地减少因信息不充分带来的重复与浪费，为供应商企业加强对销售流程的监控和管理提供了技术上的可能性，有效抑制牛鞭效应。

### 七、降低成本的方法——零库存

一般来说，以活动为基础的成本制定（ABC 法）被认为是确定和控制物流费用的有效方法。继诸如 ABC 分类管理法、MRP、MRP Ⅱ、J1T、VMI 等管理方式后，目前较流行一种库存管理方式，它既能有效提高库存的管理效率，又能减少、消除库存成本，从而显著降低物流成本，这种方式就是零库存。

零库存（Zero Inventory）可以追溯到 20 世纪六七十年代，当时的日本丰田汽车实施准时制生产，在管理手段上采用看板管理、单元化生产等技术实行拉式生产（Pull Manufacturing），以实现在生产过程中基本上没有积压的原材料和半成品，这不仅大大降低了生产过程中的库存及资金的积压，而且在实施 JIT 的过程中，提高了相关生产活动的管理效率。此后，零库存不仅应用在生产过程中，而且延伸到原材料供应、物流配送、产成品销售等各个环节。

零库存存在于物流供应链系统发挥作用的主要环节，包括采购环节、生产环节、物流配送环节和销售环节等。表7-4说明了实施零库存的优点、能够发挥的效益、执行过程中遇到的困难以及对成本的影响。

表7-4 实施零库存对物流成本的影响

| 零库存实施的环节 | 优点和效益 | 难点和成本 |
| --- | --- | --- |
| 采购环节<br>（准时制采购） | 将原材料库存降到最低甚至零，减少原材料库存占用资金和优化应付账款，库存管理成本的降低（包括仓库费用、人员费用、呆滞库存等） | ·能够实现企业准时制采购<br>·小批量供应、运输或配送频率高，物流成本高<br>·需和供应商即时信息交流，信息化投入大<br>·采用供应商管理库存方式实现零库存，因企业计划、市场变化和产品更新等因素会造成供应商产品积压与报废，影响长久合作的关系 |
| 生产环节<br>（准时制生产） | 将生产环节中的在制品和半成品降到最低，减少在制品和半成品库存占用资金 | ·生产设备柔性较大，且更新时投资成本较大<br>·生产管理模式的改变（看板管理、轮动管理）<br>·生产作业软件管理系统的投入 |
| 物流配送环节<br>（准时制配送和协同物流） | 在物流和运输中做到一体化协同运作；减少中间仓储和搬运等环节，可将物流成本控制在最低水平 | ·在物流和运输中做到一体化协同运作，减少中间仓储和搬运等环节，需要在各协作厂商间建立信息交换平台<br>·物流和配送实际网络的配套和建设 |
| 销售环节<br>（准时制销售） | 按"真实的"订单生产，"消灭"成品库存；或销售预测准确，尽量降低成品库存甚至为零，从而减少其占用资金和优化应收账款回款；规避成品因市场变化和产品升级换代而产生的降价风险；库存管理成本的降低（包括仓库与人员费用、呆滞库存等） | ·按订单式生产的销售模式中，会造成客户等待、交货时间的延后，会丧失某些商业机会；其中直销模式需建立强大的订单处理和客户服务系统<br>·按预测式生产的销售模式中，对销售终端（不是批发商等中间环节，而是零售商的门店等）的数据采集和分析要求极高，以求预测数据尽量接近实际，而这方面的技术和管理成本是巨大的<br>·小批量、多频率销售，造成较高的运输或配送等物流成本 |

## 第四节　服装供应链的客户管理

企业的根本任务是提供客户服务并满足其需求。在竞争激烈的市场中，许多企业产品在价格、性能和质量方面相似。此时，差异化的客户服务将成为超越竞争的优势。面对激烈竞争和多元化的消费者价值取向，企业管理者发现加强供应链管理和改进客户服务是创造持久竞争优势的有效手段。客户服务是物流活动和供应链过程的产物，客户服务水平是衡量物流系统为客户创造时间和地点效用能力的尺度。客户服务水平直接影响企业的市场份额、物流总成本和盈利能力，因此，在服装企业的物流系统中，客户服务至关重要。

## 一、供应链环境下的客户及其客户服务

### 1. 客户的概念

从供应链管理的角度来看，客户既可以是最终的消费者，也可以是渠道成员，如制造商、零售商、批发商、代理商等；同时，也可以是企业内部的某个部门、某种物流作业单位等。而最终客户则是供应链必须满足的、对产品或服务具有需求的最终客户。因此，客户可以分为以下几类：

第一类是消费个体。他们是为了满足其个人需要而购买产品或服务的个人或家庭。比如，当某个人购买个人用的服装时，他就是供应链的消费者。第二类是团体客户。这些组织或机构进行的采购活动是为了使团体内的使用者完成某项具体的工作或任务。例如，当一家纺织企业为其销售人员购买工作服时，我们说这家企业是供应链的客户，而企业的销售人员则是供应链产品的最终使用者。供应链管理对"客户"的定义要求供应链中所有公司都要把工作重点放在满足最终使用者的需求上，而不管其是消费个体还是团体客户。对于某些特定的企业来说，在供应链中还存在另外一种类型的客户，即在企业和最终用户之间经常存在着中间公司团体，它们通常被称为中间客户。

对于供应链物流工作人员来说，客户就是交货的最终目的地。通常，目的地包括消费者的家、零售店、批发商、生产厂家和分销中心的接货站台等。在某些情况中，客户可能是对交送的产品或服务拥有所有权的企业或个人；在另外一些情况下，客户可能是供应链中同一企业内的不同组织，或者是在同一供应链下的位于不同地区的商业伙伴。无论交货的目的如何，接受服务的客户是制定物流运作要求的中心和驱动因素。在制定物流战略时，关键的一点就是企业要充分认识到企业必须满足客户的需求。

### 2. 客户服务的含义

客户服务可以理解为衡量物流系统为某种商品或服务创造时间和空间效用的好坏的尺度，这包括从接收客户订单开始到商品送到客户手中为止而发生的

所有服务活动。也可以理解为是发生在买方、卖方及第三方之间的一个过程，这个过程使交易中的产品或服务实现增值。这种发生在交易过程中的增值，对单次交易来说是短期的，当各方形成较为稳定的合同关系时，增值则是长期持久的。同时，这种增值意味着通过交易，各方都得到了价值的增加。因而，从过程管理的观点看，客户服务是通过节省成本费用为供应链提供重要的附加价值的过程。

成功的市场营销要求不断争取到客户并留住他们，从而实现企业长期盈利和获得投资回报的目标。然而，许多企业仅仅注重赢得客户，片面地通过产品、价格、促销等要素来创造需求，忽视了市场组合中的地点要素以及与之相联系的客户服务。客户服务对市场需求有重要的影响，它决定着企业能否留住客户。企业以盈利为目标，但在获得盈利之前企业必须确定服务策略和计划方案以满足客户的需要，并且以节省费用的方式来实现，这就是客户服务。

## 二、客户关系管理及其功能

客户关系管理起源于 20 世纪 80 年代，经过长期发展已演化为企业战略管理理念。传统企业管理以产品为中心，缺乏对客户的科学认识和管理。客户关系管理使企业关注焦点转向客户关系，通过获取实际客户需求，重组资源，提供个性化服务，提高客户和企业价值。然而，客户关系管理面临许多未解决的问题和复杂的理论。它是一种基于供应链一体化的管理思想，通过合作伙伴关系和信息共享实现最大化的客户价值和竞争力提升。客户关系管理不仅仅是管理软件和技术，更是以客户为中心的综合管理方法，融入企业经营理念、生产管理和市场营销、客户服务等方面。

客户关系管理具有以下功能，如图 7-15 所示。

（1）客户管理统一化

在企业内部，各部门分散管理客户信息导致信息不通、关系不协调，给客户带来不便。客户关系管理的关键是整合客户信息，通过现代技术和系统建立统一的信息中心。该中心为员工提供业务指导、技术支持和信息保证，为各部门提供共享的信息资料，协调行为，避免内部纠纷，为企业合作伙伴提供信息支持，确保供应链运行顺畅。

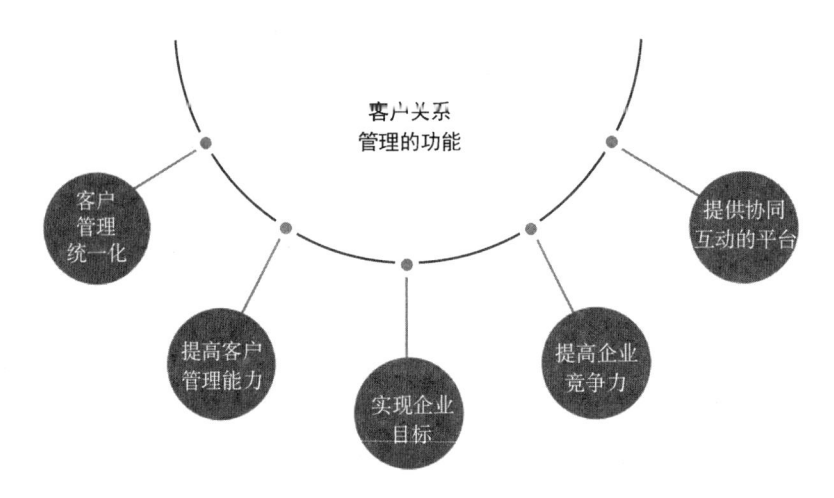

图 7-15 客户关系管理的功能

（2）提高客户管理能力

客户关系管理的对象是客户，主体是企业与客户，稳定的客户关系是客户关系管理的出发点，这是客户关系管理的首要目标。与客户建立稳定关系的前提是确认谁是企业的合适客户、谁是关键客户、谁是一般客户和应淘汰的客户；合适客户的个性特征和需求偏好是什么，包括实现消费的合适价格、合适时间、合适方式等；预测客户需求动向，包括供应链下游企业的生产经营状况、信用变化、合作伙伴与竞争对手等，这些都是影响客户关系的因素。通过客户关系管理，企业能够根据客户的行为变化等信息在第一时间把握环境状况和客户变化情况，应时而变，使企业处于客户关系管理的主动地位，稳定客户关系。

（3）实现企业目标

在组合营销理论中，客户对企业的意义在于扩大市场份额、实现最大利润。然而，企业不应只追求新客户，而忽视留住老客户。客户关系管理旨在通过了解客户需求、个性化服务提高客户满意度和价值，从而增加利润和核心竞争力。其目标是维持老客户、利用其口碑效应吸引新客户，并降低营销成本以获得最大利润。客户关系管理还强调与供应商和合作伙伴建立良好关系，协调资源利用，提升企业发展空间并提高竞争力。

（4）提高企业竞争力

客户关系管理有利于供应链一体化的实现和客户与企业互动关系的良性运

行，整合资源、规避市场风险，提高企业竞争力。稳定关系确立企业市场定位，达成目标和利润目标，提高收益竞争力；建立合作伙伴关系降低运营成本、分散竞争压力，提高抗风险能力；一体化使产品或服务满足个性化需求，按客户需求量身定制；实现敏捷配送，提高企业竞争力。供应链一体化建立防御性市场壁垒，实现利益最大化，提高企业竞争力。

（5）提供协同互动的平台

客户关系管理在电子化商务平台基础上建立起了面向客户的综合管理方案，实现了客户无地域、无时间限制的访问和服务，同时对销售活动进行跟踪和客户需求进行分析，通过获得各种信息进行适时调整，以保障客户利益不受影响。

## 三、客户关系管理的内容

市场营销概念主张识别客户需求并满足之，将客户满意与产品和服务结合。客户关系管理通过识别不同客户群体和需求特点，有针对性地提供合适的产品和服务。客户服务战略建立在有效地识别独特的企业客户细分市场的基础上。客户关系管理的内容，如图 7-16 所示。

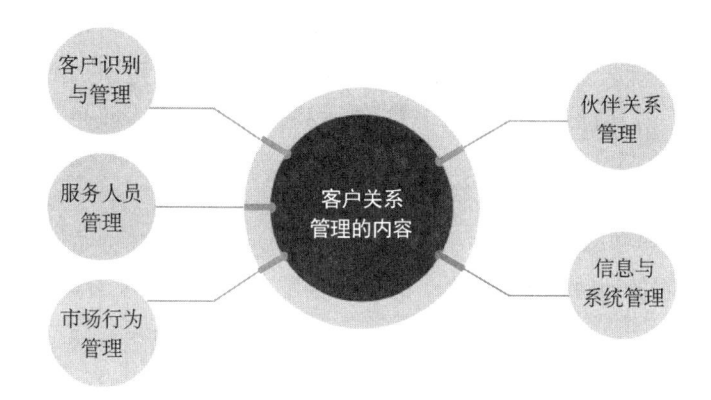

图 7-16　客户关系管理的内容

### 1. 客户识别与管理

（1）客户信息的收集

该项工作主要收集、整理和分析谁是企业的客户、客户的基本类型及需求特征和购买行为，并在此基础上分析客户差异对企业利润的影响等问题。收集、整理和分析客户信息的目的在于分辨谁是一般客户、合适客户和关键客户，是客户关系管理的基础；与合适客户和关键客户建立深入关系；根据客户信息制定客户服务方案，满足客户个性化需求，提高客户价值。需要说明的是，在收集、整理和分析客户信息时，客户的原始资料非常重要，是企业获得的第一手资料，具体包括客户名称、地址、邮政编码、联系人、电话号码、银行账号、使用货币、报价记录、优惠条件、付款条款等。

（2）客户信息分析

客户信息分析是客户信息管理的核心部分，不能仅仅停留在客户信息的数据分析上，更重要的是对客户的态度、能力、信用、社会关系的评价。分析客户信息时，寻找共同点是必要的，但关键是进行差异化分析，以便准确识别合适客户和关键客户。RFMD模型是一种差异化分析方法，它包括最近一次购买情况（R）、购买频率（F）、花费金额（M），以及人口统计资料和生活方式（D）。这些分析可以帮助企业建立长期关系，制定针对性的营销策略，并提供准确依据给企业的供应链、生产和采购等方面。

（3）信息交流与反馈管理

信息交流是双向的联系和影响，客户管理过程就是与客户交流信息的过程。有效的信息交流是建立和保持企业与客户良好关系的关键。客户反馈管理对于衡量企业承诺目标的实现程度和发现问题具有重要作用。投诉是客户反馈的主要渠道，正确处理意见和投诉对于消除客户不满、维护客户利益、赢得客户信任都十分重要。

（4）服务管理

主要包括服务项目的快速录入；服务项目的安排、调度和重新分配；事件的升级；搜索和跟踪与某一业务相关的事件；生成事件报告；服务协议和合同；订单管理和跟踪；问题及其解决方法的数据库等。

（5）时间管理

主要包括日历；设计约会、活动计划，有冲突时系统会提示；进行事件安排，如约会、会议、电话、电子邮件、传真；备忘录；进行团队事件安排；查看团队中其他人的安排，以免发生冲突；把事件的安排通知相关的人；任务表；记事本；电子邮件；传真；配送安排等。

## 2. 服务人员管理

在"纵向一体化"管理模式下，服务人员管理简单，只涉及本体系的销售服务部门。而在供应链一体化模式下，不同销售商、生产商和业务外包合作机构的服务人员共同为客户服务，招聘、培训、岗位职责、评价等需要被纳入客户关系管理系统进行协同共享，以规范服务并使客户满意。因此，服务人员管理在客户关系管理中占据重要地位，包括招聘、培训、岗位、绩效和信息管理等内容。

## 3. 市场行为管理

市场行为管理在客户关系管理中包括直接市场行为、供应链一体化的市场行为和日益复杂化的市场行为，其中直接市场行为是企业直接面对客户时发生的简单互动行为，供应链一体化的市场行为则整合了供应商、生产制造商、物流商和销售商，而市场行为本身日益复杂化则要求高技术含量的即时化行为。包括营销管理、销售管理、响应管理、竞争对手管理以及网络销售管理等。

## 4. 伙伴关系管理

供应链伙伴关系管理包括三个层面，即销售商伙伴关系管理、生产制造商伙伴关系管理和业务外包管理。主要内容包括：对企业数据库信息设置存取权限，合作伙伴通过标准的 Web 浏览器以密码登录的方式对客户信息、企业数据库、与渠道活动相关的文档进行存取和更新；合作伙伴可以方便地存取与销售渠道有关的销售机会信息；合作伙伴通过浏览器使用销售管理工具和销售机会管理工具。

## 5. 信息与系统管理

信息畅通与共享是供应链一体化良性运行的保证，同样也是客户关系管理的保障。信息与系统管理的主要内容包括公开信息管理、平台管理、商业智能以及信息集成管理等四方面，如图 7-17 所示。

（1）公开信息管理

在客户关系管理中，共享信息并不意味着所有信息都公开。公开信息管理包括电话本、电话列表与客户、联系人和业务建立关联、电话号码分配给销售员、记录电话细节和安排回电、电话营销内容草稿、电话录音与书写器供客户记录、电话统计和报告、自动拨号。

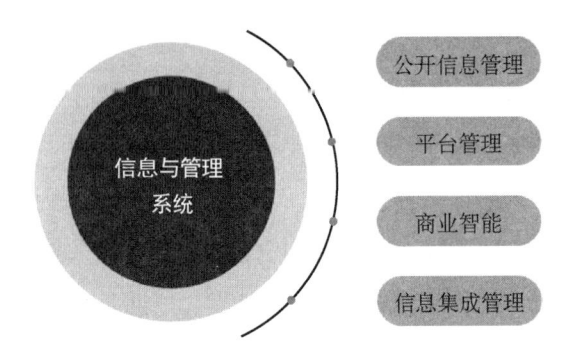

图 7-17　信息与系统管理的主要内容

（2）平台管理

主要内容包括：系统维护与升级；系统收集与整理；文档管理；对竞争对手的 Web 站点进行监测，如果发现变化的话，会向使用者、客户报告；根据使用者、客户定义的关键词对 Web 站点的变化进行监视。

（3）商业智能

该系统的主要功能包括预定义查询和报告，客户定制查询和报告，可查看查询和报告的代码，以及以报告或图表形式查看潜在客户和业务收入。此外，系统还能通过预定义的图表工具分析潜在客户和业务的传递途径，将数据转移到第三方的预测和计划工具，并提供系统运行状态显示器和能力预警。

（4）信息集成管理

客户关系管理系统的信息最初零散且无法有效应用，信息集成管理通过筛选、整理、汇编、编密，以规范程序分散和发送，使其与其他企业信息耦合共享。

## 四、客户满意

### 1. 客户满意的含义

长期以来，企业的核心目标是确保客户满意。对于客户满意度的定义，最简单的方式是以客户的期望和实际体验之间的差距为依据。换言之，当供应商能够满足甚至超过客户的期望时，客户将感到满意；而当供应商无法满足客户的期望时，客户将感到不满。很多企业已经采取了这一原则，并努力满足或超越客户的期望。有些公司甚至通过提供超出期望的服务来让客户感到满意。

**2. 客户的期望值**

客户期望供应商提供的基本服务系统，包括产品的可得性、运作绩效和服务可靠性。客户制定监控计划以评估供应商服务。研究表明，有 10 种客户期望对供应链物流管理产生重要影响。以下是供应商最初提出的 10 种客户期望的具体例子。

（1）可靠性

可靠性是指供应商对客户做出的所有承诺的兑现情况，是企业基本服务系统中的重要方面。如果供应商承诺第二天交货，但实际花了两天的时间才交货，客户就会感到该供应商的服务不可靠。客户是通过基本服务系统的各个方面来判断供应商的服务是否可靠。事实上，客户对货损和文件的准确性等方面也有着具体的期望。

（2）快速响应

快速响应指的是另一种期望，即客户希望供应商的工作人员具备快速提供服务的主观意愿并具有这种能力。这不仅包括快速交货，而且还扩展到快速处理客户查询和快速解决问题。很显然，快速响应是一个以时间为本的客户期望，代表着客户对供应商及时处理所有相关问题的期望。

（3）可接近性

可接近性指的是客户希望供应商具有很容易接触、联系的特点。例如，能够比较容易地向供应商下订单，能够比较容易地从供应商处获取库存或所订购货物状态的信息等。

（4）沟通

沟通指的是供应商能够及时地向客户提供最新信息。客户不希望供应商被动地等着客户来查询有关订购货物状态的信息，而是期望供应商能够主动及时地向客户提供这些信息，尤其是在交货出现问题和产品缺货的时候。

（5）可信度

可信度指的是客户期望供应商在与其相互沟通时所提供的信息是可信的、真实的。客户不希望供应商有目的地误导客户。除此以外，可信度还包含着对沟通完整性的要求。

（6）安全性

安全性涉及客户在与供应商打交道过程中感觉到的风险和疑虑。事实上，客户是根据对供应商运作绩效的预测来制定自己的运作计划。比如，他们在预测供应商的交货情况基础上，制定生产计划。如果供应商迟交货或不完整交货，他们则需要变更已制定的计划和安排。安全性的另一方面是指客户期望他们与供应商的交易是保密的。当与该客户签订业务协议的供应商同时又服务于该客户的竞争对手的时候，安全性尤为重要。

（7）应有的礼貌

礼貌指的是供应商的联系人是否有礼貌、是否友善和尊重他人。因为客户可能与公司内的许多人员接触，这些人员包括销售代表、客户服务人员以及卡车司机等。其中任何个人的无礼之举就会将其他所有人努力工作的结果毁于一旦。

（8）胜任能力

胜任能力是客户通过与供应商的各种接触来进行判断的。像礼貌问题一样，由于涉及与客户的每一次接触，因此，任何一个环节的失误都会对全局产生影响。换言之，在供应商交货时，客户可以对其卡车司机是否具备胜任能力进行判断；在核对订购货物时，客户可以对其仓管人员是否具备胜任能力进行判断；客户也可以在供应商客户服务人员接听电话时，对他们的胜任能力进行判断等。同样，任何一个人员的失误也会影响客户对整个企业服务运作的认同。

（9）硬件

硬件指的是客户对企业的设施、设备及其工作人员表象方面的期望。例如，如果供应商的生产设备陈旧、状况不佳，则会对客户带来不信任的感觉。包括外在特点也是客户对公司整体运作状况进行衡量的指标之一。

（10）了解客户

一方面，供应商要根据客户的共同特点规划客户群体，进行市场细分；而另一方面，客户却认为他们各自都具有特殊性。客户期望供应商能够充分地了解他们的特殊性，并且希望供应商有针对性地提供专门的服务来满足他们的特殊需求。

从供应链的角度而言，客户期望的含义十分复杂。因为，客户通常是指由多个功能部门和个体组成的商业机构。客户机构中的不同工作人员对服务绩效衡量标准的优先顺序有不同的理解,或者说,他们对这些标准有着各不相同的期望。例如,一些工作人员可能更注重供应商的反应性,他们期望供应商能快速地处理订购货物状况的查询。而另外一些工作人员则可能更关心供应商是否能满足自己的交货要求,能否做到按时交货。供应商要满足客户的期望,就必须对这些期望的形成过程和为什么许多供应商不能满足客户的期望等问题进行深入的研究。

同时,需要注意的是,客户期望会随时间和地点的变化而变化。比如,服装企业为了获得客户的忠诚,纷纷投入各种资源,以实现高水准的基本服务能力,使其竞争对手难以仿效。结果是,在激烈的竞争中,驱使客户的期望全面增加。绝大多数行业在传统上都有一种明确的或含蓄的、被普遍接受的、令人满意的或符合要求的服务水准。如果一个厂商真的想要成为某个行业的竞争对手,那么它会被要求实现最低限度的行业服务期望。

### 3. 客户成功

表 7-5 概述了以客户为中心的企业所经历的发展进程。需要注意的是,企业关注客户服务的目的,是要制定衡量基本服务绩效的内部标准。公司通常根据这些内部标准的实施情况来衡量其基本服务的绩效。客户满意的平台是建立在这样的一种认同之上的:客户具有对企业绩效的期望,而确保客户满意的惟一手段就是根据这些期望来衡量客户对企业绩效的认定。

表 7-5 客户服务管理理念的发展

| 理念 | 工作中心 |
| --- | --- |
| 客户服务 | 达到内部标准 |
| 客户满意 | 满足客户的期望 |
| 客户成功 | 满足客户的需求 |

客户成功把企业对如何实现客户的期望的着眼点转移到如何满足客户的真正需求上来。客户需求虽然是客户期望的形成基础,但客户的需求并不等同于客户的期望水平。通过对以前企业绩效的了解、其他客户的口碑以及与公司本身的接触,客户往往将自己的需求降低到期望水平。这就解释了为什么有时候企业满足了客户的期望,但是客户仍不高兴。例如,客户可能对企业提供的

98%的订单满足率表示满意,但是,为了成功地实施自己的战略,客户对某些产品或部件的需要是必须达到 100%的满足率。

很显然,客户成功的计划包含了企业对单个客户需求的全面了解,并愿意承诺与客户建立长期的业务关系来获取较高的发展和盈利空间。但这种承诺并不适用于所有潜在的客户。它需要企业通过广泛地与客户接触来了解客户的具体需求、客户内部的业务流程、客户所处的市场竞争环境以及其他的能够使客户在行业竞争领域内获得成功的因素。此外,它还要求企业能充分地了解如何利用自身的能力来提高客户的运作表现。

### 五、客户满意度的评价

客户满意度是指客户接受产品和服务的实际感受与其期望值比较的程度。尽管不同行业、不同产品都具有各自的特色,但在进行客户满意度研究方面其核心思想与基本思路却基本一致。根据科罗思·费耐尔(Fomell C., 1992)的客户满意度指数理论,影响客户满意度的因素主要有:客户期望、客户对质量的感知、客户对价值的感知、客户满意度、客户抱怨(投诉)和客户忠诚等。图 7-18 为客户满意度评估模型。

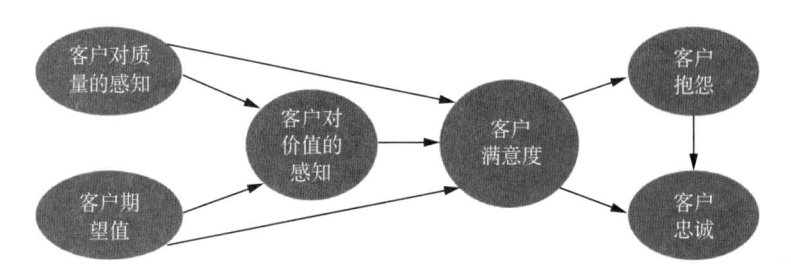

**图 7-18 客户满意度评估模型**

由于客户期望、客户对质量的感知、客户对价值的感知、客户满意度、客户抱怨和客户忠诚实际上均不可直接测度,因此,需要对这些隐变量(或称潜在变量)进行逐级展开,直到形成一系列可以直接评价的指标而构成客户满意度评价指标体系。借鉴"瑞典客户服务测评标准(Swedishter Customer Satisfaction Barometer,即 SCSB)"和"美国客户满意度指数(American Customer Satisfaction Index,即 ACSI)"的成功经验,可将评价指标体系划分为如表 7-6 所示的三个层次。

表 7-6 客户满意度指数评价的二、三级指标

| 一级指标 | 二级指标 | 三级指标 |
| --- | --- | --- |
| 客户满意度指数 | 客户期望 | 客户对产品或服务的质量的总体期望<br>客户对产品或服务满足需求程度的期望<br>客户对产品或服务质量可靠性的期望 |
| | 客户对质量的感知 | 客户对产品或服务质量的总体评价<br>客户对产品或服务质量满足需求程度<br>客户对产品或服务质量可靠性的评价 |
| | 客户对价值的感知 | 给定价格条件下客户对质量级别的评价<br>给定质量条件下客户对价格级别的评价<br>客户对总价值的感知 |
| | 客户满意度 | 总体满意度<br>感知与期望的比较 |
| | 客户抱怨 | 客户抱怨<br>客户投诉情况 |
| | 客户忠诚 | 重复购买的可能性<br>能承受的涨价幅度<br>能抵制的竞争对手降价幅度 |

需要说明的是，这些三级指标只是一个逻辑框架，在针对服装产品或服务的客户满意度评价实际操作中，可根据客户对产品或服务的期望以及关注的侧重点进行具体选择、灵活运用。

## 第五节 服装供应链的物流管理

物流是衔接服装供应链环节的纽带，供应链管理赋予物流新意义和作用。有效管理供应链物流过程，使物流、信息流和资金流集成并高效运作，是服装供应链管理的重要问题。纺织服装企业在供应链环境下的物流管理，包含供应物流、生产物流、销售物流等，以下将进行简单阐述。

### 一、物流概述

#### 1. 物流的概念

物流的概念最早出现在 1915 年，美国市场营销学的创始人阿奇·萧（Arch W. Shaw）在《市场流通中的若干问题》中提出了"物理分销"的物流概念。但直到 20 世纪 30 年代，才真正将物流活动上升到理论高度并加以分析和研究。

随着社会生产力、经济和科技的进步，物流的定义不断得以充实并完善。在 20 世纪 80 年代后，物流逐渐演变为现代物流，将制造、运输和销售等市场情况统一起来，以满足消费者需求的战略措施。截至目前，不同国家和机构对物流的定义也有所不同，但都强调物质的流动和各项功能的协调。表 7-7 给出了各国、各地区物流定义的总结和比较。

表 7-7　各国、各地区物流定义比较表

| 国家 | 年份 | 给出定义的组织 | 定义 |
| --- | --- | --- | --- |
| 美国 | 1985 | 美国物流管理协会（CLM：Council of Logistics Management） | 物流是对货物、服务及相关信息从起源地到消费地的有效率、有效益的流动和储存进行计划、执行和控制，以满足客户要求的过程。该过程包括进向、去向、内部和外部的移动以及环境保护为目的的物料回收 |
| 美国 | 1974 | 美国物流工程师学会（SOLE：Society of Logistics Engineers） | 物流是与需求、设计、资源供给与维护有关，以支持目标、计划及运作的科学、管理、工程及技术活动的艺术 |
| 美国 | 1981 | 美国空军（U.S. Air Force） | 物流是计划、执行军队的调动与维护的科学。它涉及与军事物资、人员、装备和服务相关的活动 |
| 美国 | 1998 | 美国物流管理协会（CLM：Council of Logistics Management） | 现代物流是供应链程序的一部分，针对物品、服务及相关信息的流通与储存，从起源点到消费点进行有效率及有效果的规划、执行与控管（即管理），以达到客户的要求 |
| 日本 | 1981 | 日本日通综合研究所 | 物流是物质资料从供给者向需要者的物理性移动，是创造时间性、场所性价值的经济活动。从物流的范畴来看，包括：包装、装卸、保管、库存管理、流通加工、运输、配送等诸种活动 |
| 中国大陆地区 | 2001 | 中国国家科委、国家技术监督局、中国物资流通协会 | 物品从供应地向接受地的实体流动中，根据实际需要，将运输、储存、装卸、搬运、包装、流通加工、配送、信息处理等功能有机结合来实现客户要求的过程 |
| 中国大陆地区 | 2006 | 国家标准委员会 | 物流是指物品从供应地向接收地的实体流动过程。根据实际需要，将运输、储存、装卸、搬运、包装、流通加工、配送、信息处理等基本功能实施有机结合 |
| 中国台湾地区 | 1996 | 台湾物流管理协会（Taiwan Logistics Management Association） | 物流是一种物的实体流通活动的行为，在流通过程中，透过管理程序有效结合运输、仓储、装卸、包装、流通加工、资讯等相关物流机能性活动，以创造价值，满足客户及社会性需求 |

物流的实质是通过产品与服务及相关信息在供给点与消费点之间的加工、

运输与交换，以低成本提供用户满意的服务，从而实现价值。它主要涵盖以下方面的内容。

（1）物流的对象包括有形的物品（如农副产品、原材料、在制品、零部件、产成品、邮件、包裹、废弃物等）以及无形的信息和服务等特殊性物品（如信用卡、物流服务和废弃物清理服务等）。

（2）物流作为一个系统，不能等同于这个系统中的某个部分。其除了储存、运输等具体活动外，还包含各环节活动间的协调、配合与集成。

（3）物流过程包括运输、储存、包装、装卸、流通加工、信息处理等环节。其中，运输环节包括组配、装车、驾驶、卸货等具体作业，每一项作业还可以划分为若干具体的动作。

（4）物流活动大多采用商品贸易、服务贸易和物流服务等方式，通过人员、地点、行为和信息的组合搭配及协调完成。

**2. 物流的特征**

如图7-19所示，现代物流的特征包括以下几个方面：

图7-19 物流的特征

（1）物流系统化

物流不是简单将运输、保管等活动叠加在一起，而是通过内在联系，在共同目的下形成的系统，其中功能要素之间存在着相互作用的关系。在考虑物流最优化时，必须从系统的角度出发，通过最佳组合实现物流整体的最优化目标。局部的最优化并不代表物流系统整体的最优化，树立系统化观念是搞好物流管理、开展现代物流活动的重要基础。

（2）物流管理专业化

物流管理专业化包括：企业中的物流管理作为一个独立的专业部门，并承担专门的职能；社会经济领域出现了专业化的物流企业，它们提供各种物流服务，并进一步发展为服务专业化的物流企业。

（3）物流快速反应化

在现代物流信息系统、作业系统和物流网络的支持下，物流适应需求的反应速度加快，物流前置时间缩短，及时配送、快速补充订货及迅速调整库存结构的能力变强。

（4）物流智能化

物流管理经历手工作业—半自动化—自动化—智能化的发展过程。智能化是自动化的继续和提升，包含更多电子化成分。智能化实现物流管理的自动化，不仅用于作业，还用于管理。智能化相对于自动化，减少人的体力和脑力劳动。

（5）物流标准化

物流管理发展过程中，企业和社会都制定和采用了新的标准。物流标准从社会角度来看可分为企业物流标准和社会物流标准，其中社会物流标准包括物流行业标准、物流国家标准和物流国际标准。从技术角度来看，物流标准又可分为物流产品标准（物流设施和设备标准）、物流技术标准（条码标准和电子数据交换标准）以及物流管理标准（如ISO9000和ISO14000等）。

### 3. 物流系统及其目标

物流活动不仅仅是简单的运输、储存、包装、装卸等作业活动的重复，而是一个整体系统，为企业创造利润并提供服务。通过系统观点对企业物流活动进行分析，并以系统论的优化原理和方法进行规划和设计，可以使物流活动更好地为企业创造利润和提供服务。物流系统是一个有机结合的整体，包括硬件系统、作业系统、管理系统和信息系统。总体框架如图7-20所示。

其中：物流硬件系统包括公路、铁路、航道等基础设施，运输工具以及物流中心（配送中心）；物流作业系统包括运输、储存、配送、包装、装卸搬运、流通加工等物流活动；物流管理系统包括计划、组织、协调、控制等职能活动；

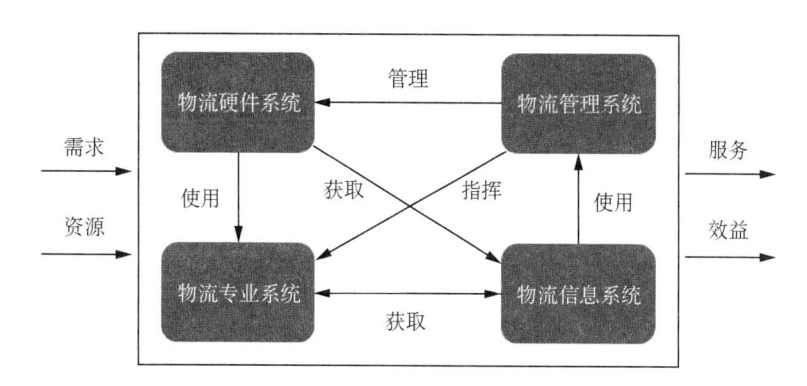

图 7-20　物流系统的总体框架

物流信息系统包括运输管理、仓储管理、订单处理、库存控制、财务管理、统计分析等各功能信息子系统。现代物流的精髓就在于运用系统的观点和方法组织、管理、设计物流活动的各个环节，将组成物流活动的各要素整合起来形成有机整体，以促进物流潜力的发挥。

物流系统目标就是以较低的成本和优良的顾客服务完成商品实体从供应地到消费地的运动。具体可表现为 7R 原则，如图 7-21 所示，包括适合的质量（Right Quality）、适合的数量（Right Quantity）、适合的时间（Right Time）、适合的地点（Right Place）、适合的成本（Right Cost）、适合的顾客（Right Customer）、适合的产品或服务（Right Product or Service）。

图 7-21　7R 原则

然而，不同类型的物流系统对各目标的重视程度不同。典型情况有两种：一是以成本为核心，兼顾其他目标。对于价格、费用比较敏感的顾客，这样的目标体系是适合的；二是以服务、速度为核心，兼顾其他目标。这种物流系统适合于对服务水平、反应速度要求较高的企业。

## 二、企业物流系统

企业物流系统是以服务于企业生产经营活动为目的，由一定的人、财、物、设备、信息和任务目标等若干相互制约的动态要素所构成的具有特定功能的有机体。其中人是物流的主要因素，是物流系统的主体，是保证物流得以顺利进行和水平高低的最关键的因素；财，即物流中不可缺少的资金；物，即物流中必须的原材料、成品、半成品、能源、动力等物资条件；设备，包括围绕物流活动的建筑、机电设备、运输设备、装卸搬运设备等；信息，包括各种物流统计资料、报表、图纸、账目等；任务目标则是指物流活动预期安排和设计的物资流转计划、储存计划、运输计划以及其他单位签订的各项物流合同等。

如果按照物料运动过程来划分，企业物流系统可以分为供应物流子系统、生产物流子系统、销售物流子系统以及回收物流子系统、返品物流子系统、废旧物料子系统。

按系统功能结构，企业物流系统可以分为物流作业系统、物流信息系统、物流管理系统。其中物流作业系统包括物料的包装系统、物料的装卸系统、物料的运输系统、物料的储存系统和物料的流通加工系统。物流作业系统的功能是：在运输、保管、搬运、包装、流通加工等作业中使用种种先进技术，并使生产节点、物流节点、配送路线、运输手段等网络化，以提高物流活动的效率。物流信息系统的功能是：在保证订货、进货、库存、出货、配送等信息畅通的基础上，使通讯节点、通讯路线、通讯手段网络化，以提高物流作业系统的效率。物流管理系统的功能是对物流活动进行有效计划、组织、协调和控制。企业物流系统示意图如图 7-22 所示。

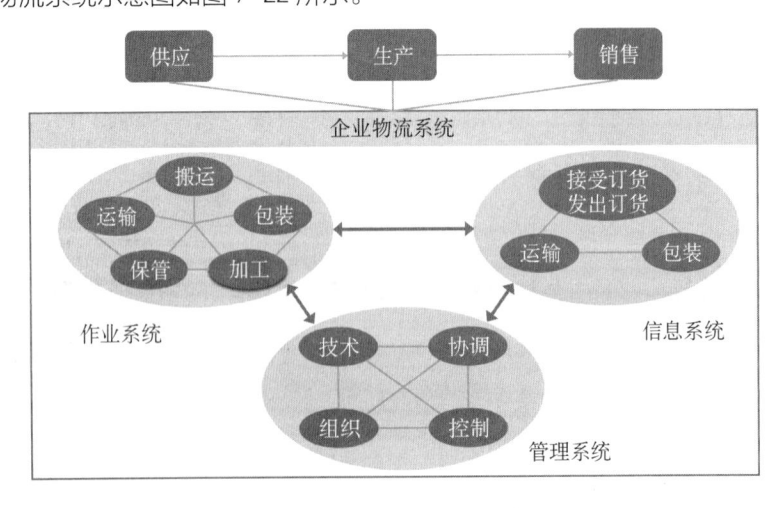

图 7-22 企业物流系统示意图

## 三、纺织服装企业物流管理

传统纺织服装企业是按照行政管理模式而建立的逐级负责的生产链，产品全部按照供给制模式进行分配。在低水平、低档商品生产的情况下，这种内部流程基本畅通。而在多品种、少批量、快交货的市场需求背景下，这种模式受到一定的制约。只有建立良好的物流管理系统才能够使服装企业在长期内得到较高的投资回报，进而提升服装企业的竞争能力。

### 1. 纺织服装企业物流管理的内容

纺织服装企业是典型的生产型企业，其生产经营活动是以购进生产所需的原材料、设备为始点，经过劳动加工，形成新的产品，然后供应给社会需要部门为止的全过程。该过程包括原材料及设备采购供应阶段、生产阶段、销售阶段，由此形成了生产企业纵向上的三段物流形式，如图 7-23 所示。

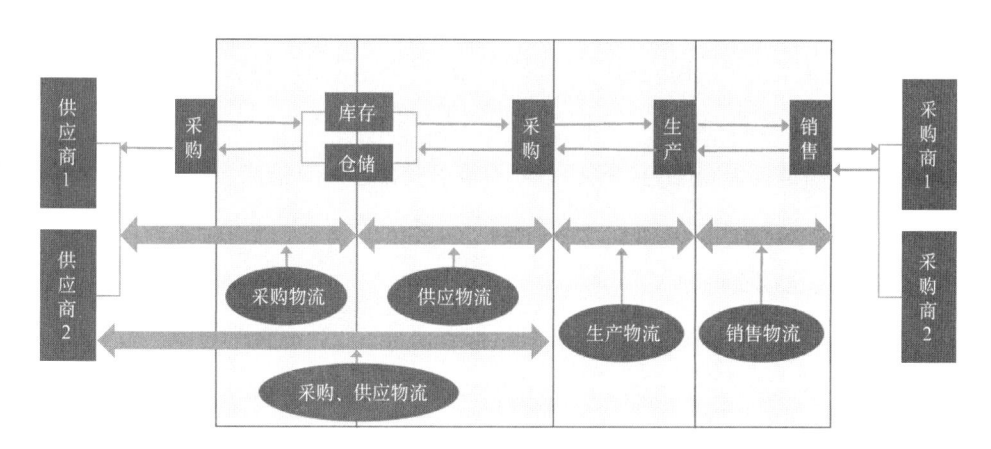

图 7-23  生产型纺织服装企业物流环节

与其他生产制造型企业一样，纺织服装生产加工企业也是通过购买棉花、纤维等原料，招聘工人、使用机械设备，按照一定的流程生产出产品。在整个过程中，"物"是一个关键的生产要素。因此，纺织服装企业物流管理的对象就是在整个供应、生产、销售过程的"物"，具体有以下几方面：

（1）原材料的采购

要根据物流学中的采购管理理论和有关实践经验来采购纺织服装生产所需的原材料。面辅料采购人员除了应该具备面辅料常识以外，还应具备从事采购活动所需的各种能力，了解供应商的情况和市场情况。

(2) 原材料供应商管理

供应商管理是供应链管理的一项重要内容，对企业物流活动的有效性具有显著影响。供应商的选择、评估、价格谈判、绩效考核等都是很重要的内容。

(3) 物料仓储管理

仓储是物流的一项基本功能。在纺织服装企业既存在纤维、纱布等原料、半成品库存，也存在面料、服装等产成品库存，有效保管好这些生产经营所需的物料是仓储管理的重要任务。

(4) 物料的库存控制

如果说仓储管理侧重于对物品"质"的管理，则库存控制更强调"量"的控制。应用库存控制理论来对原料的采购量和成品的库存量进行控制可以节省企业的流动资金，降低经营风险。

(5) 生产物料管理

纺织服装企业在生产加工过程中，必须注重对各种原材料、在制品的空间运动方式及其数量与质量的管理，这对提高生产率、节省用料有很大的作用。

(6) 成品管理

纺织服装成品具有颜色、尺码、款式等多重属性，这给商品管理带来了很大的难度，必须要利用物流信息系统来加强这方面的管理。

(7) 销售物流管理

纺织服装成品的包装、运输、配送、退货等是企业销售的关键环节，这些工作的好坏不但影响产品成本，而且直接影响产品的销售情况。

(8) 物流信息管理

物流管理强调各物流环节与相关因素管理的系统性，对随"物"的运动而伴生的有关信息进行搜集、整理、分析是物流管理成功的前提条件之一。实践表明，许多服装企业借助 ERP 系统显著提高了纺织服装企业的竞争能力。

**2. 纺织服装企业物流管理的目标**

对于纺织服装企业来说，其物流管理要实现快速反应、最低成本、最小变异、最低库存、最高质量等功能目标。如图 7-24 所示。

(1) 快速反应

由于服装产品生命周期短，以及消费者对服装的需求多样化、个性化、动态化和服务化，导致服装产品在短时间内市场流通的产品种类变化较大，服装市场的可预测性大大降低。因此,快速反应能力直接关系到服装厂商是否能及时满足客户的服务需求的能力。

（2）最低成本

成本是评价所有活动的共同尺度,切实物流成本,将会给企业带来丰厚的利润。因此,纺织服装企业要充分意识到物流对企业经营活动的影响,加强物流的管理成本。

（3）最小变异

物流系统的所有作业领域都容易遭受潜在的变异,减少变异的可能性关系到内部作业和外部作业。传统解决变异的办法是建立安全储备存货或使用高成本的溢价运输。而在现阶段,利用信息技术和智能化的手段实现积极的物流控制,是提高物流生产率和减少变异的重要手段。

**图 7-24　纺织服装企业物流管理的目标**

（4）最低库存

最低库存的目标涉及资产负担和相关的周转速度。在企业物流系统设计中由于存货所占用的资金是企业物流作业的最大的经济负担。在保证供应的前提下提高周转率,意味着存货占用的资金得到了有效的利用。因此,保持最低库存的目标是要把存货配置减少到与客户服务目标相一致的最低水平,以实现最低的物流总成本。"零库存"是纺织服装企业物流管理的理想目标,而伴随着"零库存"目标的接近与实现,物流作业的其他缺陷显露出来,所以纺织服装企业物流系统设计必须将库存占用和库存周转速度作为重点来进行控制。

（5）最高质量

物流本身必须履行一定的质量标准。物流质量管理是指以全面质量管理的思想,运用科学的管理方法和手段,对物质过程的质量及其影响因素进行计划、控制,使物流质量不断得以改善和提高的过程。物流质量包括商品质量、物流服务质量、物流工作质量、物流工程质量等内容,物流质量管理一方面要满足生产者的要求,使其产品能及时准确地送达到用户;另一方面要满足用户的要求，即按用户要求将其所需的商品送交，并使两者在经济效益上求得一致。

### 四、服装企业供应物流

#### 1. 供应物流的概念

供应物流是指为生产企业提供原材料、零部件或其他物品时，物品在提供者与需求者之间的实体流动。企业为保证本身生产的节奏，需要不断组织原材料、零部件、燃料、辅助材料供应等物流活动。这种物流活动对企业生产的正常、高效进行起着重要作用。企业供应物流不仅要保证供应，而且要实现低成本、少消耗、高可靠性，因此管理难度增大。

#### 2. 供应物流的内容

纺织服装企业供应物流的内容包括资源需求的确认、资源的取得、资源的到厂组织三个方面：

（1）资源需求的确认

确认资源需求是实施后续所有供应活动的前提条件。资源需求的确认主要是要明确谁需要、需要什么、需要多少、何时需要，即哪个部门何时需要多少哪些不同类别的原材料等。

（2）资源的取得

除自制外，资源的取得还可采用外购、租赁、外包等方式，其中的核心问题是资源供应商或合作伙伴的选择与确定，同时也要按照供应物流可以承受的技术条件和成本条件辅助这一决策。

（3）组织到厂物流

从各种途径所获得的资源必须经过若干物流环节才能到达企业，往往要反复运用装卸、搬运、储存、运输等物流活动才能使取得的资源到达企业的内部。在这个物流过程中，部分属于企业外部的物流过程，部分属于内部物流过程。企业外部物流过程包括从供应商获取资源到企业仓库验收的物流过程和企业内部物流过程包括从仓库存储到送达生产线上的物流过程。

#### 3. 供应物流合理化

如图7-25所示，企业供应物流合理化的主要表现在以下方面：

图 7-25 供应物流合理化

（1）准确预测需求

企业各类物资供应的需求量依据企业生产计划而确定。因为生产计划制定的依据是市场对产品的需求，而供应计划是依据生产计划下达的产品品种、结构、数量、质量等要求，以及各种材料的消耗定额和生产工艺时序等而确定。因此，制定切实可行的生产计划，甚至合理的物资消耗定额、储备定额，是做到准确预测需求的关键。

（2）合理控制库存

供应物流中断将使企业生产陷于停顿，因此必须占压一定的资金，持有一定数量的物资储备，以保证生产的正常进行。这种物资储备一方面必须保证生产所需（正常库存），还必须能够应付紧急情况（安全库存）；另一方面，合理控制库存、进行库存动态调整、减少资金占压又是节约成本的良好途径。采用 JIT 的生产企业，要求供应的各类物资按时、按地、按量送到，要求库存量为零或接近零。

（3）科学采购决策

采购决策的主要内容包括市场资源调查、市场变化信息的采集与反馈、供货厂家的选择和进货批量、进货时间的间隔等。其中如何综合评价质量与价格因素，是一项十分复杂的工作。

（4）确保供应保障

供应保障包括运输、仓储管理、服务等方面。要采用合理的运输方案，选择运输线路短、环节快、费用省的运输方式以及合理的运输工具。同时进行先进的仓储管理，如利用计算机进行进、存、耗动态管理，机械化、自动化仓储作业等。服务方面主要是方便生产和节省费用，如供应模式、供应手段的选择等。

（5）健全组织机构

供应物流涉及的领域方方面面，因此必须健全管理组织机构，比如物资供应计划管理、物资消耗定额管理、物资采购管理、物资运输管理、物资仓储管理、物资供应管理、物资回收与利用管理以及监督检查管理等部门。

要实现供应物流的合理化，可以采用准时供应方式、即时供应方式、"零库存"供应方式等。

## 五、服装企业生产物流

### 1. 生产物流的概念

生产物流，也称厂区物流、车间物流等，是企业物流的核心部分和关键环节。在制造企业，物料自始至终都在不停的流动，包括原材料、备品配件的输入、把输入转换为产出的中间在制品流转作业以及产品的输出。这种物流活动伴随着整个生产工艺过程，实际上已构成了生产工艺过程的一部分。因此，生产物流应该按照生产工艺流程来组织，它与生产同步，中间主要涉及半成品、在制品库、总成及部件库和产成品库等环节。

生产物流的过程大体为：原材料、零部件、外购件、燃料等辅助材料从企业仓库或企业的"门口"开始，进入生产线的开始端并投入生产，经过下料、发料、运送到各个加工点和存储点，以在制品的形态，从一个生产单位（仓库）流入另一个生产单位，随生产加工过程一个一个环节的"流"，在"流"的过程中按照规定的工艺过程进行加工、储存，借助一定的运输装置，在某个点内流转，又从某个点内流出，始终体现着物流实物形态的流转过程。同时生产一些废料、余料，直到生产加工终结，再"流"至成品仓库终结了企业生产物流过程。

生产物流系统担负运输、储存、装卸物料等任务，与生产制造关系密切，既是生产制造各环节组成有机整体的纽带，又是生产过程维持延续的基础，生产物流系统运作的好坏将直接影响生产的有效运行。随着生产制造系统规模不断扩大、服装生产的柔性化水平和自动化水平日益提高，要求生产物流也要相应地发展，使之与现代生产制造系统相适应。其目的是通过对生产物流进行有效的计划与控制，优化企业生产物流系统，从使企业物流畅通无阻，保证生产过程的物料需求和保证生产的正常运行，最终使企业产品满足市场需求。

### 2. 服装企业生产物流

现代化的服装生产是流水作业，属于离散制造，但与机械制造不同，从裁剪、缝制到烫洗整理，涉及面料、里料、辅料，要管理很多的款式、颜色、尺码、面料、客户标识等基础数据；但目前大多数服装企业对生产过程的管控还停留在对任务单与生产计划制订的粗放式管理阶段，还没有充分做到对每个工段甚至每道工序的细致化管理，使企业高层无法明确掌握生产现场的具体生产状况，因此，在经营决策方面缺少有力的数据支持。而其他协作部门也存在相同问题，营销管理部门不能及时地掌握生产线生产情况，因此降低了对客户出货承诺时间的准确性。物料管理部门不能及时了解生产现场状况，只能超额备料或者经常发生紧急采购行为，造成库存增加或停工待料的现象。另外，如果不能实时地查看每张订单的执行情况，并对此根据客户优先级、生产计划、原辅料供应、设备及人力资源等进行统筹安排，就会造成停工待料、准时交货率降低、生产或管理成本增加且质量稳定性很难保证。这些情况会直接造成客户满意度的降低，而最终造成客户、订单的流失以及订单量的急剧减小。

目前，国内一些大型服装制造企业引入 ERP 系统以及智能制造等提高企业的信息化和数字化水平，但成功应用的系统中，财务软件、进销存管理居多，作为 ERP 重要部分的生产管理，可以说真正能管理到车间的不多。主要原因在于车间管理模块特别是工序加工状态的数据采集比较困难，而产能计算的基础与工时定额有关，许多工厂工时定额基础数据不准确，造成产能管理无法有效使用。例如，某西服企业服装生产过程中进行服装生产的车间有裁剪车间、缝制车间和整烫车间，在整个服装生产的过程中，除了裁剪车间在缝制随工单等打印时实现与企业 ERP 系统相连外，其他管理工作还主要以手工记录和批量处理为主，包括裁剪作业记录单、缝制作业随工单(分为大身缝制随工单、领子缝制随工单、袖子缝制随工单和总缝随工单四份)和整烫及其他作业记录单。因此,通过提升服装企业的数字化和智能化水平,提供准确的 BOM 数据、准确的车间现场数据是解决服装生产物流管理现存问题的有效手段。

### 3. 服装生产企业物流整合优化策略

根据我国部分企业生产物流现状,如何在现有客观条件下从全局高度对整个生产系统的资源进行合理配置,以达到均衡生产、降低库存、及时供给、降低成本的目的,是物流整合优化的核心所在。具体应从以下方面整合生产物流系统:

(1) 完善生产物流优化指标体系

通过建立和逐步完善生产物流优化指标体系和生产计划优化体系(包括规范生产计划编制流程、市场预测品种优化产量优化等),解决生产经营规划和生产作业计划中存在的问题。

(2) 加强生产及物流过程控制

通过加强生产及物流过程控制,解决生产作业计划优化编制、物流跟踪、生产调度等方面的问题。生产及物流控制是指以生产作业计划为依据,对从原料进厂到产成品出厂整个生产和物流过程进行动态的控制与调整,保证按时、按质、按量的完成生产计划和合同规定的产品。要实现上述目标,优化的生产作业计划是基础、物流跟踪和合理的调度是手段、准确实时的信息是保障。

(3) 建立一体化的物资供应管理体制

建立一体化的物资供应管理体制,采用实用拉动式库存管理方法及原则,彻底改进传统企业库存管理模式。

(4) 流程再造

通过企业流程再造,改进物流管理体制,独立出专门的物流管理部门,以规范整个生产物流管理过程,同时也解决了调度机构臃肿现象。

(5) 企业信息化和数字化建设

加快企业信息化建设步伐,建立企业物流管理信息系统。

## 六、服装企业销售物流

### 1. 销售物流的概念

销售物流是企业在销售过程中,将产品的实体转移给用户的物流活动,是产品从生产地到用户的时间和空间的转移,是销售订单管理、库存管理、运输管理、配送管理和销售退货管理等各环节的统一。销售物流的起点,一般情况下是生产企业的产成品仓库,经过分销物流,完成长距离、干线的物流活动,再经过配送完成市内和区域范围的物流活动,到达企业、商业用户或最终消费者。销售物流是一个逐渐发散的物流过程,这和供应物流形成了一定程度的镜像对称,通过这种发散的物流,使资源得以广泛地配置。

### 2. 销售物流的业务内容

销售物流与企业销售系统相结合,共同完成产品的销售任务,如图 7-26 所示。销售物流是由客户订单驱动的,而物流的终点又是客户。因此,在销售物流之前,企业要进行各种售前市场活动,包括确定客户、与客户联系、产品展示、客户询价、报价、报价跟踪等。对于企业而言,销售物流的第一个环节是订单处理。在客户接受报价后就开始处理销售订单。订单管理系统记录了客户的需求、订货的价格,并检查客户信用度和可用的物料。然后,根据销售订单实施其他物流业务。若有库存,即生成产品提货通知单,物流配送部门根据提货通知单生成物流配送单,进行销售运输、销售配送等。若没有库存,生成产品需求单(包括采购单),再把信息传递给生产物流管理系统或供应物流管理系统。

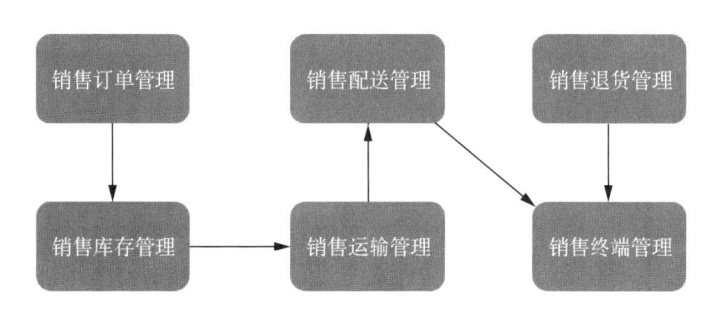

图 7-26　销售物流业务内容

对于损坏或其他原因退回的货物,还应该实施退货处理。退货在销售活动中会经常发生,由于销售退货也需要登记和管理,也会有费用发生。另外,退货还应考虑在库商品的退换问题,可以在数据上分为退货商品和正品,但实际的物理存放空间不变。

### 3. 销售物流的合理化

物流结构是指物流网点的布局构成,也泛指物流各个环节(装卸、运输、仓储、加工、包装、发送等）的组合情况。物流网点在空间上的布局，在很大程度上影响物流的路线、方向和流程。而物流各环节的内部结构模式又直接影响着物流运动的成效。物流结构合理化是指"维持合理的物流结构"，即"实现低成本的物流结构"。

销售物流活动受企业销售政策制约，销售物流合理化模式有大量化、计划化、商物分离化、标准化、共同化等类型，但一种物流并不仅仅与一种类型相对应。

（1）批量化模式

随着信息技术的发展，预测手段及工具的更新，企业可以对货物的流量和流向进行有效预测，增加货物流动的批量而减少批次。批量（大量）化模式不仅可通过装卸机械化提高货物的装卸效率，而且由于批量增大，可以大大降低单件货物的流动成本，同时克服需求、运输和生产的波动性，简化事务处理。

（2）商物分离化模式

商物分离，是指流通中两个组成部分，即商业流通和实物流通各自按照自己的规律和渠道独立运动。使用该模式需解决销售活动的方式问题，配送距离增大的问题，以及企业之间关系需进行调整。商物分离化模式可以减少固定开支压缩流通库存，排除交叉运输，同时加强整个流通渠道的效率化和流通系列化。

（3）共同化模式

物流共同化包括物流配送共同化、物流资源利用共同化、物流设施与设备利用共同化以及物流管理共同化。物流资源是指人、财、物、时间和信息；物流的设施及设备包括运输车辆、装卸机械、搬运设备、托盘和集装箱、仓储设备及场地等；物流管理是指商品管理、在库管理等。该模式要求企业能够具备对单一主导型企业和行业具有整体垂直结合、水平结合能力。该模式具有物流管理社会化、装载效率提高、投资压缩成本等优点。

（4）标准化模式

物流标准化是按照物流合理化的目的和要求，制定各类技术标准、工作标准，并形成全国乃至国际物流系统标准化体系的活动过程。主要内容包括：物流系统的各类固定设施、移动设备、专用工具的技术标准；物流过程各个环节内部及之间的工作标准；物流系统各类技术标准之间、技术标准与工作标准之间的配合要求,以及物流系统与其他相关系统的配合要求。该模式的优点具有拣选、配货等节省人力,订货处理、库存管理、拣选、配货等比较方便的特点。

## 七、服装企业退货物流

近年来,越来越多的服装企业运用各种退货政策,甚至以无理由和自由退货方式来吸引并留住顾客,以增强企业竞争能力。美国物流管理协会的资深专家、南佛罗里达大学教授詹姆斯·司多克曾说过,"公司对退货如何处置,已经成为一项标新立异的竞争战略,并正成为提高效率的全新领域"。

### 1. 退货物流的概念

退货物流是指服装企业采购后对入库验收不合格的产品向供应商退货、以及与已售出商品因各种原因而退货有关的运输、验收和保管有关的物流活动。由于纺织服装产品属于易逝品,具有生产提前期长、销售期短、期末未售出的商品残值极低甚至还需要处理成本、市场需求不确定性大等显著特征。形成易逝品退货的原因不仅有人为因素,也有非人为因素。主要包括无缺陷产品的退货、缺陷产品退货、装卸、运输过程中损坏产品的退货、订单处理失误或包装过程失误的退货、交货延迟导致的退货等类别。退货物流是逆向物流(还包括废弃物的回收处理、物品循环利用、维修与再制造等过程)的重要组成部分,加强退货管理有着不可忽视的重要作用。

### 2. 减少退货物流的措施

退货逆向物流将导致纺织服装供应链各节点企业成本增加或利润的减少,因此,从供应链的角度来讲,应该努力减少退货逆向物流。可以通过以下措施可以尽可能地减少服装纺织品的退货逆向物流。

(1)建立有效的激励机制,提高销售商的销售努力水平

在易逝品退货逆向物流中,很大一部分是来自消费者的无缺陷退货。如果销售商在销售前能够对消费者就产品的外观、型号、功能、安装使用等进行耐心的讲解、说明以及操作使用示范,就可以大大地减少无缺陷退货率。因此只要在易逝品供应链中建立有效的激励机制,提高销售商的销售努力水平,就可以减少退货逆向物流。

（2）缩短订货提前期，提高对市场预测的准确度

在纺织服装品的无缺陷退货逆向物流中，有一部分是由于零售商、分销商因销售季节结束没有销售完的剩余产品的退货。制造商通过引入快速反应机制，缩短销售商的订货提前期；同时销售提高对市场需求的预测准确度，就可以减少这部分退货逆向物流。

（3）加强质量管理，改进生产技术和生产工艺

由于产品质量问题引发的有缺陷退货也成为当今纺织服装品退货逆向物流中很重要的一个部分。在供应链各个环节，加强质量管理，提高质量意识，同时不断改进生产技术和生产工艺，把最好的、质量合格的产品交给消费者，也是减少退货逆向物流的一个重要措施。

（4）加强易逝品供应链的内部管理和运输管理

从纺织服装品退货逆向物流产生的原因可以看出，内部管理和运输也是造成退货逆向物流很重要的一个方面。强化供应链的内部管理，提高管理水平特别是装配和配送方面的管理，可减少不必要的配件不齐全或订单操作失误；选择合适的运输工具和运输路线，可减少装卸运输过程中的货物损坏以及货物送达的不及时，最终达到减少易逝品退货逆向物流的目的。

**3. 纺织服装品退货逆向物流管理的对策**

尽管通过上述措施可最大限度地减少退货逆向物流，但不可能完全杜绝，总会或多或少存在退货逆向物流。那么，如何对产生的退货逆向物流进行有效地管理，最大限度地保存退货易逝地价值，减少或消除退货逆向物流所引起的损失，是供应链中每个企业必须认真面对的问题。

（1）改变观念，提高企业对退货逆向物流管理的重视程度

退货逆向物流是企业物流活动的重要组成部分。企业员工特别是高级管理层要充分重视退货逆向物流管理，树立退货逆向物流成本管理意识，有效支持企业与供应链其他节点企业合作。为此，企业要设立专门的退货逆向物流管理机构来管理退货逆向物流；加快企业物流活动的信息化步伐，使企业的一切物流活动都在信息系统的指引下完成，做到对退货逆向物流及时、快速、准确的反应。

（2）加强与第三方物流企业的合作

第三方物流企业拥有专业化技术、管理手段和方法以及完善的基础设施和

良好运输服务网络。随着退货逆向物流活动的增加,完全靠企业自身的力量来处理退货逆向物流将会力不从心,甚至延误退货的处理时机,导致退货易逝品的价值贬值加快。因此,寻求退货逆向物流活动的外包或与通过第三方物流企业合作,可以把企业的退货逆向物流管理做的更好。

(3)加强供应链中各节点企业间退货逆向物流的合作与信息共享

纺织服装品的价值随时间的流失贬值很快,这要求供应链中各节点企业间要建立良好的合作,对出现的退货产品按照有关协议进行及时处理或移交给上游企业;同时,供应链各企业要对消费者的退货信息以及退货产品在供应链各企业的处理信息进行共享,从而能够最大限度地减少因时间拖延造成的贬值损失。

## 八、服装物流管理的新趋势

### 1. 绿色物流

绿色物流的概念起源于 20 世纪 90 年代,它融合了物流管理理论以及生态学、环境学、经济学等多个学科的相关理论。然而,至今尚未形成一个被广泛接受的统一定义。根据国家标准 GB/T 18354—2001《物流术语》,绿色物流的目标是实现物流环境的净化并使物流资源得到最充分利用。绿色物流不仅突破了传统物流系统对生态环境的单向负面作用,而且通过将环境管理理念引入物流的各个环节,如仓储、运输、包装、装卸搬运等,实现了对环境的保护和利用。同时,它也兼顾了物流效率、经济效益与环境效益,旨在构建一个低碳节能、可持续发展的绿色物流体系,实现物流系统与生态环境系统的友好交互。

绿色物流具有以下特征:

(1)环境共生性

绿色物流强调从环境保护和可持续发展的角度出发,旨在实现环境与经济发展的共存。相比于传统的经济发展与物流之间的单向作用关系,绿色物流的理念在于抑制物流活动对环境造成的危害,同时推动经济和消费生活的健康发展。

(2)资源节约性

绿色物流不仅关注物流过程对环境的影响,更重要的是强调对资源的节约。例如,在运输环节,不合理的运输方式(如空车现象)会导致货运车辆、人力和石油等资源的巨大浪费，同时产生大量的能耗和废气污染。在仓储环节，如果保管不当，就会造成货品损坏和浪费，同时还会对周边环境产生污染。在包装和配送环节，过度包装和废弃物处理不当的问题也需要绿色物流加以改变。

（3）循环性

循环包括原材料、副产品再循环，包装再循环，废品回收，资源垃圾的收集和再资源化等。目前，企业物流只重视如何提升正向物流的运作效率，而忽视废旧物品、再生资源（如包装）的回收利用所形成的逆向物流。逆向物流是以实现回收和适当处理为目的，通过资源循环利用、能源转化，实现资源的循环利用的物流活动。

### 2. 精益物流

精益物流起源于日本丰田汽车公司的物流管理思想，其核心理念是追求消灭包括库存在内的一切浪费，并围绕此目标发展的一系列具体方法。它是从精益生产的管理理念中蜕变而来，是精益思想在物流管理中的应用。精益物流是指以客户需求为中心，从供应链整体视角出发，针对供应链物流过程中的每一个环节进行分析，找出不能提供增值的浪费环节，根据不间断、不绕流、不等待、不做无用功等原则，制订物流解决方案，以减少整个供应提前期和供应链中的各级库存，适时提供仅由供应链需求驱动的高效率、低成本的物流服务，并努力追求完美。其目标为在为客户提供满意的物流服务的同时，把浪费降到最低。

精益物流具有如图 7-27 所示的特点。

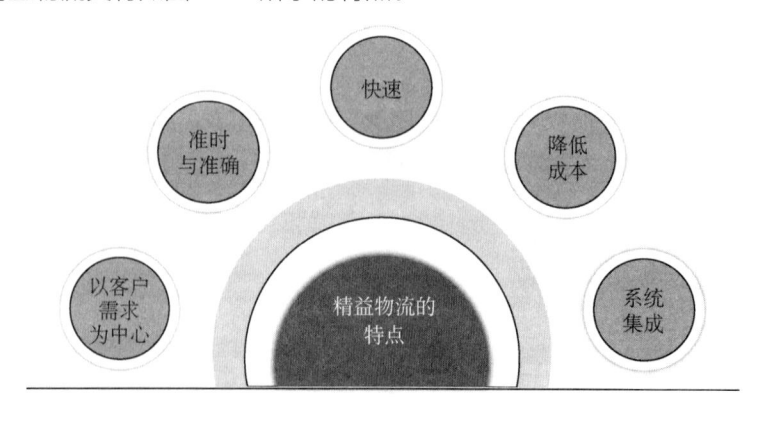

图 7-27 精益物流的特点

(1) 以客户需求为中心

在精益物流系统中,系统的生产是通过顾客需求拉动的,顾客需求是驱动生产的原动力,是价值流的出发点。价值的流动要靠下游顾客拉动,而不是依靠上游的推动。

(2) 准时与准确

在精益物流系统中,电子化的信息流保证了信息流动的迅速和准确无误,有效减少冗余信息传递、减少作业环节、消除操作延迟,提高了物流服务的准时、准确、快速,具有高质量的特性。

(3) 快速

精益物流系统的快速包括两方面含义:一是指物流系统对客户需求的快速反应,二是指货品在流通过程中的速度快。

(4) 降低成本

精益物流系统通过合理配置基本资源,以需定产,充分合理运用优势和实力,达到降低成本、提高效率的目的;通过电子化的信息流,进行快速反应、准时化生产,解决设施设备空耗、人员冗杂、操作延迟和资源浪费等问题,保证物流服务的低成本。

(5) 系统集成

精益物流系统是由提供物流服务的基本资源、电子化信息和使物流系统实现精益效益的决策规则所组成的系统。

(6) 信息化

高质量的物流服务有赖于信息的电子化。物流服务是一个复杂的系统工程,涉及大量繁杂的信息。

### 3. 智慧物流

智慧物流是指以互联网为依托,广泛运用物联网、传感网、大数据、人工智能和云计算等信息技术,通过精细、动态、科学的管理,实现物流的自动化、可视化、可控化、智能化、网络化,使物流系统能模仿人的智能,具有思维、感知、学习、推理判断和自行解决物流中某些问题的能力。

如图7-28所示,智慧物流的作用主要体现在以下方面。

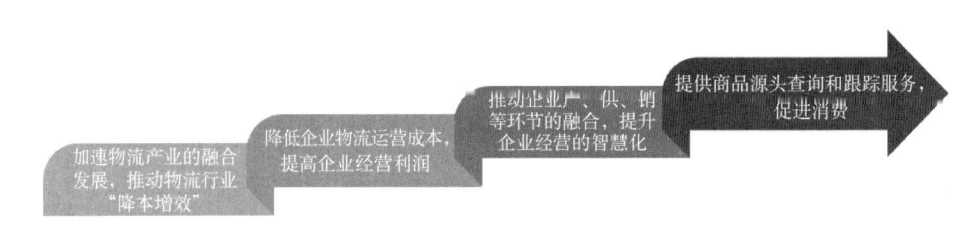

图 7-28　智慧物流的作用

通过以上分析可知，纺织服装企业物流管理是一个系统的工程，涉及物流的各个方面，需要考虑企业内部因素，同样也需要考虑外部因素。各种物流模式的选择既要遵循物流设计的原则，也要考虑公司的定位、品牌形象、销售政策以及物流各要素与物流成本和服务质量之间的关系。因此，对某一个具体企业而言，可以选择符合自己企业实际情况的合理化物流模式，但对所有企业而言，不存在统一的合理化物流模式，各企业必须根据自身的实际情况设计符合自己的物流模式，形成本企业的核心竞争优势。

# 第三部分　项目实操

## 一、项目任务

了解服装供应链的组成成分和各环节之间的关系，掌握服装供应链的运营及管理方式。选择一个熟悉的服装品牌或生产企业作为研究对象，分析其供应链的运营和管理模式及其效果。

## 二、完成要求

（1）同学自由组合，4~5人为一组。选定合适的服装品牌展开调研，完成供应链运营与管理的分析报告。

（2）课后实践环节，以资料收集、市场走访调研为主。组内人员通过协商确定资料搜集的维度，分工完成资料搜集。

（3）在以上调研工作的准备及调研要求的基础上，制作详细的资料搜集计划，资料整合分析、小组讨论方案等。采用PPT形式，以小组为单位进行项目汇报，提供过程记录。

# 第四部分　案例学习

## 茵曼，以实力"致敬中国棉"

近几年全球时尚市场变化巨大，中国市场在疫情影响和新疆棉事件的催化下，正经历重新洗牌的过程。经过15年的发展，广州汇美集团旗下棉麻女装品牌茵曼，一直专注于棉麻女装这一细分品类，已从"前淘宝第一女装品牌"发展为如今线上线下齐开花的"舒适棉麻"女装C位，成功穿越数轮周期。近年来，在数智化新零售升级的加持下，该品牌步入强势增长的快车道，从"舒适棉麻穿茵曼"的品牌定位，到棉花形象的品牌logo，清晰可见棉花已经成为茵曼与生俱来的DNA。为了从源头打造更舒适的产品，茵曼不断寻求更高质量、更高标准的中国好棉原料。2023年4月，茵曼终于找到了棉花标准领域的"国家队"——国家棉花产业联盟（China Cotton Industry Alliance，简称CCIA），开启了战略合作的新征程。

CCIA长期致力于建构中国自己的棉纺标准体系、搭建中国棉花全产业链平台，并以提升中国棉花产业国际竞争力和市场话语权为重任。茵曼与CCIA签署战略合作协议，成为首批高标准CCIA认证品牌，开启了从种子到棉花、纱线、面料等全产业链条数智化、高标准化应用。中国棉花约占全球总量的24%，而新疆原棉全国占比达90.2%。"世界棉花看中国，中国棉花看新疆"的局面已经形成。可以说，新疆棉就代表了中国棉。棉花产业关乎国计民生，茵曼认为对中国棉的支持不应随话题热度的消退而松懈，而须从量到质、久久为功，真正在全球市场打造"中国棉"品质国货，助力中国棉花引领世界级标准。

2023年9月，正值新疆棉田盛花期，茵曼联合中国农科院棉花研究所（简称中棉所）、国家棉花产业联盟，在广袤棉田中呈献了一场轰动行业的"逐光之旅·致敬中国棉"茵曼2023新疆棉田艺术美学大秀（见图7-29）。本次大秀联合了各大电商平台，以及国农科院中棉所、CCIA。这次活动本身，也是援疆的一个见证。

有了好原料、好设计，还要有好工艺、好标准来落地"让时尚更舒适"的品牌使命。茵曼产品均采用无感唛工艺，亲肤不刮肉。成衣通过洗水工序，使得布面更蓬松、穿着体感更柔软。从一朵优质的中国棉落地成衣，每一件茵曼棉麻服饰，都要经历 128 道严苛工序，60＋测试项。一丝一缕，一针一线，茵曼以国棉诠释舒适之源，以设计演绎文艺之美，以工艺传达匠心之本，用更好的原创设计和产品体验打造国货之光。

图 7-29　茵曼品牌棉田秀场

（图片来源：国家棉花产业联盟 http://www.cotton-ccia.com/lmdt/21_448）

同时，茵曼多年来全线打造数智化能力，在"店铺＋电商＋私域"全域零售模式的加持下，全面提升了经营效率。茵曼 5.0 版全新店铺形象，也紧扣棉花元素，从视觉、触觉、嗅觉等多维度升级顾客逛店的舒适体验。从产品到空间，一切皆为舒适而生。

## 第五部分　知识拓展

### 互联网经济背景下的企业供应链管理

"互联网＋"改变了企业传统的商品交易模式及物流运行模式，越来越多的企业开始注重供应链信息化管理,不断优化供应链管理系统,以增加供应链管理的可视化和透明性。互联网经济背景下的供应链管理创新可以遵循如图7-30 所示的思路。

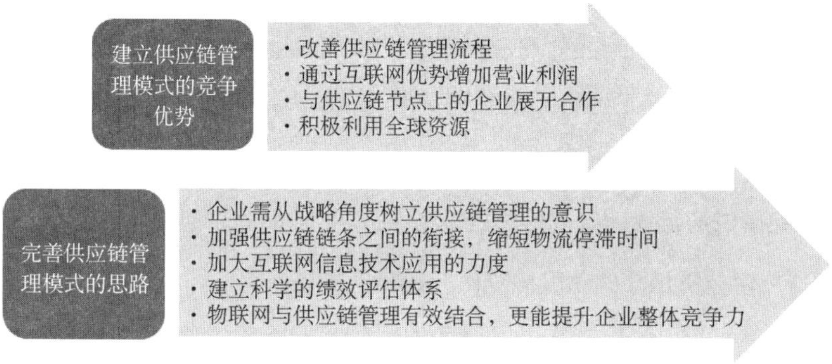

建立供应链管理模式的竞争优势
- 改善供应链管理流程
- 通过互联网优势增加营业利润
- 与供应链节点上的企业展开合作
- 积极利用全球资源

完善供应链管理模式的思路
- 企业需从战略角度树立供应链管理的意识
- 加强供应链链条之间的衔接,缩短物流停滞时间
- 加大互联网信息技术应用的力度
- 建立科学的绩效评估体系
- 物联网与供应链管理有效结合,更能提升企业整体竞争力

图 7-30  互联网经济背景下的供应链管理创新

### 1. 建立供应链管理模式的竞争优势

(1)改善供应链管理流程

流程作为信息流的载体,能够准确无误的传递信息,因此加强供应链业务层面流程至关重要。流程方面的改善包括企业之间流程与流程的对接和技术层面的流程改善。供应链链条上的企业除了共同协作外,还承担着共同面对风险,对此其需要共同应对外部市场多变的形势。因此,在互联网经济下,企业只有使自身内力和外力协同一致,才能整体提高企业自身的竞争能力。

(2)通过互联网优势增加营业利润

传统企业常常通过降低供应链的采购成本、运输成本、库存成本来增加企业的营业利润。但是,互联网经济背景下企业的供应链管理不仅要降低成本,还要通过互联网来拓展客户群体、开辟新的市场。例如,通过企业和客户一起合作开发新产品,既可以实现客户的创造价值,又可以提升客户的忠诚度,这能够增加企业的营业利润,从而为企业和客户带来了双赢。

(3)与供应链节点上的企业展开合作

供应链管理不仅要注重企业本身的发展,其更应关注与合作企业之间的紧密合作关系,只有企业间的通力合作,才能使各个企业秉承同一个理念,形成一个网络整体。供应链节点上的所有企业的合作,可以实现通过互联网来进行资源和数据的共享,其能够有效减少供需预测和数据的偏差,进而能够降低库存成本，提高企业库存周转率和产品制造的利用率，从而实现共赢。

（4）积极利用全球资源

自改革开放之后，我国企业对外交流日益频繁，很多老牌的跨国企业陆续进入我国市场。这些老牌跨国企业不仅拥有先进的供应链管理思想、管理模式和管理方法，还拥有专业的供应链专家。对此国内企业要借鉴国外先进的管理方法，可通过派遣员工到跨国企业进行学习，从而加强企业自身的供应链管理水平。

### 2. 完善供应链管理模式的思路

（1）企业需从战略角度树立供应链管理的意识

供应链管理是一种先进的战略管理思想，但供应链管理思想进入我国较晚，很多企业对其较为陌生，因此大量企业的供应链管理战略思想淡薄，无法把这种思想放在企业战略层面上运用。因此，今后企业的发展必须重视供应链管理，并要对其进行长远的规划。一方面，企业要加强供应链对市场需求的快速反应能力，从而努力使供应链管理发挥出整体最大价值。另一方面，企业需要根据市场和客户需求，设立长期、中期、短期的战略目标，并结合管理绩效的方法，不断提高企业在战略角度对供应链的认知。

（2）加强供应链链条之间的衔接，缩短物流停滞时间

国外优秀的企业对供应链链条的衔接要求非常高，如日本丰田公司成功的秘诀之一就是拥有"按需供应链"，即企业产能不多不少，完全按照客户需求生产。而我国供应链链条上的企业各自为政，多以自身利益为重，无法及时形成衔接。我国企业大部分都是使用"推式"供应链管理模式，其容易造成成品库存过高，即生产出来的产品会先堆积在库房等待订单，这必然会产生大量费用，从而制约企业的良性运转。我国企业的供应链管理模式想要达到世界级的水平，就应当重视供应链的无缝衔接，从而通过打通供应链管理的梗阻，减少产品库存，降低管理和流通成本，提高商品流通的效率。

（3）加大互联网信息技术应用的力度

互联网信息技术的出现促进了世界经济高速增长，对此企业要加大现代信息技术包括云计算、大数据等的广泛应用。借助EDI对接等信息技术能够为供应链系统的搭建、软件的升级提供助力，能够促使供应链管理协同有效地实现发展和进步。同时，企业要利用互联网信息的高效便捷，建立起柔性的信息化

供应链管理模式,从而实现快速响应、应变和运行,这能够促进企业供应链管理的完善和成熟。

(4) 建立科学的绩效评估体系

互联网经济下的供应链能够健康良性的运作,需要相关绩效评估体系的监督和管控。由于供应链上的节点较多,涉及的供应链企业也较多,因此为了满足供应商、原料商、制作商以及分销商等关键节点的运作,需建立完善的绩效体系监控每个节点的运作。只有建立一个合理科学有序的绩效评估体系,才能把供应链节点上的所有企业链接成一个公平高效的利益整体,才能使得供应链管理模式大环节中的各小环节更加协调、便捷、通畅。这是供应链的各个环节企业实现利益最大化,并发挥整体供应链最大功效的必然要求。

(5) 物联网与供应链管理有效结合,更能提升企业整体竞争力

在互联网经济的大市场环境下,只有通过信息和资源共享,才能实现管理共享、合作共赢。对于企业供应链管理来说,要有效结合物联网技术,通过获得更为准确的预测,打造更加合理的管理和运行机制,从而实现物流停滞的最小化、有效时间的最优化。通过与物联网的联结,加速对商品生产和流通以及市场需求情况等的实时监控和管理,能够有效减少企业及供应链运行的成本和消耗,这大大增加了企业的盈利能力,显著提升了企业的核心竞争力。

# 专题八　服装供应链的设计与仿真

当前，全球经济持续低迷，服装终端销售不畅，库存积压不断上扬。在此背景下，服装企业纷纷寻找出路，例如打折促销、加大电子商务渠道投放、转投二三线城市等。其实，以上各种手段均属于在库存产生后再"消解库存"、"处理库存"的办法，而真正解决该症结的办法应该是从源头上最大限度地"预防"库存产生。因此，从供应链的设计环节入手，才是解决服装业库存问题的根本之道。

同时，加强供应链各环节间的协同运作，无论从理论还是实践角度，其关键都在于有效执行。只有通过设计和整合整个服装供应链，缩短从设计、生产到零售终端之间的距离，才能够真正提高服装供应链的整体绩效。另外，如果能通过模拟仿真提高供应链的可预测性和可视性，将能够帮助服装企业更好地了解和预测市场趋势，制定更为精准的策略。不得不说，在当今快速变化的商业环境中，服装供应链设计与优化是服装企业取得成功的关键因素之一。本章将从服装供应链的设计优化及仿真角度，探讨如何提高企业的敏捷性、灵活性和可靠性，降低成本并满足客户需求，提高企业的竞争能力。本章教学目标如图 8-1 所示。

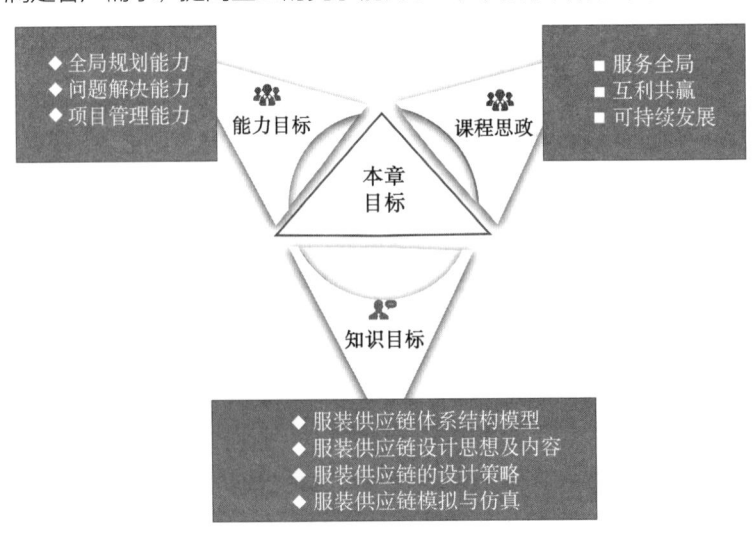

**图 8-1　本章教学目标**

# 第一部分  问题导入

汉服作为我国汉民族的传统服饰，承载了汉民族在纺织服装领域内优秀的传统工艺和美学，是中国"衣冠上国"和"礼仪之邦"的充分体现。随着我国政府对文化传承的重视，汉服产业得到长足发展。请问汉服产业是如何发展起来的？需要哪些配套支持？目前面临哪些问题？如何才能做大做强汉服产业？

# 第二部分  理论、方法及策略基础

## 第一节  服装供应链体系结构模型

如前所述，供应链是指生产及流通过程中，围绕核心企业的核心产品或服务，由所涉及的原材料供应商、制造商、分销商、零售商直到最终用户等形成的网链结构。因此，其基本结构包含供应商、制造商、分销商、零售商以及物流企业等。供应链结构的发展经历了从简单模型到复杂模型、从单阶段模型到多阶段模型、从单产品模型到多产品模型、从确定型模型到随机模型的发展过程。针对纺织服装供应链而言，其供应链结构体系可以分为企业内部供应链和外部供应链两种类型，以下将分别介绍。

### 一、服装企业内部供应链结构模型

在服装企业内部，供应链是通过不同部门的协作，最终达到增值的目的，如纺织原料采购部门是资源的来源部门，纺织服装生产加工部门直接增加产品价值，管理客户订单和配送的仓库服务部门从流通意义上实现纺织服装产品的价值，而产品的创新和个性化产品的设计是由设计开发等部门来完成的，营销部门则间接参与增值活动。此外，纺织服装生产加工部门内部的上下工序或班组之间也存在供应链关系。这些部门、工序或班组之间也存在供应链关系。它们共同组成了企业内部供应链，如图8-2所示。

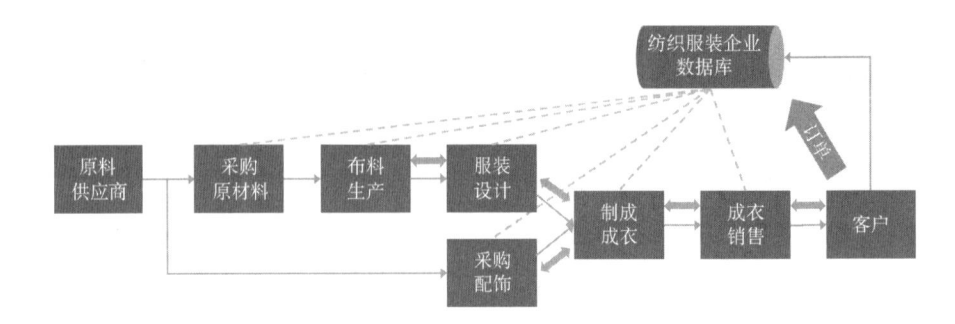

图 8-2　纺织服装企业内部供应链结构模型

## 二、服装企业外部网状供应链模型

服装企业会尽可能考虑多层、多级供应商或分销商，以便能更好地从整体上把握纺织服装供应链的运行状态。因此，企业的外部供应链形成了网状结构，每一个企业都可以看成是其中的一个节点，各个节点之间存在供需联系。但这些联系有强有弱，处于动态变化之中。纺织服装企业的链状供应链模型如图 8-3 所示。

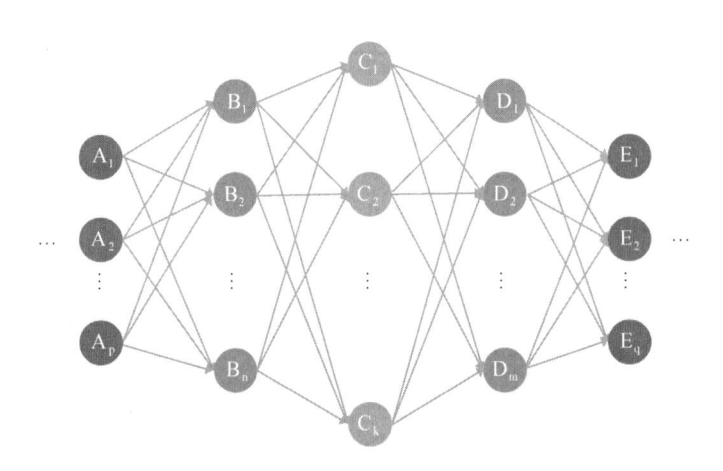

图 8-3　纺织服装企业外部简化的链状供应链模型

## 第二节　服装供应链的设计思想及内容

### 一、供应链设计的基本思想

供应链设计是指以客户需求为中心，运用新观念、新思维、新手段从更广泛的思维空间——企业整体角度去勾画企业蓝图和服务体系。从本质上讲，供应链设计是扩展的企业模型设计，不仅包括物流系统，还包括信息和组织，以及相应的服务体系建设。其目的在于通过降低库存、减少成本、缩短提前期、实施准时制生产与供销、提高供应链的整体运作效率，最终达到提高用户服务水平、满足成本与服务之间的最佳平衡、并提高企业竞争能力。供应链设计使服装企业的组织模式和管理模式发生了重要变化。

在供应链的设计中要秉承创新性的管理思维和观念，要把供应链的整体思维观融入供应链的构思和建设中。企业之间要有并行的设计才能实现并行的运作模式，这在供应链设计中至关重要。然而，设计精良的供应链在实际运行中并不一定能达到设想的要求，主观设想与实际效果之间存在一定的差距。其原因并不一定是设计或构想不完美，而有可能是环境因素的影响作用。因此，构建和设计一个供应链，一方面要考虑供应链的运行环境（例如地区、政治、文化、经济等因素），同时还应考虑未来环境的变化对实施供应链的影响。即要用发展的、变化的眼光来设计供应链，无论是信息系统的构建还是物流通道设计都应具有较高的柔性，旨在提高供应链对环境的适应能力。

针对服装企业，供应链的设计其实是一个企业的改造问题。因为任何企业或多或少都涉及供应链的内容。供应链的设计或重构并不是要推翻现有的企业模型，而是要从管理思想革新的角度，以创新的观念武装企业（例如，动态联盟与虚拟企业、精细生产），这种基于系统进化的企业再造思想符合人类演进式的思维逻辑。尽管企业流程再造（Business Process Reengineering，BPR）的倡导者迈克尔·哈默（Michael Hammer）和詹姆士·钱皮（James Champy）一再强调其彻底的、剧变式的企业重构思想，但实践证明，实施企业流程再造的企业最终还是走向改良道路。因此，在供应链的设计与重建过程中，并不是要推翻现有的企业模型，而是需要新的观念、新的思维和新的手段。

总之，供应链设计既是从管理新思维的角度去改造企业，也是先进制造模式的客观要求和推动的结果。如果没有全球制造、虚拟制造等先进制造模式的出现，集成化供应链的管理思想便很难实现。正是先进制造模式的资源配置，沿着劳动密集——设备密集——信息密集——知识密集的方向发展，才使得企业的组织模式和管理模式发生了相应变化，从制造技术的技术集成演变为组织和信息等相关资源的集成。供应链管理适应了这种趋势。因此，供应链的设计应把握这种内在的联系，使供应链管理成为适应先进制造模式发展的先进管理思想。

## 二、服装供应链设计的主体

根据所期望的供应链成员的相对市场影响力、财务实力和可获得性，制造商、批发商或零售商都有可能领导设计过程。

### 1. 服装制造商

当客户需要制造商的产品时，制造商就具有一定的市场影响力。因为这些产品将会吸引客户，零售商、批发商等都急于销售制造商的现有产品和新产品。而制造商、批发商和零售商在国内和全球范围的合并导致这种影响力向零售商一边转移，因为他们能够接触大量的客户。制造商的合并导致全球性供应商的减少，它们生产的品牌正越来越被顾客视为替代品。零售商的商店品牌，如沃尔玛，变成全国性甚至一定程度上的全球性品牌，从而进一步削弱了传统的强势制造商品牌。

对于没有知名度品牌的小型制造商而言，要依靠其所提供的现有产品和新产品吸引供应链成员存在相当的难度。一方面，他们缺乏参与供应链谈判时的市场影响力，其财务资源也决定了制造商内部执行营销职能的能力，小制造商通常无力做到直接发货给零售商或是在地理上分散的工业客户，因此必须依靠批发商。而且，在某些地方，并不能为每一类贸易都找到可接受的中间商。处在这种环境中的企业包括一些电器商品和手工工具的制造商。即便是全系列产品的制造商，虽然拥有地理上集中的客户，也可能发现对某些产品和客户来讲，直接渠道的盈利性比非直接渠道的盈利性要差。

### 2. 服装渠道商

渠道商包括批发商、经销商、代理商和零售商等，是中间企业。渠道商能够有效地沟通制造商和消费者。对于制造商而言，渠道商不仅提供了仓储便利，还促进了资金流转，并帮助制造商促进商品流通。对于消费者而言，渠道商为其提供物美价廉的商品。渠道商可以通过"化整为零"以及为零售商或工业客户提供融资来建立商品分类，以提高供应链效率。当零售商订购少量的各个制造商的产品，或者当所涉及的制造商只有有限的财务资源时，渠道商的市场影响力是最大的。对某些产品,如一些珠宝及时装系列,单件产品的价格和利润可能已经高到足够支持制造商直接销售给零售商,即使销售给每个零售商的件数很少。但对低价值或低利润的产品,如烟草和一些食品类产品,制造商可能发现即使每个零售商会大批量地订购,但仅通过渠道商销售会更有利可图。

渠道商的财务实力决定了它们所能履行的服务的数量,进而影响供应链的设计。每种服务代表了一个获利机会,同时也代表了相关的风险和成本。市场上是否存在或缺乏提供类似服务的其他企业,会影响单个渠道商的市场影响力。传统上,渠道商在活动范围上是地区性的。在有些行业,如制药业,渠道商的合并已经出现了。

### 3. 服装零售商

零售商的存在是因其在某个给定的地理市场中提供了方便的产品分类、可获得性、价格和形象。零售商在一个特定区域所能获得的客户偏爱程度(由于客户服务和价格/价值绩效而产生的忠诚度)直接影响到它协商供应链关系的能力。零售商的财务能力和规模大小也同样决定了它对其他供应链成员的影响程度。

## 三、服装供应链设计的内容

供应链的设计要基于服装企业的战略层面而展开,主要包括以下内容:

(1)供应链成员及其合作伙伴选择。为了满足客户需求,一个供应链是由若干个供应链成员组成的,供应链成员包括从原材料供应、产品制造到最终消费者过程中所有直接或间接参与的企业、公司和组织,这些成员之间形成了复杂的产销关系;

(2)网络结构设计。供应链的网络结构主要由供应链成员、网络结构变量以及供应链间工序链接方式三方面组成,为了使非常复杂的网络更易于设计和合理分配资源,从整体视角进行供应链的网络结构设计至关重要。

(3)供应链运行的基本规则。供应链上节点企业之间的合作是以信任为基础的,而信任关系的建立和维系除了各个节点企业的真诚和行为之外,还必须有一个共同的平台及供应链运行的基本规则。其主要内容包括协同机制、信息开放与交互方式、生产物料的计划与控制体系、库存的总体布局、资金的结算方式以及争议的解决机制等等。

### 四、服装供应链设计应考虑的因素

供应链设计时必须考虑的因素包括市场覆盖范围目标、产品特性、客户服务目标和赢利能力等因素。

**1. 市场覆盖范围目标**

为了建立市场覆盖范围目标，必须考虑顾客购买行为、分销类型、供应链结构以及取得成功所必需的控制程度。

（1）顾客购买行为

为了设计能够高效率运作的供应链，必须事先确定潜在客户细分市场的购买动机。这一分析使设计者能够确定最能达到目标市场的零售细分市场。营销人员还必须识别出潜在的用户，并确定这些客户如何做出采购决策。行业的采购者的决策制定过程取决于企业是一个用户、一个原始设备制造商还是一个分销商。

（2）分销类型

服装企业采用的分销类型包括密集分销、选择性分销和独家分销三种。在密集分销方式下，产品被销售给尽可能多的合适的零售商或批发商。在选择性分销方式下，销售某种产品的门店数量有限。通过精心选择批发商和零售商，制造商能够专注于有盈利潜力的客户，并与之发展牢固的业务关系以确保产品销售。当单个门店被授予在某个地理区域销售产品的独家特许权时，这种安排被称为独家分销。通常，当制造商希望批发商或零售商能更积极地销售，或者当渠道控制十分重要时，制造商就会采取独家分销的方式。独家分销可以加强产品的形象，并且使企业能够获得更高的零售价格。

（3）供应链结构

有了客户需求和确定的分销类型，管理层必须为供应链的进货和发货部分选择供应链成员。选择供应链成员时应考虑包括财务实力、能力、连接过程的能力、业务成长的能力和供应链竞争力等因素。在许多情况下，为了保护企业的长期盈利能力，企业管理层可能需要对供应链的其他成员施加某种控制，以确保产品质量或售后服务。

## 2. 产品特性

产品特性是供应链设计中的一个重要因素，供应链设计中应该区分以下八类产品特性：

（1）产品的价值

单位成本很高的产品要求大量的库存投资。因此，高价值产品特别要求更短的供应链（更少的成员）以使库存总投资最小化。而对于单位价值较低的产品，则倾向于使用密集分销策略，使供应链趋向于更长。

产品的价值还会影响库存持有成本以及对优质运输的需求。低价值、低利润的杂货产品可用铁路车皮发送，储存在户外的仓库里。高价值的零部件和产品，如特别时尚的商品，可通过空运来运输，使在途库存最小化，并降低库存持有成本和降价损失。

（2）产品的技术性

高技术类产品通常需要由销售员作示范，还需要售前和售后服务，这经常要求储存维修备件。技术类产品一般采用直接渠道和选择性或独家分销策略。

（3）产品的市场接受程度

市场接受程度取决于所需投入的销售工作量。如果一个领先的制造商提供一种新产品并策划了重大的推介广告，客户接受度将会很高，而且中间商会希望持有该产品。因此，市场接受度很低和品牌认知度很低的新产品就要求进行更加积极的推销。

（4）产品的替代性

产品替代性和品牌忠诚度密切相关。当品牌忠诚度很低时，产品替代的可能性很大，要求采用密集分销的形式。为了获得批发商或零售商的支持，生产者可能会为批发商或零售商提供高于正常的利润。选择性或独家分销会使产品更易获得支持。

（5）产品的流行性

服装产品作为时尚性产品，会受到社会文化、消费者审美以及环境等多因素的影响。因此，流行不断更迭，甚至转瞬即逝。对于流行性强的产品通常采用直接方式销售，以使产品更加快速地通过供应链，并减少潜在的库存损失。

（6）产品的市场集中度

当市场集中在一个地理区域时，短的供应链是最高效和有效率的方法。不过，当市场广为分散时，采用特定的中间商是必需的；它们能够通过大批量移动的效率而获利。

（7）产品的季节性

服装产品具有明显的季节性特征，要求有季节外的库存。制造商必须投资仓库，或使用第三方的仓库，或向执行储存职能的中间商提供激励措施。例如，制造商也许会向同意提早进货的批发商或零售商提供季节性折扣或寄售库存。

（8）产品系列的宽度和深度

供应商产品系列的宽度和深度影响供应链的设计。如果产品系列的宽度大到足够导致比较大的平均销售量的话，那么，低单价产品的制造商可以使用直接销售的密集分销方式。通常，只有有限系列产品的制造商会通过批发商，以合理的成本实现充分的市场覆盖率。

### 3. 客户服务目标

客户服务代表营销组合中的地点要素。客户服务可以用来区分产品或影响市场价格——如果客户愿意为更好的服务付出更多。供应链的结构将会决定提供某个特定客户服务水平的成本。

客户服务是一个复杂的课题，其衡量通常是根据产品的可供性、客户订单周期的速度和一致性以及销售方和客户之间的信息沟通情况。管理人员应该在仔细研究客户需求后再建立客户服务水平。

（1）产品的可供性

客户服务最为重要的衡量指标是在一个特定订货周期内的库存可供性。可供性的一个共同的衡量指标是在一个特定时期内完整发运的订单数量与收到的总订单数的百分比。所选择的衡量指标应该反映客户对客户服务的观点。最佳的客户服务衡量指标反映了产品对客户的重要性和客户对公司的重要性。

（2）客户订货周期的速度和一致性

订货周期是指从客户订单下达到收到产品所经历的时间。一致地实现订单周期时间目标的能力影响着整个供应链所持有的库存的数量。因此，订货周期的速度和一致性是供应链设计的首要因素。大多数客户喜欢一致的服务而不是快速服务，因为前者与快速但高变动性的订货周期相比，允许它们在更大程度上规划库存水平。

(3) 销售方和客户之间的信息沟通

信息沟通是指企业向客户及时提供信息的能力,包括下列因素:订单状态、订单追踪、延期订单状态、订单确认、产品替换、产品短缺以及产品信息需求。使用自动化的信息系统通常极少引起发货、拣货、包装、贴标和文件方面的差错。供应链成员提供良好的信息系统的能力是供应链设计中的一个重要因素。

## 第三节 服装供应链的设计策略

### 一、服装供应链设计的原则

为了保证供应链的设计和重建能满足供应链管理思想得以实施和贯彻的要求,在供应链的设计过程中应遵循以下基本原则:

#### 1. 自上向下和自下向上相结合的原则

在系统建模设计方法中,存在自上向下和自下向上设计方法。自上向下的方法是从全局走向局部,自下向上的方法是从局部走向全局;自上向下是系统分解的过程,而自下向上则是一种集成的过程。在设计一个服装供应链系统时,往往是先有主管高层做出战略规划与决策,规划与决策的依据来自市场需求和企业发展规划,然后由下层部门实施决策,因此,供应链的设计是自上向下和自下向上的综合。

#### 2. 简洁性原则

为了能使服装供应链具有灵活快速响应市场的能力,供应链的每个节点都应是简洁、具有活力、能实现业务流程的快速组合。例如,供应商的选择就应以少而精的原则,通过和少数的供应商建立战略伙伴关系,以减少采购成本,推动实施准时采购和准时生产。生产系统的设计更是应以精细思想为指导,努力实现从精细的制造模式到精细的供应链这一目标。

#### 3. 敏捷性原则

服装市场瞬息万变,顾客需求始终处于动态变化之中,因此,为了确保供应链的高效运作和整体活力，服装供应链必须根据市场环境的变化而迅速做出敏捷反应。否则，供应链的运作绩效将受到影响。因此，在服装供应链的设计中，应加强节点企业间的信息沟通力度，保证成员企业能及时获取市场即时信息，并依据市场动态及时调整。

#### 4. 集优（互补性）原则

供应链的各个节点的选择应遵循强强联合、优势互补的原则，达到实现资源外用的目的，每个企业只集中精力致力于各自核心的业务过程，就像一个独立的制造单元。这些所谓单元化企业具有自我组织、自我优化、面向目标、动态运行和充满活力的特点，能够实现供应链业务的快速重组。

#### 5. 协调性原则

供应链业绩好坏取决于供应链合作伙伴关系是否和谐。因此，建立战略合作伙伴关系的合作企业关系模型，是实现供应链最佳效能的保证。只有和谐而协调的系统才能发挥最佳的效能。

#### 6. 动态性（不确定性）原则

供应链中充满了不确定性。由于不确定性的存在，导致需求信息的扭曲。因此，要预见各种不确定因素对供应链运作的影响，减少信息传递过程中的信息延迟和失真；而降低安全库存总是和服务水平的提高相矛盾。增加透明性，减少不必要的中间环节，提高预测的精度和时效性对降低不确定性的影响都是极为重要的。

#### 7. 创新性原则

在供应链的设计过程中，要敢于从新角度、新视野审视原有的管理模式和体系，进行大胆地创新设计。服装供应链的设计是在企业的总体目标和战略下进行的，从企业内部来看，面对市场季节性的波动而产生的需求波动，服装企业需要运用内部的协调能力形成自我竞争优势；从外部来看，服装企业要与供应链上下游的供应商和分销商共同协作，集思广益，以满足顾客需求而进行创新性的设计，从而发挥服装供应链的整体优势。同时，要建立科学的供应链和项目衡量体系及组织管理系统，进行技术经济分析和可行性论证。

#### 8. 战略性原则

现实中服装企业的供应关系非常复杂，基于企业战略层面考虑，一个企业经常会与业务伙伴结成供应链联盟,这是从企业稳定发展的角度进行的长远规划。同时,鉴于服装的流行和时尚性,服装供应链要保持一定的柔性,每个业务流程也要尽可能地简洁,以确保供应链的整体活力。

## 二、基于服装产品/服务的供应链设计策略

设计和运行有效的服装供应链,对于每个加工制造企业都至关重要。因为有效的供应链不仅可以提高用户服务水平、达到成本和服务之间的有效平衡,而且可以提高柔性、渗透新的市场、通过降低库存提高工作效率等。但是,设计不合理的供应链则可能导致浪费、甚至失败。因此,服装供应链的设计要把握正确的设计策略。

费舍尔认为,供应链的设计要以产品为中心。因此,供应链设计首先要明确用户对企业产品的需求是什么?产品寿命周期、需求预测、产品多样性、提前期和服务的市场标准等,都是影响供应链设计的重要问题。因此,设计与产品特性相一致的供应链,即是基于产品的供应链设计策略。

不同类型的服装产品对供应链的设计的要求不同。依据产品的生命周期、需求稳定程度以及可预测程度,服装产品可分为功能性产品和创新型产品两大类。针对功能性的服装产品,由于其产品寿命周期较长,边际贡献相对较低,服装的多样性不足,预测的平均边际错误率低,平均缺货率低,季末不降价,订单的提前期超过六个月。这类产品包括价格低廉的满足日常需求的服装、以及一些特殊医用、军用的纺织服装等。针对创新型产品,其产品生命周期短,边际贡献高,产品种类丰富款式多样,可预测的平均边际错误率高,平均缺货率高,季末降价率高,订单的提前期短。这类产品包括中高端的时装,其寿命常常仅为一季,而边际效应极高,产品的样式繁多,季末都会低价处理,订单提前期往往小于一周。

## 三、基于服装产品/服务的供应链设计步骤

基于产品和服务的供应链设计步骤如图 8-4 所示,共包括以下步骤:

(1)分析本企业所处的市场竞争环境。通过分析市场竞争环境,明确哪些产品的供应链需要开发、现在市场需求的产品是什么、其特征和类型有什么特别的属性、对已有产品和需求产品的服务要求是什么;通过对市场各类主

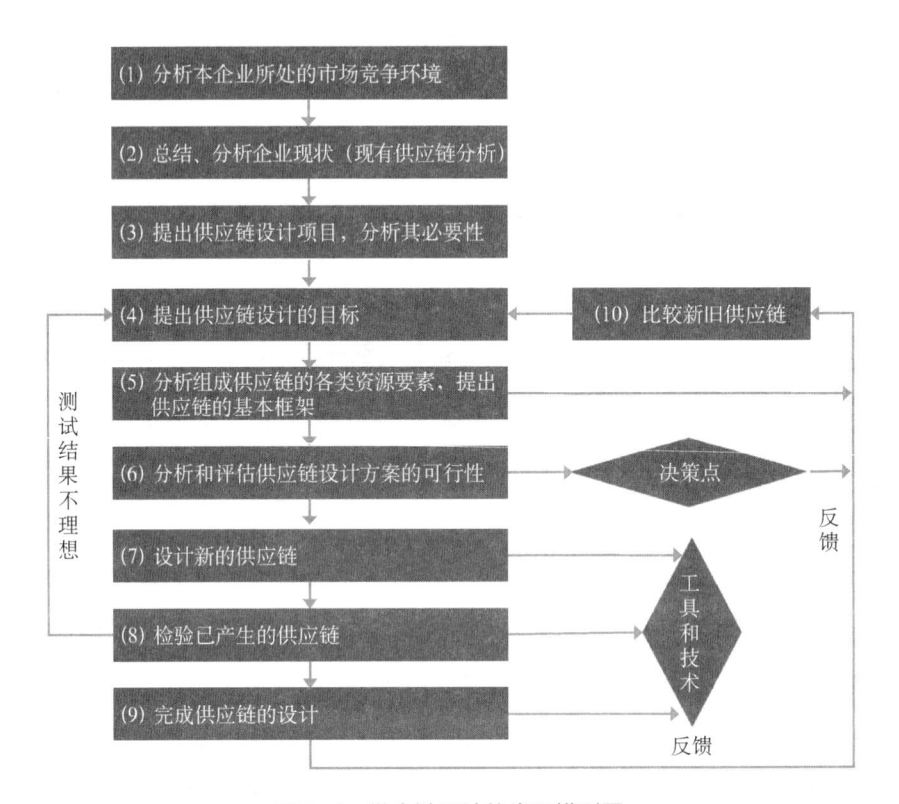

```
(1) 分析本企业所处的市场竞争环境
         ↓
(2) 总结、分析企业现状（现有供应链分析）
         ↓
(3) 提出供应链设计项目，分析其必要性
         ↓
(4) 提出供应链设计的目标  ←——— (10) 比较新旧供应链
         ↓
(5) 分析组成供应链的各类资源要素，提出供应链的基本框架
         ↓
(6) 分析和评估供应链设计方案的可行性 → ◇决策点
         ↓                                 ↓ 反馈
(7) 设计新的供应链                      ◇工具和技术
         ↓
(8) 检验已产生的供应链
         ↓
(9) 完成供应链的设计 →—————————— 反馈

（左侧反馈：测试结果不理想）
```

图 8-4　供应链设计的步骤模型图

体，如用户、零售商、生产商和竞争对手的专项调查，可以了解产品和服务的细分市场情况、竞争对手的实力和市场份额、供应原料的市场行情和供应商的各类状况、零售商的市场拓展能力和服务水准，以及行业管理和发展的前景及诸如宏观政策、市场大环境可能产生的作用和影响等。

这一步完成后将得到有关产品的重要性排列、供应商的优先级排列、生产商的竞争实力排列、用户市场的发展趋势分析以及市场不确定性分析等。

（2）总结、分析企业现状。这个阶段主要侧重于分析和总结核心企业内部的供应、需求管理现状。如果核心企业已有自己的供应链管理体系，则对现有的供应链管理现状进行分析，以便及时发现供应链运作过程中存在的问题，或者说哪些方式已出现或可能出现不适应时代发展的情况，同时挖掘现有供应链的优势。其目的不在于评估供应链设计策略的重要性和合适性，而是着重于研究供应链开发的方向或者设计定位点，分析、寻找、总结企业存在的问题以及影响供应链设计的阻力等因素。

（3）针对存在的问题，提出供应链设计项目，分析其必要性。

（4）根据供应链设计策略，提出供应链设计的目标。设计的主要目标在于获得高用户服务水平和低成本的库存投资、低单位成本两个目标之间的平衡（这两个目标往往有冲突），最大限度地避免目标之间的冲突。同时还需要实现以下基本目标，即进入新市场、开发新产品、开发新分销渠道、改善售后服务水平、提高用户满意程度、降低成本、降低库存、提高工作效率等。在这些设计目标中，有些目标之间在很大程度上可能存在冲突，此时要明确首要目标是什么，主要目标是什么，并随不同企业的现状确定实现这些目标的重要程度和次序等。

（5）分析组成供应链的各类资源要素，提出供应链的基本框架。该阶段要分析供应链上的各类资源，如供应商、制造商、分销商、零售商及用户的选择及其定位，以及确定选择与评估的标准，对产品的使用情况、市场的发展趋势以及竞争对手等。在此过程中要把握可能对供应链设计产生影响的主要因素，同时对每一类因素可能产生的风险进行评估，提出避免风险的各种方案，并将这些方案按照所产生作用的重要程度进行排序。

在分析供应链的资源要素的基础上，确定供应链上主要的业务流程和管理流程，描绘供应链物流、信息流、资金流、作业流和价值流的基本流向，提出组成供应链的基本框架。在这个框架中，供应链中各组成成员，如生产制造商、供应商、运输商、分销商、零售商以及用户的选择及其定位分析是这个步骤必须解决的问题。另外，组成成员的选择和评价标准应该基本上得到逐步完善。

（6）分析和评估供应链设计方案的可行性。供应链设计框架建立之后，需要对供应链设计的技术可行性、功能可行性、运营可行性、管理可行性等进行分析和评价。这不仅是供应链某种设计策略或者说改进技术的推荐清单，而且还是进一步开发供应链结构，实现供应链管理的关键的、首要的一步。在可行性分析的基础上，结合本企业的实际情况，以及对产品和服务发展战略的要求，为开发供应链提出技术、方法、工具的选择建议和支持。这也是一个方案决策的过程，如果认为方案可行，就可进行下面的设计；如果不可行，需要重新进行设计。

（7）设计和产生新的供应链，主要解决以下问题：

① 供应链的成员组成（供应商、设备、作业流程、分销中心的选择与定位、生产运输的计划与控制等）。

② 原材料的供应情况（包括供应商、运输流量、价格、质量、提前期等）。

③ 生产设计能力（需求预测流程和能力、生产产品的种类和生产能力、生产作业的能力、运输配送的能力、生产计划、生产作业计划和跟踪控制、库存管理等问题）。

④ 销售和分销能力设计（如销售、分销网络、运输、价格、销售规则、销售、分销管理、产品服务的能力等）。

⑤ 信息化管理系统软、硬平台的设计。

⑥ 物流通道与管理系统设计等。

在供应链设计中，需要广泛地应用包括归纳法、集体解决问题、流程图、模拟和设计软件等在内的许多工具和技术。

（8）检验已产生的供应链。供应链设计完成以后，应通过一定的方法、技术进行测试检验或试运行。如果模拟测试结果不理想，返回第四步重新进行设计；如果没有什么问题，就可实施供应链管理了。

（9）完成供应链的设计。供应链的出现必然带来供应链的管理问题，不同特征的供应链，其管理特征、内涵、方法及模式也有所不同。

（10）比较新旧供应链。如果核心企业存在旧的供应链，通过比较新、旧供应链的优劣势，结合运行的现实环境要求，可能需要暂时保留旧的供应链上某些不科学或不完善的作业流程和管理流程，随着整个市场环境的逐步完善，再被新供应链上的规范流程所取代。同样地，尽管新的供应链流程采用科学规范的管理，但在有些情况下，它们取代过时的、陈旧的流程需要一个循序渐进的过程。所以，比较核心企业的新、旧供应链，有利于新供应链的有效运行。

## 第四节　服装供应链仿真环境设计

目前，有些服装企业通过信息化等新技术手段提高了企业的供应链管理能力，但传统方法面临对供应链未来状况预测难度大、供应链网络无法可视化等问题。因为服装供应链的调整涉及很多上下游的企业，若供应链的设计存在缺陷，冒然将新设计的供应链体系运用在实际生产过程中，可能会对企业造成无法挽回的影响。因此，在新设计的供应链体系上线前，最好能对已设计出的供应链体系进行模拟仿真，找寻其设计存在的问题并进行调整。因此，如何使用仿真技术对供应链进行建模、分析并高效管理就变得尤为重要和迫切。

供应链仿真技术是基于计算机仿真技术而发展起来的新的供应链研究方法。相比于传统的数学方法，计算机仿真技术能够更加直观和全面的反映问题，并能一定程度上解决系统的动态性问题，帮助企业将问题解决在萌芽阶段。常用的供应链仿真软件包括 Flexsim、Anylogic、Plant Simulation 等。通过建模仿真可以帮助企业应对挑战、降低成本以及改善服务，并且可以快速而清晰的反应供应链中相互关联、动态和随机事件，进而帮助企业完善决策。

## 一、供应链仿真模型构建

供应链仿真模型可用采购环、生产环、成品物流环、客户需求环和生产计划环五个模块来表达，如图 8-5 所示。在订单交付的过程中，从顾客需求环到生产计划环再到采购环、生产环最后到成品物流环，不同工厂对于要求和需求不同。其中，各个环各自具备独立的功能，且相互约束，共同表征了企业生产和供应特征。依据不同企业的具体情况，可选择上述五个环节的重点部分进行描述，对非重点部分采用简化方式表达。

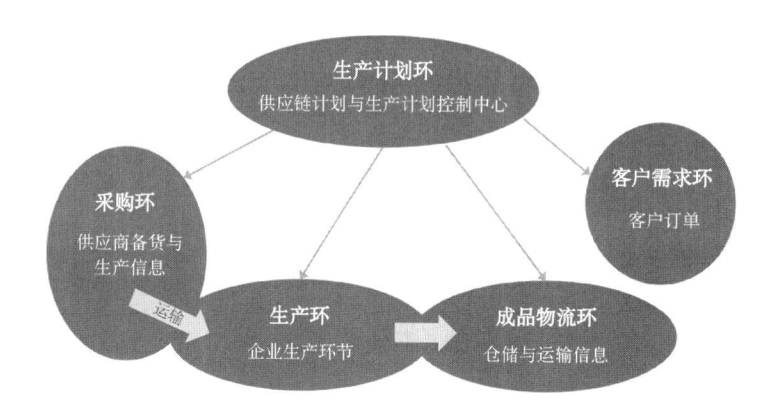

**图 8-5　供应链仿真模型环节图**

供应链仿真模型是一个由客户需求订单驱动、供应链与生产计划中心控制的，包括供应商生产能力与供货能力模型、企业生产工艺模型和运输仓储模型的多层次仿真模型（如图 8-6 所示）。其中，采购环节的核心模型是供应商生产与供货模型。该模型根据供应商画像构建而成，根据所下达的订单设置模型的各项参数，并模拟仿真供应商的生产与供货过程，为企业生产环节提供各种配件；生产环节的核心模型是企业生产模型，该模型根据企业的生产工艺构建而成，通过对供应商所供部件的再加工、组装、检测、装箱等环节，完成产品的最终生产，并齐套储存；成品物流环节的核心为仓储与运输模型，该模型对生产的所有产品进行记录，并根据订单信息发货；客户订单环节主要是对客户所下达的信息进行拆分，并生成各种采购订单和生产计划；供应链计划与生产控制中心负责整合各类信息，并对各个环节加以控制，使得整个仿真模型能与真实供应链运作模式一致。

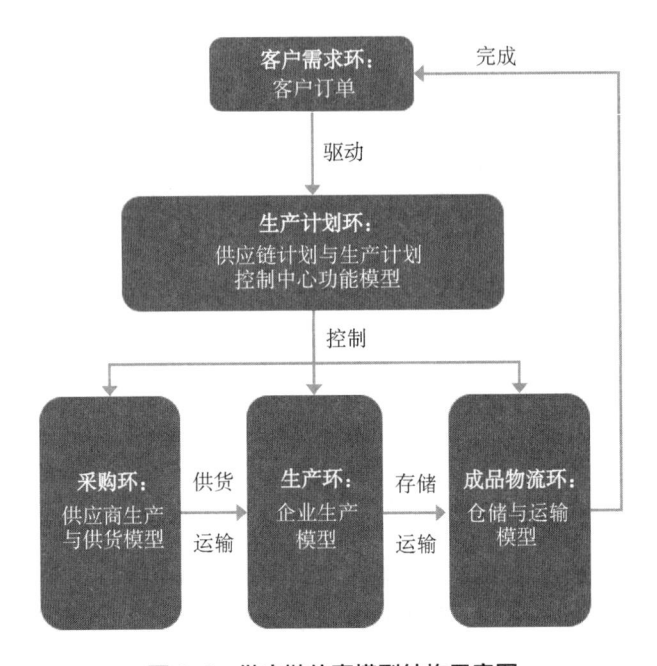

图 8-6　供应链仿真模型结构示意图

供应链可以在多种场合应用，顾客对供应链系统的需求是多样化的，供应链需求的不确定性、时间约束的紧迫性、峰值性、弱经济性、非常规性以及政府和市场共同参与性等都要求供应链管理必须高效。在模型的构建中，需要注意思考业务的设计、构建以及操作。同时在构建模型时也应注意数据的可扩展性和功能的可扩展性，要将复杂且不同的流程和操作结合起来，需要灵活的建模环境，理想情况是能够连接不同的建模方法。

## 二、供应链系统建模节点数据采集

供应链是复杂、协调和自适应的系统，其流程在很多方向上流动，并且通常是同时进行的。因此，供应链管理技术的关键在于细节，仿真软件产生的答案或决策的质量在很大程度上取决于供应链数据采集的可行性和准确性。因此，对于供应链系统建模节点数据的采集需注意以下问题：

**1. 明确供应链数据采集的范围**

供应链仿真技术的关键是对整个供应链进行建模。供应链仿真必须根据经济构架（收入、利润、投资回报、成本优化）来衡量业务概念和模型，并在产品/服务推出时掌握进程。其中供应链业务和运营部分数据还需要参考销售和运营计划等方面的数据。

**2. 数据采集应尽可能考虑详尽，确保供应链的仿真效果**

数据采集可分步骤进行。首先，对目标企业的产品特征、供应链运营方式等实地调研分析；其次，寻找企业内部存在的问题，并以成本模型的形式展示；再次，通过建立协同优化的数学模型解决企业存在的问题，进一步进行不同环节的数据采集及提取。服装供应链系统的数据采集包括以下主要环节：

（1）客户需求环节：客户订单量、订单 SKU 数量、交货时间。

（2）生产计划环节：各节点企业预估产销率、供应链总体预估成本、供应链总库存预算、原料使用量预估、包装使用量预估、坏品率、废料比。

（3）采购环节：所采购原料种类、所采购原料数量、采购环节运输费用、采购环节可能出现的坏品率。

（4）生产环节：工人数量、工人工资、设备数量、单品制作时间、不同设备工作时间、工人平均技术熟练度、工人效率、工作时间、加班费用、废料比、良品率。

（5）成品运输环节：运输距离、运输成本、运输时间。

**3. 模型必须与相关数据匹配才能进行仿真**

从技术角度看，仿真软件必须能够协调最终可能影响供应链的所有数据。这就意味着必须考虑许多数据类型，包括从传统的供应链输入到非传统的公司来源（如客户管理系统数据），甚至是非结构化的在线数据，以上数据都会影响需求感知。传统的企业 ERP 数据或者基于电子表格数据都不适合此目的。环境及其运作方式的数据至关重要，如果没有数据则无法验证模型，并使所有预测和决策都会受到影响。另外，数据必须做到随时更新，同时数据代表的含义又必须一致。

## 第五节　服装供应链的模拟与仿真

供应链仿真是针对既定的采购计划和生产计划，基于历史数据在虚拟时空中仿真推演计划的执行过程，并对计划做出科学的评价。其中采购计划会涉及客户需求环节、生产计划环节和采购环节；生产计划会涉及客户需求环节、生产计划环节、生产环节和成品物流环节。采购计划和生产计划的协调是供应链仿真的核心。供应链仿真推演流程只需要输入客户订单以及采购计划和生产计划即可开始仿真，仿真运行结束主动生成仿真报告，对采购计划和生产计划集成评价。

### 一、供应链仿真流程推演

#### 1. 生产计划仿真推演流程

对于生产计划仿真，主要根据制定好的生产计划和生产线工人数量，仿真推演生产计划的完工日期。若超出计划节点，则增加工人数量，以最大生产效率仿真推演；如符合完工日期要求，则结束。否则证明生产计划不可行，需要前移采购计划时间节点，增加生产时间。生产计划的仿真推演流程如图8-7所示。

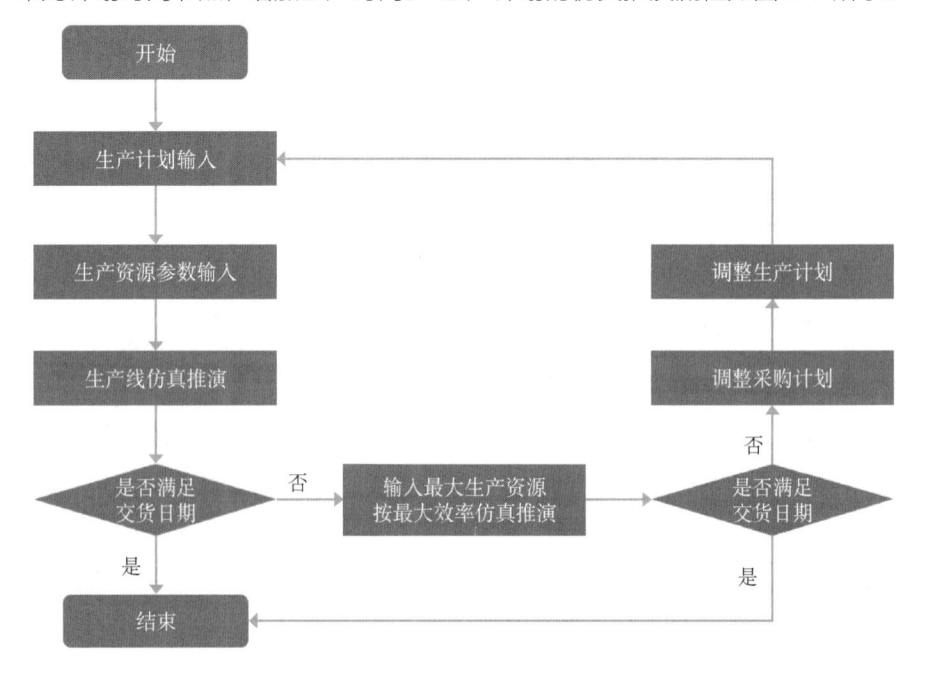

图 8-7　生产计划仿真推演流程图

## 2. 采购计划仿真推演流程

对于采购计划仿真，主要根据已制定好的采购计划模拟推演是否存在执行风险。由于采购计划制定时是以供应商沟通结果来形成各供应商的交付节点，但在实际采购过程中，供应商能否在承诺的交付节点完成承诺，存在一定风险。因此，需要基于不同供应商的历史供应数据，评估供应商按时交付的风险，并在整体供应链予以模拟推演。如果模拟推演的结果显示所有供应商都可按时完成，则表示采购计划制定的风险较低；如模拟推演的结果显示部分供应商难以按时完成，则需调整采购计划；如采购计划没有调整空间，可针对风险最大的供应异常，仿真供应链整体状态，并寻找解决方案，从而提前准备，做到风险可控。采购计划的仿真流程如图 8-8 所示。

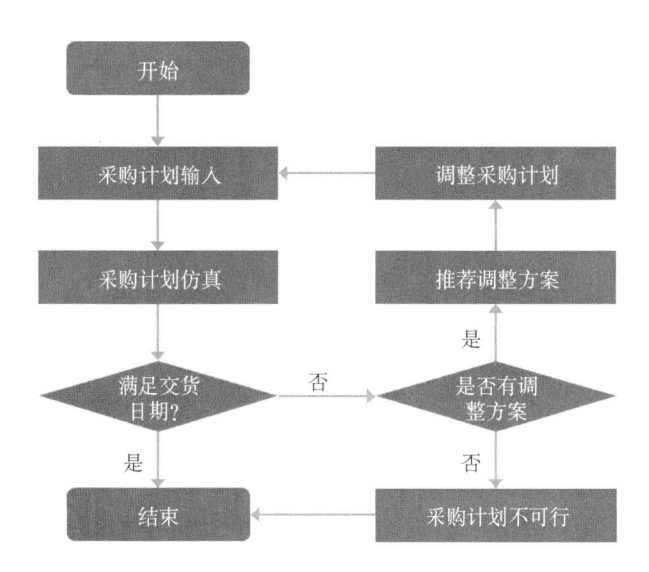

图 8-8　采购计划仿真推演流程图

## 3. 极限供应仿真推演流程

极限仿真推演模块流程如图 8-9 所示。此模块考虑订单量无限大的情况，所有供应商按最大产能供应，设置仿真推演时间，在推演过程中，供应商一直按最大产能备货，由库存状况拉动供应商供应，当仓库内某产品需要补货时，供应商立即按当前最大产能进行供应；分装、联调、装箱模块尽可能保持一直运转；仿真到达截止时间时，统计所完成的套装数量，生成极限仿真推演报告。

通过极限仿真推演，可以推演出整个供应链的极限产能；同时，在供应商与装箱线都以极限能力运转时，可以通过仿真观测出供应链中存在的瓶颈，为供应链优化提供方向。

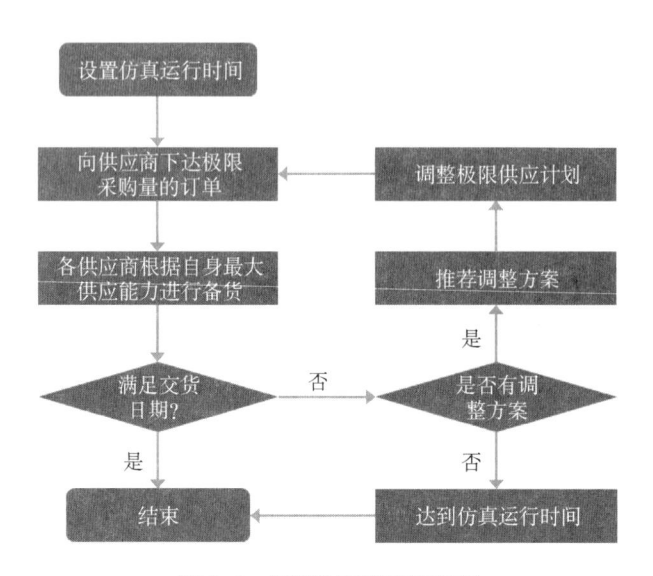

图 8-9　极限仿真推演流程图

## 二、供应链仿真平台设计

针对目前服装供应链运用中所面临的实际问题，开展企业层面的供应链仿真平台建设非常必要。旨在实现与企业采购、库存及物流等各个供应链环节的集成与协同，打通数据壁垒，真正打造一个数据流程通畅、仿真准确率高的供应链仿真平台。

企业供应链仿真平台总体构架（如图 8-10 所示）主要由以下几部分组成：

（1）供应链仿真系统：包括仿真评价体系的构建、生产计划仿真模型的构建、采购计划仿真模型的构建、供应商历史供应数据库、供应商画像等内容。

（2）数字化应用：基于供应链实际需求构建数字化创新应用，提供"生产计划仿真""采购计划仿真""极限供应仿真"等特色场景化应用。

（3）用户端口：利用主流的驾驶舱展现形式，从生产管理、采购、试制等用户类型的业务需求出发，综合呈现数字化应用管理效果。

（4）支撑体系：从标准规范与安全保障两个方面，支撑供应链仿真平台的建设与运营工作。

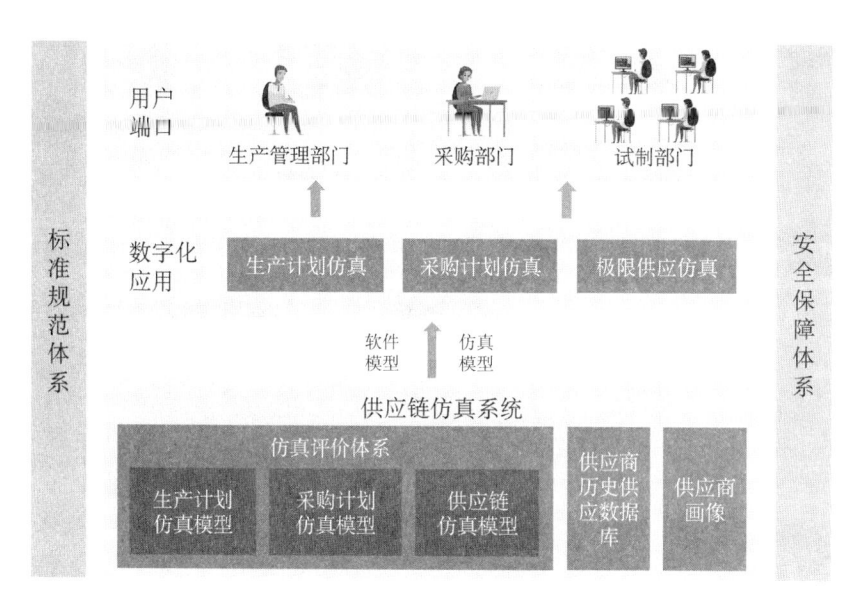

图 8-10　供应链仿真平台总体架构

## 三、供应链仿真平台应用方法

供应链仿真平台应用流程的入口是用户的订单需求，应用步骤如图 8-11 所示。具体如下：

（1）将用户订单通过订单管理模块进入系统。

（2）基于订单制定生产计划，生产计划的制定可以采用基于案例推理的方式完成。

（3）对订单的物料进行分解与合并，形成采购计划。

（4）将采购计划下达给供应商，进行物料采购。

（5）综合采购计划、生产计划、供应商保供数据库、供应商画像等各种信息，进行供应链仿真，检验整个供应流程的合理性。

（6）将物料的到货情况与装箱计划进行比对，判断物料的齐套性。若满足，则进行装箱生产；否则继续根据实际情况在供应商之间进行调度，尽快达到齐套要求。

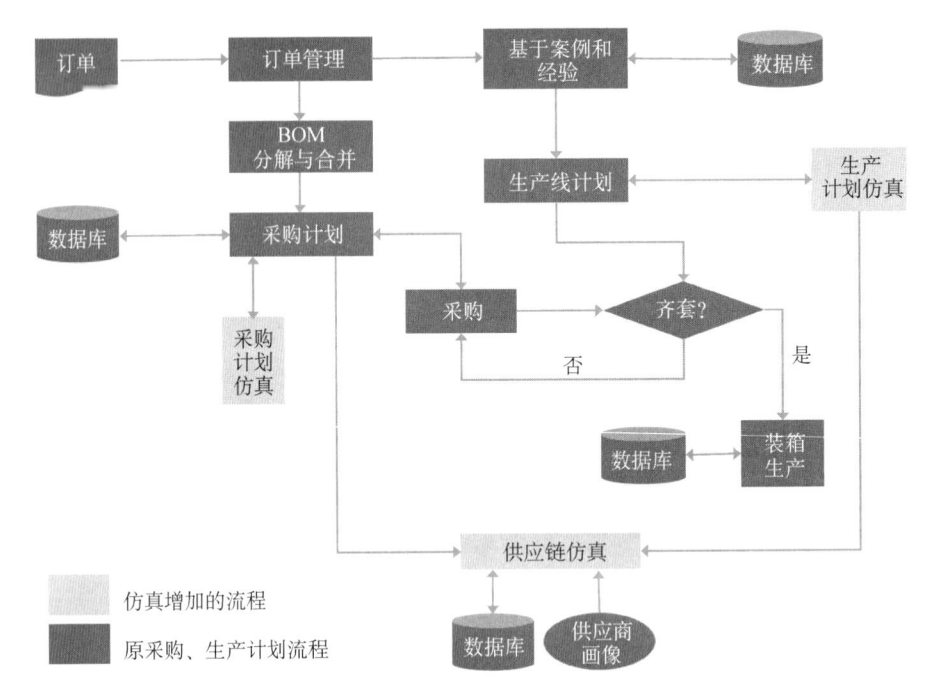

图 8-11　供应链仿真平台流程示意图

## 第三部分　项目实操

### 一、项目任务

针对本章问题导入部分提到的汉服产业，从供应链的设计和构建角度，分析汉服产业链目前的现状以及存在的问题，提出汉服供应链的设计目标，并进行供应链的优化设计。

### 二、完成要求

（1）班内同学自由组合，5~6人为一组进行调研。分工合作完成资料搜集，市场调研分析以及项目报告。形式以文献检索、市场走访调研及小组式头脑风暴为主。

（2）重点信息搜集包括：汉服企业、品牌资料搜集、服装市场环境现状、影响市场变化的因素（经济、政治、特殊事件）等。

(3) 分析选定企业库存问题产生的原因，并对其进行供应链设计分析。

(4) 进行选定企业的供应链优化设计，尝试进行供应链优化设计后某一环节的仿真。

## 第四部分　案例学习

### 希音的供应链管理——数字化供应链体系

供应链数字化转型不是简单的数字技术的革新，而是整个供应链组织结构、业务流程、商业模式等多方位的变革，进而形成系统变革的驱动力。由此可见，技术创新是供应链数字化转型必不可少的加速器。

南京希音电子商务有限公司（SHEIN）运用大数据、云计算、人工智能等先进技术预测全球服装流行趋势、辅助产品设计，以数字化赋能中小服装企业，构建云工厂供应链平台，围绕社交平台开展数字化营销。2020年，SHEIN销售额近100亿美元，连续9年复合增长率超过100%，成长为全球B2C快时尚跨境电商品牌。SHEIN没有自己的生产工厂，订单全部由代工厂完成。该品牌常年招募具有"小单快反"生产能力的供应商（中小服装加工企业）加盟其供应链平台，通过对这些供应商进行数字化改造升级，搭建起数字化供应链体系——云工厂平台，并利用平台抢单模式对供应商进行智能化协同管理。具体如下：

**1. 云工厂平台**

广州番禺是广州"十三行"服装批发市场货源基地，周边聚集着上万家中小服装加工企业，对于供应链的构建提供了很好的条件。2015年3月，SHEIN将供应链中心迁至此地，并以准时结账的优势条件，招募到数千家供应商，搭建起具备强大生产能力、快速响应市场的云工厂供应链平台。为快速做大云工厂平台规模，建立供应链竞争优势，该品牌简化了供应商招募程序，供应商只需通过 SHEIN 微信公众号或招商网站在线提交入驻申请，经 SHEIN 审核通过后即可开通云工厂账号。为保证供应商质量，该品牌根据采购金额、KPI评分对供应商进行综合考核。采购金额占比60%，KPI评分占比40%。KPI评价指标主要包括急采发货及时率、备货发货及时率、次品率、上新成功率四个指标。

考核结果分为 S、A、B、C、D 五个等级，每个季度都会根据考核结构淘汰 30% 排名 D 级的供应商。

SHEIN 共招募 300 多家面料、辅料供应商，打造了线上 B2B 供应商平台——希音淘料网。此举不仅帮助入驻云工厂平台的中小服装加工企业便捷采购面料和辅料，还可以针对具体的服装设计给出专业的采购意见。云工厂平台与供应商采取订单合作模式。根据移动端 APP 和独立站的实时销售情况，SHEIN 在云工厂平台发布相关产品的订单需求信息，供应商可直接在平台接单、抢单，类似于美团外卖员和优步司机的平台抢单模式。

**2. 智能化协同管理**

2015 年，SHEIN 开发了 MES 智能化协同管理系统，对加入其云工厂平台的供应商进行数字化改造与赋能。云工厂平台为供应商提供采购管理、订单管理、领料管理、学习中心等信息模块。其中，学习中心模块旨在帮助供应商快速掌握使用 SHEIN 供应链管理系统的方法。

目前，SHEIN 的 MES 协同管理系统涵盖商品中心、运营中心、生产部、设计部等多个部门的 10 套子信息系统，各个子系统之间数据互联互通，实现共享。在 MES 系统中，商品列表、订单情况、库存结余各模块均能可视化地呈现给每一个云工厂平台成员。在生产端，MES 系统能够追踪到每笔订单的执行情况，包括所处的具体生产环节、面料库存消耗、订单完成进度等。在销售端，MES 系统能够直接显示产品销售库存情况，当库存结余达到某个设定的临界值时，系统会自动生成订单并派发到云工厂平台，由供应商抢单完成。

**3. "小单快反"**

对每天要推出大量新款服装的快时尚服装企业而言，库存管理是运营的难点、痛点。该品牌的云工厂平台"小单快反"生产模式，解决了庞大的商品上新规模下的库存管理难题。

在云工厂平台"小单快反"生产模式下，新款服装从设计、生产到上线销售的整个流程最快可控制在 7 天以内，单笔服装订单数量能够控制在 100～500 件。当某一个新品成为爆款时，其智能化的协同管理系统可立即通过云工厂平台发出订单需求信息，产品最快 3 天内就能够大规模上线销售，由此构建了灵活、快速响应市场的竞争优势。

# 第五部分　知识拓展

## "快时尚"服装品牌强化供应链管理的方法和策略

### 1. 加强供应链库存管理

库存管理是供应链管理实践中非常重要的内容，因此加强库存管理非常必要。在营销实践中，基于库存进行合理订货，尽可能地减少库存量，以保证仓库的高效运转。以美特斯邦威的库存管理为例，其关于加盟商强制性订货的要求导致了非常严重的存货问题，使得企业销售业绩出现了明显的下降，"快时尚"服装品牌需要适应市场的快速变化，所以在应对市场需求和存货管理问题方面需要谨慎，因为处理不当会导致被市场抛弃。因此，"快时尚"服装品牌需要基于市场的需求和消费者的喜好进行更为精细的采购模式应用，这样可以有效地减少预期库存数量，规避仓库积压问题。

### 2. 对供应链节点关系进行处理

在实践中，不同的供应链管理模式需要对供应的各个环节进行连接和接洽，实现供应链节点的良好控制，以此来降低企业的市场风险。基于实践分析可知，良好的信息沟通在实践中能够发挥其积极的作用，从而减少不必要的成本，所以在实践中强调信息交流有突出意义。就"快时尚"服装品牌企业的经营来看，基于自身营销模式的选用对各个营销环节进行强调，同时加强门店、市场等多个方面的沟通和联系，这样可以做到信息的互通有无，对整体营销效果其意义是显著的。

### 3. 积极地利用信息技术进行供应链管理模式的创新

供应链管理工作具有复杂性，如果管理方式老旧，将会呈现低效率状态，这种情况不利于"快时尚"服装品牌的营销和发展。基于此，在先进技术应用的基础上积极开发有效的、具有创新性的管理模式是非常必要的。就目前的研究来看，利于信息技术构建供应链管理共享系统，以实现供应链各环节的信息共享和利用，这样，不管是信息获取还是信息反馈都会更加的快速，对于管理进步与提升具有显著的实用价值。

# 专题九　服装供应链的绩效评价

世界之变、时代之变、历史之变正以前所未有的方式展开，全球产业链大调整、大分化、大重组，纺织服装供应链正在深刻变革。数字和绿色是新一轮产业变革的重要方向，为全球时尚供应链带来时代机遇。立足新阶段，激发新动能，打造现代时尚供应链，需把握全球产业体系和产业链供应链新态势，顺应产业运行规律，构建现代化产业体系，赢得主动、赢得先机。

绩效评价是供应链管理的重要内容，对于衡量服装供应链目标的实现和提供经营决策具有十分重要的意义。根据供应链管理运行机制的基本特征和目标，供应链绩效平均指标能够恰当反映供应链的整体运营状况和节点服装企业之间的关系。通过绩效评价，能够了解服装企业经营中存在的问题、并找出解决问题的措施。因为在供应链管理环境下，一个节点企业运行绩效的好坏，不仅关系到该企业自身的生存和发展，而且影响整个供应链上其他企业的利益。本章将简要分析服装供应链的绩效评价的内涵、原则、内容以及评价方法等。本章教学目标如图 9-1 所示。

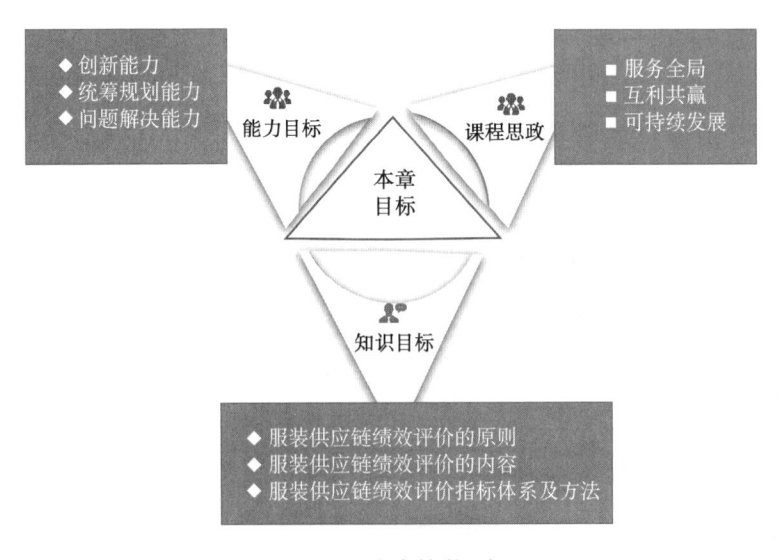

**图 9-1　本章教学目标**

## 第一部分　问题导入

快时尚品牌 ZARA 的极速供应链模式是什么？ 具有哪些特征？ 该供应链体系的高绩效体现在哪里？

## 第二部分　理论、方法及策略基础

### 第一节　服装供应链绩效评价的内涵及原则

#### 一、服装供应链绩效评价的内涵

绩效是指正在进行的某种活动或者已经完成的某种活动取得的成绩。绩效是一个良好的过程，是对过程和过程中活动的相关效果的量化。绩效评价是基于目标对运行结果的衡量。管理过程的绩效评价，是指对照统一的标准建立特定指标体系，运用数理统计、运筹学等方法，按照一定的程序，通过定性、定量和对比分析的方法，对一定经营期间的管理过程表现和管理效果作出客观、公正和准确的综合评判。绩效评价的过程主要包括绩效指标定义、评价、分析、改进四个阶段，且不断循环往复而得到提高。同时，它使管理规范化、精细化，为管理措施提供反馈信息，为企业决策提供必要的数据支撑。

供应链管理的绩效评价与单个企业的绩效评价有着很大不同：评价供应链运行绩效的指标，不仅要评价该节点企业的运营绩效，而且还要考虑该节点企业的运营绩效对其上层节点企业或整个供应链的影响等，所以对供应链绩效的界定要求更多的强调企业和合作伙伴之间的沟通协作。

从价值角度给出服装供应链绩效的定义为：服装供应链各成员通过信息协调和共享，在供应链基础设施、人力资源和技术开发等内外资源的支持下，通过物流管理、生产操作、市场营销、顾客服务、信息开发等活动增加和创造的价值总和。

## 二、供应链绩效评价的作用

大型的供应链企业都非常重视供应链的绩效评价。这些公司的管理者一致认为卓越的合作和竞争优势都依赖于恰当的绩效评价。绩效评价在管理中具有以下五个方面的作用：

（1）供应链绩效评价提供了对增值流程属性的洞察和认识，管理者在没有认真和正确地进行绩效评价前，是不能充分理解一个流程的。

（2）供应链绩效评价塑造了行为，引导了结果。对员工和供应链成员来说，绩效评价比沟通、培训或其他管理行为更为重要。

（3）供应链绩效评价还为供应链在市场中生存、组建、运行的相关决策提供必要的依据。

（4）供应链绩效评价用于对供应链上的成员企业做出评价，激励优秀企业、剔除不良企业、吸引新的合作伙伴；用于对供应链内企业与企业之间的合作关系做出评价。

（5）供应链绩效评价用于对整条供应链的运行效果做出评价。目的是通过绩效评价而获得对整条供应链的运行状况的了解，找出供应链运作方面的不足，及时采取措施予以纠正。

## 三、现行企业绩效评价与供应链绩效评估的比较

供应链绩效评价是供应链管理的重要内容，对于衡量供应链目标的实现程度及提供经营决策支持都具有十分重要的意义。

如前所述，供应链管理是通过前馈的信息流和反馈的物料流及信息流将供应商、制造商、分销商直到最终用户联系起来的一个整体的管理模式，因此它与现行企业管理模式有着较大区别，在对企业运行绩效的评价上也有许多不同。

现行企业绩效评价指标侧重于单个企业，评价的对象是某个具体企业的内部职能部门或者职工个人，其评价指标在设计上有如下特点：

（1）现行企业绩效评价指标的数据来源于财务结果，在时间上略为滞后，不能反映供应链动态运营情况。

（2）现行企业绩效评价主要评价企业职能部门工作完成情况，不能对企业

业务流程进行评价，更不能科学、客观地评价整个供应链的运营情况。

（3）现行企业绩效评价指标不能对供应链的业务流程进行实时评价和分析，而是侧重于事后分析。因此，当发现偏差时，偏差已成为事实，其危害和损失已经造成，并且往往很难补偿。

由此可以看出：基于部门职能的现行的企业绩效评价指标不适用于对供应链运营绩效的评价。图9-2为现行的基于部门职能的绩效评价指标示意图。

```
供应商        制造商        分销商        顾客
  ↓            ↓            ↓
 价格         成本         库存水平
              效率         库存周期
              产量         库存面积
```

**图9-2　现行的基于部门职能的绩效评价指标示意图**

因此，为衡量供应链整体运作绩效，以便决策者能够及时了解供应链整体状况，应该设计出更适合于度量供应链企业绩效的指标和评价方法。

根据供应链管理运行机制的基本特征和目标，供应链绩效评价指标应该能够恰当地反映供应链整体运营状况以及上下节点企业之间的运营关系，而不是孤独地评价某一供应商的运营情况。例如，对于供应链上的某一供应商来说，该供应商所提供的某种原材料价格很低，如果孤立地对这一供应商进行评价，就会认为该供应商的运行绩效较好。若其下游节点企业仅仅考虑原材料价格这一指标，而不考虑原材料的加工性能，就会选择该供应商所提供的原材料，而该供应商提供的这种价格较低的原材料，其加工性能不能满足该节点企业生产工艺要求，势必增加生产成本，从而使这种低价格原材料所节约的成本被增加的生产成本所抵消。所以，评价供应链运行绩效的指标，不仅要评价该节点企业（或供应商）的运营绩效，而且还要考虑该节点企业（或供应商）的运营绩效对其上层节点企业或整个供应链的影响。

供应链绩效评价是指围绕供应链的目标，对供应链整体、各环节（尤其是核心企业运营状况以及各环节之间的运营关系等）所进行的事前、事中和事后分析评价。评价供应链的绩效，是对整个供应链的整体运行绩效、供应链节点企业、供应链上的节点企业之间的合作关系所做出的评价。因此，供应链绩效评价指标是基于业务流程的绩效评价指标（如图9-3所示）。表9-1为企业管理绩效评价与供应链管理绩效评价的对比。

```
供应商 → 制造商 → 分销商 → 顾客
```
循环期　　　循环期　　　循环期
准时交货　　交货可靠性　　订单完成量
产品质量　　产品质量

图9-3　基于供应链业务流程的绩效评价指标示意图

表9-1　服装企业管理绩效评价与服装供应链管理绩效评价对比

| 项目 | 现行的服装企业管理绩效评价 | 服装供应链管理绩效评价 |
| --- | --- | --- |
| 侧重点 | 单个企业绩效 | 供应链整体运营绩效 |
| 评价对象 | 具体企业内部的职能部门或个人的工作完成情况 | 企业业务流程的评价，科学、客观地评价整个供应链的运营情况 |
| 评价数据的来源和性质 | 财务结果，时间上稍微滞后 | 反映动态运营情况 |
| 绩效评价指标的性质 | 基于部门的职能，会计数据 | 基于业务流程。有其自身的特点，其内容比现行的企业评价指标更为广泛，它不仅仅代替会计数据，同时还提出一些方法来测定供应链的上游企业是否有能力及时满足下游企业或市场的需求 |
| 时效性 | 事后分析 | 实时评价和分析 |

## 四、服装供应链绩效评价的原则

随着供应链管理理论的不断发展和供应链实践的不断深入，为了科学、客观地反映供应链的运营情况，应该考虑建立与之相适应的供应链绩效评价方法，并确定相应的绩效评价指标体系。反映供应链绩效的评价指标有其自身的特点，其内容比现行的企业评价指标更为广泛，它不仅仅代替会计数据，同时还提出一些方法来测定供应链的上游企业是否有能力及时满足下游企业或市场的需求。在实际操作上，为了建立能有效评价供应链绩效的指标体系，应遵循如下原则：

（1）评价指标要能反映整个服装供应链的运营情况，而不是仅仅反映单个节点企业的运营情况。传统情况下，人们关注较多的是企业绩效，如企业的赢利能力、资产运营水平、偿还债务能力和后续发展能力等。而在供应链环境下，评价指标要重点反映供应链的绩效。事实上，供应链的绩效本身也体现了企业绩效。

（2）应采用能反映服装供应链业务流程的绩效指标体系。

（3）应突出重点，要对关键绩效指标进行重点分析。

（4）应尽可能采用实时分析与评价的方法，要把绩效度量范围扩大到能反映供应链实时运营的信息上去，因为这要比仅做事后分析要有价值得多。

（5）在衡量服装供应链绩效时，要采用能反映供应商、制造商及用户之间关系的绩效评价指标，把评价的对象扩大到供应链上的相关企业。

## 第二节　服装供应链绩效评价的内容

服装供应链绩效评价经历了从内部到外部、由局部到整体的发展过程。最初，服装企业仅仅关注自身内部绩效，在不断提高自身绩效的同时，逐渐开始关注直接相邻的上下游合作伙伴，通过供应商关系管理和客户关系管理系统来管理有直接业务来往的供应商和顾客。目前，服装企业已将评价对象扩展到整个供应链，更进一步地关注供应商的供应商和客户的客户等间接业务伙伴的表现，开始寻求使自身利益和供应链整体利益一致的方法，实现整条供应链上合作伙伴的"多赢"。图9-4反映了服装供应链绩效评价的发展过程。

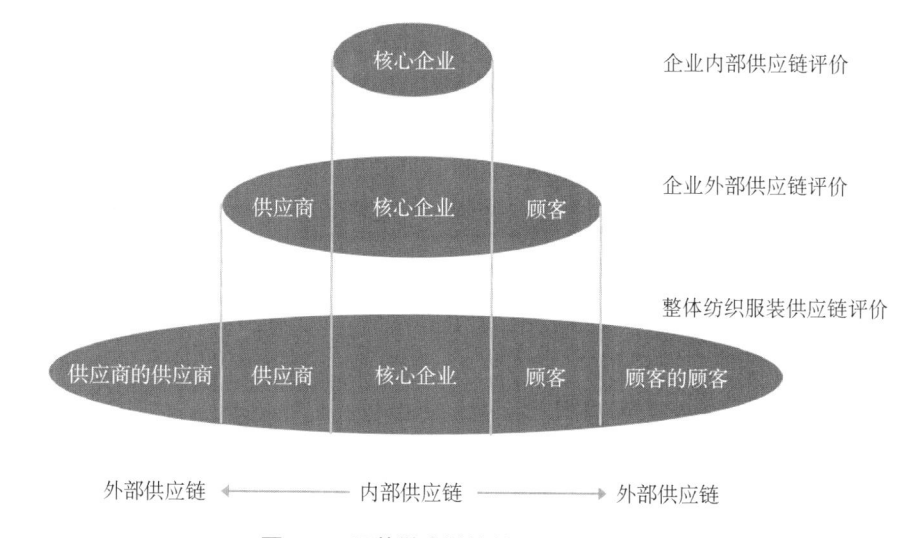

**图 9-4　服装供应链绩效评价的发展过程**

因此，服装供应链的绩效评价，不仅要考察服装供应链节点企业的绩效，还要考察该节点企业运营绩效对其上下游企业甚至整条供应链的影响，通常从内部绩效度量、外部绩效度量和供应链综合绩效度量三方面进行。

### 一、内部绩效度量

内部绩效度量主要是对服装供应链上的企业内部绩效进行衡量。着重将活动和过程同以前的作业和（或）过程目标进行比较。例如，客户服务可以与上期实绩比较，也可以与本期的目标比较。内部绩效度量的指标包括成本、客户服务、产销率、资产管理、质量等。

（1）成本。是最能直接反映企业内部绩效的指标，是为完成特定运作目标而发生的实际成本。成本绩效可以通过以下指标得到反映：①以每一项职能所花费的（美元）总额作为评估指标，比如仓储、运出运输、运入运输和订单的处理成本等。②以成本占销售额的百分比数或每个单位产品的成本消耗。比如，运输成本常常是以其在销售额中所占百分比以及其在每一笔交割的订单中所占费用金额为基础而支出的；仓储成本也常常是依据其占销售额的百分比以及将其计入某项具体活动的成本，如分拣每项货物的成本或装载每份订单的成本而列出的。③与物流绩效成本相关的其他一些评估指标，如直接产品利益率、客户利益率以及无效服务成本等。

（2）客户服务。该指标考察供应链节点企业满足用户或下游企业需要的相对能力，包括服务的可得性、运作绩效和服务的可靠性等。

服务的可得性可以通过一个组织的操作的完成比率得到反映，如：

货物完成比率＝交付给客户的货物数量/客户订购的货物数量；

产品线完成比率＝完全交付给客户的订单产品线数量/客户订购的订单产品线数量；

价值完成比率＝完全交付给客户的总价值/客户订单的总价值；

订单完成比率＝完全交付给客户的订单数量/客户订单数量。

其中，使用订单完成比率来衡量与产品可得性有关的公司的绩效，是最为严格的一种方法。因为只要在某个生产线上遗漏一件货物，订单就被看作没有完成。因此，公司也常常会特别跟踪时期内出现的缺货数目和延迟交货的数目,并将其作为服务可靠性的评估指标。

运作绩效反映的是与时间有关的问题,通常用平均订货周期、订货周期时间的一致性和准时交货来衡量。平均订货周期是指从接受订单到交货给客户的平均所用时间;订货周期时间的一致性,是对大量的订货周期进行衡量,并比较实际绩效与计划绩效。例如,假定平均订货周期是5天,如果有20%的订单在2天内完成,30%的订单在8天内完成,那么这就与平均周期有很大的不一致性。在交货日期或时间由客户确定的情况下,最严格的订货周期能力评估是准时交货,即真正满足客户交货需求次数的百分比。

(3)产销率。产销率是指在一定时间内已销售出去的产品与已生产的产品数量的比值。产销率指标又可以分为两个具体的指标:

供应链节点企业的产销率反映供应链节点企业在一定时间内的经营状况。

$$供应链节点企业的产销率 = 一定时间内节点企业已销售产品数量 / 一定时间内节点企业已生产的产品数量$$

供应链核心企业产销率反映供应链核心企业在一定时间内的产销经营状况。

$$供应链核心企业的产销率 = 一定时间内该企业已销售数量 / 一定时间内核心企业已生产的产品数量$$

该指标反映供应链在一定时间内的产销经营状况,其时间单位可以是年、月、日。随着供应链管理水平的提高,时间单位可以取得越来越小,甚至可以以天为单位。该指标也反映供应链资源(包括人、财、物、信息等)的有效利用程度,产销率越接近1,说明资源利用程度越高。同时,该指标反映了供应链库存水平和产品质量,其值越接近1,说明供应链成品库存量越小。

(4)资产管理

资产管理的重点是投资在设施和设备上的资本的利用,以及投资在库存上的营运资本的利用。如物流设施、设备和库存可以代表一个公司资产的很大部分。例如,对于批发商来说,库存经常超过其总资产的80%。

设施与设备经常是以容量的利用,即总容量的利用比率来进行评估的。例如,如果一个仓库每天有运输10 000个纸箱的能力,但仅仅运输8 000个,那么容量利用率仅为80%。同时,时间也被经常用来评估设备利用率。物流管理人员特别关注设备没有被利用的小时数或百分比,即以设备的停工期来进行衡量。停工期可以用在运输、仓库和材料搬运设备方面。这些评估方法表明了资本资产投资的有效或无效利用。

资产管理同时也关注库存。库存周转比率是最常见的绩效评估方式。因此，理解公司如何对库存周转比率进行衡量很重要。实际上，存在三种特定的评估标准，每一种都被不同类型的公司利用：

库存周转率＝一定时期的销货成本/这一时期的平均库存成本价值

库存周转率＝一定时期的销售收入/这一时期以售价计算的平均库存成本价值

库存周转率＝一定时期的销售单位数/在这一时期的平均库存单位数

绝大多数公司使用第一个公式来计算库存周转率。然而，一些零售公司使用第二个公式。实际上，这两种比率会产生大体上相同的结果。两种计算结果的不同之处源于在这一时期总的毛利润（销售额和销货成本之间的差别）数量的不同。第三种方法，使用单位数而不是金额，特别适用于那些在一个相对短的时间内，成本和售价变化显著的产品。

最后需要指出的是，关于周转率应该使用尽可能多的数据点来确定平均库存。例如，假定一个公司在年初没有库存，在余下的 11 个月买进和持有大量库存，然后在年底前卖出所有的库存。仅仅使用年初和年末的库存情况来进行统计，那么平均库存将是零，周转是无限大。很明显，这将误导管理。

库存投资也可以用能满足预期销售的库存数量来跟踪，并用供应天数来表示。例如，如果预期每天的销售为 100 件，有 5 000 件库存，那么，公司手中则有 50 天的供货量。

高级管理人员最关心的是回报率，尤其是资产回报率和投资回报率。

目前，许多公司已开始更多地关注通过使用具有不同的评估自身能力的方法来满足客户的需求。它们意识到传统的客户服务方法实际上关注的是内部的需要而不是客户的需要。例如，完成比率评估标准并不能真正反映客户的需求，它们反映的仅仅是发货人的观点。企业需要的是改进的、关注客户的评估标准，同时需要既能反映职能绩效也能反映过程绩效的评估标准。

（5）质量

质量指标是全过程评价的最主要指标，用来确定一系列活动的效率。然而由于质量范围广阔，所以很难加以衡量，目前人们最感兴趣的是"完美订货"，它是物流运作质量的最终评价标准。

完美订单的概念可以作为公司"零缺陷"承诺的指标。完美订单的交付是对最终的物流运营质量进行衡量的方法。一个完美订单衡量的是公司全部整合的绩效的有效性，而不仅是单个职能的有效性。它衡量一张订单是否准确无误地通过了订单管理程序的每一操作步骤——订单进入、信用清算、库存可用性、精确的分拣、准时装货、正确地开出发票以及不折不扣地付款——快速而且无人为干扰。实际上，客户也许可以从20多种不同的物流服务组成方面来评估一个完美订单。从评估的角度来看，完美订单绩效是一个计算出来的比率，即一个时期的完美订单的数量与这一时期所完成的订单总量的比率。

（6）供应链可持续发展能力

供应链能否稳定持续发展，能否在市场上占有主导地位，不但要看它现有业务的执行情况，还要看它的可持续发展能力。通常从自主创新能力、供应链协作水平、市场竞争能力、绿色竞争能力四个方面来评估供应链的可持续发展能力。其中，自主创新能力反映供应链是否具有不断推出新的产品和服务、进而扩大其市场份额的能力。自主创新能力越强，供应链竞争能力和发展潜力就越大。供应链协作水平是衡量在异常激烈的市场竞争环境下企业间的合作关系是否稳定协调，只有具备稳定协调关系的供应链才能持续不断发展。市场竞争能力直接体现了供应链管理的实施效果。绿色竞争能力主要衡量企业能否靠绿色技术支撑其转型瓶颈、能否有绿色资本助力塑造绿色势能以及引导绿色消费牵引市场畅通良性循环等的能力。

## 二、外部绩效度量

外部绩效度量主要是对供应链上的企业之间运行状况的评价。外部绩效度量的主要指标有：客户满意度、最佳实施基准等。

（1）客户满意度。客户是一个企业满足客户的期望和需求程度的最终裁判。企业内部生成的关于基础服务、完美订单或绝对绩效的所有统计数据，都可以作为衡量客户满意度的内部指标。但是，要量化满意度就要对来自客户的信息进行监控、评估、收集。评估的内容包括：① 仔细调查客户的期望、需求和客户对企业各方面运作绩效的印象和理解。客户的期望和绩效印象包括可用性、订单周转时间、信息有效性、订单准确性、问题处理情况和物流运作质量的其他方面。②除收集客户对特定的物流活动的评估数据之外，收集客户对于供应链整体满意度的印象的信息也是十分有用的。③了解客户对竞争对手的绩效的印象。只有通过收集来自客户的数据信息，才能够真正地评估满意度。更进一步地说，必须从客户的角度去衡量那些为提升客户成功而付出的努力。

（2）最佳实施基准。基准同样是绩效评估的关键方面，它使管理者了解到一流的经营运作。许多公司已经把基准作为一种工具，比照顶尖公司来衡量自身的运作情况。这些顶尖公司既包括竞争对手也包括非竞争对手，既包括与本行业相关的行业也包括不相关的行业。

有关基准的一个关键问题是选择基准评估的对象。许多公司对企业内部涉及相似运作的单元的绩效或处于不同地区的运作单元的绩效进行比较。然而，内部基准很少提供与竞争有关的信息，所以，一个公司可能在竞争中落后却又根本意识不到。而与竞争有关的信息，特别是竞争对手的绩效信息可以用来判定哪些地方是最需要加以改进的。所以最佳实施基准基于无限制的基准理念，即一个组织可以从与其从事不相关行业的组织那里学习借鉴，只要该不相关组织绩效显著或使用了革新的方法。

基准是公司绩效评估系统的一个重要工具。在一个对最佳运营供应链公司的研究中发现，那些具有高水平供应链运营能力的公司与那些供应链表现平平的公司相比，更加愿意从事基准评估活动。

### 三、综合供应链绩效度量

人们对供应链总体绩效和效率的日益重视，要求提供能从总体上观察透视供应链运作绩效的度量方法。这种透视方法必须是可以比较的。如果缺乏整体的绩效衡量，就可能出现制造商对用户服务的看法和决策与零售商的想法完全背道而驰的现象。综合供应链绩效的度量主要从客户服务、时间、成本、资产、柔性等几个方面展开。

（1）客户服务。包括完美订货、客户满意度和产品质量。它衡量的是供应链企业所能提供的总的客户满意程度。

（2）时间。时间是用于衡量主要测量企业对用户要求的反应能力，也就是从顾客订货开始到顾客用到产品为止所需的时间。包括装运时间、送达运输时间和顾客接受时间。

(3) 成本。供应链总的成本包括订货完成成本、原材料取得成本、总的库存运输成本、与物流有关的财务和管理信息系统成本、制造劳动力和库存的间接成本等。

(4) 资产。物流管理是对包括库存、设施及设备等相当大的资产负责，资产评价基本上是在特定资产水平下的销售量水平。主要测定资金周转时间、库存周转天数、销售额与资产的比率等资产绩效。

(5) 柔性。供应链的柔性是指快速而经济地处理企业生产经营活动中环境或由环境引起的不确定性的能力。其衡量指标包括响应速度、交货柔性和数量柔性等。

除以上三个方面外，对于供应链绩效的评价还辅助以定性指标，如核心企业竞争力等。

## 第三节 服装供应链绩效评价指标体系及方法

为了客观、全面地评价供应链的运营情况，以下将分析和讨论供应链绩效的评价指标体系。

### 一、反映整个供应链业务流程的绩效评价指标

整个供应链是指从最初供应商开始直至最终用户为止的整条供应链。在综合考虑评价指标的客观性和实际可操作性的基础上，整个供应链运营的绩效评价指标包括以下七个指标。

#### 1. 产销率指标

产销率是指在一定时间内已销售出去的产品与已生产的产品数量的比值。产销率指标可分成如下三个具体的指标：

(1) 供应链节点企业的产销率。该指标反映供应链节点企业在一定时间内的经营状况。

(2) 供应链核心企业的产销率。该指标反映供应链核心企业在一定时间内的产销经营状况。

(3) 供应链产销率。该指标反映供应链在一定时间内的产销经营状况，

其时间单位可以是年、月、日。

随着供应链管理水平的提高，时间单位可以取得越来越小，甚至可以做到以天为单位。该指标也反映供应链资源（包括人、财、物、信息等）的有效利用程度，产销率越接近1，说明资源利用程度越高。同时，该指标也反映了供应链库存水平和产品质量，其值越接近1，说明供应链成品库存量越小。

### 2. 平均产销绝对偏差指标

该指标反映在一定时间内供应链总体库存水平，其值越大，说明供应链成品库存量越大，库存费用越高。反之，说明供应链成品库存量越小，库存费用越低。

### 3. 产需率指标

产需率是指在一定时间内，节点企业已生产的产品数量与其上层节点企业（或用户）对该产品的需求量的比值。具体分为如下两个指标：

（1）供应链节点企业产需率。该指标反映上、下层节点企业之间的供需关系。产需率越接近1，说明上、下层节点企业之间的供需关系协调，准时交货率高，反之，则说明下层节点企业准时交货率低或者企业的综合管理水平较低。

（2）供应链核心企业产需率。该指标反映供应链整体生产能力和快速响应市场能力。若该指标数值大于或等于1，说明供应链整体生产能力较强，能快速响应市场需求，具有较强的市场竞争能力；若该指标数值小于1，则说明供应链生产能力不足，不能快速响应市场需求。

### 4. 供应链产品出产（或投产）循环期或节拍指标

当供应链节点企业生产的产品为单一品种时，供应链产品出产循环期是指产品的出产节拍；当供应链节点企业生产的产品品种较多时，供应链产品出产循环期是指混流生产线上同一种产品的出产间隔。由于供应链管理是在市场需求多样化经营环境中产生的一种新的管理模式，其节点企业（包括核心企业）生产的产品品种较多，因此，供应链产品出产循环期一般是指节点企业混流生产线上同一种产品的出产间隔期。它可分为如下两个具体的指标：

（1）供应链节点企业（或供应商）零部件出产循环期。该循环期指标反映了节点企业库存水平以及对其上层节点企业需求的响应程度。该循环期越短，说明该节点企业对其上层节点企业需求的快速响应性越好。

（2）供应链核心企业产品出产循环期。该循环期指标反映整个供应链的在制品库存水平和成品库存水平，同时也反映整个供应链对市场或用户需求的快速响应能力。核心企业产品出产循环期决定着各节点企业产品出产循环期，即各节点企业产品出产循环期必须与核心企业产品出产循环期合拍。该循环期越短，说明整个供应链的在制品库存量和成品库存量都比较少，总的库存费用都比较低；另一方面也说明供应链管理水平比较高，能快速响应市场需求，并具有较强的市场竞争能力。

缩短核心企业产品出产循环期，应采取如下措施：

（1）使供应链各节点企业产品出产循环期与核心企业产品出产循环期合拍，而核心企业产品出产循环期与用户需求合拍。

（2）可采用优化产品投产计划或采用高效生产设备或加班加点来缩短核心企业（或节点企业）产品出产循环期。其中，优化产品投产顺序和计划来缩短核心企业（或节点企业）产品出产循环期是既不需要增加投资又不需要增加人力和物力的好方法，而且见效快，值得推广。

### 5. 供应链总运营成本指标

供应链总运营成本包括供应链通讯成本、供应链库存费用及各节点企业外部运输总费用。它反映供应链运营的效率。具体分析如下：

（1）供应链通讯成本。包括各节点企业之间通讯费用，如EDI、因特网的建设和使用费用；供应链信息系统开发和维护费等。

（2）供应链总库存费用。包括各节点企业在制品库存和成品库存费用、各节点之间在途库存费用。

（3）各节点企业外部运输总费用。等于供应链所有节点企业之间运输费用总和。

### 6. 供应链核心企业产品成本指标

供应链核心企业的产品成本是供应链管理水平的综合体现。根据核心企业产品在市场上的价格确定出该产品的目标成本，再向上游追溯到各供应商，确定出相应的原材料、配套件的目标成本。只有当目标成本小于市场价格时，各个企业才能获得利润，供应链才能得到发展。

### 7. 供应可持续发展能力指标

供应链可持续发展能力是判断供应链是否能够稳定持续发展，在市场上占主导地位的体现。自主创新能力指标反映了多变的市场环境下吸收新技术、发展自主产权的能力；供应链协作水平反映了供应链的协调与稳定性；市场竞争能力与绿色竞争能力是企业对供应链竞争力的反应。

#### 8. 供应链产品质量指标

供应链产品质量是指供应链各节点企业（包括核心企业）生产的产品或零部件的质量。主要包括合格率、废品率、退货率、破损率、破损物价值等指标。

### 二、反映供应链上、下节点企业之间关系的绩效评价指标

根据相邻层供应商评价法，通过上层供应商来评价和选择与其业务相关的下层供应商更直接和客观，如此递推，即可对整个供应链的绩效进行有效的评价。因此，反映供应链上、下层节点企业之间的关系的指标主要体现为满意度指标，即在一定时间内，上层供应商对其相邻下层供应商的综合满意程度。主要包含如下指标：

#### 1. 准时交货率

准时交货率是指下层供应商在一定时间内准时交货的次数占其总交货次数的百分比。供应商准时交货率低，说明其协作配套的生产能力达不到要求，或者是对生产过程的组织管理跟不上供应链运行的要求；供应商准时交货率高，说明其生产能力强，生产管理水平高。

#### 2. 成本利润率

成本利润率是指单位产品净利润占单位产品总成本的百分比。在市场经济条件下，产品价格是由市场决定的，因此，在市场供需关系基本平衡的情况下，供应商生产的产品价格可以看成是一个不变的量。按成本加成定价的基本思想，产品价格等于成本加利润，因此产品成本利润率越高，说明供应商的盈利能力越强，企业的综合管理水平越高。在这种情况下，由于供应商在市场价格水平下能获得较大利润，其合作积极性必然增强，必然对企业的有关设施和/或设备进行投资和改造，以提高生产效率。

#### 3. 产品质量合格率

产品质量合格率是指质量合格的产品数量占产品总产量的百分比，它反映

了供应商提供货物的质量水平。质量不合格的产品数量越多，则产品质量合格率就越低，说明供应商提供产品的质量不稳定或质量差，供应商必须承担对不合格的产品进行返修或报废的损失，这样就增加了供应商的总成本，降低了其成本利润率。因此，产品质量合格率指标与产品成本利润率指标密切相关。同样，产品质量合格率指标也与准时交货率密切相关，因为产品质量合格率越低，就会使得产品的返修工作量加大，必然会延长产品的交货期，使得准时交货率降低。

在满意度指标中，权数的取值可随着上层供应商的不同而不同。但是对于同一个上层供应商，在计算与其相邻的所有下层供应商的满意度指标时，其权数均取相同值，这样，通过满意度指标就能评价不同供应商的运营绩效以及这些不同的运营绩效对其上层供应商的影响。满意度指标值低，说明该供应商运营绩效差，生产能力和管理水平都比较低，并且影响了其上层供应商的正常运营，从而影响整个供应链的正常运营，因此对满意度指标值较低的供应商的管理应作为管理的重点，要么进行全面整改，要么重新选择供应商。在整个供应链中，若每层供应商满意度指标的权数都取相同值，则得出的满意度指标可以反映整个上层供应商对其相邻的整个下层供应商的满意程度。同样地，对于满意度指标值低的供应商就应当进行整改或更换。

供应链最后一层为最终用户层，最终用户对供应链产品的满意度指标是供应链绩效评价的一个最终标准。

### 三、建立绩效标杆：向最优秀的企业看齐

#### 1. 标杆法的概念和种类

标杆法是美国施乐公司确立的经营分析手法，以定量分析自己公司现状与其他公司现状，并加以比较。标杆法就是将那些出类拔萃的企业作为企业测定基准，以它们为学习的对象，迎头赶上，并进而超过之。一般地说，标杆法除要求测量相对于最好公司的企业的绩效外，还要发现这些优秀公司是如何取得这些成就的，利用这些信息作为制定企业绩效目标、战略和行动计划的基准。主要有以下三种基本的绩效标杆法：

（1）战略性标杆，包含一个企业的市场战略与其他企业的市场战略的比较。战略性标杆通常包括如下几个方面的问题：① 竞争对手强调什么样的市场

面？ ② 什么是竞争对手的市场战略？ ③ 支持竞争对手市场战略的资源水平？ ④ 竞争对手的竞争优势集中于哪些方面？ 战略性标杆使一个企业得以获得占领先地位企业的市场战略。

（2）操作性标杆。操作性标杆以职能性活动的各个方面为重点，找出有效的方法，以便在各个职能上都能取得最好成绩。为了解决主要矛盾，一般选择对标杆职能有重要影响的有关职能和活动，以便使企业能够获得最大的收益。

（3）支持活动性标杆。企业内的支持功能应该显示出比竞争对手更好的成本效益，通过支持活动性标杆控制内部间接费用和防止费用的上升。

### 2. 实施标杆法的收益

服装企业开展标杆活动是希望能够获得一定的收益。这是因为：① 标杆实施过程帮助企业辨别最优秀企业及其优秀的管理功能，并将之吸收到企业的经营计划中来，以通过标杆活动改进工作绩效。这个过程可以激励管理人员更好地完成绩效计划，使人们发挥出更高的创造性，取得实施标杆法的实际效益。② 实施标杆法可以克服阻碍企业进步的顽疾。管理者通过对比外界的状况，找出本企业中深层次的问题和矛盾，再根据标杆企业成功的做法，决定采取何种措施保持企业的持续发展。③ 实施标杆还是一种市场信息的来源，例如，可以通过实施标杆法发现过去没有意识到的技术或管理上的突破。最后，通过标杆的实施过程使得企业间各个部门的结合更加紧密。

### 3. 标杆法成功的关键因素

标杆法的成功实施受到多种关键因素的影响。绩效标杆必须成为能为企业全体人员所接受的实实在在的过程，企业高层领导以及全体人员必须把绩效标杆看作建立企竞争战略的长久措施。

同时，企业还必须注意搜集有关数据。首先要了解哪些企业是第一流的，然后要分析为什么这些企业能够成为第一流的企业，最后还要确定标杆实施效果的定量分析方法。标杆过程成功地依赖于细致的、准确的数据和信息处理，这是整个标杆实施过程的一个重要组成部分。

另外，管理人员必须把标杆实施过程看作向其他企业学习和改进本企业工作的一个有效途径，从思想深处认识到标杆的作用也是关键因素之一。

## 四、基于标杆管理的服装供应链绩效评价指标标准的确定

供应链的标杆管理是一种新型的标杆管理方法,是将标杆管理的思想、工作方法贯穿于从供应商、生产商、分销商到最终用户的整个供应链过程。通过标杆管理可以帮助企业识别最好的供应链或者企业所采用的方法,并且直接应用于企业自身的商业计划管理中。

针对服装企业,基于标杆管理的供应链绩效标准设计就是将那些在服装行业中领先、有名望的强竞争对手的关键绩效行为作为基准,与自身供应链的关键绩效行为进行考核和比较,分析标杆企业优秀绩效形成的原因,并确定本企业供应链可持续发展的关键绩效标准及绩效改进策略。图9-5描述了基于标杆管理的服装供应链绩效标准的确立流程,主要包括以下步骤:

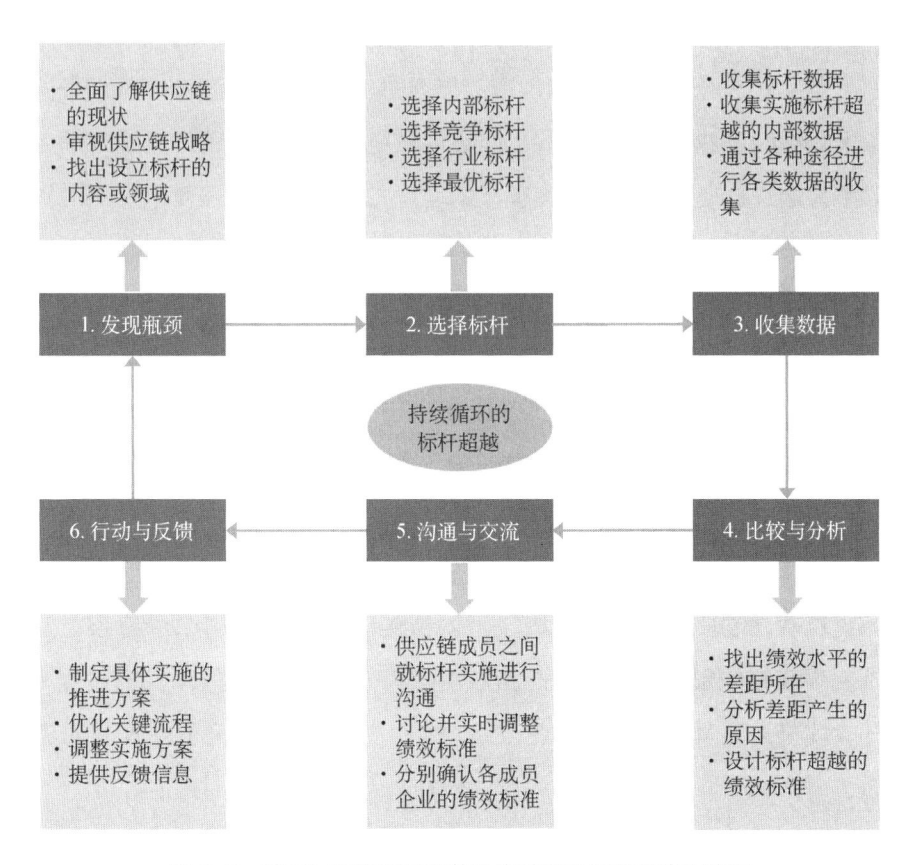

图 9-5 基于标杆管理的服装供应链绩效标准的确立流程

（1）发现瓶颈：服装企业的发展总会受到一些因素的制约，找出服装供应链运营的瓶颈从而确定供应链需要确定标杆的内容和领域。

（2）选择标杆：选择服装行业中领先的企业供应链，剖析领先者的共同特征，构建行业标杆的基本框架。基准化标杆的选择主要基于两个标准：要么是行业中具有最佳实践的目标供应链，具有卓越的业绩；要么是与本供应链的流程或职能有相似特点。标杆的选择一定要具有可比性。

（3）数据收集：从系统的角度剖析标杆企业竞争优势的来源，总结其成功的关键因素。收集的数据包括标杆供应链的绩效数据以及最佳管理实践，即标杆供应链达到优良绩效的方法、措施和诀窍，以及开展标杆瞄准活动供应链的内部流程或职能，反映它们目前的绩效和管理现状。

（4）比较与分析：比较分析标杆供应链与本公司服装供应链的绩效和实践，找出绩效水平上的差距，以及在管理实践上的差异。借鉴其成功的经验，确定适合本公司供应链的能够赶上甚至超越标杆供应链的关键绩效标准及其最佳实践。分析差距和确定绩效标准时应考虑以下因素：经营规模的差异以及规模经济成本的效率差异、服装供应链发展阶段的管理实践与绩效差异、服装供应链文化理念与管理模式的差异（如资源共享程度以及供应链伙伴关系性质等）、产品特性及生产过程的差异以及经营环境与市场环境的差异。

（5）沟通与交流：将标杆法的推进与供应链上各节点纺织服装企业的沟通与交流同步，并将标杆基准化的目的、目标与前景让全体集成化供应链成员理解和支持。拟定供应链的整体改进方案，确定各成员纺织服装企业的绩效标准，并实时地调整绩效标准。

（6）行动和反馈：基于内外部资料详细分析基础之上，制定具体行动方案，包括计划、安排、方法和技术的实施以及阶段性的成绩考核，并在集成化供应链内部达成共识，推动方案的有效实施。在具体实施过程中，每一个实施阶段都要及时进行总结、提炼，发现新的情况和问题及时进行改进。

（7）持续循环的标杆超越：将标杆基准融入供应链的日常运营之中，使之成为一项固定的绩效管理活动并持续循环。标杆管理强调的是一种持续不断的递阶上升的绩效改进活动，最终成为一项经常性的制度化的工作。

# 第三部分  项目实操

## 一、项目任务

在"打造现代时尚供应链"服装产业发展的大背景下，运用本章所学知识，通过市场调研、文献搜索，分析 UR 供应链，对其现有供应链体系的优势、劣势进行分析。

## 二、项目要求

（1）班级内同学自由组合，5~6 人为一组进行调研，明确组内分工。

（2）选定资料搜集范围，组内人员通过协商确定资料搜集的维度，分工完成资料搜集。

（3）分解项目任务，明确项目目标，确定研究方法和内容的获取途径。

（4）重点信息搜集包括以下方面：该品牌供应链现状；快时尚品牌整体、区域服装市场环境现状；海外市场与国内市场供应链体系的之间的区别。

（5）设计项目实施方案。

在以上调研工作的准备及调研要求的基础上，制作详细的资料搜集计划、资料整合分析、小组讨论方案等。

# 第四部分  案例学习

## 朗姿数智时尚供应链协同平台项目——智慧供应链

供应链的绩效，需要企业按照供应链运营设定的标准和评价程序，定期或不定期的考核、评价其运营效率和成效。科学完善的供应链绩效评价指标体系，不但可以使企业提升管理水平和效率，也能帮助企业正确认识自身在行业中的位置，进而从优化物流管理、加强供应链协同、应用信息技术、优化库存管理、加强质量管理等方面提高供应链的绩效。

朗姿股份有限公司（简称朗姿集团）创立于 2006 年，集中于女装、医疗美容、婴童等领域，致力于打造时尚界最有竞争力的品牌经营公司。集团通过"自主创立""代理运营""品牌收购"等多种模式在中高端女装市场进行多品牌布局，主要运营朗姿、莱茵、莫佐、子苞米等多个高端女装品牌。截至 2022 年年末，公司在国内大型高端商场、SHOPPING MALL 和重点机场共设有 577 家线下终端女装店铺，拥有 15 个线上销售渠道。该公司各品牌事业群独立运作，各品牌与供应部门协作的工具、流程存在差异，供应链的规模效应较弱。同时，在与外部供应商协作过程中，更多依赖于线下或电话和微信沟通，无法形成格式化数据，不利于供订单执行过程的风险监控与订单逾期责任的合理划分。在供应商管理过程中，通过主观指标对供应商进行绩效评估，使得绩效结果公平性受损，应用效果较差。为此，该公司通过打造数智供应链协作平台，开启智慧供应链项目，提高供应链效率。具体如下：

### 1. 供应商全生命周期管理

痛点：朗姿供应商的准入、评估和清退等过程都在线下管理，在供应商准入方面，线下走准入审核流程，审核通过后在 SAP 生成主数据，流程较长且前后信息相对孤立；在供应商 KPI 考核中所有数据来源均依靠人工汇总分析，提取时间长，主观性强，分析滞后。同时，SP 系统只做了关闭（冻结）供应商动作，具体的淘汰和停用供应商均在线下记录原因，系统内无法对历史信息进行追溯与交接。

实施：优化和固化了供应商全周期管理流程，规范现有的供应商准入制度以及供应商评估、分类和淘汰体系。将准入评估表在 SCM 系统内记录，便于后续信息的查找和追溯；对供应商的绩效评估，通过系统计算量化指标，增加了公平性，在线上记录考核结果并支持供应商和相关业务部门查看，增加了信息透明度；规范了淘汰流程，记录供应商历史淘汰记录及原因。

### 2. 面辅料采购过程管理

痛点：朗姿的采购员在 SAP 系统录入采购订单，但从下发订单到采购入库之间的过程未通过系统进行管理，采购进度靠业务员手工记录和日常跟进。日常跟进中，业务员需要与供应商沟通面料进度等细节。同时，因 SAP 系统内物料信息与成衣信息缺少数据关联，采购员需要手工核对方式确保 BOM 单的物料没有漏采，影响了采购效率。

实施：通过供应链系统串接采购订单下发到入库之间的过程，加强订单执行过程管理，对风险订单进行有效预警。加强采购订单执行过程管理，变事后总结为过程预警，在订单出现风险时系统自动预警，采购人员提前介入干预；供应商线上互动，形成公开透明的信息记录，打通朗姿与供应商之间的数据孤岛，提高采购员与供应商之间的沟通效率；建立采购任务管理机制，对待采购、已采购、已入库等多状态任务进行统一系统化管理，数据展示归口统一便于采购员高效安排工作。

### 3. 高级女装买断及外协生产过程管理

痛点：朗姿的成衣采购与生产投产均在 SAP 内制单，制单后线下签署合同，然后进行订单生产跟单工作。成衣采购有贴牌与指定采购两种业务模式，贴牌模式下，跟单员不需跟进供应商的面铺料采购、齐套、上线、下线、后道等详细节点；而指定采购模式时则需详细节点跟进，生产投产时，由于 SAP 物料信息与成衣信息脱节，无法在系统内进行齐套性的检查，投产后需要供应商线下提供生产计划、生产部进行审核，审核后按计划生产。此举效率较低且缺乏有效记录。

实施：将订单下发到入库之前的主要业务节点进行系统化管理，实现订单状态的判断与风险的提前预警。首先使成衣供应商进入朗姿供应商系统进行管理，日常订单跟进过程中的沟通与信息交互均变为格式化语言，在系统内进行数据填报与沉淀；加强成衣采购与外协加工订单的订单执行过程管理，提高管理精度；系统辅助业务人员进行物料齐套性检查，减少业务人员的工作量，提高了工作效率。

朗姿数智时尚供应链协同平台项目成功实施，对朗姿生产供应链进行了全面数字化改造升级，提高了管理与业务协作效率，重点表现在以下三个方面：

（1）业务流程梳理和规范：重点梳理和规范从订单下单开始到大货成品入库之间的流程，包括面料采购、辅料采购、成衣采购、投产、供应商管理等全业务，整合各个部门的协作。

（2）订单执行过程可视化：通过订单执行过程的关键节点设置与实际进度填报，对订单执行过程进行精细化、可视化、透明公开管理。

（3）供应商协同和供应链管理能力提升：将供应商纳入供应链管理系统体系进行业务的线上协同，同时加强供应商的全生命周期管理，提高朗姿供应链管理水平。

# 第五部分 知识拓展

## "双碳"目标下绿色供应链整体绩效评价指标体系构建

2021年，我国发布《关于完整准确全面贯彻新发展理念做好碳达峰碳中和工作的意见》以及《2030年前碳达峰行动方案》等系列"双碳"政策，提出在2030年前达到碳达峰、2060年前达到碳中和。企业作为碳减排的主力，越来越重视碳减排问题。针对传统服装供应链所存在的一系列问题，绿色服装供应链应运而生。那么，如何对绿色供应链整体绩效进行评估，具有非常强的实践意义。

综合文献查阅，"双碳"目标下绿色供应链整体绩效评价指标体系可以从绿色供应链财务情况、绿色供应链运转情况、绿色供应链创新情况、绿色供应链碳减排情况等四方面展开，如图9-6所示。具体如下：

| 目标 | 准则层 | 具体指标 | 计算方法 |
| --- | --- | --- | --- |
| "双碳"目标下绿色供应链整体绩效评价体系 | 绿色供应链财务情况 | 绿色供应链资产负债率 | 绿色供应链负债总额占资产的比例 |
| | | 绿色供应链资产利润率 | 绿色供应链利润额占资产的比例 |
| | | 绿色供应链净资产收益率 | 绿色供应链净利润占净资产的比例 |
| | | 绿色供应链利润总额 | 绿色供应链的总利润额 |
| | 绿色供应链运转情况 | 绿色供应链中的产品周转率 | 绿色供应链中产品从原材料到产成品的周转情况 |
| | | 绿色供应链中的产品合同履约率 | 绿色供应链中企业相互之间的合同按时履约占全部合同的比例 |
| | | 绿色供应链中的产品销售率 | 绿色供应链中绿色产品的销售占供应链中所有产品销售的比例 |
| | | 绿色供应链中运行维护费 | 各企业在维护供应链绿色发展过程中支付的费用 |
| | 绿色供应链创新情况 | 绿色供应链中专利申请量 | 绿色供应链中与绿色有关的研发创新 |
| | | 绿色供应链科研投入比率 | 为了绿色供应链中研发绿色产品的投入占总研发产品投入的比例 |
| | | 绿色供应链科研人员占比 | 绿色供应链中绿色产品研发的科研人员占所有科研人员的比例 |
| | | 绿色供应链创新的绿色产值 | 绿色供应链中绿色产品的销售产值 |
| | 绿色供应链碳减排情况 | 绿色供应链碳排放达标率 | 绿色供应链中排放达标的企业占所有企业的比例 |
| | | 绿色供应链绿色认证率 | 绿色供应链中获得绿色认证的企业占所有企业的比例 |
| | | 绿色供应链绿色运输率 | 绿色供应链中通过绿色运输次数占总运输次数的比例 |
| | | 绿色供应链绿色生产率 | 绿色供应链中绿色生产产品占中生产产品的比例 |

图9-6 绿色供应链整体绩效评价指标体系

（1）绿色供应链财务情况：包括绿色供应链资产负债率、绿色供应链资产利润率、绿色供应链净资产收益率、绿色供应链利润总额等。构建绿色供应链财务情况指标体系旨在检验绿色供应链带来的财务收益，是企业最关心的问题。资产负债率是指绿色供应链负债总额占资产的比例；资产利润率指绿色供应链利润额占资产的比例；净资产收益率是指绿色供应链净利润占净资产的比例；利润总额是指绿色供应链的总利润。

（2）绿色供应链运转情况：包括绿色供应链中的产品周转率、绿色供应链的合同履约率、绿色供应链产品销售率、绿色供应链运行维护费等。旨在检验绿色供应链周转情况，是供应链获得收益的核心。产品周转率是指绿色供应链中产品从原材料到产成品的周转情况；合同履约率是指绿色供应链中企业相互之间的合同按时履约占全部合同的比例；产品销售率是指绿色供应链中绿色产品的销售占供应链中所有产品销售的比例；运行维护费是指各企业在维护供应链绿色发展过程中支付的费用。

（3）绿色供应链创新情况：包括绿色供应链专利申请量、绿色供应链科研投入比率、绿色供应链科研人员占比、绿色供应链创新的绿色产值等。旨在检验供应链的绿色创新情况，从创新中减少碳排放、获得绿色收益。专利申请量是指绿色供应链中与绿色有关的研发创新；科研投入比率是指为了绿色供应链中研发绿色产品的投入占总研发产品投入的比例；科研人员占比是指绿色供应链中绿色产品研发的科研人员占所有科研人员的比例；绿色产值是指绿色供应链中绿色产品的销售产值。

（4）绿色供应链碳减排情况：包括绿色供应链碳排放达标率、绿色供应链绿色认证率、绿色供应链绿色运输率、绿色供应链绿色生产率等。旨在检验供应链中的碳减排情况，企业从供应链绿色减排中减少自己的碳排放，继而获得绿色绩效。碳排放达标率是指绿色供应链中碳排放达标的企业占所有企业的比例；绿色认证率是指绿色供应链中获得绿色认证的企业占所有企业的比例；绿色运输率是指绿色供应链中通过绿色运输次数占总运输次数的比例；绿色生产率是指绿色供应链中绿色生产产品占总生产产品的比例。

# 参考文献

[1] 马士华.供应链管理(第6版)[M].北京:机械工业出版社,2020.

[2] 邓汝春.服装业供应链管理[M].北京:中国纺织出版社,2005.

[3] 梁建芳.服装供应链管理与设计[M].上海:东华大学出版社,2009.

[4] 田雪.食品行业与服装行业供应链管理案例集[M].北京:中国物资出版社,2015.

[5] 黎继子.纺织服装业供应链管理[M].北京:中国纺织出版社,2014.

[6] 殷丽娜.基于供应与存货质押联合契约的服装供应链协调机制[M].北京:经济管理出版社,2017.

[7] 蔡灿明.时尚零售供应链管理——系统优化方案[M].北京:中国纺织出版社,2023.

[8] 沈滨.时尚供应链管理[M].北京:中国纺织出版社,2016.

[9] 盛宇华,潘持春.供应链管理及虚拟产业链[M].北京:科学出版社,2004.

[10] 吴松甫,毛洁.浅析当前绿色供应链存在的问题及对策[J].中国集体经济,2021(28):103-104.

[11] 汤传毅,万融.绿色供应链管理——我国纺织企业可持续发展的新思考[J].中国纺织,2003(8):8-10.

[12] 朱光好.我国纺织服装绿色供应链管理及对策[J].纺织学报,2012,33(10):153-160.

[13] 赵君丽,高雨筠.独立转型还是合作转型——基于纺织印染企业绿色转型的研究[J].丝绸,2023,60(02):1-13.

[14] 刘卉.基于纺织服装绿色供应链的企业环境社会责任风险管理研究[J].纺织导报,2021(3):22-24.

[15] 吴迪冲,顾新建.绿色纺织供应链及其体系结构的研究[J].纺织学报,2003,24(1):86-88.

[16] 刘斌，朱庆华.基于绿色采购模式下的供应商选择［J］.管理评论，2005，17(4):32-37.

[17] 朱庆华，赵清华.绿色供应链管理及其绩效评价研究综述［J］.科研管理，2005(4):93-98.

[18] 马祖军.绿色供应链管理的集成特性和体系结构［J］.南开管理评论，2002，5(6):47-50.

[19] 邵争艳.纺织服装业绿色供应链分析与整体绩效评价研究［J］.商业研究，2008(8):108-112.

[20] 潘经强.绿色供应链绩效评价体系研究［D］.武汉:武汉理工大学，2006.

[21] 张勇.基于突变理论的绿色供应链绩效评价研究［D］.哈尔滨:哈尔滨工程大学，2008.

[22] 阮略成.绿色供应链综合绩效评价体系研究［D］.武汉:武汉理工大学，2007.

[23] ［美］Sunil Chopra，［美］Peter Meindl.供应链管理战略、规划与运作（Supply chain management: strategy, planning and operation. 3rd）.第三版［M］.北京:清华大学出版社.2008.

[24] 刘明菲，王槐林.物流管理［M］.北京:科学出版社，2008.

[25] 周艳军.供应链管理［M］.上海:上海财经大学出版社，2008.

[26] 马士华译.供应链管理［M］.北京:中国人民大学出版社，2005.

[27] 徐印州.物流管理概论［M］.广州:暨南大学出版社，2008.

[28] ［英］马丁·克里斯托弗.Logistics and supply chain management: Creating value-adding networks(3rd) ［M］.何明珂，崔连广，郑媛，译.北京:电子工业出版社，2006.

[29] 林玲玲.供应链管理［M］.北京:清华大学出版社，2004.

[30] 利丰研究中心.供应链管理:香港利丰集团的实践［M］.北京:中国人民大学出版社，2003.

[31] 蒋萌.供应链管理实训［M］.南京:东南大学出版社，2008.

[32] 钱智.物流管理经典案例剖析［M］.北京:中国经济出版社，2007.

[33] 杨建.获取全球供应链竞争优势的战略要点［J］.石油石化物资采购，2011，46(11):38.

[34] 兰洪杰,施先亮,赵启兰.供应链与企业物流管理[M].北京:清华大学出版社,北方交通大学出版社,2004.

[35] 王玖河,殷鑫.延迟制造在我国服装行业的应用研究[J].物流技术,2008(09):64-66.

[36] 杨卫丰,王亚超.纺织服装企业物流管理[M].北京:中国纺织出版社,2009.2.

[37] [喜迎二十大]非凡十年书写盛世华章,纺织行业高质量发展为江山披锦绣[EB/OL].中国纺织杂志,https://m.163.com/dy/article/HJB3FS9I0552KN3A.html.

[38] 孙瑞哲.深入学习贯彻习近平新时代中国特色社会主义思想,推动纺织行业现代化产业体系建设[EB/OL].中国纺织经济信息网,http://xiehui.ctei.cn/xh_jianghua/202305/t20230530_4308411.html,2023-05-30.

[39] 刘瑾.服装业持续提升时尚活力[EB/OL].新华网,https://baijiahao.baidu.com/s?id=1746074381240909439&wfr=spider&for=pc,2022-10-08.

[40] 国务院.国务院关于印发《中国制造2025》的通知[EB/OL].中国政府网,https://www.gov.cn/zhengce/content/2015-05/19/content_9784.htm.2015-05-08.

[41] 税委会.国务院关税税则委员会关于调整部分日用消费品进口关税的通知[EB/OL].中国政府网.https://www.gov.cn/xinwen/2015-05/25/content_2868347.htm.2015-05-25.

[42] 中国麻纺织行业协会.《中国麻纺织行业"十三五"发展指导意见》[EB/OL].http://www.ctei.cn/special/2016nzt/gg/0928pdf/5.pdf.2016-01.

[43] 郭春花.《长丝织造产业"十三五"发展指导意见》[EB/OL].纺织服装周刊.http://www.taweekly.com/xhdt/201604/t20160428_2216280.html.2016-04-28.

[44] 中国服装协会.《中国服装行业"十三五"发展纲要》[EB/OL].http://www.ctei.cn/special/2016nzt/gg/0928pdf/14.pdf.2016-05-16.

[45] 中国毛纺织行业协会.《毛纺织行业"十三五"发展指导意见》[EB/

OL］. http：//www. ctei. cn/special/2016nzt/gg/0928pdf/4. pdf. 2016 - 09-12.

［46］ 工信部.《产业技术创新能力发展规划（2016—2020 年）的通知》［EB/OL］.中华人民共和国工业和信息化部. https：//wap. miit. gov. cn/ztzl/lszt/zgzz2025/zdjj/cxzx/art/2020/art_b805058d511d46219ae9e96c0addd69c. html. 2016-10-31.

［47］ 中国棉纺织行业协会.《棉纺织行业"十三五"发展规划》［EB/OL］. http：//www. ctei. cn/special/2016nzt/gg/0928pdf/3. pdf. 2016-6-16.

［48］ 中华人民共和国商务部.《茧丝绸行业"十三五"发展纲要》［EB/OL］. http：//www. mofcom. gov. cn/article/zcfb/zcgfxwj/202108/20210803187929. shtml. 2016-11-28.

［49］ 工业和信息化部.工业和信息化部关于印发《纺织服装创意设计试点示范园区（平台）管理办法（试行）》的通知［EB/OL］. https：//wap. miit. gov. cn/zwgk/zcwj/wjfb/xfpgy/art/2020/art_dc9a4be148b14701b800022444575aeb. html. 2016-12-07.

［50］ 工业和信息化部.《产业用纺织品行业"十三五"发展指导意见》［EB/OL］.中国纺织经济信息网. http：//news. ctei. cn/domestic/gnzx/201701/t20170120_2347776. htm. 2017-01-12.

［51］ 中国化学纤维工业协会.《中国化纤工业绿色发展行动计划（2017—2020）》［EB/OL］.中国纺织经济信息网. http：//news. ctei. cn/policy/hyzc/201707/t20170705_3586742. htm. 2017-06.

［52］ 工业和信息化部关于印发《产业关键共性技术发展指南（2017 年）》的通知［EB/OL］.工业和信息化部网站. https：//www. gov. cn/xinwen/2017-10/30/content_5235348. htm. 2017-10-30.

［53］ 国家发改委.《产业结构调整指导目录》［EB/OL］.发展改革委网站. https：//www. gov. cn/zhengce/2021-11/30/content_5713262. htm. 2019-10-30.

［54］ 中华人民共和国生态环境部.《纺织染整工业废水治理工程技术规范》［EB/OL］. https：//www. mee. gov. cn/ywgz/fgbz/bz/bzwb/jcffbz/202001/t20200115_759457. shtml. 2020-01-11.

[55] 国务院.《国务院办公厅关于进一步做好稳外贸稳外资工作的意见》[EB/OL].中国政府网.https://www.gov.cn/xinwen/2020-08/12/content_5534396.htm.2020-08-12.

[56] 国务院.国家发展改革委等部门关于印发《促进绿色消费实施方案》的通知[EB/OL].中国政府网.https://www.gov.cn/zhengce/content/2021-10/28/content_5647274.htm.2021-10-28.

[57] 中国服装协会.《中国服装行业"十四五"发展指导意见和2035年远景目标》[EB/OL].中国服装协会网.http://www.cnga.org.cn/html/zcfg.

[58] 海关总署公开数据[EB/OL].http://www.customs.gov.cn/customs/syx/index.htmlhttp://www.customs.gov.cn/customs/syx/index.html.

[59] 2023年海关纺织服装数据[EB/OL].https://finance.sina.cn/2023-04-18/detail-imyquezs8796620.d.htmlhttps://finance.sina.cn/2023-04-18/detail-imyquezs8796620.d.html.

[60] 《中国纺织60年:纺织品服装出口贸易发展历程》[EB/OL].全球纺织网,https://www.tnc.com.cn/info/c-012001-d-130570.html 2009-09-23.

[61] 李凯.促进人口红利向人才红利转变[N].《人民日报》(2021年12月31日08版),人民网,http://data.people.com.cn/rmrb/20211231/8/hide 2021-12-31.

[62] 陆旸.推动人口红利向人才红利转变[N].经济日报,2023-02-14.

[63] 美国农业部.《2020/21年度全球棉花产量、消费量和进口量均上调》[R].https://www.china-cotton.org/app/html/2021/02/20/89042.html.

[64] 郭剑,慈鑫.中国体育产业的"新起点"和"冠军点"[N].中国青年报,2021-10-27,http://sports.youth.cn/aoyun/202111/t20211102_13290641.htm.

[65] 吴昱娴.中国服装产业出口竞争力分析及其影响因素研究[D].北京:北京服装学院,2021.

[66] 朱彤,孙永强.我国纺织品服装产业出口结构与国际竞争力的实证分析[J].国际贸易问题,2010(02):25-31.

[67] 林知敏.中国—东盟纺织业的竞争与互补研究[D].北京:对外经济贸易大学,2018.

[68] 张漪.中国纺织服装产业对外贸易研究[D].上海:华东师范大学,2010.

[69] 樊朝杰.我国服装产业出口贸易的市场势力分析[D].上海:东华大学,2011.

[70] 董国蓉.安踏品牌的战略营销分析与设计[J].中国市场,2023(05):129-131.

[71] 孙瑞哲.以高质量教育成就锦绣未来[J].纺织服装教育,2022,37(06):491-494.

[72] 中国化学纤维工业协会.中国化纤简史[M].北京:中国纺织出版社,2023.03.

[73] 托比研究|传企转型案例:韩都衣舍之柔性供应链[EB/OL].https://www.sohu.com/a/151312222_129010,2017-06-23.

[74] 孙瑞哲.《开放姿态,包容精神,拥抱世界,服务全球》[EB/OL].纺织服装周刊 2023-09-07, https://mp.weixin.qq.com/s/2LkvOGmTxGhiXdttIijpTg

[75] 刘海建,胡化广,张树山等.供应链数字化与企业绩效——机制与经验证据[J].经济管理,2023(05):78-98.

[76] 陈珩,王天骄,张奕楠.新零售背景下绿色供应链研究[J].商业经济,2023(07):84-85+108.

[77] 李敏.我国纺织服装行业绿色供应链与可持续发展文献综述研究[J].当代经济,2017(03):24-25.

[78] 林安娜."快时尚"绿色供应链管理研究[D].重庆:重庆师范大学,2022.

[79] 刘卉.基于纺织服装绿色供应链的企业环境社会责任风险管理研究[J].纺织导报,2021(03):22-24.

[80] 陈相龙.国际纺联主席、中国纺联会长孙瑞哲:服装行业将在"科技、时尚、绿色"的高质量发展轨道上勇毅前行[EB/OL].中国工信产业网,https://www.cnii.com.cn/xfp/202303/t20230316_455433.html,2023-03-16.

[81] 孙瑞哲:建立中国式现代设计新风尚,织就经纬新气象[EB/OL].中国

纺织工业联合会, https://cntac.org.cn/jinghua/202303/t20230301_4301430.html, 2023-03-01.

[82] 孙瑞哲.纺织行业必将在中国式现代化进程中发挥不可替代作用[EB/OL].搜狐网, https://www.sohu.com/a/611980652_121123735, 2022-11-30.

[83] 徐龙.借鉴迪卡侬全产业链模式推进我国体育品牌企业发展的对策研究[D].长春:吉林财经大学, 2020.

[84] 陈任绯.新零售环境下服装供应链运作模式创新探讨[J].现代商业, 2018(19):41-43.

[85] Wu C, Zhang Y, Pun H, et al. Construction of partner selection criteria in sustainable supply chains: A systematic optimization model [J]. Expert systems with applications, 2020, 158:113643.1-113643.23.

[86] 李海水, 符荣强.考虑关系质量的供应链合作伙伴选择研究[J].商业文化, 2020(20):82-83.

[87] 邵莉娟. H企业产能中心和供应商合作伙伴选择问题研究[D].济南:山东财经大学, 2018.

[88] 张文仲.供应链合作伙伴关系的构建与维护[J].企业改革与管理, 2013(02):25-26.

[89] 国家棉花产业联盟助力茵曼成功举办"致敬中国棉"棉田艺术美学大秀[EB/OL].国家棉花产业联盟, 2023-09-27. http://www.cotton-ccia.com/lmdt/21_446)

[90] 吕程.国内外物流研究现状、热点与趋势——文献计量与理论综述[J].中国流通经济, 2017, 31(12):33-40.

[91] 缪亮.智慧物流背景下的管理与决策智慧化研究[J].全国流通经济, 2023(12):92-95.

[92] 张磊, 张雪. 物流与供应链管理[M].北京:北京理工大学出版社, 2021, 4-6.

[93] 杨洋.数字孪生技术在供应链管理中的应用与挑战[J].中国流通经济, 2019, 33(06):58-65.

[94] 全球纺织供应链大会"数字化时代供应链该如何转型"[EB/OL].全球

纺织供应链大会，2023-06-19，https://mp.weixin.qq.com/s/m_qjcJKt1jeI9MYlZthFIA.

[95] 邓贻龙.希音打造快时尚跨境电商品牌[J].企业管理，2022(02):80-84.

[96] 饶培俊.试论服装行业"快时尚"营销与供应链管理[J].黑龙江纺织，2021(03):39-41.

[97] 李坤，徐锦希，赵宁.供应链仿真技术的应用研究[J].物流技术与应用，2023,28(02):146-150.

[98] 孙瑞哲.绿色驱动，智慧赋能，打造现代时尚供应链[EB/OL].中国棉纺行业协会，http://www.ccta.org.cn/jnhb/zxdt/202310/t20231019_4329022.html,2023-10-17

[99] 绍兴环思智慧科技股份有限公司.朗姿数智时尚供应链协同平台项目[R].2022—2023中国服装行业科技创新白皮书.268-272.

[100] 苏明，任晓宁."双碳"目标下绿色供应链整体绩效评价与应用——以某绿色石化供应链为例[J].财会通讯，2023(18):110-115.

[101] 范福军，钟建英，卢德华.试论服装行业产业链整合[J].纺织导报，2010(04):22-25.

# 作者简介

梁建芳,教授,陕西省教学名师,省级教学团队带头人,省级一流课程负责人,国家社科基金项目获得者。美国 North Carolina University、德国 Reutlingen University 访问学者。兼任国际科学委员会(ISC)成员、教育部高层次人才通讯评审专家、教育部学位与研究生教育发展中心评审专家、陕西省哲学社会科学专家库专家、陕西省教育厅专家组成员。先后主持国家社科基金、省重点攻关、省重点项目、省社科基金等纵向课题24项,企业委托课题30余项;出版部委级规划教材12部,其中3部获部委级优秀教材;发表SSCI、SCI、CSSCI等检索论文38篇;荣获省部级教育教学成果特等奖6项、省部级科技进步奖4项;获国家级、省级一流课程、省级课程思政示范课程、省级创新创业课程共5项。指导学生完成国家级、省部级项目和竞赛并获奖13项。曾荣获省教学名师奖、"纺织之光"教师奖以及校教学名师、师德先进个人、优秀教师等称号。